Appel aux vivants

Du même auteur

AUX MÊMES ÉDITIONS

Danser sa vie
1973

Qui dites-vous que je suis ?
roman, 1978

Parole d'homme
1980

CHEZ D'AUTRES ÉDITEURS

L'Alternative
Laffont

Le Projet espérance
Laffont

Pour un dialogue des civilisations
Denoël

Comment l'homme devient humain
Éditions Jeune Afrique

Roger Garaudy

Appel aux vivants

Éditions du Seuil

EN COUVERTURE : photo J. Pavlovsky, Sygma.

ISBN 2-02-005682-8.
(ISBN 2-02-005322-5, 1re publication.)

1

Un monde dans l'impasse

1. Un modèle de croissance qui rend le *statu quo* invivable et la révolution impossible

Une civilisation dans l'impasse. Un monde peuplé de machines. Des exploits sans précédents : ceux de l'atome et de la Lune, de l'ordinateur et de la manipulation génétique.

Quelle fronde a lancé ce bolide à travers une histoire et des sociétés dont il désintègre le tissu ? Vers quelle cible inconnue est-il dirigé, alors que sa course s'accélère et que nul ne semble plus en maîtriser la trajectoire ?

Il faut peu d'imagination pour se représenter notre mort : il suffit de prolonger, en pointillé, les dérives de notre temps. Toutes ces lignes se recoupent vers le début du IIIe millénaire, c'est-à-dire dans trente ou quarante ans, et font apparaître cette évidence sinistre : si nous continuons à vivre les trente prochaines années comme nous avons vécu les trente dernières, nous sommes en train d'assassiner nos petits-enfants.

Il faut davantage d'imagination pour définir et réaliser les conditions de la survie et de la vie de notre espèce.

Qui fera cet effort d'imagination ?

Qui répondra à la question de notre mort ou de notre vie ?

La politique ? Elle aurait besoin de prophètes. Elle n'a que des politiciens et des partis.

La science et ses technocrates ? Ils auraient besoin d'une sagesse, d'une réflexion sur les fins, et ils s'enlacent encore aux squelettes blanchis du positivisme et du scientisme.

Les Églises ? Elles auraient besoin d'une foi vivante qui devienne un ferment et non un opium. Elles auraient besoin de mystiques et de visionnaires. Elles n'ont que des clergés et des dogmes.

L'histoire des hommes a connu déjà ces angoisses et ces convulsions, ce vide et ces abîmes. Nous prendrons, s'il le faut, 3000 ans de recul pour retrouver le sens de crises d'une ampleur semblable à celle d'aujourd'hui. L'histoire a posé les questions. C'est la vérité du matérialisme historique. Les prophètes ont apporté des réponses, et c'est la vérité de l'esprit. Nous avons, depuis quatre siècles, pillé et gaspillé les richesses et les sagesses de trois mondes. Il ne s'agit pas de revenir aux anciens prophétismes, à d'exotiques sagesses, aux antiques visions, mais de puiser en eux la force de découvrir la réponse aux problèmes de notre temps.

Dire aux résignés assis à regarder le torrent qui déferle et à ceux qui se sont déjà laissé emporter par lui vers le gouffre : il est possible encore d'exister et de vivre. Il est possible encore d'endiguer le flot, d'en inverser le cours. A condition de tenir nos yeux ouverts. De nous mettre debout. De défendre chaque parcelle de notre vie.

Telle est la folle ambition de ce livre.

Il est écrit pour ceux qui veulent prendre en main leur propre avenir et ne déléguer ce pouvoir à personne. École de participation pour aider chacun à inventer le futur.

Les moyens de nous détruire ne manquent pas si nous continuons à être incapables de leur assigner des *fins* nouvelles.

Pour qui ne sommeille pas au bord du précipice, l'angoisse déborde de nos écrans de télévision, de nos radios, de nos journaux, même s'ils tentent de nous « divertir » en détournant notre attention.

Choisir le nucléaire, c'est assassiner nos petits-enfants.

Comment allons-nous mourir ? Par le feu atomique d'une guerre cette fois vraiment totale, celle du dernier jour ? Cette menace est d'autant plus évidente que les deux « grands » de la mort (les États-Unis et l'Union soviétique) disposent à eux seuls de vingt-cinq fois plus de bombes qu'il n'en faut pour anéantir toute trace de vie sur la terre.

Chaque année, quelques nations de plus jonglent avec le feu nucléaire, prêtes à jouer au moins le rôle de détonateur. Car les constructeurs officiels de bombes (USA, URSS, Angleterre, France, Chine et Inde) ne sont pas seuls à en disposer. Le contrat conclu, en 1975, entre l'Allemagne fédérale et le Brésil, livrant une filière nucléaire complète, montre que l'Allemagne, comme le Japon, peut passer outre à l'interdiction de fabriquer des bombes en trouvant, à l'extérieur, des complices pour en préparer les éléments ; mais la qualité de ces complices est également révélatrice : ce sont, de préférence, les régimes dictatoriaux les plus sanglants : le Brésil, l'Argentine et les cannibales blancs de l'Afrique du Sud. Et aussi le Zaïre où l'OTRAG (Orbital Transport Rakete Aktiengesellschaft), près de Kolwezi, procédait à des essais de missiles nucléaires [1].

D'ailleurs, par le réseau des centrales nucléaires (d'ici vingt ans, selon le rythme actuel de la progression, on en construirait une par jour dans le monde), on peut atteindre « civilement » le même effet destructeur.

Dans le fameux plan ORSEC RAD, caché aux Français depuis seize ans, et dont on continue à nous promettre la publication, il est dit (Circulaire interministérielle du 3 août 1963, signée par les ministres de l'Intérieur, de la Santé, et de la Recherche) : « Les risques encourus par les populations sont très différents de ceux auxquels les autorités ont eu jusqu'à présent à faire face... Ils peuvent avoir une ampleur telle que l'on est amené à prévoir un plan de sécurité et de protection valable pour une zone comprenant plusieurs départements. »

L'alerte de Harrisbourg où, pendant trois jours, aucun expert mondial n'a pu dire si, oui ou non, il y aurait catastrophe, et où l'on interdit pour un an aux techniciens les abords du sinistre, où l'on a envisagé d'évacuer 950 000 personnes, montre à l'évidence que de tels risques sont toujours courus, même si les deux envoyés français du « lobby » nucléaire revenaient après cinq jours, les seuls au monde à prendre avec tant de désinvolture cet avertissement.

Il est vrai que nos experts sont toujours très sûrs d'eux-mêmes : hier, ceux de la « ligne Maginot » ; aujourd'hui, ceux de Concorde, des abattoirs de la Villette ; les « nucléocrates » comme les autres.

Ajoutons enfin que la rupture de quelques canalisations suffit à provoquer une catastrophe dans une centrale nucléaire, si bien qu'un pays ayant de telles centrales est indéfendable en temps de guerre, le moindre bombardement, même le plus classique, pouvant être fatal...

Des milliers d'« experts » et de journalistes, dans le monde, sont chargés d'anesthésier l'opinion publique en lui masquant ce danger mortel.

1. Voir *Afrique-Asie*, 8 août 1977 et 20 mars 1978.

L'exemple le plus typique de l'intoxication psychologique est le rapport Rasmussen répandu dans le monde par l'Atomic Energy Commission des États-Unis. Fondé, de l'aveu même des auteurs, essentiellement sur les données fournies par les sociétés privées construisant et exploitant les réacteurs, il reste naturellement conforme aux intérêts de celles-ci.

Ce texte, destiné à donner bonne conscience à ceux qui sont associés, par leur métier, à cette entreprise suicidaire (aux ingénieurs de l'EDF en France, par exemple), contient d'étranges sophismes : on y affirme par exemple que la probabilité du risque est de l'ordre d'un accident tous les vingt mille ans par réacteur.

Mais comme on nous apprend par ailleurs que, d'ici vingt ans, il existera dans le monde cinq mille réacteurs, cela ramène la probabilité d'accident à un tous les quatre ans.

Et ce n'est pas tout ! Au cours de l'été 1977, la Nuclear Regulatory Energy, c'est-à-dire l'organisme fédéral américain chargé de la sécurité et de la réglementation des réacteurs nucléaires, celui-là même qui, en 1972, avait commandé et patronné ce fameux rapport Rasmussen, désigne un groupe d'experts indépendants pour réexaminer ce rapport. En janvier 1979, la Nuclear Regulatory Energy publie un court communiqué déclarant qu'elle ne considérait plus le rapport Rasmussen comme « digne de confiance[2] ».

Au même moment quatre dirigeants de très haut niveau de la General Electric démissionnent et disent pourquoi : « Il nous est devenu insupportable de servir une industrie qui est une monstruosité technologique... Un accident nucléaire est inévitable[3]. »

Ceci doit être clair : *accepter le nucléaire, c'est assassiner nos petits-enfants.*

Choisir le nucléaire, c'est préparer le goulag.

La pollution politique dont nous menace l'atome est aussi redoutable que la pollution physique.

La nécessité invoquée de protéger à tout prix l'énorme machine nucléaire contre tout risque de sabotage, de détournement de plutonium ou même d'infidélité du personnel, crée les conditions de

2. Cité par *Le Monde*, 26 janvier 1979.
3. Cité par *Témoignage chrétien*, 8 janvier 1979.

ce qu'André Gorz a appelé un « électrofascisme » ou un « totalitarisme technocratique ».

Déjà on a pu mesurer l'efficacité redoutable, dans l'art d'anesthésier l'opinion publique, des firmes bénéficiaires de l'industrie atomique, et de ceux qui en escomptent le renforcement politique d'un pouvoir centralisé. Déjà apparaissent les premiers indices du régime policier exigé par l'atome.

Depuis que le Dr Theodore Taylor (ce savant américain qui fit les plans de la plus légère et la plus puissante bombe atomique à Los Alamos) a montré qu'une équipe de techniciens de moyenne qualification pouvait « bricoler » une bombe « rustique », même à partir de 3 à 4 kilos de plutonium ordinaire venant des réacteurs « civils », et ceci dans un simple hangar ou une chambre, deux séries de conséquences sont apparues, en politique intérieure et en politique extérieure : celles du terrorisme et celles de la prolifération.

Que des détournements soient possibles, c'est ce qu'a démontré avec éclat la disparition, en 1974, d'Eliodore Pomar, directeur général de l'Institut de recherches nucléaires de l'Euratom, à Ispra, emportant avec lui des matériaux radioactifs destinés, semble-t-il, à des groupes néo-fascistes.

La Nuclear Regulatory Commission des États-Unis signale qu'entre 1968 et 1976, 542 kilos d'uranium enrichi et 32,8 kilos de plutonium ont disparu dans les installations qu'elle contrôle.

Nullement invraisemblable dès lors le « cauchemar » évoqué par le Dr Bernhard Feld, directeur de la Division de physique nucléaire et des hautes énergies au MIT (Massachusetts Institute of Technology) : « Un groupe de terroristes a fait savoir au maire de Boston qu'une bombe atomique était cachée au centre de la ville... 10 kilos de plutonium ont disparu des entrepôts du gouvernement... D'après l'épure que les terroristes ont envoyée de l'engin, en tant que spécialiste ayant collaboré à la fabrication de la bombe atomique, je vois que cet engin peut fonctionner, mal, mais avec des effets épouvantables. Que dois-je conseiller au maire ? De céder au chantage ? Ou bien de courir le risque de voir détruire cette ville [4] ? »

A partir de là est enclenché le mécanisme de la « doctrine de la sécurité nationale » (justement dénoncée à la conférence de Puebla par les évêques latino-américains en 1979), justification de toutes les dictatures, notamment en Amérique latine, et qui permet de balayer toutes les libertés et tous les droits constitutionnels. Le ministre de

4. Déclaration rapportée par Robert Jungk dans *L'État atomique*, Paris, Robert Laffont, 1978, p. 200.

l'Intérieur de l'Allemagne fédérale, Werner Maihofer, explique devant une commission parlementaire : « Notre civilisation technologique connaît une telle escalade des risques de sécurité qu'il nous faut, par exemple en ce qui concerne les centrales nucléaires, des systèmes d'alarme couvrant le pays entier… qui feront intervenir en première ligne, après la police des entreprises, les " Länder ", et ensuite les autorités fédérales. Ces risques nucléaires sont également les risques d'une nouvelle criminalité nucléaire[5]. »

Dès lors se trouvent justifiées toutes les mesures d'exception, de surveillance et de contrainte, pour assurer la « sécurité » des centrales mais aussi des transports de matériel. Non seulement le personnel doit être trié, espionné, garrotté par une discipline de fer, mais tout citoyen devient un danger en puissance et doit être fiché, manipulé, surveillé.

Ceci doit être clair : *choisir le nucléaire, c'est préparer le goulag.*

Comment allons-nous mourir comme espèce et faire mourir ? Par l'épuisement de toutes les sources d'énergie et la paralysie d'une planète rendue inhabitable ? Des énergies et des ressources sont stockées depuis des millions d'années dans les entrailles de la planète. Nous nous sommes arrogé le droit de les épuiser en une seule génération. Ainsi, l'extraction minière du charbon date de huit cents ans, mais la moitié du charbon a été extraite au cours des trente dernières années. La moitié du pétrole brut puisé depuis les origines de l'humanité l'a été au cours des dix dernières années. Si l'on construit toutes les centrales nucléaires prévues, dans vingt ans il n'y aura plus d'uranium. Et même si l'on découvrait, pour le pétrole et l'uranium, autant de nouveaux gisements exploitables que ceux actuellement connus, si la dépense continue à croître au rythme actuel, l'échéance de l'épuisement ne serait retardée que de quelques années[6].

Il en est de même pour les forêts. Le tiers des arbres existant en 1882 (près de 2 milliards d'hectares) était rasé en 1952. Le massacre continue et s'accélère : chaque minute l'homme détruit 20 hectares de

5. *Ibid.*, p. 221.
6. Le 10 juin 1979 le chancelier Helmut Schmidt lançait ce cri d'alarme : « Le monde entier est menacé d'une grave crise si nous ne parvenons pas à être plus économes avec les sources d'énergie existantes, autres que le pétrole, le charbon, l'énergie nucléaire. Sinon, nous entrerons, dans les années 1980, dans une crise économique en comparaison de laquelle toutes les autres apparaîtront presque dérisoires. »

forêts dans le monde. La pâte à papier nécessaire pour publier le *New York Times* du dimanche, qui contient 80 % de publicité, exige l'abattage de 15 hectares de forêt canadienne, et son numéro quotidien 6 hectares. Le déboisement inconsidéré des contreforts de l'Himalaya provoque aujourd'hui les inondations ravageuses du Bangladesh, comme les formes de cultures héritées du colonialisme engendrent les sécheresses du Sahel.

Dans les soixante-dix dernières années l'agriculture moderne a détruit la moitié de l'humus sur plus d'un tiers des terres cultivées. Un milliard et demi d'hectares ont été rendus impropres à l'exploitation. Malgré la « révolution verte », si rentable pour les grands propriétaires terriens, la production de céréales par tête est retombée, dans le tiers monde, au-dessous du niveau de 1961-1965. Malgré le développement et le perfectionnement des flottes de chalutiers, le produit annuel de la pêche a baissé de 11 % entre 1970 et 1975.

Or, la terre a mis 2 millions d'années pour se peupler de son premier million d'habitants. 6000 ans d'agriculture seulement permirent de parvenir aux 250 millions. Un millénaire et demi suffit à doubler ce chiffre. Depuis l'industrialisation, le rythme s'accélère à une vitesse vertigineuse : le premier milliard est atteint en 1830. Le deuxième en 1930. Le troisième en 1960. Le quatrième en 1978. Comment pouvons-nous accueillir d'ici vingt ans, même en limitant les naissances, 2 nouveaux milliards d'êtres humains sur notre planète ?

Et que l'on n'accuse pas la seule natalité des plus pauvres, car 10 millions d'Occidentaux consomment et polluent plus que ne le feraient, au niveau actuel, 4 milliards de paysans indiens.

Ceci doit être clair : *choisir ce modèle de croissance c'est rendre le* statu quo *invivable et la révolution impossible.*

Choisir le nucléaire, c'est acculer le tiers monde à l'extermination ou à la révolte.

Comment allons-nous mourir et faire mourir ? Par la révolte d'un tiers monde affamé par l'échange inégal des travaux et des choses ? Le Brésilien Josué de Castro écrivait, dès 1967[7] : « En 1954, on achetait une jeep avec 14 sacs de café ; en 1962, il en fallait 39. » Dom Helder

7. *Le Monde*, 8 mars 1967.

Camara, à son tour, montre qu'un tracteur canadien valait 680 tonnes de sucre pour un Jamaïcain en 1966 et 3 500 tonnes en 1968[8].

En 1965, la Tanzanie pouvait acquérir ce tracteur avec 17 tonnes de sisal ; en 1972, il en fallait 42 tonnes.

En 1960, 1 kilo de pâtes alimentaires coûtait à un paysan sénégalais 11 kilos d'arachides en coque ; en 1972, il lui en réclame 17 kilos[9]. Rappelons qu'en 1974 ce même paysan sénégalais perçoit 25 francs CFA (c'est-à-dire 50 centimes français) pour le kilo d'arachide vendu 140 francs CFA sur le marché mondial et qui revient à 290 francs CFA au consommateur français[10].

Le boom du pétrole a ralenti pour un temps l'ouverture du ciseau sur les courbes, montrant qu'il faut de plus en plus de produits au tiers monde pour obtenir de moins en moins de produits en provenance des pays industrialisés, mais ce n'est qu'une « dent de scie », sur ces deux trajectoires inexorables.

Dans le Sud-Est asiatique, la simple extrapolation des tendances actuelles permet de prévoir que, dans vingt ans, 80 millions de personnes mourront de faim par an, alors que cette région comptera 2 milliards et demi de jeunes de moins de vingt-cinq ans. Peut-on raisonnablement escompter que cette conjonction de la jeunesse et d'une misère barrant l'avenir ne sera pas explosive ?

Ceci doit être clair : *poursuivre l'actuelle politique de croissance, c'est acculer le tiers monde à la mort ou à une révolte généralisée.*

8. Dom Helder Camara, *Spirale de la violence*, Paris, Desclée de Brouwer, 1970, p. 65.
9. *Marchés tropicaux*, 12 mars 1974.
10. *Ibid.*, 12 mars 1976.

2. La fin de l'idéologie du progrès

La désintégration du tissu social.

Comment allons-nous mourir et faire mourir ? Ne serait-ce pas parce que nous ne savons pas et ne cherchons pas à savoir ce qui nous empêcherait de mourir et de faire mourir, d'assassiner nos petits-enfants ? Ne serait-ce pas parce que toutes les idéologies régnantes, de droite ou de gauche, sont périmées depuis un siècle et demi ?

Très exactement, depuis 1824.

1824, c'est l'année où paraissait la cinquième et dernière édition de *l'Exposition du système du monde* de Laplace. (La première édition datait de 1796.)

En cette même année 1824 était publié le mémoire de Sadi Carnot, *Réflexions sur la puissance motrice du feu,* traitant non plus des machines, mais des moteurs.

L'ouvrage de Laplace marquait la fin d'un monde et d'une ère scientifique : celle de la mécanique classique, dont il résumait tous les postulats, et qui avait commencé avec Galilée et Descartes.

Le livre de Sadi Carnot ouvrait une ère nouvelle : celle de la thermodynamique, dont l'Allemand Rudolf Clausius allait, en 1854, dégager les lois majeures.

On était ainsi passé sans que personne alors, et pendant un siècle, s'en aperçût, de la vision d'un monde dont on pouvait croire que la loi était celle *d'un progrès sans fin,* à un monde dominé par la loi de l'« entropie » *qui est le contraire exact de la loi du progrès*[1].

Il importe de bien définir cette loi et le tournant capital qui en découle.

Carnot, réfléchissant, en pleine révolution industrielle, sur le

1. Voir, à ce sujet, Georgescu-Roegen, *Energy and Economic Myth,* Oxford, Pergamon, 1976.

rendement de la machine à vapeur, établit que celle-ci ne peut produire du travail que par le passage d'un corps chaud (chaudière) à un corps froid (condensateur), fondant ainsi la première loi de la thermodynamique : celle de la transformation de l'énergie. Par exemple, la transformation de la chaleur en énergie mécanique.

En 1854, trente ans après les *Réflexions sur la puissance motrice du feu* de Sadi Carnot, Clausius découvre, au-delà de la loi de transformation de l'énergie, la deuxième loi de la thermodynamique. Il démontre que chaque transformation comporte un déficit, que l'on aboutit, au terme du cycle, à la moins efficace des formes d'énergies : la chaleur, et que celle-ci, à son tour, se dégrade en se disséminant jusqu'à une uniformité impropre à toute réactivation nouvelle. Il donna à ce phénomène le nom d'« entropie », croissance du désordre et de l'impuissance, qui est le contraire exact de la notion mécaniste du progrès.

De la loi de l'équivalence de l'énergie et de la masse, conçue par Einstein, il résulte en effet, à partir de la notion d'entropie, que l'univers, dans sa totalité (masse et énergie), est dominé par une loi irréversible de dégradation de l'énergie en chaleur et de la matière structurée en chaos.

Tant que l'entropie demeurait seulement une loi physique prédisant l'épuisement du soleil dans quatre milliards d'années et la mort de notre planète dans quelques millions d'années, l'entropie était, au regard de l'histoire humaine, négligeable : nous avions l'éternité, ou presque, devant nous. Mais lorsque le pouvoir de nos techniques fut tel que l'homme devint un facteur géologique, au cours des années soixante, l'angoisse est née au cœur des plus lucides. L'erreur fondamentale et mortelle de l'économie politique était de « faire comme si » le monde des hommes demeurait celui de la mécanique de Laplace : un système fermé alimenté par des sources inépuisables d'énergie.

Il apparut qu'à l'échelle du pouvoir humain actuel, notre modèle de croissance accélérait vertiginieusement l'entropie, que l'entropie n'était plus seulement une loi physique, une loi de la longue histoire des choses, mais aussi une loi économique, une loi de la courte histoire des hommes.

On peut, dès lors, chicaner sur les délais fixés par le Club de Rome, mais ceci doit être clair : *la croissance des trente années à venir ne peut plus, sous peine de mort de l'espèce, avoir la même orientation ni le même rythme que la croissance des trente dernières années.*

Comment allons-nous mourir et faire mourir ?

Peut-être tout simplement par la désintégration interne de nos sociétés qui meurent de n'avoir pas de but, et dans lesquelles explosent toutes les violences : violences collectives de guerres locales (il y en a eu des centaines depuis la fin de la Seconde Guerre mondiale) ; violences de coups d'État, n'ayant d'autre objectif que de substituer une équipe à une autre pour dépouiller le même peuple ; violences permanentes de dictatures militaires et policières et de goulags fondant leur règne sur la terreur et la torture ; violences individuelles, qui ne sont que la transposition individuelle de la violence collective, devenue la loi du chaos dans nos sociétés sans projet et sans avenir à visage humain.

Dans des sociétés où, comme nous l'écrivions dans notre *Projet espérance*[2], la croissance est le dieu caché et la publicité sa liturgie démentielle ; dans des sociétés où le plus grand nombre est privé de ce dont tout un système l'appelle à jouir, la violence devient la loi des individus comme des groupes, les uns et les autres vivent selon la loi de l'immoralisme des sophistes athéniens, où l'on trouve déjà la transposition aux individus de l'expansion de la force brutale qui caractérisait alors l'impérialisme d'Athènes : « le bien, c'est d'avoir les désirs les plus forts possibles et de trouver les moyens de les satisfaire ». Sur cette perversion fondamentale de l'homme repose aujourd'hui notre système économique de croissance aveugle, de croissance pour la croissance.

Attentats, suicides d'adolescents d'autant plus nombreux qu'il s'agit de pays plus riches, des États-Unis à la Suède, pillages, destructions, enlèvements, toutes ces formes du terrorisme des individus ou des groupes ne sont que la petite monnaie de la violence massive, institutionnalisée.

Dans cette course à l'abîme, on parle parfois de « miracles », c'est-à-dire d'élévation brusque du produit national brut d'un pays, en oubliant que les « miracles » ne sont que le mirage de statistiques menteuses escamotant l'essentiel : le « miracle » n'a profité qu'à 2 % ou 3 % de la population, aggravant encore l'écart entre le luxe insolent d'une infime minorité de la population et les masses innombrables qui ne reçoivent que des miettes du festin, comme on l'a vu de l'Iran au Brésil.

La conscience de cette permanente frustration et de cette permanente illusion, jointe à l'ignorance de sa cause première, enfante les

2. Paris, Robert Laffont, 1976.

« brigades rouges » et les « casseurs ». Toute réflexion sur la violence est inefficace et illusoire si elle n'en dégage pas l'actuelle racine : c'est-à-dire la société de croissance et de concurrence sauvage des individus, des groupes et des peuples, qui porte en elle le crime et l'engendre nécessairement.

Car tous les germes de morts et les spasmes de ce dernier quart du XXe siècle ne sont pas des accidents ou des aberrations qu'il suffirait de réprimer. Ce chaos est dans la logique interne du modèle occidental de croissance (qui s'est imposé au monde entier) et du modèle de culture qui le fonde et le justifie, c'est-à-dire une manière de concevoir et de vivre les rapports avec la nature, avec l'homme et avec le divin.

Ce n'est pas là un tableau de la fin du monde. Seulement le tableau de la fin convulsive d'un cycle historique, celui de quatre siècles d'hégémonie de l'Occident, de son modèle de croissance et de son modèle de culture qui nous conduisent aujourd'hui à l'abîme.

Cette désintégration d'une société s'exprime dans tous les domaines de la culture et des arts, lorsque cette culture et ces arts, par le repli frileux des hommes hors de ce monde de cauchemar, n'ont plus pour objet la saisie de la réalité et de son sens.

Pour certains, la peinture n'a plus d'autre objet que l'acte de peindre, la littérature pas d'autre objet que l'acte d'écrire. En philosophie, l'acte de connaître devient l'objet d'une philosophie sans objet. Elle laisse indifférente la rue car les problèmes qu'elle pose ne se posent que parce qu'ils sont mal posés.

Églises et écoles ne répondent qu'à des questions que personne ne se pose. C'est pourquoi les universités et les temples sont désertés.

Ce n'est point par goût d'une délectation morose que j'ai esquissé ce tableau des actuelles dérives de nos sociétés, mais seulement pour que ceci soit clair : la violence et la décadence ne sont que les sous-produits de notre modèle de croissance.

Prophétisme et politique.

Envisagé dans toutes ses dimensions humaines, *le problème de la croissance n'est pas seulement un problème économique et un problème politique, mais un problème essentiellement religieux :* il a pour enjeu le sens et les fins de notre vie, la possibilité de *vivre autrement,* c'est-à-dire de rompre avec tout un système de relations sociales et de le transcender.

Les problèmes qui se posent à nous désormais sont des problèmes planétaires. Ils ne peuvent être résolus qu'à l'échelle planétaire, par le dialogue des cultures et des civilisations.

Les problèmes qui se posent à nous désormais sont des problèmes qui ne se posent que dans les mutations plusieurs fois millénaires des hommes : pour les résoudre, nous ne pouvons raisonner en politiciens myopes, mais en hommes qui, prenant par rapport à la politique le recul des millénaires, savent redécouvrir, dans l'épopée humaine, des crises qui soient à l'échelle de la nôtre.

Il ne nous est plus possible de nous limiter à l'horizon borné de la politique et de l'économie européennes depuis la Renaissance, avec leur rationalisme infirme, prétendant réduire toute réalité au concept, avec leur individualisme ramenant toute chose à la mesure de notre solitude, et méconnaissant toujours davantage les dimensions proprement humaines, c'est-à-dire divines, de la transcendance et de l'amour.

Revivre l'aventure humaine dans sa plénitude, de la première espérance à la dernière angoisse, c'est prendre conscience des deux mutations décisives de l'homme :

— la mutation de la première espérance, celle du passage de la vie nomade à l'agriculture et à l'urbanisation, qui permit déjà à un petit nombre de n'être plus enchaînés par les besoins immédiats et de se consacrer à la culture, à la réflexion sur les fins, seuil décisif de l'hominisation ;

— la mutation d'aujourd'hui, celle de la dernière angoisse, est de même grandeur : pour la première fois dans l'histoire humaine, l'homme dispose du pouvoir technique d'anéantir plusieurs dizaines de fois toute trace de vie sur la terre. L'épopée humaine commencée en Afrique, au Tanganyika, il y a deux ou trois millions d'années, peut prendre fin.

Dépassant la perspective des quatre derniers siècles de l'histoire occidentale, il apparaît que, loin de s'opposer, *la politique et la foi, prophétisme et politique, ont toujours été étroitement liés dans les grandes mutations historiques.*

L'histoire pose les problèmes, comme celui du passage de la vie nomade à l'agriculture et à l'urbanisation. La réponse dernière est apportée par le prophète : aux confins de l'Iran et de l'Afghanistan s'élève la voix de Zarathoustra. Avec lui, pour la première fois, ce drame historique de la lutte du « bon laboureur de la terre des hommes » contre le nomade pillard prend la dimension cosmique de la lutte du Bien contre le Mal.

Nietzsche ne s'y est pas trompé, qui écrit : « Zarathoustra, tu es comme moi l'un de ces êtres prédestinés qui fondent les valeurs pour des millénaires. » Zarathoustra était pour lui le prophète de l'aurore, et Nietzsche se considérait comme le prophète de la fin des temps dans un monde occidental voué à la volonté de puissance par-delà le Bien et le Mal.

L'histoire posait les problèmes fondamentaux, au carrefour du Fertile Croissant, à la Palestine écrasée entre les deux grandes puissances de l'Égypte et de la Mésopotamie où les juifs furent tour à tour exilés. Alors s'éleva la voix de leurs prophètes pour répondre au drame de l'histoire en traçant à un peuple le chemin de l'homme vers un avenir proprement humain, c'est-à-dire divin : et ce fut la désacralisation du pouvoir des rois avec Amos, comme avec Moïse et le livre de l'Exode, comme avec Esaïe pendant l'exil de Babylone. Liant les malheurs d'un peuple aux fautes des hommes, ils rendent l'homme, au-delà de tous les échecs, pleinement responsable de son histoire et de la victoire de l'avenir.

L'histoire posait aussi le problème majeur, celui de la résistance de l'homme à tout ce qui est extérieur à lui, lorsque au-delà des réponses politiques des zélotes, ou du retrait du monde des moines de Qumran, Jésus de Nazareth dévoila en leur principe même et affronta, jusqu'à en mourir, le totalitarisme des prêtres juifs prétendant régenter la politique au nom de la loi religieuse, et le totalitarisme romain prétendant régenter la religion au nom du pouvoir politique d'un empereur pour lequel on exigeait le culte d'un dieu.

La levée prophétique de Jésus de Nazareth annonçant, contre le double totalitarisme juif et romain, le Royaume, à la fois comme levain de la vie intérieure et comme visée transcendante de l'avenir commun, renouvelait ainsi la vie et l'histoire.

Au prophète de l'Islam, l'histoire aussi posait les problèmes : ceux d'une Arabie idolâtre et divisée, et, pour ses successeurs, ceux d'un empire sassanide désintégré par les rébellions locales, d'un empire byzantin morcelé par ses hérésies, d'une Espagne livrée à la décadence des rois Wisigoths, à des évêques avides et à des féodaux pillards. Alors se leva le prophète. Il prit le relais de la religion d'Abraham, fondée sur le don absolu de soi à la volonté divine, le relais de Moïse unifiant la Loi de Dieu et celle du monde, le relais de Jésus « le sceau de la sainteté », au-delà de toutes les subtilités théologiques. Et l'Islam déferla, comme un cyclone fécondant, de la mer de Chine à l'océan Atlantique, héritier des grandes civilisations, de l'Inde à l'Iran et à la Grèce. Il ouvrait l'avenir par une prodigieuse floraison de la science, de la mystique et des arts, en donnant à l'homme pour but, comme l'écrit Ibn Arabi, le « cheikh el-Akbar », de « faire de sa propre vie un lieu de la manifestation du divin ».

En dehors de ce dérisoire intermède de l'histoire mondiale qui commence avec la Renaissance européenne, c'est-à-dire avec la naissance simultanée du capitalisme et du colonialisme, dans toutes les cultures, dans tous les continents, et dans tous les siècles, mystique et politique, prophétisme et mutation sociale ne font qu'un.

Lorsque la politique et la science oublient ou refusent la dimension transcendante de l'homme, son invincible pouvoir de reprise sur son destin, alors nous ne savons que trop ce que deviennent la politique, la science et la foi.

La politique et l'économie deviennent technocratiques, c'est-à-dire qu'elles ne se posent plus la question du « pourquoi », celle des fins, mais seulement celle du « comment », c'est-à-dire des moyens.

La science devient scientisme. Le scientisme étant cette superstition qui, séparant la science de la sagesse, les moyens des fins, *fait de la connaissance non une vertu,* au service de la maîtrise et de la réalisation de soi, *mais un pouvoir* au service de la volonté de puissance envers la nature et envers les autres hommes.

La foi, à son tour, devient intégriste, c'est-à-dire liée à une culture passée et dépassée, détachée de la vie d'aujourd'hui et incapable de répondre à ses problèmes.

3. Comment vivre autrement ?

Si vous ne voulez pas que ces questions vous soient posées, ne lisez pas ce livre.

Ne lisez pas ce livre et n'éteignez jamais votre télévision pour y apprendre l'art suprême de vivre sans « pourquoi ».

Ne lisez pas ce livre, et la publicité vous dira ce que vous devez désirer, de la lessive à l'automobile.

Ne lisez pas ce livre et ne relevez jamais le pied de votre accélérateur, sauf dans les embouteillages pour faire hurler votre transistor.

Ne lisez pas ce livre et ne regardez jamais le visage d'un homme réel, même pas dans le métro. La « Série noire », *Jours de France, l'Auto-Journal,* le tiercé et le loto vous y aideront.

Peut-être ne lirez-vous pas ce livre, ni aucun autre posant la question du « pourquoi », parce que tout un mode et un rythme de vie vous en empêchent, en vous ligotant dans ses chaînes : celles de l'usine, de la télévision, de la presse ou du supermarché.

Peut-être aussi me répondrez-vous avec colère : « Ne venez pas encore augmenter le poids du ciel bas qui pèse sur ma nuque avec vos questions : Qu'est-ce qu'ils ont fait de la terre ? Qu'est-ce qu'ils ont fait de l'homme ? Qu'est-ce qu'ils ont fait de la vie ? L'avenir se fait sans moi, et je veux exister aujourd'hui ! »

L'avenir se fait aujourd'hui sans vous. C'est vrai. Et s'il existait une possibilité qu'il ne se fasse pas contre vous ? Qu'il se fasse même avec vous ?

Je ne suis pas de ceux qui disent : l'homme est mort. L'homme n'existe pas encore. Voulez-vous que nous essayions de le faire exister ? Que nous essayions d'exister. C'est-à-dire de n'être pas un anneau dans une chaîne de causes et d'effets, mais des êtres en naissance, d'où émergent à chaque instant, avec un but plus clair, des forces plus vivaces.

Contre une économie de la richesse qui engendre la pauvreté, contre cette vie pauvre faite de politique pauvre, d'amour pauvre, d'art pauvre, de science pauvre et de religion pauvre, tenterons-nous de créer une manière plus riche de vivre ?

Vous n'aimez pas les paris stupides ? Moi non plus. Mais nous n'avons pas le choix : la foi ou le néant.

La seule foi nécessaire, au départ, c'est d'espérer que l'homme reste à faire.

Peut-on vivre autrement ? En se posant les vrais « pourquoi » ? Et d'abord : pourquoi ne pouvons-nous pas vivre autrement ?

Vivre autrement. C'est de cela qu'il s'agit. Rien de plus. Rien de moins. Vivre autrement.

Je n'écris ces choses qu'inspiré par la certitude qu'*exister,* désormais, est un défi permanent aux actuelles dérives historiques, un défi qui ne peut être victorieux, que si nous parvenons à établir de nouveaux rapports avec la nature en consacrant l'essentiel de la recherche à l'utilisation du flot pratiquement inépuisable de l'énergie solaire, et en ne créant plus des besoins artificiels et les plus criminels gaspillages en fonction des exigences non humaines du marché et de la guerre ; que si nous parvenons à établir de nouveaux rapports entre l'homme et l'homme qui n'oscillent plus entre un individualisme de jungle et un totalitarisme de termitière, et à retrouver le rapport proprement humain de la communauté ; que si nous parvenons à établir un nouveau rapport avec le divin qui redécouvre la dimension de la transcendance, la possibilité permanente de rupture avec le passé et le présent, au-delà de l'abandon aux errements catastrophiques et aveugles d'un développement d'où l'homme est absent.

A chaque étape, il sera demandé un choix. Pas seulement un choix intellectuel. Un acte de foi, c'est-à-dire un choix engageant dans une expérience où chacun met comme enjeu la totalité de sa vie.

A ces interrogations vitales il n'existe pas de réponse toute faite.

— Ni celle des partis politiques.

— Ni celle des sciences et des techniques.

— Ni celle des Églises.

Les partis politiques.

Les partis politiques apportent-ils réponse aux problèmes fondamentaux de notre temps ?

Nous nous limiterons ici à l'expérience française, car, malgré les variantes, les trajectoires des partis politiques, dans les pays où ils existent, c'est-à-dire en gros dans l'Occident « libéral », présentent de grandes analogies.

Et nous nous limiterons aux dernières années, en prenant pour point de départ 1968, parce que, avec le recul historique de cette décennie, au-delà des espérances messianiques des uns et de la nouvelle « grande peur des bien-pensants », il apparaît clairement que, pour la première fois depuis un demi-siècle, émergeait une alternative au modèle régnant de culture et au modèle de croissance.

L'événement était d'autant plus significatif que cette colère ne naissait pas de la misère. En 1968, le monde occidental n'était pas en crise, mais en pleine croissance, et c'est alors qu'éclate une révolte généralisée dans tous les domaines de la vie : culturel, politique, social. Cette crise n'est pas une crise économique. Elle n'est pas née d'une dépression. L'aspiration à une « autre vie » se fait jour, sous des formes parfois apocalyptiques ou confuses, en pleine période ascendante du système, faisant éclater le contraste entre ce nouveau triomphalisme des dirigeants de la société et la prise de conscience de l'absurdité de la vie à l'intérieur de leur système.

Pour la première fois dans l'histoire de l'Occident, le mouvement de mai 1968 mettait en cause à la fois le modèle de croissance et le modèle de révolution.

Il ne naissait pas dans le vide. Il avait pris sa source dans une crise non économique, mais globale et vitale, du capitalisme et dans une crise non économique, mais globale et vitale, du socialisme.

En ce qui concerne le capitalisme, la guerre de la France en Algérie et la guerre des États-Unis au Vietnam dévoilaient de manière sanglante le mensonge du prétendu « libéralisme » qui pratiquait, sous des formes nouvelles, les esclavagismes anciens.

Quant au « socialisme » sous la forme où l'Union soviétique prétendait le construire, il ne pouvait plus apparaître comme une « alternative » à la « barbarie » capitaliste. Non seulement il s'était intégré à son modèle de croissance avec le mot d'ordre de « rattraper et dépasser » le monde capitaliste, c'est-à-dire suivre la même voie, mais les révélations du XXe congrès du parti communiste soviétique avaient mis au jour l'archaïsme et la barbarie de son système politique qui se révélera mieux encore après les invasions de la Hongrie puis de la Tchécoslovaquie. La fin du mythe du « socialisme soviétique », c'était la prise de conscience, par la jeunesse, qu'il n'apportait pas une solution aux problèmes de l'aliénation capitaliste du travail, de la politique, de la culture.

Dans cette crise, au vrai sens du mot (c'est-à-dire le moment où l'on juge, le moment de la mise en question et du choix), la notion même de « politique » trouvait, au-delà du jeu des partis, son sens plénier, embrassant tous les aspects de la vie, du travail à la fête, du sexe à la culture.

Cette faillite des deux grands mythes de l'Occident, le mythe libéral et le mythe soviétique, qui débouchait sur cette mise en cause du modèle de croissance et du modèle de révolution, était rendue plus apparente par le contraste avec les luttes des peuples du tiers monde : les luttes de libération des peuples d'Algérie et du Vietnam contre le colonialisme, la révolution maoïste, premier modèle original de révolution socialiste depuis la révolution d'Octobre 1917, et l'épopée lyrique de Che Guevara en Amérique latine.

Le mouvement dépassa si largement les partis que la France connut alors la grève la plus « générale » de son histoire, par le nombre : 10 millions de grévistes, et par la diversité des couches sociales qui y participaient, avant que le mot d'ordre en soit donné, et moins encore que soient fixés des objectifs et des perspectives à la dimension des nouvelles espérances.

A droite, après un flottement, les uns pensèrent à la répression (de Gaulle songea aux blindés cantonnés en Allemagne) ; d'autres, comme Pompidou, cherchèrent à temporiser, à faire des concessions en attendant qu'il devienne possible de tout noyer dans la mélasse d'une campagne électorale. Cette dernière solution se révéla efficace et permit, une fois de plus, de sauvegarder « l'ordre ».

Cette triste victoire fut d'autant plus aisée que l'opposition « de gauche » avait été incapable de prendre en compte les vrais problèmes.

L'aile réformiste, croyant avoir trouvé dans le mouvement des masses l'ersatz d'une majorité électorale, s'efforça de canaliser la protestation à son profit, et prétendit gérer le mouvement comme on gère une « victoire électorale » : par la politique des dépouilles, c'est-à-dire en se répartissant déjà les postes.

L'autre aile de l'opposition, le parti communiste, dès le 3 mai 1968, dans un article de Georges Marchais, au lieu de jouer son rôle d'avant-garde, c'est-à-dire d'apprendre aux masses à penser clairement ce qu'elles avaient inventé confusément, rejeta en bloc tout ce qui était en train d'émerger du mouvement. Ce que Marx, nous dit Lénine[1], appréciait par-dessus tout : « l'initiative historique des masses », c'est ce que la direction du parti communiste redoutait par-dessus tout. Aucun des mots d'ordre de la rue n'était valable puisqu'il n'émanait pas de la direction.

C'est en quoi consiste l'essence du stalinisme : tout pouvoir et tout savoir viennent d'en haut.

On peut dater de cet article de *l'Humanité,* 3 mai 1968, le jour où le parti communiste français, du fait de sa direction, est tombé en dehors de l'histoire pour n'avoir pas compris ce qui germait en elle : l'aspiration confuse, mais réelle, à un autre modèle de croissance et à un autre modèle de révolution. L'histoire ne pardonne jamais à un homme, à un parti ou à une église d'être en retard d'une mutation.

Après que chacun, aux accords de Grenelle, eut plaidé non pas à partir de ce qui émergeait de nouveau à la base, mais à partir des vieux dossiers qu'il portait dans sa serviette, tous les partis, de la droite à la gauche, n'eurent d'autre préoccupation que d'arrêter les grèves pour qu'on imprime au plus vite les bulletins de vote ! La droite exploita à merveille la peur que l'on déchaînait dans tout le pays en exhibant l'image de quelques voitures incendiées comme si elles étaient le feu de l'enfer. La gauche crut naïvement comptabiliser dans les urnes tous les cris de colère qui avaient déferlé pendant deux mois, comme si l'on pouvait détourner la force d'un raz de marée en y emplissant ses seaux d'eau.

A ce jeu la droite devait gagner à coup sûr. Elle gagna en effet et profita de ce répit pour récupérer tout ce qu'elle pouvait récupérer sans que l'ordre fondamental fût mis en danger.

Le système ne pouvait, sans se nier lui-même, répondre aux aspirations sociales et culturelles du mouvement.

Du mouvement ouvrier de mai avait émergé, avec une force jusque-là inconnue, l'exigence d'une prise en main de son propre destin, de l'autodétermination des fins et de l'autogestion des moyens, à tous les niveaux : de l'entreprise, de la politique, de la culture. Les hommes du pouvoir se saisirent du mot de « participation » et le métamorphosèrent en illusoire « participation aux fruits de l'entreprise » et en une non moins illusoire offre de « cogestion », afin de l'intégrer mieux

1. Lénine, préface des « Lettres à Kugelmann » de Karl Marx, Rome, Rinascita, 1950, p. 15.

encore au système en le faisant mieux « participer » à la gestion du capitalisme.

Du mouvement étudiant avait émergé une aspiration du même ordre. Et la tâche primordiale des partis qui se disaient révolutionnaires eût été, en mai, de saisir le dénominateur commun des revendications ouvrières et des aspirations des étudiants, des techniciens et des cadres, de la majeure partie des intellectuels afin de constituer un bloc historique nouveau, c'est-à-dire une union fondée sur une base de principe : la communauté d'une même visée historique. Le pouvoir leur octroya une « réforme de l'enseignement » dont l'exposé des motifs reprenait certains des slogans de mai, et dont les articles, en atomisant les universités sous prétexte de « décentralisation », rendaient chaque unité plus dépendante encore du pouvoir central.

Les maîtres du jeu ne pouvaient, sans détraquer le moteur de leur sacro-sainte « croissance économique », faire vraiment place, à côté du travail, aux valeurs libératrices de « la fête », mais ils surent fort bien commercialiser les loisirs.

Leur logique interne de croissance à tout prix ne leur permettait pas de prendre en compte une authentique politique de l'écologie, mais ils surent fort bien faire de la lutte contre la pollution une branche florissante de leur économie.

L'émancipation sexuelle risquait d'ébranler les assises même du système en mettant en cause l'hégémonie du mâle, mais l'on pouvait aisément commercialiser la sexualité, et ce fut la politique « permissive », et inoffensive pour le pouvoir, du « feu vert » à la pornographie écrite ou filmée.

Nous pourrions aisément poursuivre cette énumération des réussites du pouvoir. Sur ce plan de la récupération, son succès fut tel, et la jeunesse ouvrière et étudiante de mai si bien reprise en main, que l'heureux héritier de l'habile Pompidou put se donner les gants d'accorder le droit de vote à dix-huit ans sans courir le risque de déséquilibrer le rapport des forces.

Dans le même temps, les deux principales composantes de l'opposition dite de gauche ne donnaient une fois de plus à leurs troupes que la perspective d'autres élections, ne demandant une fois de plus à leur électorat, en échange d'une victoire, qu'un nouveau chèque en blanc, une nouvelle abdication du pouvoir de chacun, sa délégation, son aliénation à un parti et à ses élus : votez pour nous, et nous ferons le reste... Et Dieu sait si ce « reste » était rayonnant : pour que ça change, votez pour nous, disait l'un, et l'autre de riposter : voter pour nous, c'est changer la vie.

Chacun s'empêtrait dans d'innombrables contradictions : pour les réformistes l'idéal eût été, après le grand avortement de mai, une société en laquelle aucune issue révolutionnaire n'était prévisible à vue humaine, de laquelle n'émergeait aucun projet (de ce point de vue le parti communiste donnait toutes garanties) et où une élévation du taux de croissance permettait de promettre une élévation du niveau de vie, créant l'illusion que l'on pouvait « changer la vie » sans changer le système, c'est-à-dire en gérant le capitalisme mieux que les capitalistes eux-mêmes. De ce côté, la conjoncture ne servait pas ce réformisme idéal : s'il eût été au pouvoir, c'est la crise qu'il eût fallu désormais gérer. Prolonger la cure dans l'opposition était préférable, et mettre à profit l'attente pour enlever à son voisin et rival de gauche une partie de sa clientèle.

Cette opération fut d'autant plus aisée que le parti communiste était aux prises avec des contradictions plus profondes encore, dues à ses erreurs en chaîne depuis mai 1968. Ayant déjà cessé, depuis lors, de constituer une alternative « révolutionnaire » crédible au système, bien qu'en paroles il continuât à le proclamer, et voulant à tout prix retenir sa clientèle électorale dont une partie croissante allait grossir les rangs du parti socialiste, il commit l'erreur fatale de rivaliser de réformisme avec les réformistes. Alors commença la grande braderie : un beau jour, la direction décréta qu'il fallait se rallier à l'arme atomique combattue depuis trente ans ; un autre jour (et toujours selon la méthode stalinienne déjà définie), un autre décret jetait par-dessus bord la « dictature du prolétariat », ce qui, en soi, pouvait être une excellente chose si l'on avait proposé une solution de rechange pour résoudre les problèmes pour lesquels Marx et Lénine avaient forgé ce concept, alors que cet abandon, faute de toute discussion qui eût permis à la base de suggérer une alternative, conduisit au plus plat électoralisme.

Les abandons succédaient aux abandons : après avoir « réprouvé » l'invasion soviétique en Tchécoslovaquie, on acceptait la « normalisation », c'est-à-dire la mise au pas du pays par la répression systématique.

L'internationalisme prolétarien ne se définissait plus par un alignement inconditionnel sur l'URSS (encore que sa politique extérieure de puissance n'était jamais mise en cause), mais il se renversait en nationalisme, depuis le mot d'ordre de « défense nucléaire tous azimuts », jusqu'aux slogans du type « produisez français... achetez français », et au refus de l'entrée de la Grèce, de l'Espagne et du Portugal dans une « Europe » que l'on avait combattue longtemps avant de s'y rallier sans condition, sauf verbale, et de prendre rang, sur ce point, à côté des gaullistes les plus chauvins et les plus inquiétants.

Enfin, dernière contradiction, et non la moindre : après avoir reconnu qu'étaient quotidiennement bafoués en URSS les plus élémentaires droits et qu'il n'y existait point de démocratie, même formelle, on la considérait néanmoins comme « socialiste », et l'on déclarait que le bilan du régime était « globalement positif ». Ainsi, après avoir défini le socialisme comme une démocratie véritable et non plus formelle, pénétrant l'économie et la culture comme la politique, on prétend qu'un pays peut être socialiste en foulant aux pieds toute liberté. Étrange visage du socialisme !

D'aucun parti n'émanant un grand dessein, un projet d'avenir à l'échelle de notre temps, les élections obéissent à la loi marécageuse de l'entropie politique se répartissant entre 49 % et 51 % avec, en général, un léger avantage pour les plus crédibles partisans du *statu quo* et du maintien de l'ordre ancien puisque les adversaires sont incapables d'en concevoir et d'en proposer un nouveau.

Comment l'électeur pourrait-il faire un choix fondamental alors que, sur tous les problèmes dont dépend notre avenir — le modèle de croissance, l'armement nucléaire, l'énergie nucléaire, avec toutes leurs conséquences mortelles —, tous les partis sont d'accord à quelques nuances de vocabulaire près ?

La réalité du pouvoir reste donc aux groupes de pression qui fondent la « croissance économique » sur les secteurs les plus rentables pour eux : le nucléaire et l'automobile, les seuls qui n'aient pas été touchés par la crise et qui poursuivent inflexiblement leur progression. On pourrait dire aujourd'hui, paraphrasant un axiome du passé : nucléaire et automobile sont les deux mamelles de la croissance.

Du nucléaire, nous avons déjà évoqué les méfaits physiques et politiques. Mais nous pourrions tenir un propos analogue sur l'automobile, et sur l'ensemble du groupe de pression (le plus fort en France) qui gravite autour d'elle et oriente la politique économique, puisque les constructeurs de voitures, les fabricants de pneus, les promoteurs d'autoroutes, les pétroliers et leurs satellites représentent près de la moitié du budget de la France.

Qu'importe, auprès de tels intérêts, que meurent sur les routes, chaque année, plus de 15 000 personnes avec 300 000 blessés, soit 150 000 morts et 3 millions de blessés en dix ans (l'équivalent de deux Hiroshima), et que la jeunesse soit la première frappée : sur 1 000 morts de jeunes gens de vingt à vingt-quatre ans, 366 meurent sur la route, 265 de vingt-cinq à trente ans, 175 de trente à trente-cinq ans. La preuve a été faite que les réductions de vitesse ont fait baisser le nombre des accidents de 55 % en Suède, de 50 % en Angleterre, que le Japon qui, de 1970 à 1977, est passé de 18 à 32 millions de voitures, a, pendant la même période, diminué de près de moitié le nombre des accidents mortels (de 17 000 à 9 000) grâce à des mesures draconiennes de limitation de vitesse, et protégé sa propre jeunesse en interdisant les motos de plus de 700 cm^3 (désormais réservées à l'exportation).

Mais de telles mesures ralentiraient les ventes, et le « lobby » français de l'automobile a la puissance nécessaire pour s'y opposer[2].

Tous les partis et le Parlement s'inclinent devant ce contre-pouvoir réel des groupes de pression du nucléaire et de l'automobile, masqué en France, comme aux États-Unis, en Allemagne, en Italie et ailleurs, par le « pouvoir » aussi officiel qu'illusoire des Parlements chargés de persuader le public qu'en devenant électeur il devient « souverain », alors que les choix vitaux lui sont interdits et que les décisions sont prises, en dehors de tout contrôle, par la technocratie des groupes de pression.

Il faut que ceci soit clair : *aucun parti politique aujourd'hui n'est capable ni de réaliser un nouveau projet de société échappant à la* « *logique* » *mortelle de la croissance aveugle, ni même de le concevoir et de le proposer.*

La politique, au sens vrai et fort du mot, c'est-à-dire la volonté de créer une société à visage humain, est pourtant en gestation, surtout depuis 1968, à l'extérieur des partis. Les germes de l'avenir sont là où de petits groupes d'hommes se rassemblent, se concertent, se fédèrent pour prendre en main leurs propres affaires sans attendre « d'en haut », d'élus ou de chefs auxquels ils auraient délégué leurs pouvoirs, les décisions concernant leur vie quotidienne comme leur destin.

Déjà, en dehors des institutions officielles, est en train de sourdre la volonté de vivre autrement.

2. Alors que l'exemple de tous les pays qui l'ont pratiquée avec vigueur (notamment le Japon, l'Angleterre, la Suède) a montré combien de vies humaines pouvaient être épargnées par la réduction de vitesse, et au moment où les experts montrent combien on a surestimé l'importance des gisements de pétrole, même en Arabie, on peut mesurer le mépris de la vie et de la vérité ainsi que l'insolence à l'égard du pouvoir politique, du tout-puissant « lobby » de l'automobile, lorsque l'une de ses figures les plus marquantes, le fabricant de pneus, M. François Michelin, pouvait affirmer dans le journal *la Montagne*, en juin 1979 : « Il y a beaucoup plus de pétrole qu'on ne le dit [...] c'est un problème monté de toutes pièces pour donner le pouvoir à des gens sur le plan politique [...] restreindre la vitesse sur les routes et augmenter le prix de l'essence conduirait inévitablement à une crise de l'industrie automobile. » Et il brandissait ses menaces et son pouvoir économique pour empêcher cela : ne plus construire d'usines et stopper l'embauche.

Au sein même des « foules solidaires » naissent, meurent et se recréent sans cesse des communautés d'un type nouveau. Des regards se rencontrent. Des mains se nouent. Des projets sont bâtis en commun. Ici un puits. Ici un stade ou une garderie d'enfants. Ici une prière. Ici une coopérative. Ici une école. Ensemble. Et à l'initiative de ceux « d'en bas » : communautés chrétiennes de l'Amérique latine à la France, ou communes chinoises, jeunes n'acceptant plus d'être estropiés par la pédagogie périmée des écoles et des universités, ni par les idéologies de récupération et d'intégration sournoise au désordre établi.

L'action s'organise pour le respect des équilibres écologiques entre l'homme et son environnement de terres, d'arbres, de fleuves et de lacs tués par la pollution, pour la défense des océans, pour la protection de l'espace contre des satellites espions à équipement nucléaire dont la chute fait peser sur nos têtes une menace permanente.

La terre, l'eau, le ciel... l'homme est devenu responsable de tous les éléments. Nous sommes arrivés à ce point crucial de l'épopée humaine où nous ne survivrons pas par la seule force d'inertie des dérives de notre siècle : prolongées, elles conduisent toutes au suicide planétaire.

« Changer ou disparaître ! » crie-t-on dans les îles.

Le continent répond : « L'utopie ou la mort ! »

Ceci doit être clair : *survivre et vivre dépendent désormais d'un choix humain et nul ne peut déléguer son pouvoir.*

Les germes d'avenir naissent de toutes parts : mouvements pour les autonomies régionales contre la centralisation dévorante, mouvements de consommateurs, comités de quartiers pour le contrôle et la gestion des affaires locales et des organismes élus, mouvement antinucléaire, dont le référendum autrichien est un bel exemple, résistance à l'implantation des centrales de la mort, en France, en Allemagne, mouvement coopératif, action non violente chez les paysans du Larzac, comme chez les ouvriers de Lip, exigence autogestionnaire s'imposant même aux directions syndicales qui s'en défiaient, lutte des OS, en dehors des structures et des méthodes traditionnelles pour le dépassement de la promotion individuelle des qualifications et des salaires au profit des qualifications collectives.

De tous ces mouvements nous insisterons particulièrement sur l'un d'eux, le plus important non seulement par le nombre d'êtres humains qu'il concerne, mais parce qu'il met en cause les structures de nos sociétés depuis 6000 ans : le mouvement des femmes.

Ici encore, les tentatives de récupération n'ont pas manqué : on a accordé quelques strapontins aux femmes dans le gouvernement et atténué les inégalités les plus agressivement évidentes liées au sexe, avec des amendements au droit familial, la levée de la répression contre la contraception ou l'avortement.

Même sur ce plan, toutes les batailles sont loin d'être gagnées : il fallut de courageuses campagnes pour que la honte du viol ne retombe pas sur la victime mais sur le coupable. La pilule est devenue légale, permettant à la femme de choisir volontairement d'être mère et de se libérer de l'angoisse de maternités involontaires mais, significativement, la recherche depuis des années est orientée de telle sorte que la femme seule, jusqu'ici, doit prendre le risque des déséquilibres éventuels de la pilule, non pas l'homme. Ce n'est sûrement pas un problème technique.

Il y a même encore des combats d'arrière-garde contre l'avortement qui n'est, certes, un but pour personne, mais qui peut, à défaut de prévention, être un ultime recours. Ne voit-on pas brandir la menace moyenâgeuse de l'excommunication contre les femmes et les médecins, mais épargner le vrai coupable : l'homme qui fait un enfant sans en assumer la responsabilité.

Il est étrange d'ailleurs que cette croisade contre l'avortement occupe beaucoup plus de place dans les préoccupations des intégristes que les campagnes contre la course aux armements, pour la dénonciation des préparateurs de guerre, contre l'avortement planétaire des entrepreneurs de l'atome et que la protection des objecteurs de conscience refusant d'être tueurs ou tués. L'homme n'aurait-il donc droit au respect de la vie qu'à l'état de fœtus, sa destruction à l'âge adulte passant au second plan ?

De telles hypocrisies doivent être dénoncées, mais nous n'atteignons pas ainsi le centre du problème posé par le mouvement des femmes.

En France les femmes constituent un peu plus de 50 % de la population, mais, à tous les leviers de commande de la société, elles n'accèdent que dans une proportion infime.

Il y a moins de 1 % de femmes parmi les chefs d'entreprises et pas davantage parmi les cadres supérieurs, pourcentage qui tend vers zéro dans les plus grandes entreprises. Par contre, dans les secteurs où la main-d'œuvre est la moins payée, par exemple dans le textile, elles constituent 90 % de l'effectif. Quant au travail qui n'est pas payé du tout, celui du ménage et du soin des enfants, qu'il soit fait en supplément du travail à l'extérieur ou qu'il fasse obstacle à ce travail extérieur, il est assuré à 98 % par les femmes.

Dans le privé, à elles les postes de secrétaires, de dactylos ou vendeuses de magasins, mais combien dans les conseils d'administration ?

Dans le secteur public, à elles les Chèques postaux, mais combien de directeurs ? Et à l'échelle des responsabilités nationales, la discrimination est la même.

Nous avons évoqué les strapontins ministériels, mais la France n'a jamais connu de femme président de la République, Premier ministre ou même ministre des Affaires étrangères, de la Défense ou de l'Intérieur, considérés comme postes clés. Si leur nombre à la Chambre des Députés et au Sénat a connu une certaine progression, c'est à un moment où le Parlement perdait de plus en plus de son importance. Combien de femmes siègent au Conseil d'État, accèdent à l'Inspection des finances, à la Haute Magistrature, ou à la tête d'une ambassade ?

Même dans l'enseignement apparaît cette discrimination. Si le nombre des femmes est élevé, c'est dans les secteurs les plus dévalorisés de la fonction publique : dans les enseignements du premier et du second degré. En revanche, combien de femmes professeurs titulaires compte-t-on dans les facultés de médecine ou de droit ?

Dans les hôpitaux, si elles sont largement majoritaires parmi les infirmières, la proportion s'inverse au niveau des « grands patrons ».

Dans l'Église catholique (car les Églises protestantes comptent quelques exceptions de femmes pasteurs) tout se passe comme si, depuis le misogyne saint Paul, la femme était frappée d'une infériorité métaphysique : même si l'on ne voit plus toujours en elle un piège du démon, un suppôt permanent du péché, elle demeure exclue de l'ordination sacerdotale : le plus dérisoire séminariste peut devenir prêtre, mais pas une femme, eût-elle le génie de sainte Thérèse d'Avila.

Le problème n'est pas statistique.

Il ne s'agit pas seulement de changer les acteurs et de mieux distribuer les premiers rôles. Lorsque les femmes revendiquent le droit à toutes les dimensions de la vie et le droit d'être aussi aux leviers de commande de l'économie, de la politique, de la vie religieuse, c'est la nature même du théâtre qui doit changer, c'est-à-dire la structure, le fonctionnement et les finalités mêmes de la société. Car, depuis des millénaires, depuis la fin du néolithique et la naissance de l'agriculture (qu'Engels appelait « la grande défaite historique du sexe féminin »), dans toutes nos sociétés, restées depuis lors patriarcales, une « division du travail » entre les sexes s'est opérée et n'a cessé de régner : les fonctions « nobles », celles de la chasse, de la guerre, de la domination, du commandement sous la forme de l'affrontement militaire d'abord, de la concurrence économique ensuite, et de la réussite individuelle, l'homme se les est attribuées, et toutes les sociétés depuis lors ont été dominées par l'hégémonie sans partage de la conception masculine des valeurs, de la noblesse et de la hiérarchie des fonctions, avec au sommet celle du chef : chef de guerre, chef d'entreprise (au sens le plus large) ou chef de famille.

Si bien que les rapports sociaux, depuis des millénaires, ont été vécus de façon différente, et même opposée, par les hommes et par les femmes.

L'homme vivait sous des formes différentes, selon sa classe et son rang, le rapport *extérieur* de rivalité, d'opposition, de domination, depuis la lutte pour la supériorité dans le clan, dans la guerre, ou dans la simple concurrence pour la richesse et le pouvoir. La résultante de ces volontés de puissance individuelles étant la société de croissance aveugle.

La femme, confinée dans le maintien de la cohésion et de la continuité du groupe, sous la forme des besognes subalternes, et *intérieures* à la famille (l'entretien du foyer, la maternité et le soin des enfants), vivait, sous une forme il est vrai dégradée par la subordination et la soumission au « chef », un autre rapport social : non plus le rapport extérieur d'une société de concurrence entre mâles rivaux, mais le rapport intérieur de communauté, rapport ambigu, certes oscillant, notamment en ce qui concerne les enfants en bas âge (avant qu'ils ne soient entrés dans la société masculine ou devenus membres nouveaux de la communauté féminine), entre l'intégration et l'amour.

C'est pourquoi l'avènement de la femme à toutes les fonctions dirigeantes de la société implique, à long terme, la subversion et l'inversion de toutes les valeurs fondamentales de nos sociétés, et le passage de la société individualiste à la société communautaire, d'un rapport social fondé sur un rapport de force à un rapport social fondé sur la reconnaissance de l'autre et la participation à son épanouissement personnel.

Il est vrai que la réalité est moins immédiatement idyllique et plus complexe. Nous pouvons mieux comprendre cette complexité des rapports homme-femme grâce à l'analogie colonisateur et colonisé.

La plupart des peuples colonisés, par exemple ceux de l'Afrique et de l'Inde, avant que ne leur soit imposée la propriété privée de la terre et la transformation de celle-ci en marchandise, avant que ne leur soient imposés les rapports sociaux de concurrence individualiste dans le cadre du rapport de dominant à dominé, ont connu des formes vivantes de communauté. Communauté limitée, il est vrai, d'abord par le bas niveau des techniques et ensuite par la situation inférieure faite à la femme. Nous est donc interdite toute nostalgie d'un retour à la communauté traditionnelle. Le problème est de savoir comment cette communauté, épurée de cette arriération technique et de cette subordination de la femme, pourrait créer, à une étape nouvelle d'un développement endogène, un type nouveau d'entreprises modernes qui ne soient plus ni privées ni étatiques (selon les modèles occidentaux), mais communautaires. Toutes les décisions capitales sur les finalités de l'entreprise — son organisation et sa direction, la répartition de son fruit — y seraient prises non par les pourvoyeurs de capitaux et leurs délégués, mais par l'ensemble de ceux qui y travaillent. Il en est de même pour une société politique qui n'obéirait plus aux lois de la jungle libérale ou du goulag totalitaire mais qui, à partir de la communauté autonome, libérée de ses limitations historiques ancestrales, engendre une démocratie de type nouveau : participative et associative.

Mais ce processus, pour les anciens colonisés comme pour les femmes, est entravé et retardé d'abord parce que le modèle et les valeurs du maître ont été « intériorisées », comme dit Fanon, par le dominé. Ensuite, parce qu'à l'heure des libérations, les « élites » intellectuelles prêtes à prendre et à gérer le pouvoir appartenaient précisément aux couches sociales les plus profondément formées et modelées par l'éducation et la culture occidentales, à Paris, à Londres ou à Harvard.

Il s'est produit un phénomène analogue dans le mouvement des femmes... Au départ, la légitime question de « l'égalité » avec les hommes a été perturbée du fait que le modèle du dominateur masculin était « intériorisé » : devenir l'égale de l'homme signifiant alors devenir semblable à lui, à l'intérieur du même système social. Là encore, les premières dirigeantes étant des intellectuelles, formées et modelées par l'éducation et la culture des cadres masculins, la juste revendication d'égalité se confondait souvent avec l'intégration au système, comme s'il suffisait de remplacer un Blanc par un Noir ou un homme par une femme dans une même société de domination pour se croire émancipé de l'ordre ancien.

Le mouvement des femmes, comme le mouvement de libération, atteint sa pleine maturité lorsque l'objectif n'est plus de s'intégrer aux hiérarchies et aux valeurs de domination du système ancien, mais de le briser et d'instaurer son système propre de rapports humains et de valeurs nouvelles.

C'est en ce sens profond que le mouvement des femmes est devenu l'un des porteurs les plus puissants et les plus signifiants de la mutation historique la plus radicale : celle du passage d'une société atomisée par l'individualisme à un nouveau tissu social communautaire, celle d'une société statistique et sans visage à une démocratie authentique, c'est-à-dire participative et associative.

Le mouvement des femmes est ainsi l'une des composantes majeures de cette mutation que d'autres appellent révolution.

Les plus grandes révolutions de l'histoire n'ont pas été substitution de pouvoir mais émergence d'une réalité nouvelle qui naît en dehors de l'ordre déjà existant. Le monde issu de la désintégration du système féodal n'est pas né de la victoire des serfs, mais, en dehors du système féodal, par un triomphe qui n'était ni celui des serfs ni celui des seigneurs, mais celui d'une force nouvelle : celle de la bourgeoisie. Aujourd'hui, au-delà de la sphère des luttes entre ouvriers et patrons, une réalité nouvelle est en train de naître. Une révolution qui consisterait à susbstituer une dictature prolétarienne à une dictature bourgeoise, par une dialectique qui ne s'est jamais manifestée dans l'histoire, ne pourrait que perpétuer les fins de l'ancien système, notamment son modèle de croissance, avec toutes ses aliénations. L'expérience historique du dernier demi-siècle ne l'a que trop vérifié.

Sans cette mutation véritable de l'homme, il y a simple passation de pouvoir à l'intérieur d'un même système d'aliénation de l'homme.

Ceci doit être clair : *une révolution véritable est pour une société ce qu'une conversion est pour un individu : un changement des fins et du sens de la vie et de l'histoire.*

La science et les techniques.

La science et les techniques peuvent-elles opérer cette mutation et nous faire sortir de l'impasse en nous proposant des fins ?

Depuis la Renaissance, la science et les techniques semblent avoir pris le relais de la religion. Bon nombre de nos contemporains lui attribuent le pouvoir de combler tous les vœux humains, d'abolir toutes les malédictions des Bibles anciennes : elles peuvent accomplir le travail de l'homme autrement qu'à la sueur de son front, et éviter aux femmes d'enfanter dans la douleur.

Elles nous ont promis la toute-puissance : « Homme, par ton cerveau puissant, deviens un dieu, le maître et le seigneur de tous les éléments ! » nous suggérait déjà le Faust de Marlowe à l'aube de la

Renaissance, et Descartes nous annonçait « une science qui nous rende maîtres et possesseurs de la nature ». De fait, elle a accompli, depuis quatre siècles, des exploits éclatants.

La machine depuis le XVIe siècle et le moteur depuis la fin du XVIIIe ont extrait plus de matières, déployé plus d'énergie, transformé ou créé plus d'objets que n'y avait réussi l'homme depuis le début de son histoire.

Elles ont exploré les trois infinis : de la petitesse avec les particules, de la grandeur avec les galaxies, de la complexité avec la cybernétique.

De César à Napoléon, pendant près de 2000 ans, un courrier mettait le même temps, celui du galop d'un cheval, pour aller de Rome à Paris. Aujourd'hui, dans ce même temps, un avion fait quatre fois le tour du monde et une fusée cent fois. La radio et la télévision nous confèrent même l'ubiquité : je peux être simultanément présent en chaque point du monde, et instantanément présent à chaque événement.

Nul n'a jamais mieux servi la volonté de puissance de l'homme, jusqu'à assurer à l'Occident, qui a tout subordonné à ce développement prométhéen des sciences et des techniques, quatre siècles d'hégémonie mondiale, la première hégémonie totale de toute l'histoire humaine.

Pourtant, au terme de ces quatre siècles d'ivresse de la connaissance et de la puissance, un nombre croissant d'hommes et de femmes commencent à prendre plus ou moins clairement conscience de ce qui manque à leur éblouissante civilisation scientifique et technique. Le doute n'est d'abord venu que de l'extérieur, c'est-à-dire des résultats.

Les sciences et les techniques ont permis d'éliminer les épidémies de peste qui détruisaient des millions d'êtres humains, mais elles ont permis aussi la destruction de 60 millions d'autres êtres humains, de 1939 à Hiroshima, et elles nous promettent infiniment mieux encore. Est-ce un hasard si la première machine à combustion interne, le canon, qui tonna pour la première fois à Crécy, en 1346, est l'ancêtre de tous les moteurs modernes, et si les centrales nucléaires d'aujourd'hui ont pour ancêtre la bombe d'Hiroshima ? Dans le premier cas, il suffisait d'ajouter un piston au cylindre et de maîtriser les explosions ; dans le second cas aussi, il suffisait de canaliser l'apocalypse.

Étrange, n'est-ce pas, que pendant si longtemps l'on n'ait pas suspecté cette « révolution industrielle » marquée dès son berceau, et à chacune de ses étapes, par un « progrès » dans l'art de la guerre et de la destruction !

L'automobile a doté des millions d'hommes de carrosses beaucoup plus rapides et confortables que celui de Louis XIV, mais elle tue 200 000 hommes par an dans le monde (trois Hiroshima par an !). La mécanique des engins, la chimie des engrais, la biologie des hybridations ont doté l'agriculture de moyens dont elle n'avait pu rêver depuis des millénaires, et le nombre des morts par la faim au xxe siècle dépasse de loin celui des âges les plus noirs.

Les machines, avons-nous dit, *peuvent* accomplir le travail de l'homme. C'est vrai. Elles le peuvent. Mais le font-elles ? En quel siècle les rythmes du travail, des transports, des loisirs et des pollutions ont-ils engendré plus de maladies nerveuses, d'infarctus, de violences, de détraquement vital, d'évasions dans la drogue ou dans le suicide, ont-ils plus puissamment séparé l'homme des autres et de lui-même ?

On n'a jamais autant bavardé sur la « communication », de Norbert Wiener à Mac Luhan, et dans les « colloques », que depuis qu'il existe si peu de communications proprement humaines entre les hommes, puisque l'homme est de plus en plus solitaire par rapport aux autres et plus divisé à l'intérieur de lui-même.

On aime nous rappeler, à temps et à contretemps, que si la première révolution industrielle, celle de la machine à vapeur, a remplacé les muscles humains, la seconde, celle de la cybernétique et de l'ordinateur, remplace le cerveau humain.

De là à imaginer qu'une entreprise entière serait gérée par ordinateur, et, au-delà de l'usine, la société dans son ensemble, il n'y avait qu'un pas : il fut allégrement franchi, aussitôt après la Seconde Guerre mondiale qui avait donné naissance à la cybernétique à partir des problèmes posés par l'acheminement des convois militaires à travers l'Atlantique.

Dès la fin de la Seconde Guerre mondiale, le Père Dubarle, dégageant avec lucidité les conséquences de la « cybernétique » de Norbert Wiener, évoquait déjà la possibilité d'une « machine à gouverner », à partir du moment où les décisions économiques ou politiques des hommes relèvent de la théorie statistique des « jeux », au sens où Von Neumann les a étudiés mathématiquement [3], et où l'appareil d'État est assimilé à une machine autorégulatrice.

Norbert Wiener ajoutait : « La presse exalte le " savoir-faire " américain depuis que nous avons eu le malheur de découvrir la bombe atomique. Il y a pourtant une qualité plus importante que celle-là, et

3. Johannes Neumann, *Theory of Games and Economic Behavior*, Princeton, J. Von Neumann et O. Horgenstein, 1953 (éd. 1944)

beaucoup plus rare aux États-Unis. C'est le " savoir-quoi ", grâce auquel nous déterminons non seulement les *moyens* d'atteindre nos buts, mais aussi *ce que doivent être nos buts*[4]. »

Ceci était écrit en 1954. Mais vingt-cinq ans plus tard cette « qualité » (de savoir quel *but* poursuivre et de ne pas confondre ce savoir avec celui des *moyens* pour atteindre un but) fait des ravages bien au-delà des États-Unis.

L'exemple le plus éclatant de cette confusion entre une *science* qui nous donne des *moyens*, et une *sagessse* qui nous permet de concevoir *des fins*, est le livre de Jacques Monod, *le Hasard et la Nécessité*.

Définissant d'entrée de jeu l'organisme vivant comme « un objet doté d'un projet[5] » : celui de reproduire sa structure, et même de la transformer, il appelle cette étrange propriété « téléonomie », pour éviter le vieux mot de « finalité », qu'il veut absolument exclure de la science.

« La pierre angulaire de la méthode scientifique est le postulat de l'*objectivité* de la nature : *c'est-à-dire* le refus systématique de considérer comme pouvant conduire à une connaissance " vraie " toute interprétation des phénomènes donnée en termes de causes finales, c'est-à-dire de projet... Postulat pur, à jamais indémontrable, car il est évidemment impossible d'imaginer une expérience qui pourrait prouver la non-existence d'un projet, d'un but, poursuivi où que ce soit dans la nature[6]. »

A partir de ce postulat, parfaitement légitime pour qui veut éviter toute explication paresseuse à partir du dessein extérieur d'un démiurge, Jacques Monod, en une fort élégante démonstration, rend compte du phénomène de l'évolution biologique, c'est-à-dire à la fois de l'invariance des structures et de leurs mutations, à partir de deux concepts exclusifs de tout autre : la nécessité et le hasard.

La nécessité n'est pas, chez Jacques Monod, de nature mécanique (comme chez Descartes ou dans l' « homme machine » de La Mettrie), mais de nature cybernétique. Le « hasard » intervient nécessairement pour expliquer l'invariance des structures, car, en vertu de la deuxième loi de la thermodynamique, on pourrait s'attendre à une dégradation. Mais chaque système biologique baignant dans un système plus vaste, il peut se produire des « remontées » locales et provisoires de l'entropie sans infirmer la valeur de cette loi pour l'ensemble de la nature. Ces hasards successifs peuvent être intégrés à

4. Norbert Wiener, *Cybernétique et Société*, Paris, Éd. 10 × 18, p. 231.
5. Jacques Monod, *Le Hasard et la Nécessité*, Paris, Éd. du Seuil, 1970, p. 22.
6. *Ibid.*, p. 32-33.

la structure, fixés, accumulés par le jeu des autorégulations cybernétiques.

A ce niveau de la biologie, je n'ai ni la compétence pour discuter de la valeur de l'explication de Jacques Monod, ni le besoin de le faire pour mon actuelle démonstration.

Je me limiterai donc, à cette étape, à deux remarques qui ne touchent pas à la biologie :

1. L'affirmation, répétée à maintes reprises par l'auteur, que cette explication est la seule possible, exclusive de toute autre. Cette illusion dogmatique a été celle d'autres savants à d'autres époques. Descartes et La Mettrie après lui ont affirmé aussi que tous les phénomènes de la vie étaient réductibles, sans résidu, aux concepts et aux lois de la mécanique. Devant la fière assurance de Jacques Monod, il m'est arrivé de me demander s'il n'était pas le La Mettrie de la cybernétique.

2. La notion du hasard est toujours troublante. Sans doute Jacques Monod lui donne-t-il le sens mathématique qu'il peut avoir dans les théorèmes de Von Neumann. Néanmoins, même à partir des nombres les plus grands, on peut se poser la vieille question : à supposer que l'on confie à un singe, dans le désordre, toutes les lettres composant *l'Iliade*, combien de chances y a-t-il pour que, disposant et redisposant sans cesse les caractères « au hasard », il arrive un jour à composer le poème ? Si bien qu'en dépit des précautions prises par Jacques Monod, son « hasard » me paraît bien souvent jouer dans son livre le rôle que jouait la « Providence » dans les sermons du curé de mon village.

Mais mon hésitation découle sans doute de ce que je n'ai point l'imagination ni l'audace de « ce poisson primitif » qui, selon Jacques Monod, « a choisi d'aller explorer la terre où il ne pouvait cependant se déplacer qu'en sautillant maladroitement[7] ». Ce « Magellan de l'évolution[8] », comme écrit encore Monod, est ainsi le premier d'une lignée de Terriens qui, par une accumulation d'autres hasards, deviendront nos aïeux.

Même si j'acceptais sans sourciller cette « explication » au niveau de la biologie, je n'en retiendrais pas moins que l'ouvrage de notre Prix Nobel est peuplé de beaucoup plus de miracles que la Bible.

Mais, dès que nous dépassons la biologie, les choses s'aggravent : dans les vingt-deux dernières pages du livre (p. 175 à 197), Jacques Monod traite à la fois de la morale, de la politique et de la religion en un raccourci magistral qui consiste à généraliser et à extrapoler tous

7. *Ibid.*, p. 142.
8. *Ibid.*

azimuts le type d'explication qu'il a appliqué à la biologie, pour aboutir à cette conclusion péremptoire : « L'homme sait enfin [depuis Jacques Monod. — R. G.] qu'il est seul dans l'immensité indifférente de l'univers d'où il a émergé par hasard[9]. »

Serait-il insolent de se demander si ce ne sont pas ces vingt-deux pages qui ont fait de l'ouvrage un best-seller, et pourquoi ?

Car, enfin, il est peu probable que ce soient les considérations techniques sur les « enzymes allostériques » ou les « séquences polypeptidiques » qui, en dehors des spécialistes, aient attiré des centaines de milliers de lecteurs en France et dans le monde ! Le livre de son collègue François Jacob, comme lui Prix Nobel et traitant du même problème de *la Logique du vivant*[10], avec la même compétence et à quelques semaines d'intervalle, mais en s'en tenant à la seule biologie, n'a pas été aussi choyé par les medias touchant les grandes masses.

Nous avons donc le mauvais esprit de penser que ce sort fulgurant, connu par *le Hasard et la Nécessité,* est moins dû à l'incontestable compétence du biologiste, qu'au contestable pamphlétaire du dernier chapitre qui avait le mérite insigne d'exécuter, au nom de la science, le marxisme (en pourfendant par surcroît — fausse fenêtre pour la symétrie — Teilhard de Chardin).

Jacques Monod devenait ainsi le pape du positivisme et le fer de lance de l'antimarxisme.

Il n'est pas dans mon propos de réfuter cette attaque contre un marxisme caricatural. Jacques Monod confond Marx avec Staline comme, après la mort de Monod, les « nouveaux philosophes » (ainsi nommés par antiphrase, car ils n'apportent ni nouveauté ni philosophie) ont récupéré, avec moins de talent, la livrée défraîchie de l'antimarxisme en confondant Marx avec Althusser. Le conclave des medias, n'ayant plus un Nobel à se mettre sous la dent, décida que la papauté de l'antimarxisme deviendrait collégiale et, le temps d'une campagne électorale, lança nos play-boys exorcistes dans le grand public comme on lance une nouvelle marque de lessive[11].

Le seul point important auquel je voudrais ici m'attacher, c'est celui dans lequel Jacques Monod passe de la science au scientisme. La science étant l'ensemble des méthodes mathématiques et expérimentales qui ont assuré à l'homme une prestigieuse maîtrise sur la nature.

9. *Ibid.*, p. 196.
10. Paris, Gallimard, 1970.
11. Il est vraisemblable que, pour un temps, ce genre d'opération sera moins nécessaire car les dirigeants soviétiques, et le groupe Marchais en France, exercent, sans aide extérieure et avec efficacité, la fonction de discréditer et de liquider le marxisme.

Le scientisme étant l'ensemble des superstitions qui prétendent exploiter le légitime prestige de ces méthodes, pour expliquer par elles, ou nier en leur nom, toutes les autres dimensions de la vie, telles par exemple que l'art, l'amour, le sacrifice, la foi, ou simplement l'autre homme dans sa spécificité. Ce qu'on appelle parfois, à tort, les « méfaits » de la science ne viennent pas de la science mais d'une philosophie faisant d'elle une religion qui n'ose pas dire son nom. Ou encore : le scientisme est la croyance que tout ce qui n'est pas réductible, sans résidu, au concept, à la mesure et à la logique (aristotélicienne, mathématique, dialectique ou structurale) n'a pas de réalité.

Le scientisme procède ainsi à une série de réductions.

Cette raison, réduite (de Descartes pour l'exalter à Bergson pour l'humilier) à n'être qu'instrumentale, fabricante d'outils, de moteurs, de richesses et de contraintes sociales, est pourvoyeuse de *moyens* et non de *fins*.

Comme si l'homme ne pouvait manifester son intelligence qu'en construisant des machines, en gagnant de l'argent ou en manipulant les foules ! En s'emparant d'un pouvoir sur la nature ou les hommes.

Ce rationalisme infirme repose sur trois postulats :

1. toute réalité peut être « définie », c'est-à-dire réduite, sans résidu, en concepts ;

2. il est possible de constituer, en tous domaines de la vie humaine, un cheminement logique, c'est-à-dire nécessaire, contraignant, de ces concepts ;

3. la nature entière est un ensemble de « faits », reliés par des lois.

Le concept, la logique et la loi sont les trois piliers du « positivisme » et du « scientisme » occidental.

Pour une telle pensée positiviste l'avenir ne peut être que le prolongement du passé et du présent.

On comprend aisément pourquoi cette « religion des moyens », prenant la relève d'autres croyances et d'autres crédulités, joue à son tour le rôle d'« opium du peuple ».

1. Le concept, c'est le réel reconstruit selon un plan humain, rendant ainsi la réalité transparente à la raison. Cela est vrai des choses, des objets, de tout ce qui relève de la mesure et de la limite : un mathématicien peut « téléphoner » une figure géométrique à son collègue ; un ingénieur peut « téléphoner » le projet d'un pont, car tout y est définissable par des mesures, depuis les courbes des arches jusqu'à la résistance des matériaux et leur prix. Mais on ne peut pas « téléphoner » *le Pont d'Arles* de Van Gogh ou *le Pont sous la pluie*

d'Hiroshige, car il y a là quelque chose qui échappe au concept, à la mesure et à la limite. Tout au plus pourrai-je communiquer la technique du peintre, comme je peux envoyer par la poste une partition de musique après le concert sans que mon correspondant sache pour autant si l'exécution a été celle d'un virtuose dont la sensibilité ne peut se traduire en concept, ou celle d'un exécutant impersonnel. Un « futurologue » peut communiquer à son institut un projet fondé sur des extrapolations à partir du passé et du présent. Mais c'est un faux avenir car il fait nécessairement abstraction de l'initiative imprévisible des hommes et de leurs créations. L'emploi de l'ordinateur n'ajoutera rien à ce faux avenir : si Lénine avait usé d'un ordinateur pour lui demander s'il fallait faire la révolution d'Octobre, la réponse eût été oui. Parce que Lénine l'aurait programmé. L'ordinateur, programmé par Kautsky ne faisant entrer dans ses calculs que les « conditions *objectives*[12] », eût répondu non. Si l'on traite l'homme et l'histoire comme objet ou ensemble d'objets, le futur sera invariablement le prolongement du passé et du présent, soit par extrapolation, soit par analogie, puisqu'on pose par avance que l'homme traité comme un objet est, comme l'objet, incapable de rupture avec le passé ou de création inédite, bref, de nouveauté imprévisible.

C'est pourquoi le scientisme, cette « religion des moyens », après tant d'autres superstitions du passé, joue parfaitement le rôle d'« opium du peuple ».

Le propre du concept est de réduire tout *sujet* et tout *projet* aux lois, aux mesures et aux limites de *l'objet.* Ceci n'implique nullement le mépris du concept : nous le respectons à son niveau, où il fait preuve de son efficacité dans l'intelligence et la manipulation des objets. Mais ce n'est pas par concept que se déterminent l'amoureux, le poète, ou le prophète.

Il en est de même de la logique, qu'il s'agisse de la logique déductive d'Aristote et de saint Thomas, de la logique mathématique, ou de la dialectique de Hegel et de ceux des scientistes qui se réclament de Marx.

2. Pour faire court, et ne pas revenir pour la logique et la loi à ce que nous avons dit du concept et de son efficacité au niveau des objets de la nature ou des outils, retenons seulement son application à ce qu'il est convenu d'appeler les « sciences humaines » ou le « socia-

12. Et Lénine faisait observer avec juste raison que l'on devient aisément « opportuniste par objectivité ».

lisme scientifique ». La logique, dans son analyse des relations entre concepts, part du même postulat que le concept : de même que le concept prétendait reconstruire, sans résidu, l'objet, la logique entend reproduire, dans son enchaînement de concepts, les relations et les mouvements du réel. Ce qui, répétons-le, est parfaitement respectable et efficace à un certain niveau : celui où l'abstraction ne prive pas l'objet de sa caractéristique fondamentale.

En est-il ainsi à l'échelle de l'homme et de son histoire, de l'économie politique, de la psychologie, de la sociologie ou du socialisme scientifique ?

D'Auguste Comte en Durkheim, de Pavlov en Jacques Monod, de Hegel en Staline, on n'a jamais dissimulé que l'on appliquait consciemment à l'homme les méthodes et les lois qui avaient fait leurs preuves dans les sciences de la nature. Que Durkheim calque *les Règles de la méthode sociologique*[13] sur celles de l'empirisme positiviste de Stuart Mill ; que Jacques Monod applique les lois de la cybernétique, qui faisaient merveille en génétique, à l'ensemble de l'évolution, y compris celle de l'homme ; que Staline fasse de la dialectique de l'histoire et de ses révolutions un cas particulier des lois « universelles » de la dialectique de la nature, la démarche est, dans chaque cas, la même : c'est celle de Descartes appliquant les lois de la mécanique au comportement animal, celle de La Mettrie les appliquant à son tour au comportement humain dans un livre dont le titre avait le mérite de définir le programme : *l'Homme machine*.

L'économiste « classique » procède de même — mais sans le dire — lorsqu'il établit ses « lois » en réduisant l'homme à deux dimensions seulement : celle de travailleur et de consommateur, de travailleur robot et de consommateur avide, l'un et l'autre étant mus par le seul intérêt. Il y a là non pas une science mais une idéologie de justification, d'autant plus mystificatrice qu'elle a introduit subrepticement (peut-être même inconsciemment) un postulat caché de ce qu'elle fait passer pour science : le principe même de la société capitaliste, celui de Hobbes et des « utilitaristes anglais », qui considéraient comme « psychologie de l'homme » la psychologie moyenne du bourgeois de leur temps.

Nous pourrions faire une démonstration analogue pour l'adversaire direct de cette « économie classique » : le « socialisme scientifique ». Lui aussi ne peut établir de lois économiques ou de lois historiques que de l'homme « aliéné », c'est-à-dire d'un homme à ce point mutilé

13. Émile Durkheim, *Les Règles de la méthode sociologique*, Paris, 1895 ; « Bibliothèque de philosophie contemporaine », Paris, PUF

de sa dimension proprement humaine que son histoire ressemble plus ou moins à l'évolution naturelle. En bref, disons que les « sciences humaines » nous apprennent beaucoup de choses sur l'homme, sauf ce qu'est l'homme.

Le « postulat subreptice » de ces « sciences humaines » est celui-ci : dans un monde d'aliénation et de manipulation on appelle « homme » l'homme aliéné et, retrouvant, au terme de la « recherche », ce que l'on avait introduit au début, on réalise ainsi, sous l'enseigne de la « science », une autre idéologie de justification et de manipulation.

L'histoire « scientifique » est l'histoire de l'homme aliéné.

Le socialisme « scientifique » est le prolongement de cette histoire et de son aliénation.

Car le socialisme peut être scientifique dans ses moyens (les techniques d'organisation ou de stratégie, fonctions des aliénations existantes), mais le choix de devenir un militant, le choix d'accepter dans le combat pour le socialisme le sacrifice de sa propre vie, ne peuvent s'imposer par raison démonstrative ou par voie scientifique. C'est un choix, un acte de foi, un postulat.

Alors que les sciences de la nature exigent que le sujet s'efface autant que possible devant l'objet, la connaissance exigée pour la saisie des créations humaines (des arts, des mysticismes, des prophétismes, des initiatives révolutionnaires, comme de la poésie ou de l'amour) exige que le sujet qui cherche à « comprendre » s'identifie au sujet acteur et créateur : l'objet ne peut être compris que par le concept, le sujet ne peut être atteint que par l'amour, le projet ne peut être désigné que par le mythe, l'utopie ou le poème. Plus prosaïquement encore : une chose est de connaître les causes et les effets chimiques ou biologiques de l'ivresse, autre chose d'éprouver l'ivresse. Une chose d'écrire un *Traité des passions,* autre chose d'aimer. Une chose de théoriser sur la révolution, autre chose de la décider et de l'accomplir. Une chose d'être historien, autre chose de changer le cours de l'histoire. Dans chaque cas, il ne s'agit pas d'exclure l'un des deux termes, mais d'être conscient de leur différence.

3. La même opération se répète au niveau de la causalité mécanique, de la causalité structurale ou de la loi, qui ont pour caractère commun de nous soumettre à l'existant et au passé en excluant par principe toute émergence imprévisible, poétique, d'un avenir véritable, c'est-à-dire d'un avenir dont les composantes n'existent pas toutes dans le passé ou le présent.

Au nom du même postulat inavoué (l'homme est entièrement déterminé par son passé, ses instincts, sa classe sociale, sa nation, sa culture, sa religion), chaque spécialiste — c'est-à-dire chacun de ceux que la division du travail scientifique a empêchés de penser en dehors des œillères de leur spécialité — « expliquera » ou « prévoira » mon comportement en fonction d'un aspect partiel (spécialisé) de la réalité, sans jamais situer humblement son savoir dans une totalité plus vaste. Chacun mettra l'accent sur l'une de mes chaînes, biologique, psychologique, sociologique, économique, ou d'autres encore. Tel biologiste affirmera que je suis « programmé » dès ma conception, et il réduira toute réalité, sans résidu, à la seule dialectique de la nécessité et du hasard. Tel psychanalyste, lisant dans le marc de café de l'inconscient, « expliquera » la peinture de Picasso à partir de ses « pulsions érotiques » (comme si chacun de nous n'était pas habité par de telles pulsions sans pour autant être Picasso !). Tel « marxiste » structuraliste verra dans l'homme « une marionnette mise en scène par les structures » (comme s'il demeurait un sens pour un tel « révolutionnaire » à appeler ces marionnettes à un combat pour leur libération !). Tel économiste établira, au nom de sa « science », la nécessité de la « croissance », sans énoncer, ou peut-être sans soupçonner, son postulat de départ à savoir que la croissance, pour une plante ou une bête, est le simple déploiement des lois de sa nature : si je connais le têtard, ou même son embryon, je peux prévoir ce qu'il deviendra par le seul jeu de sa croissance : une grenouille. Tel est le postulat de l'économie de la croissance : l'homme a une « nature », comme les plantes, les bêtes, les têtards et les grenouilles.

Le scientisme, sous sa forme achevée, procède à d'autres réductions encore :

1. La réduction de la science à la science déjà faite, déjà formalisée. La science en train de se faire, comme l'a illustré Henri Poincaré à partir de son expérience de l'invention mathématique, est proche de la poésie et de ses imprévisibles inspirations. Réduire la science à la science déjà faite, c'est confondre la recherche avec la preuve, la nouveauté de l'acte créateur avec les routines de la démonstration.

2. La réduction de tous les actes de la vie à la juridiction suprême de cette science. Même pas science vivante, toujours en naissance, mais science morte. Tout ce qui n'est pas réductible au concept, à la logique et à la loi n'a pas droit à l'existence. Tel est le postulat. « Irrationnels » l'amour et le sacrifice de sa vie à ce qu'on aime, « irrationnelle » la création artistique, « irrationnelle » la foi des martyrs, au double sens de témoins et de torturés.

Quelle pauvre et plate conception de la raison découle de cette conception de l'irrationnel !

Une conception plénière de la rationalité ne saurait faire abstraction d'aucune dimension de la vie.

Un peu de savoir, c'est-à-dire la science enseignée, la science déjà faite, conduit au dogmatisme.

Un peu plus de savoir, c'est-à-dire la science en train de se faire, la recherche scientifique, conduit à se poser des questions.

Plus encore de savoir, c'est-à-dire l'invention scientifique, si proche de la création poétique située dans l'ensemble des créations humaines, conduit à la prière.

Une rationalité purement analytique, partielle, stérilisée et stérilisante ne retient qu'un fragment de nous-même et rejette dans les ténèbres extérieures à ses « lumières » tout ce qui fait le sens et la joie de vivre.

Une raison digne de ce beau nom ne doit-elle pas être le lien entre la totalité de l'homme et la totalité du réel ?

Kant niait la possibilité d'une « intuition intellectuelle », en laquelle s'abolit la frontière entre le sujet et l'objet. Il était lui-même captif d'une conception si étroite de l'entendement (réduit au concept, aux catégories de la logique, de la causalité, et de la loi) qu'il perdait la dimension essentielle de l'homme.

L'homme est lié au réel, il en contient en lui tous les degrés d'existence, la nature entière est mon corps, — mon existence comme personne ne se constitue pas à partir d'un « je pense », où le « je » est réduit à l'individu et la pensée au concept, mais à partir de ma relation avec l'autre. La transcendance est faite de tout le foisonnement de la vie, de cette vie qui échappe au concept. Kant ne peut en parler que par conjecture, comme d'une inaccessible « chose en soi », comme quiconque s'est enfermé dans la prison du concept.

A partir de ces prémisses inconscientes, empruntées à la géométrie d'Euclide, à la physique de Newton et à l'insularité cartésienne du « je pense », qui ne peut conduire qu'à la solitude ou à la foi du charbonnier, Kant se condamnait à construire une philosophie du « comme si ». Il étend, contrairement à ses propres principes, la causalité à la « chose en soi », comme si elle était la source de nos perceptions ; il postule comme toute science cette correspondance miraculeuse des catégories de notre entendement avec le réel, « comme si » elles émanaient de la même source ; enfin, il nous faut agir « comme si » nous étions à la fois immortels, libres et sujets d'un dieu moralisant.

Que d'invraisemblables prodiges pour une philosophie qui se veut critique !

Pourquoi ne pas reconnaître que l'intuition intellectuelle n'est pas « non rationnelle » mais simplement « non conceptuelle » ? Cette conception exige beaucoup moins de postulats : si l'on a d'abord sectionné dans l'homme, avec Kant, une intelligence réduite au concept, à la logique et à la causalité, il est en effet impossible d'imaginer une connaissance coextensive au réel, un réel entièrement transparent à la connaissance. A moins d'appauvrir ce réel au point de le faire entrer dans le lit de Procuste de la « grande logique » hégélienne, réduisant toutes les métamorphoses de la vie, tout le développement du réel au développement du concept et de sa contraignante dialectique.

L'ensemble de ces postulats scientistes et technocratiques est le fondement de la barbarie occidentale. De toutes les meurtrissures qu'elle inflige à la vie des hommes et des peuples.

Cette maladie analytique de tout couper en deux dans la réalité concrète sans pouvoir ensuite recoller les morceaux, crée ainsi de toutes pièces ces faux problèmes philosophiques qui, je l'ai déjà dit, ne sont insolubles que parce qu'ils sont mal posés : dualisme de l'âme et du corps, de la matière et de l'esprit, du temps et de l'éternité, du fini et de l'infini, du déterminisme et de la liberté, de l'homme et de Dieu, de la nécessité et de la grâce, pour aboutir à la pire des absurdités : l'opposition du matérialisme et de l'idéalisme, problème sorti tout armé du dualisme cartésien faisant de l'homme une âme greffée sur une mécanique, un cadavre accouplé avec un fantôme. Les uns se disent matérialistes parce qu'ils n'ont retenu de lui que sa mécanique (même sous ses variantes dialectiques) et les autres (idéalistes de tout poil) son insularité de l'esprit, associée, par un coup de force, au dieu frigide de saint Anselme. Je dis bien : barbarie « occidentale », car — nous aurons l'occasion d'y revenir à propos de l'hindouisme — l'Inde, depuis trois millénaires, avait découvert que « ce qui connaît », ce n'est pas un cerveau monté sur deux pattes, mais l'homme tout entier. Cette voie royale a été très tôt abandonnée en Occident, par Socrate d'abord (cet « homme anormal », disait Nietzsche, anormal par sa manie de tout réduire au concept). De tout le reste de la vie, il ne subsiste, dans sa philosophie, qu'un moignon atrophié : ce pauvre « démon » qui ose parfois s'infiltrer dans les fissures de la raison. La pensée occidentale n'a soupçonné que sous des influences orientales qu'il y avait plus de choses sur la terre et dans le ciel que le concept ne peut en contenir.

Pythagore et Platon doivent beaucoup plus à la Perse et à l'Inde que les hellénistes ne le disent. Tout ce qui n'est pas mathématique, chez Platon, depuis l'*eros* jusqu'au soleil de l'idée du Bien, porte la trace des mystères orphiques venus de l'Orient. Le néo-platonisme de Philon et de Plotin est né à Alexandrie, centre de brassage de toutes les formes de pensée orientale, et Plotin lui-même suivit l'expédition de Gordien pour étudier la pensée de la Perse et de l'Inde. Toutes les formes juives ou chrétiennes de la gnose en découlent. Maître Eckhart retrouvera, à travers les doctrines de l'Islam, la grande tradition indienne de l'unité de l'homme et de Dieu. Spinoza, à travers Maïmonide, la vision que celui-ci avait découverte chez les soufis musulmans, tributaires eux-mêmes des visionnaires de l'Inde. Jacob Boehme, précurseur des spéculations des romantiques allemands, rejoindra confusément l'idée maîtresse de l'hindouisme : au-delà de l'être et du non-être, il y a l'acte, il y a la liberté.

Ces quelques réflexions n'avaient pas pour objet de mettre en accusation la science, mais simplement de relativiser chaque science et d'en énoncer les postulats. Ce que nous appelons emphatiquement « la science » est, plus humblement, « la science occidentale », une science séparée de la sagesse, c'est-à-dire de la réflexion sur les fins.

De cette séparation est né ce « rationalisme infirme », fondement de l'abêtissement scientiste et technocratique, qui, faute de reconnaître ses postulats et sa dépendance d'une conception globale de l'homme et de ses fins, est devenu à lui-même sa propre fin.

Ceci doit être clair : *ne pas avoir conscience de ses propres postulats rend la raison débile*.

Les Églises actuelles.

Les Églises et les religions peuvent-elles nous désigner des fins ou nous aider à les découvrir ? C'est en principe leur mission de dire ce qu'est Dieu et ce qu'est l'homme. Accomplissent-elles aujourd'hui cette mission ? Sans doute le pourraient-elles si, au lieu d'utiliser un dogmatisme aussi périmé que celui du scientisme qui les combat, elles acceptaient de se mettre elles-mêmes en question, de reconnaître leurs propres postulats et, par là même, de ne plus faire de la religion une aliénation de la foi, pour reprendre une expression de Paul Ricœur.

Mais l'Église (l'Église dominante en France comme en Italie, l'Église catholique romaine — hélas trop romaine !), du moins dans son enseignement officiel, de saint Anselme à saint Thomas, et du Concile de Trente à l'Encyclique *Humani generis,* a cherché ses « preuves » dans l'arsenal de ce rationalisme infirme qui est le père du théisme et de l'athéisme, ces deux frères jumeaux parce qu'ils partent, sans l'avouer, de la même conception anthropomorphique de Dieu, considéré à l'image d'un roi tout-puissant, d'un législateur moral ou d'un concept.

Essayons donc de suivre une démarche inverse de celle du scientiste ou du technocrate, qui, se posant toujours la question du « comment » et jamais celle du « pourquoi », toujours la question des moyens et jamais celle des fins, se contentent de remonter d'effets en causes, de séquences régulières de faits à leurs antécédents ? Nous inverserons du même coup la démarche des théologiens dogmatiques qui suivent le même chemin pour ériger l'arsenal de leurs « preuves » en croyant découvrir, sans aucun postulat, une « cause première », une « fin dernière », en un principe absolu au bout de leur chaîne de concepts.

Que saint Thomas ait tonsuré Aristote n'empêche nullement que sa pensée soit coulée dans le même moule, et que ce dont il administre la « preuve » n'a rien à voir avec le christianisme : il essaye de tirer, d'un monde déjà découpé en concepts, puis noué par une logique abstraite, un Dieu aussi exsangue que l'appareil conceptuel dont on l'a si laborieusement extrait. Cela n'a pas empêché les chefs de l'Église catholique, jusqu'au XXe siècle, de décerner un brevet d'exclusivité à ce système ruineux du thomisme, dont saint Thomas lui-même, peu avant sa mort, avait soupçonné le néant.

Ce fut bien pire après Descartes lorsque, adoptant son système comme dernier mot de la science (après en avoir d'ailleurs interdit « sous peine de mort » l'enseignement à la Sorbonne), on essaya, de Malebranche à Spinoza, de rebâtir des théologies sur la base de sa métaphysique, de cette métaphysique qui n'était pour lui qu'un « fondement » à sa physique.

Se plaçant ainsi sur le même terrain du rationalisme infirme que ses adversaires, la théologie se condamnait à un triste destin : celui de livrer des combats d'arrière-garde contre chaque conquête de la science et de loger dans ses failles provisoires son dieu bouche-trou : de l'astronomie de Galilée à la biologie de Darwin et à la psychanalyse de Freud, quitte, après chaque défaite, et lorsque la position devenait intenable, à entreprendre de les récupérer. Ainsi furent bâties des cosmologies plus ou moins fantaisistes à coups d'extrapolations des données positivistes des diverses sciences : l'évolutionnisme transmuté en doctrine de la finalité globale orientée vers un dieu cosmique, le passage d'une conception de la matière comme substance à une conception de la matière comme énergie hâtivement interprété comme une « preuve » de l'idéalisme, la découverte de l' « indétermination » des particules utilisées comme moyen d'introduire la « liberté » au niveau déjà de la nature, les théories astronomiques de l' « expansion » manipulées pour donner crédit à la « création » et même à en fixer la date. Toutes ces astuces, naïves ou rouées, aboutissent au salmigondis philosophico-théosophique de la « gnose de Princeton ».

La critique radicale de ceux que Paul Ricœur appela « les maîtres du soupçon » (Marx, Nietzsche, Freud) a rendu le plus grand service à la foi chrétienne, en la débarrassant du dieu gendarme de Constantin, du dieu de la Sainte-Alliance et de sa « morale » complice de toutes les dominations, comme du dieu froid des philosophes. Ils ont fait place nette pour un renouveau du christianisme.

Il était bon qu'il fût dit clairement, grâce à eux, que ce dieu du théisme traditionnel, conçu à l'image d'un roi, d'un juge ou d'un concept, n'a rien à voir avec la foi chrétienne. Que la foi chrétienne n'impose pas, comme un préalable, la croyance en un tel dieu dont Jésus de Nazareth ne serait plus qu'une illustration historique.

Ajoutons même, avec le Père Jean Cardonel, qu'on ne peut pas avoir foi en même temps en un dieu tout-puissant et en Jésus-Christ crucifié.

Le dieu tout-puissant de la conception théiste de la religion, c'est celui des pharaons d'Égypte qui était dieu et roi, celui des Cités-États de la Grèce, où Athéna s'identifie facilement avec Athènes. Ce dieu c'est Zeus, ou encore le dieu des Romains identifié à César, à l'empereur. Karl Marx nous a débarrassés de cet opium. Qu'est-ce que le christianisme a à voir avec de tels dieux ? Le Christ crucifié, c'est le contraire de ces images de la puissance. L'on ne peut confondre l'Olympe et le Golgotha.

Le dieu législateur moral est le dieu d'Hammourabi dictant les lois d'un empire. C'est, de Moïse à Kant, le dieu de tous les dualismes, opposant le Bien et le Mal de si habile manière que le Bien était toujours conforme aux intérêts des classes dominantes. Nietzsche et, après lui, Freud, nous libérant, à propos de Moïse, de cette image du « Père », ont assaini l'atmosphère du ciel.

Le dieu concept, c'est celui que Platon identifie à l'idée du Bien au-delà de l'horizon des concepts. C'est aussi le « moteur immobile » d'Aristote. C'est le dieu de saint Anselme : « Il existe un être tel que rien de plus grand ne peut être conçu, et il existe à la fois dans l'entendement et dans la réalité. » Fier de sa trouvaille, il concluait : « Seul le fou a dit en son cœur : il n'y a pas de Dieu. » A quoi un moine de Marmoutier, Gaunilon, répondait, « au nom du fou », qu'entre la réalité et le concept il n'y avait qu'un passage à sens unique : on peut aller de la réalité au concept (par voie d'appauvrissement) mais non du concept à la réalité. Ce qui n'a pas empêché Descartes de reprendre à son compte ce sophisme.

Nous reviendrons sur ces problèmes lorsque nous réfléchirons sur l'apport chrétien. Pour l'instant, nous tenons seulement à montrer que la foi ne passe pas par le refus de ce théisme, pas plus que par le refus de l'athéisme, et pour les mêmes raisons.

L'athéisme n'est qu'un théisme inversé. Il repose sur la même image de Dieu. Il fonde le même type d'action : à partir de ce théisme comme de cet athéisme l'on ne peut aboutir qu'à un système autoritaire et conservateur.

Dire « matière » là où l'autre dit « esprit » ne change rien à l'affaire, car, dans l'une ou l'autre de ces « réductions », on est, bon gré mal gré, contraint de rajouter à la matière quelques-unes des caractéristiques de l'esprit, ou, à l'esprit, quelques-unes des propriétés de la matière. Dans les deux cas on ne retient de la réalité qu'un squelette conceptuel et logicien.

Dire « progrès » là où l'autre disait « providence » ne change rien à l'affaire, car, dans les deux cas, l'avenir est un scénario déjà écrit, et l'homme est privé de la responsabilité de son histoire sur le prolongement du passé et du présent.

Dire « homme » là où le théisme disait « Dieu » ne change rien à l'affaire, comme l'a merveilleusement montré l'exemple de Feuerbach et, après lui, celui des théologiens de la « mort de Dieu ». L'appauvrissement ne vient pas de ce que l'on ne parle plus de Dieu, mais de ce que l'on part d'une conception réductionniste de l'homme faisant abstraction de sa dimension transcendante. Un athéisme prométhéen ou faustien, c'est-à-dire fondé sur l'individualisme et le rationalisme scientistes de la Renaissance, peut tout au plus inspirer un socialisme fondé sur le modèle de croissance du capitalisme. Il porte en lui les mêmes germes de fermeture et de despotisme que le théisme dont il prend la place.

On peut enfin, si l'on reste captif des illusions individualistes et rationalistes de l'Occident, garder seulement la nostalgie de toutes les dimensions perdues, et on aboutit aux philosophies de l'absurde. On a ignoré le rapport humain fondamental, c'est-à-dire le rapport avec l'autre. Alors, enfermé dans son insularité cartésienne, on écrit : « l'enfer, c'est les autres ». On a méprisé tout ce qui n'était pas le concept. Prisonnier de cette cage conceptuelle, on écrit : « l'homme est une passion inutile ». La liberté n'est plus que le pouvoir de dire non. Le fantôme d'un dieu maître de morale fait dire : « si Dieu n'existe pas tout est possible » et « il revient au même de conduire les peuples ou de se saouler solitairement ».

Toutes ces tentatives sont à la fois réformistes et réductrices : on nous parle de Dieu ou de son absence dans un même langage, celui du petit « moi » et du concept, incapables non seulement de saisir une transcendance véritable, mais même de lui ménager un point d'insertion dans nos vies d'hommes.

Parallèlement à cette évolution philosophique au cours de laquelle, après s'être pensée à travers Platon, Aristote, Descartes, Darwin, la foi s'est pensée, dans le deuxième tiers du XXe siècle, à travers l'existentialisme notamment avec Bultmann et Illich, le tournant le plus important de l'histoire du christianisme se situe au début du troisième tiers du XXe siècle.

1965, c'est la fin du Concile de Vatican II. 1966, c'est la Conférence mondiale du Conseil œcuménique des Églises (sur le thème : « Église et société ») qui va plus loin encore que *Gaudium et Spes* de Vatican II, dans son ouverture au monde d'aujourd'hui.

Dans ce commencement de mutation de l'Église, l'impact du marxisme comme mouvement et le dialogue avec les marxistes ont joué un rôle déterminant.

Les premiers grands « dialogues » entre marxistes et chrétiens eurent lieu à Paris et à Lyon en 1964 [14] et se poursuivirent à Salzbourg

14. En 1964 j'avais dénoncé comme fondamentalement contraire aux principes du marxisme le rapport du dirigeant soviétique Illytchev proclamant que le communisme ne pouvait se construire tant que subsistait le christianisme, ce qui, à mon sens, inversait les termes de la

en avril 1965 (puis à Herren Cheemsee et à Marianzke-Lazné) à l'initiative du Centre d'études et de recherches marxistes que je dirigeais alors, et de la Paulus Gesellschaft en Allemagne...

Tous les protagonistes des nouvelles théologies s'y trouvèrent rassemblés.

1964, c'est la parution de la *Théologie de l'espérance*[15] de Jürgen Moltman, née de la confrontation avec *le Principe espérance* du marxiste Ernst Bloch.

1965, c'est l'année où sort mon livre[16] qui fut traduit en onze langues, préfacé en Allemagne et en Angleterre par le Père Karl Rahner qui reprenait dans sa préface le thème du « christianisme, religion de l'avenir absolu », qu'il avait avancé dans notre débat à Salzbourg. La postface à mon livre, du théologien J. B. Metz, souligne avec force que la foi, loin d'être une affaire privée, était un impératif libérateur et que la promesse du Royaume fondait une « théologie négative du futur ». Il y avait là déjà les thèses maîtresses de sa future « théologie politique ».

La même année, 1965, aux États-Unis, au Divinity College de l'université de Harvard, j'avais un débat avec le Canadien Leslie Dewart, qui avait préfacé l'édition américaine de mon livre et qui publiait, en 1966, en réponse à mes thèses : *The Future of Belief (l'Avenir de la foi)*[17]. A ce débat participait le théologien américain Harvey Cox, dont paraissait la même année le best-seller, *la Cité séculière*[18].

En juillet 1965, le jésuite espagnol Alvarez Bolado répercutait en Espagne, dans la revue *Razon y Fé,* le dialogue de Salzbourg et, quelques mois après, en mai 1965, l'université catholique de Louvain m'invitait (non sans soulever la colère des intégristes belges) à exposer mes thèses sur le marxisme et la foi chrétienne.

En Amérique latine, la réflexion théologique sur le marxisme en liaison avec les luttes de libération des peuples allait donner naissance à la *Théologie de la libération* avec l'ouvrage publié sous ce titre en 1971 par le Père Gustave Guttierez[19], suivi par Hugo Assman,

---

théorie marxiste de l'aliénation. Ce texte (publié dans *Le Monde,* 22 février 1964) fit scandale en Union soviétique et dans les partis communistes car, pour la première fois, un dirigeant communiste (j'étais alors membre du Bureau politique du parti communiste français) attaquait publiquement un dirigeant soviétique.

15. *Théologie de l'espérance,* « Cogitatio Fidei », n° 70, Paris, Éd. du Cerf, 1964.
16. *De l'anathème au dialogue,* Paris, Plon, 1965.
17. New York, Herder and Herder, 1966.
18. Trad. française, Paris, Casterman, 1968 ; 1er éd. Mac Millan, 1965.
19. Trad. française, Lumen Vitae, Bruxelles, 1974.

Leonardo Boff, Enrique Dussel, Comblin et maints autres théologiens.

Il apparaissait de plus en plus clairement aux partenaires du dialogue que le problème des rapports du christianisme et du marxisme était mal posé chaque fois que l'Église prétendait jouer le rôle d'un parti politique, et que les partis communistes prétendaient jouer le rôle d'une Église. Ainsi s'opposait une idéologie à une idéologie, alors que ni la foi ni le marxisme ne sont des idéologies. La foi n'est pas une conception du monde mais une manière d'agir dans le monde. Le marxisme n'est pas une conception du monde mais une méthodologie de l'initiative historique. Lorsque le marxisme se transforme dogmatiquement en matérialisme dialectique pour faire de l'histoire humaine un cas particulier d'une universelle dialectique de la nature, il dégénère en une théologie athée. Lorsque l'Église prétend déduire de l'Évangile une « politique tirée de l'Écriture Sainte », comme Bossuet, ou une « doctrine sociale » comme Léon XIII, elle devient une force politique (d'ailleurs conservatrice), et il est parfaitement légitime de dénoncer une telle démarche comme « opium du peuple ».

Cette confusion étant démasquée, le « dialogue chrétien marxiste » ayant atteint son objectif n'avait plus d'objet. Il en fut pris acte, en une réunion commune, à Genève, au Conseil œcuménique des Églises, avec la participation de marxistes français, espagnols et italiens et de prêtres catholiques désignés comme observateurs par le cardinal Koenig.

On en arriva à cette conclusion que l'argumentation théorique ayant permis une clarification du débat, même si les intégristes des deux bords n'en voulaient pas convenir, il s'agissait désormais de franchir une deuxième étape : après être passé de l'anathème au dialogue, passer du dialogue à une pratique pour la création d'un avenir à visage humain.

Le problème ne se posait plus désormais en termes d'affrontement mais d'émulation pour atteindre un but commun : créer pour l'homme, et pour tout homme, les conditions d'une pleine responsabilité de son histoire.

Par contre, un autre dialogue pouvait commencer : non plus un dialogue entre chrétiens et marxistes, c'est-à-dire un dialogue entre Occidentaux qui risquait de plus en plus de devenir « provincial » à l'heure de la décolonisation, mais un dialogue des civilisations, pour faire reconnaître par l'Occident l'apport indispensable des cultures non occidentales pour la création d'un avenir à visage humain.

Une mutation analogue se produisait dans l'Église, sur le plan social, en permanente action réciproque avec le débat et la mutation théologiques.

Depuis quinze siècles, c'est-à-dire depuis l'édit de Milan de Constantin en 313 et le décret de Théodose à Thessalonique en 380, rendant le christianisme obligatoire, dernier recours pour essayer de surmonter la crise de l'Empire romain, la liaison était demeurée étroite entre l'Église et le pouvoir d'État. La « chrétienté », c'était, en outre, le bloc constitué entre la religion chrétienne et la civilisation occidentale.

Si la dissociation de la foi chrétienne et de la culture occidentale commence à peine à s'opérer en 1979, la dissociation entre l'Église et l'État a commencé à se dessiner dès le XIXe siècle lorsque la chrétienté fut disloquée par les « nationalités ». La dernière affirmation fracassante du constantinisme fut celle du Concile du Vatican I en 1869.

Dès la fin du XIXe siècle commencèrent les tentatives de créer une « nouvelle chrétienté » dans une société officiellement séparée de l'Église.

Ces efforts se déployèrent sur tous les plans : sur le plan économique avec la fabrication d'une « doctrine sociale » de l'Église [20] et la constitution de « syndicats chrétiens » ; sur le plan politique avec la fondation des partis de « démocratie chrétienne » ; sur le plan de l'éducation avec la défense des « écoles confessionnelles ».

Après la mort de Pie XII, en 1958, et surtout après la fin du Concile du Vatican II, en 1965, expirent les rêves d'une « nouvelle chrétienté » : les syndicats « chrétiens » refusant de plus en plus l'étiquette confessionnelle, les épiscopats de France et des États-Unis étant de moins en moins décidés à investir dans l'enseignement privé, et les partis de démocratie chrétienne se sabordant, comme en France, ou se corrompant comme en Italie et en Allemagne.

La faillite de la démocratie chrétienne fut déclarée là où son action avait été la plus évidemment néfaste, à Santiago du Chili, lors de la première rencontre des chrétiens pour le socialisme en 1972.

Sur tous les plans — scientifique, philosophique, théologique, social et politique —, le terrain est désormais passablement déblayé en ce

20. Une remarquable démonstration du caractère irréversiblement périmé de cette « doctrine sociale » a été faite par le Père Chenu dans son livre, *La « Doctrine sociale » de l'Église comme idéologie*, Paris, Éd. du Cerf, 1979

dernier quart du xxe siècle pour que s'opère une mutation beaucoup plus radicale.

Il s'agit de prendre conscience que ce que l'on appelle « crise de la foi » est en réalité une crise de la culture dans laquelle s'exprime cette foi : la culture occidentale gréco-romaine. C'est ce qui s'est exprimé par exemple avec force en Afrique au colloque théologique de Dar-es-Salam en 1974 et à celui d'Abidjan en 1977, et, sous des formes propres à chaque continent, en Asie et en Amérique latine.

Il s'agit de passer d'une théologie dogmatique (c'est-à-dire tenant pour acquis l'essentiel des dogmes chrétiens) à une théologie fondamentale (c'est-à-dire faisant surgir des besoins actuels profonds des hommes l'interpellation de la foi) à partir de cette certitude première qu'il n'est pas possible de parler de Dieu sans parler de l'homme et sans agir pour lui, et qu'il n'est pas possible de parler de l'homme sans parler de Dieu et sans agir par lui.

Inverser ainsi la démarche traditionnelle fondée sur un rationalisme dogmatique infirme, c'est ne plus procéder de cause en cause, mais de projet en projet, non de « comment » en « comment » mais de « pourquoi » en « pourquoi », de fins subalternes à des fins plus hautes.

C'est une démarche non moins « rationnelle » que la première (ne la contredisant pas, ne la méprisant pas et n'entrant jamais en interférence avec elle), mais portant sur nos buts et non sur nos moyens. Ne se contentant pas d'expliquer mais conduisant à prendre des décisions pour changer le monde.

C'est, sous un autre aspect, la reprise de la distinction faite par Marx entre expliquer le monde et le changer. C'est le passage de la technocratie au prophétisme, c'est-à-dire à la volonté de confronter toute institution et toute action à sa fin.

Notre actuelle intelligence utilitaire et technicienne, fabricante d'ordre et de domination sur les choses et sur les hommes, s'est forgée dans une lutte plusieurs fois millénaire pour l'existence, pour l'adaptation aux choses, pour la maîtrise et la manipulation des choses, à travers essais et erreurs. Elle était, et elle demeure, absolument nécessaire à la survie de l'homme. Mais, seules nos sociétés occidentales depuis la Renaissance ont réduit la raison à cette unique fonction. Une telle réduction et un tel postulat conduisent inévitablement à extrapoler abusivement le déterminisme, indispensable à une action efficace des sciences et des techniques sur la nature, à un déterminisme généralisé, débordant la nature et les visées que nous pouvons avoir sur elle, pour leur faire régir nos rapports avec les autres hommes et avec notre propre avenir. C'était nous replacer sous le joug d'un nouveau destin, rien ne pouvant plus surgir qui ne soit la résultante ou le produit de causes ou de lois déjà existantes et faisant, par postulat, abstraction de toute possibilité future de l'homme d'inventer ce qui n'est pas dans le prolongement du réel tenu pour un donné immuable. Partant du postulat de ce déterminisme généralisé, « on n'a plus le choix, dit Martin Buber, qu'entre l'esclavage volontaire et la rébellion inutile [21] ».

Et si nous partions d'un postulat rigoureusement inverse de celui du déterminisme généralisé, pleinement conscient d'être un postulat : je ne suis pas nécessairement asservi à mes conditionnements, je suis capable de rupture et, comme tel, responsable de ma vie et de mon histoire ?

Assurément, c'est aussi un postulat, mais, tout comme le postulat du déterminisme est vérifié par tous les succès des sciences de la nature, n'est-il pas vérifié par l'existence quotidienne de la vie et l'expérience millénaire de l'histoire ?

Est-il vrai, oui ou non, que je ne suis pas nécessairement communiste si je suis ouvrier ou fils d'ouvrier, ou réactionnaire si je suis un « fils à papa » ? Marx lui-même était fils d'un petit bourgeois et Engels d'un grand bourgeois. Est-il vrai, oui ou non, que je ne me précipite pas, par un tropisme irrésistible, vers les attrape-nigauds du Salon de l'Automobile et des autres drogues qui me sont offertes ? Et que de ces ruptures sont faites mon caractère et ma personnalité.

Est-il vrai, oui ou non, que l'histoire humaine, n'était pas programmée tout entière dès l'origine, pas plus que ma propre vie en ce qu'elle a de spécifiquement humain ? Elle aussi s'est faite à coups de ruptures, de révolutions, d'inventions scientifiques ou techniques, de créations artistiques, d'utopies et de prophétismes.

D'où nous vient la force de ces ruptures, le pouvoir de ces créations, de cette émergence « poétique » du radicalement neuf dans notre vie et dans notre histoire ?

Déjà ce qui me caractérise, non pas comme individu refermé sur lui-même et séparé des autres par un vide, mais comme personne, c'est la

21. Martin Buber, *Je et Tu*, Paris, Aubier-Montaigne, coll. « Philosophie en poche », 1970, p. 89.

rupture avec cette insularité artificielle, c'est l'ouverture à l'autre. Comme l'écrit Martin Buber : « Au commencement était la relation... L'homme devient un " je " au contact d'un " tu "[22]. » Avec cette rupture et cette ouverture commence l'existence proprement humaine à la différence de celle de l'objet : débordant toute existence limitée, elle est négation des limites de l'individu qui la nie. Négation de la négation. Mais négation aussi de toute autre limite qui morcellerait l'unité fondamentale de la communauté des personnes, et, par là même, les détruirait.

La communauté dans laquelle la personne prend sa réalité propre et son sens ne saurait être une communauté partielle. Elle ne peut pas être conçue à l'image des institutions profanes : tribus ou empires, cités ou nations, sectes ou églises.

Car ce qui caractérise toutes les « institutions », c'est d'avoir une finalité limitée : réalisation d'une tâche d'irrigation, de construction, de défense, d'éducation, d'ordre intérieur, de conquête ou d'expansion. De là découlent leurs caractéristiques fondamentales : organisation hiérarchique et délégation de pouvoirs, avec tous les dogmatismes que sécrètent de tels appareils pour justifier leur reproduction et leur maintien.

Ces institutions ont, par exemple, engendré des théismes en créant des dieux à leur image : ceux des pharaons divinisés ; ceux des tribus d'Israël établissant avec leur Dieu des rapports de crainte, des rapports de maître à esclave ; ceux des empereurs romains, portant le titre, repris après eux, de *Pontifex maximus* (Souverain pontife) ; ceux des nations sacralisées ; ceux des monarchies de droit divin, des saintes alliances ou des démocraties chrétiennes.

Il ne suffit pas, pour échapper à ce cercle, de transformer un dieu de l'ordre en un dieu du mouvement, de sacraliser les révolutions après avoir si longtemps sacralisé les contre-révolutions. On ne sortira pas des théologies dogmatiques simplement en remplaçant Constantin par Che Guevara. On ne sortira pas ainsi des théismes fabriquant des dieux à l'image des sociétés partielles qui les sécrètent : des dieux pour conservateurs et des dieux pour rebelles.

Par contre, remontant de fins partielles en fins plus hautes, nous prendrons conscience de la contradiction à la fois la plus tragique et la plus exaltante de notre existence : si loin que je progresse, je n'arrive jamais à une certitude première, à une fin dernière ni à aucun principe primordial contraignant. Et, en même temps, je ne puis accepter ce cheminement sans fin, car je dois agir ; je suis donc obligé de prendre

22. *Ibid.*, p. 38 et 42.

une décision, de faire un choix, et de reconnaître en lui un postulat.

Oui, un postulat. Un vrai. Au sens où l'on parle du postulat d'Euclide ou du postulat de Riemann. Ce n'est pas une décision ou un choix arbitraire, irrationnel ; c'est un principe que je dois poser pour assurer la cohérence de ma pensée et de mon action. Toute pensée et toute action se fondent sur un postulat : celles de l'athée comme celles du « croyant », du « libéral » ou du révolutionnaire, celles de la science comme celles de la foi. La différence, c'est que les uns ont conscience de leurs postulats, les autres non.

Ceci doit être clair : *n'avoir pas conscience de ses postulats, c'est le dogmatisme. En avoir conscience, c'est la foi.*

Aucune prétendue rationalité absolue ne peut nous enlever cette responsabilité. Le fascisme n'est pas « illogique ». Il n'est même pas « illogique » de vouloir la destruction totale des hommes et de leur planète. Nous sommes pleinement responsables de ce choix, comme des choix opposés.

Il peut m'arriver de m'arrêter trop tôt dans ma recherche des fins, de m'installer dans des fins limitées : Mon pays au-dessus de tout ! Hors de l'Église pas de salut ! Le Parti a toujours raison !

Ce sont des décisions, des choix avant-derniers, c'est-à-dire refusant de confronter l'institution à ses fins. Ce dogmatisme nationaliste, clérical, stalinien, ou je ne sais quel encore, me donne une certaine sécurité, une bonne conscience. Il me demandera des sacrifices réels, je dirais même respectables comme tels. Je me suis fait ainsi un absolu à ma taille : l'argent, la nation, la classe, la race, le parti, l'Église, la secte. Un inquisiteur pousse en moi. Car si je détiens une vérité absolue, achevée, quiconque conteste cette vérité est un malade, et sa place est dans un hôpital psychiatrique, ou bien un rebelle conscient qui refuse cette vérité absolue, et il est juste de le diriger vers la prison ou la potence.

En disant ces choses, je suis passé, spontanément, à la première personne, car j'ai vécu cela, et n'en fais point d'excuse. Ce passé est le mien, et je n'en rougis pas. Car si j'ai pu apprendre à changer, c'est parce que je suis passé par ce chemin-là.

J'ai connu l'apparente plénitude du dogmatisme. Puis le doute, non comme détachement, mais comme angoisse et comme responsabilité. Le tournant des rêves. Puis la traversée du désert, de ces déserts spirituels où l'on rencontre si peu d'explorateurs ou de nomades pour vous aider à ouvrir des pistes.

Je ne serais pas ce que je suis si je n'avais pas été ce que je fus. Si j'avais été un sceptique, je n'aurais jamais su ce qu'est la foi. Il faut avoir su ce qu'est une certitude sur laquelle on mise la totalité de sa vie, pour s'élever à des fins plus hautes, mais qui exigent toujours le même enjeu de la vie et de la mort. La foi est à ce prix.

Il faut que cela soit clair : *la foi, ce n'est pas le contraire de la raison ; la foi, c'est le moment critique de la raison.*

Le moment où la raison prend conscience de ses postulats. Le moment où elle se rend capable de remettre en question ses postulats et ses fins.

La foi, c'est l'expérience critique de toute fin limitée. Elle aussi est négation de la négation. Négation des limites de l'homme.

Et comment pourrait-on connaître la limite sans pressentir au moins qu'au-delà autre chose commence ?

Pourquoi les partis, les savoirs, les Églises n'apportent-ils pas au monde ce dont il crie obscurément le besoin : un centre, un but, une foi ?

Notre tâche est alors de confronter toutes les institutions à leurs fins : les nations comme les armées, les sciences comme l'école, les Églises comme les partis.

Quand la foi baisse, pullulent les superstitions et les idolâtries.

Les uns prêchent le retour à l'Église non par amour de Dieu mais par peur du peuple.

D'autres adhèrent à un parti pour déléguer à un élu ou à un chef le choix d'une utopie ou d'un ordre.

D'autres encore veulent se persuader que la science peut répondre à tous leurs problèmes pour n'avoir à en poser aucun.

L'erreur de base de toutes ces attitudes, du scientisme à la technocratie, du théisme à l'athéisme, de l'intégrisme à la « théologie de la mort de Dieu », **c'est de croire que nous pouvons retrouver la plénitude de l'homme et sa transcendance sans rompre avec notre culture occidentale.** Car si notre monde, aujourd'hui, n'a plus de centre, des peuples et des âges en eurent un. Il ne leur était pas donné du dehors ou d'en haut. Des hommes l'avaient désigné. Des hommes l'avaient construit. Des hommes l'avaient atteint. Ces hommes, à notre insu, vivent encore dans nos vies.

Il importe que nous les sentions tous consciemment là, présents autour de nous. Non pas pour nous regarder ou pour être nos juges, mais pour nous aider, pour nous aider à ne pas refaire inutilement un chemin qu'ils ont déjà parcouru. Le passé n'a de sens que vivant. Le vrai passé n'est pas ce qui n'est plus. Il est ce qui conserve un sens pour nos vies d'aujourd'hui.

L'avenir n'est pas ce qui va arriver. Il est ce que nous ferons. Le vrai futur n'est pas ce qui n'existe pas encore. Il est présent dans le présent.

Entre des conservateurs avec un faux passé, celui qui justifie le présent, et des révolutionnaires avec un faux avenir, celui qui prolonge ou inverse le présent mais ne se définit qu'à partir de lui, le malheur de notre jeunesse est d'être ainsi privée de mémoire et d'espérance.

Un présent qui porte en lui toutes les créations du passé et tout l'avenir à créer, ce présent-là est un autre nom de l'éternité.

Il ne s'agit donc pas de faire un musée imaginaire des religions et des révolutions, ni même d'en écrire l'histoire comme on écrit celle des morts. Il s'agit d'évoquer les hommes et les peuples qui ont révélé des possibilités nouvelles aux hommes et aux peuples. D'évoquer les religions et les révolutions par ceux-là seulement qui en furent les prophètes et les martyrs. Dans cette perspective, il n'y a pas d'histoire séparée des religions et des révolutions. Apôtres et révolutionnaires sont indiscernables dans cette unique aventure humaine.

Les hommes n'ont qu'une histoire, défrichée à coups d'audaces, de folies et de sacrifices. La seule que nous ayons le désir d'exalter, l'histoire des conquêtes du génie humain. La seule qui vaille la peine d'être continuée, d'être vécue. Vivre, pour l'homme, c'est amener à l'existence des possibles inédits. Ceux qui le feront plus humain, c'est-à-dire plus semblable au rêve millénaire des dieux.

Révolution ou résurrection ? Est-ce bien sûr qu'elles s'opposent ou même se distinguent ? A condition de ne pas confondre résurrection avec réanimation de cadavre et révolution avec changement de pouvoir.

Nous cherchons une alternative à notre modèle occidental de croissance aveugle, et nous voulons découvrir une manière plus riche de vivre. Nous avons besoin pour cela de redécouvrir les choix qui ont été faits dans d'autres civilisations et dans d'autres cultures, sur d'autres continents et par d'autres peuples, qui ont conçu et vécu d'autres rapports entre l'homme et la nature, entre l'homme et l'homme, entre l'homme et le divin. Nous avons besoin de toutes leurs sagesses et de toutes leurs révoltes. Nous avons besoin d'eux pour nous rappeler que l'autre homme c'est ce qui me manque pour être pleinement humain. Il faut réveiller les uns de l'anesthésie des dogmes religieux, les autres de la nostalgie de révolutions devenues des volcans éteints.

Ce livre n'est écrit que pour retracer la naissance de Dieu en l'homme et de l'homme en Dieu.

2

A travers les sagesses de trois mondes

1. Le « Livre des morts » égyptien et l'Afrique vivante

L'homme est l'animal qui crée des outils et des tombeaux.

Lorsque Leakey, en 1954, découvre au Tanganyika des ossements semblables à ceux des singes actuels et fait remonter leur existence à 2 millions d'années, ce n'est ni la forme ni le volume de leur crâne qui lui font dire que ce sont les plus anciens des hommes jusqu'ici connus ; mais le fait qu'à côté de ces os, se trouvent des pierres qui n'ont pu être éclatées et rendues tranchantes que pour servir d'arme ou d'outil.

Ici commence l'homme.

Il est vrai qu'un singe peut ramasser une pierre et la jeter, s'emparer d'une branche et, avec elle, faciliter sa cueillette ou sa défense. Mais il l'abandonne dès que le but est atteint. L'outil humain présente deux caractères particuliers qui le distinguent fondamentalement de cette pierre ou de cette branche.

D'abord, il suppose une action qui n'a pas un but immédiat : façonner le silex pour le rendre tranchant n'est pas une fin en soi. C'est un détour, un moyen, pour une fin plus haute : dépecer une bête ou tailler autre chose. Le temps devient ainsi un temps humain, c'est-à-dire scandé non plus seulement par l'alternance des saisons, des jours et des nuits, mais par des actes subordonnés les uns aux autres comme moyens à fins. C'est aussi une première abstraction : abstraction, à travers l'outil, de l'acte de trancher ou de percer, et abstraction de l'objet sur lequel s'accomplit cet acte.

Avec cette double distanciation à l'égard de la nature et des actes de l'homme, qui déjà permet une domination sur des animaux physiquement plus robustes que lui, commence une histoire humaine désormais distincte des disparitions ou des métamorphoses des autres espèces.

Lorsque l'on mit au jour les restes de l'homme de Néanderthal, qui remontent à 150000 ans environ, une autre dimension de cet homme apparut, dont d'autres trouvailles confirmèrent la permanence : le squelette de cet homme, replié dans la position du fœtus, était souvent recouvert d'une couleur ocre et parfois entouré des ustensiles nécessaires à la vie.

Témoignage d'abord que pour ces hommes la vie ne s'arrêtait pas avec la mort, mais qu'elle se prolongeait sous des formes nouvelles que nous ignorons. De nouveau, le temps humain se distinguait de la durée des choses et des autres espèces vivantes : un corps d'homme, lorsqu'il meurt, n'est pas abandonné à la décomposition comme un arbre mort, ou une bête morte.

En outre, un sacrifice était consenti par les vivants, se privant de certains éléments de leur propre survie pour en faire don au mort : ils enfermaient dans son tombeau des aliments, des armes, ou des outils, et ceci non de façon accidentelle mais, pourrions-nous dire, institutionnelle, ce qui suppose l'existence d'un groupe humain organisé, dont les membres, partageant un certain comportement à l'égard de la vie et de la mort, participent à un rituel commun et aux croyances qu'il implique. Nous ignorons ces croyances, mais nous pouvons déjà, sur ces indices, être assurés que, pour ces hommes créateurs de tombeaux et de cérémonies, la vie de l'homme est plus que la vie quotidienne, tout comme le fabricant d'outils nous apportait la preuve que le présent est plus que le présent, qu'il est riche déjà de projets et de fins dont le plus fruste silex taillé atteste qu'il en est l'instrument et le moyen.

Que l'homme fasse des outils ou des tombes, il lutte contre la faiblesse et la mort, pour une vie plus riche que la vie animale. La vie va déjà à contre-courant des dérives de l'écrasement, de la dégradation et de la mort. La vie se veut le contraire de l'entropie. La création d'un ordre humain contre le chaos de la mort est le commencement de la grande tragédie optimiste de l'histoire humaine.

L'Afrique est peut-être la mère des races humaines. Les premiers vestiges matériels de l'homme y furent découverts, ainsi que les premiers documents écrits : ceux de l'Égypte. D'une Égypte qui, jusqu'au IVe millénaire, demeura purement africaine, n'étant entrée en rapport avec la Mésopotamie qu'à la fin de l'époque préhistorique. La période historique commence avec la réunion des deux royaumes vers 3000 avant notre ère.

Alors s'élevèrent au milieu du désert, au IIIe millénaire, les pyramides, ces gigantesques tentes de pierre capables de protéger un mort contre les sables, leurs tempêtes et leur éternité.

En Égypte furent découverts dès la XIe dynastie (vers l'an 2000) avec les premières inscriptions magiques, les témoignages écrits de ce que furent les premières angoisses et les premières espérances des hommes devant la mort mystérieuse.

Dans le *Livre des morts* de l'ancienne Égypte, dont le vrai titre était *Sortie vers la lumière du jour,* la mort est la limitation d'une vie primordiale sans limites. Sans limites dans le temps, sans limites dans ses possibilités. Ce qui caractérise cette vie universelle, c'est le mouvement, le devenir, les métamorphoses. La mort est la limite, l'arrêt, l'immobilité dont la pyramide et la momie figée dans ses bandelettes sont l'expression visible.

Le thème central du *Livre des morts* est la volonté d'abolir la limite, la barrière entre la vie et la mort, entre la vie animale et la vie humaine (comme l'attestent les dieux à têtes d'animaux), entre le réel et le possible, entre l'homme et le divin.

Un dieu, Osiris, est à la fois le dieu des vivants et des morts, le dieu martyr, victime et preuve de la malfaisance des puissances démoniaques qui ont déchiqueté son corps, en ont dispersé les membres avant que la piété d'Isis, à la fois sa sœur et son épouse, ne les rassemble. Le dieu mort, le dieu de la mort, est en même temps le dieu de la résurrection, de la résurrection à la vie universelle, pour les vivants qui poursuivent dans la mort les luttes de leur vie contre les forces mauvaises.

La mort s'identifie à Osiris. Comme écrira Héraclite, initié aux mystères de l'Égypte : « Il vit sa mort et il meurt sa vie. »

Le mort renaît à une forme nouvelle de la vie. Le *Livre des morts* nous décrit ses pérégrinations, ses combats, ses défaites, ses victoires.

L'homme est un acteur responsable de la vie universelle, dans cette vie et dans l'autre, qui ne forment qu'un seul tout.

Sans doute, en naissant sur la terre, en s'ancrant dans une vie vouée à la mort, il a perdu les possibilités sans limites de la vie universelle, mais il demeure la clé de voûte d'un univers qui ne peut être sauvé et rétabli dans sa plénitude primordiale que par les sacrifices librement consentis de l'homme ayant atteint la perfection divine, vivant en dieu, en Osiris, pour l'éternité, et ne faisant qu'un avec sa souffrance, sa mort, sa résurrection et sa vie.

Déjà, dans le *Livre des morts,* l'homme donne à sa vie des dimensions divines : il ne s'isole pas de l'univers, il en est responsable, et sa responsabilité demeure au-delà même de sa vie, qui est inséparable du Tout, de ses possibilités infinies ; sa vie est celle d'un dieu, Osiris, solidaire et responsable de toutes les métamorphoses de l'univers.

Nous n'évoquerons ici que la ligne mélodique du *Livre des morts,* première célébration humaine de la vie :

Incantation à Osiris, dieu des vivants et des morts

Ici commencent les incantations
qui disent la sortie vers la pleine lumière du jour.
J'entre au ciel comme un faucon
pour venir adorer Osiris,
Seigneur de la mort et des sources premières de la vie.
Car je t'aime, Osiris,
j'aime ton visage d'éternité,
« Celui qui contemple des millions d'années » est ton nom.
Tu régnais déjà au ciel
quand la terre avec ses montagnes n'existait pas encore.
O dieu régulateur des rythmes sacrés,
du rythme des saisons, du jour et de la nuit.
La nuit où Isis veille et pleure Osiris,
son frère et son époux bien-aimé.
Voici qu'Horus, leur fils,
est célébré dans des millions de fêtes.
Rends mon âme, Osiris, à sa nature divine.
Je vis après la mort une nouvelle vie.
J'arrive et je me mêle à la foule des dieux,
et je ne mourrai pas de la seconde mort,
car mes bras ont étreint toutes choses créées,
et les mondes futurs germent dans ma poitrine.
Les dieux ont reconnu ma qualité de dieu.
C'est de moi que dépend l'ordre des nouveaux mondes.
Je suis l'âme vivante,
de l'immense corps sans vie d'un dieu.
En moi se nouent tous les destins de l'univers.
Je suis le dieu de ce qui change.
Je suis celui qui marche en avant
et dont le nom est un mystère.
Je suis l'âme d'un dieu dont le corps déchiré
renouvelle la vie dans la cité des morts.
Dieu qui vivez en moi comme je vis en vous,
puissent mes yeux voir clair
et distinguer chacun des dieux à l'horizon.
Je ne forme à présent qu'un seul être avec Osiris.
Je lui parle à la manière des hommes.
Il me répond dans le langage des dieux.
« Je suis Osiris, frère et époux d'Isis,

maître des sources premières de la vie et de la mort.
Issu du feu divin, je suis le dieu du feu.
J'apaise l'incendie qui ravage les mondes.
Je suis une plante du désert,
une fleur des horizons mystérieux.
Émergeant de la nuit où toutes choses deviennent possibles
voici mon nom : " Celui qui connaît les abîmes ". »
En vérité je suis Toi, Osiris.
Je suis devenu dieu pour accomplir d'innombrables métamorphoses.
Je n'ai pas causé de souffrance aux hommes,
je n'ai pas menti,
je n'ai pas accaparé les terres,
je n'ai jamais violé l'ordonnance des temps,
je n'ai jamais cédé aux paroles de la colère,
je ne fus jamais sourd aux paroles de la justice,
j'ai donné du pain à celui qui avait faim,
et de l'eau de ma source à ceux qui avaient soif,
des vêtements à celui qui était nu.
J'ai vécu chaque jour communiant à ta vie.
Montre-moi le chemin, ouvre sur moi les portes.
J'avance vers les lieux où l'on célèbre les mystères,
pour y parcourir le cycle des métamorphoses.
Regarde, un dieu vient de naître
et participera de ta vie éternelle.
Je vois, je vis. Regardez-moi, je vis.
Se réveillent à la lumière les montagnes peuplées de tombeaux.
Je salue dans les dieux mes parents et mes frères.
Je vois, je vis. Regardez-moi, je vis.

L'Afrique, mère des races et des hommes, nous a conservé, jusqu'à aujourd'hui, ce rapport vécu entre l'homme et le monde, entre l'homme et sa communauté, entre les réalités visibles et les réalités invisibles, que nous avons vu naître dans l'Égypte africaine.

Il n'y a certes pas une seule culture africaine. Il existe des différences entre les peuples de la forêt et ceux de la savane, entre les agriculteurs sédentaires et les nomades, entre la civilisation de l'arc et celle de la lance, entre les hommes du désert et les hommes du fleuve, mais, au-delà de toutes ces différences, s'impose une unité profonde du sens africain de la vie. Cette richesse humaine, les missionnaires chrétiens l'ont, pendant trois siècles, méconnue ou ignorée. Tout au plus certains essayèrent, comme le Père Tempels, dans sa *Philosophie bantoue*, de trouver, dans le sens nègre du divin, les germes avortés d'une religion qui devrait s'épanouir en christianisme. A-t-on ainsi mieux révélé aux Africains le sens de leur vie et de leur mort ? A-t-on donné une richesse nouvelle à leurs rapports avec le monde, avec leur communauté, avec le divin ? Ce qui est sûr, c'est que l'homme occidental, imbu du préjugé de la supériorité de sa culture et de sa civilisation, n'a pas un instant pensé qu'il avait beaucoup à apprendre des Africains pour compenser sa propre pauvreté spirituelle et sa barbarie, et que, trop souvent, le christianisme servit d'alibi pour conforter le préjugé de l'exceptionnalisme occidental.

Alors que l'homme occidental n'a su instituer, depuis la Renaissance, entre l'homme et la nature, que des rapports de conquérants, des rapports de maître à esclave, les Africains, par-delà toute la diversité de leurs cultures, témoignent au contraire que l'homme et le monde ne font qu'un, que la nature entière est mon corps, et que j'appartiens tout entier à l'interaction universelle des forces dont est tissée la vie, la vie totale des hommes, des autres vivants et des choses.

Le sentiment africain de la vie, c'est d'abord cette communion permanente avec un monde vivant, animé, signifiant, que l'on peut déchiffrer comme un visage où se lisent directement l'angoisse, la colère ou l'amour et qui n'a pas donné naissance à l'absurde dualisme de l'âme et du corps. L'homme, comme le monde dans lequel il vit, est tout entier une âme et tout entier un corps.

Cette participation intime de l'homme à la réalité des choses s'exprime en un poème que chantent les Vandas du Zimbabwé[1] :

La terre est notre corps, à nous, les hommes.
L'eau est notre sang, à nous, les hommes.
Les poutres de la case sont nos côtes.
Les cordes, nos tendons.
L'herbe, c'est nos cheveux.
Le bâton au centre du tout, c'est l'homme.
Le foyer, au-dessous, c'est la femme.

Ce sont les *Lois de la case*. Les rites du sacrifice, si proches parfois de celui de l'agneau pascal des chrétiens, sont l'expression, par l'offrande, de cette participation de l'homme à la foi naturelle, volontaire et sacrée, à la vie universelle.

1. Longtemps baptisé Rhodésie, du nom du forban qui la conquit : Cecil Rhodes.

La vie tout entière, et pas seulement le sacrifice et l'offrande, est une participation à la création continuée : vivre c'est être créateur.

La mort même n'est pas le contraire de la vie, la rupture avec elle, mais sa continuation sous d'autres formes. Elle implique la présence des ancêtres : ils font partie de la vie présente de la communauté, qui réactive constamment leurs actes fondateurs.

Ce sentiment de la présence vivante des morts imprègne le poème d'un écrivain sénégalais contemporain, Birago Diop[2] :

Ceux qui sont morts ne sont jamais partis.
Ils sont dans l'ombre qui s'épaissit.
Les morts ne sont pas sous la terre.
Ils sont dans l'arbre qui frémit.
Ils sont dans le bois qui gémit.
Ils sont dans l'eau qui coule.
Ils sont dans l'eau qui dort.
Ils sont dans la case, ils sont dans la foule.
Les morts ne sont pas morts.

L'homme vivant est un nœud des forces unanimes de l'univers. S'il n'y a pas, dans cet univers, d'opposition ou de dualisme radical entre le pur et l'impur, le bien et le mal, il y a, en revanche, par gradations progressives, des zones de désordre et de relâchement, et d'autres où l'harmonie maîtrise l'informe, où les forces de la vie sont particulièrement denses, concentrées, et harmonieusement agencées. L'homme est l'un de ces centres, de ces noyaux de force. Le sens de la vie responsable de l'homme et de sa communauté, c'est précisément de multiplier, contre le chaos toujours menaçant (ce que nous appelons l'entropie), ces nœuds de force et de rythme devenant une source de vie plus intense et plus riche pour la communauté et pour chacun de ses membres. Faire triompher l'humain et le divin qui est en lui contre ce qui est encore informe et non maîtrisé.

Tout acte qui contribue à cet accroissement de force vitale et ordonné dans la nature est un acte sacré.

Et d'abord le travail. Celui de l'agriculteur, comme celui du tisserand ou du forgeron.

L'agriculture n'est pas une simple technique profane : elle est un acte sacré, rituel, car elle contribue à l'accroissement de la vie présente dans la graine et dans le sillon, dans les forces cachées du

2. Cf. Marc Rombaud, *La Poésie négro-africaine d'expression française*, Paris, Éd. Seghers, 1976, p. 145-146.

soleil et de l'eau. Le travail de l'homme noue la gerbe de ces forces éparses. Le travail est une prière, une communion plus étroite entre l'homme et Dieu.

Venez recevoir de Dieu la vie.
La pluie mêlée aux rayons du soleil nous donnera la vie,

chantent les laboureurs dinkas du Soudan.

Le tisserand noue, avec le fil et la trame, la parole primordiale, le verbe créateur, comme la lumière tisse le jour, écrit Hamidou Kane dans *l'Aventure ambiguë*[3], cette manière nègre de vivre l'Islam. Il n'est pas rare qu'à côté du tisserand se tienne le joueur de la cora aux vingt-trois cordes. Et le mouvement de la navette de l'artisan ne fait qu'un avec celui des doigts du musicien sur les cordes de son instrument.

Parmi les plus belles sculptures des Baoulés et des Gouros, en Côte-d'Ivoire, se trouvent les poulies sculptées du métier à tisser. L'art du sculpteur, qui, lui aussi, donne force et forme à la matière du bois, s'associe avec le tisserand et le musicien à la même célébration de la vie naissante.

L'un et l'autre psalmodient la même prière, car ils participent l'un et l'autre à la création rythmique de plus d'harmonie et de force dans le monde. Le travail, l'art et la prière ne font qu'un.

Le forgeron, le maître du feu, accomplit dans sa tâche un accouplement qui féconde la vie : le métal, c'est la femme ; le soufflet de la forge, c'est l'homme, et le feu qui jaillit en est le principe fécondant. Là encore, au-dessus du soufflet le plus primitif, constitué par deux manchons en peau de bête qu'un compagnon actionne de façon rythmique, les lèvres remuant en cadence comme pour moduler un chant ou une prière, s'exprime la fécondation du travail par la prière et le chant.

La vibration rythmée joue un rôle central dans toutes les activités de l'homme africain : celle du tam-tam et de la danse, celle de la parole du griot ou celle du sculpteur de masque.

Le masque lui-même ne prend tout son sens que comme heaume ou comme cimier pour exécuter une danse qui est doublement sacrée, d'abord parce que son rythme est l'expression même de la victoire de l'ordre sur le chaos, de l'homme sur l'informe, mais aussi parce qu'en elle la communauté prend conscience de son unité profonde avec elle-même et avec le monde qui l'entoure, de la force accrue que donne à son action la cohésion du groupe.

3. Paris, Julliard, coll. « 10 × 18 », 1961.

Le sacré, ici, est comme une nappe d'harmonie et de force en expansion, qui s'étend à la communauté tout entière, et, au-delà, avec toute la force des ancêtres qui danse en lui, qui s'étend au monde environnant pour écarter, par la force renouvelée et plus grande du groupe, les menaces de la forêt ou du fleuve, des sécheresses de la savane ou des agressions des fauves.

Tout est prière, accroissement sacramentel de vie, du pouvoir de l'homme de maîtriser le chaos, et de réaliser en lui, dans sa communauté et dans la nature, la plus grande harmonie et la plus grande intensité de la vie. Cette volonté primordiale de l'épanouissement total de toutes les forces de vie qui l'habitent donne à la prière africaine, à son chant, à sa danse, à ses masques cette vibration pathétique et passionnée qui se communique aussi directement à nous que les œuvres du plus grand art, de cet art qui est le plus court chemin d'un homme à un autre.

Cette puissance se dégage irrésistiblement de tous les actes de la vie africaine : du mariage, par exemple, qui, au-delà du couple, est un engagement total de l'homme et de la femme dans la transmission et l'accroissement d'une vie qui les dépasse.

L'initiation, rite de passage, est en même temps un rite de résurrection : mourir à l'enfance et naître à la vie de la communauté, comme membre responsable de sa survie, de son intégration au monde total des réalités visibles et invisibles, et de la maîtrise de ces forces contre le pouvoir dissolvant de la mort. Cette éducation initiatique ne s'adresse pas seulement à l'intelligence mais à l'homme total. Elle le conduit à la fois à prendre conscience du sens et de la beauté de la vie, du travail et des combats qu'elle comporte, de ses tragédies et de la participation à sa vie profonde.

Tout ce que Léopold Sédar Senghor exprime dans l'un de ses plus beaux poèmes, cette sorte d'hymne à l'Afrique, qu'est *Femme noire*[4].

Femme nue, femme noire
Vêtue de ta couleur qui est vie, de ta forme qui est beauté !
J'ai grandi à ton ombre ; la douceur de tes mains bandait mes yeux.
Et voilà qu'au cœur de l'Été et de Midi, je te découvre, Terre promise, du haut d'un haut col calciné
Et ta beauté me foudroie en plein cœur, comme l'éclair d'un aigle.

4. Léopold Sédar Senghor, « Chants d'ombre » (1945), publié dans *Poèmes*, Paris, Éd. du Seuil. 1964, p. 16 ; et coll. « Points », n° 53, p. 14.

Femme nue, femme obscure
Fruit mûr à la chair ferme, sombres extases du vin noir, bouche qui fais lyrique ma bouche
Savane aux horizons purs, savane qui frémis aux caresses ferventes du Vent d'Est
Tamtam sculpté, tamtam tendu qui grondes sous les doigts du vainqueur
Ta voix grave de contralto est le chant spirituel de l'Aimée.

Femme nue, femme obscure
Huile que ne ride nul souffle, huile calme aux flancs de l'athlète, aux flancs des princes du Mali
Gazelle aux attaches célestes, les perles sont étoiles sur la nuit de ta peau
Délices des jeux de l'esprit, les reflets de l'or rouge sur ta peau qui se moire
A l'ombre de ta chevelure, s'éclaire mon angoisse aux soleils prochains de tes yeux.

Femme nue, femme noire
Je chante ta beauté qui passe, forme que je fixe dans l'Éternel
Avant que le Destin jaloux ne te réduise en cendres pour nourrir les racines de la vie.

2. Zarathoustra

Vers le milieu du IIe millénaire avant notre ère, les tribus indo-iraniennes nomades chassées du nord, puis des steppes sibériennes, par la descente de vagues successives de froid, se séparèrent en deux rameaux : les unes, par les passes de l'Hindou Kouch, débouchèrent sur l'Inde où elles se mêlèrent aux vieilles civilisations de l'Indus et, plus au sud, à celles des Dravidiens. L'autre branche s'installa sur les plateaux de l'Afghanistan et de l'Iran.

Leurs développements furent longtemps parallèles bien que radicalement opposés : Zarathoustra inaugurant la lignée des religions *prophétiques,* l'hindouisme ouvrant la voie de toutes les *mystiques.* Les premiers hymnes des Védas de l'Inde furent composés du XIVe au Xe siècle avant notre ère.

Les premiers livres sacrés des Iraniens, les hymnes de l'Avesta, le furent à la même époque.

Leurs dieux, Ahura-Mazda pour les Iraniens, et son homologue indien Varuna, sont d'abord des dieux de la voûte céleste, et l'homme peut, en servant ces maîtres de la lumière, éloigner la mort.

Leurs métamorphoses sont analogues : la religion mazdéenne des anciens Perses s'intériorise vers le VIIe ou le VIe siècle avec Zarathoustra, comme, à la même époque, la religion védique avec les Upanishads

Des siècles plus tard, l'épopée indienne dù Ramayana donnera une forme dramatique à la rencontre, en Rama, du divin et de l'humain, qui sera le thème des visionnaires du Védanta comme du poète mystique Tulsidas, plusieurs siècles après, tout comme le grand poète iranien Firdousi, dans son *Livre des Rois,* donnera une forme épique à la Lutte du Bien contre le Mal, de la lumière contre les ténèbres, en transposant, dans l'Islam, la vision de Zarathoustra. Un siècle plus tard Sohravardi, le philosophe de la lumière, fera la synthèse du prophétisme de Zarathoustra et de celui de l'Islam. De cette histoire de plus de trois millénaires nous retiendrons ce qui nourrit encore nos vies. Et d'abord ce qui fut, du VIIe au VIe siècle, la plus grande des révolutions : le passage de l'homme du nomadisme à l'agriculture et à la sédentarisation des pasteurs. L'histoire pose les problèmes. Les prophètes y apportent réponse.

La naissance de l'agriculture n'est pas seulement un phénomène économique, mais aussi un événement moral et religieux. Pour la première fois l'homme n'est plus simplement assujetti à la nature : si sa dépendance est encore pesante à l'égard des forces de la matière, il n'en participe pas moins, en acteur responsable, à la création. Désormais, aussi, les forces menaçantes ne sont plus seulement celles de la nature. Il en est parmi les hommes : ce sont les tribus restées nomades qui rôdent, pour les piller, autour des champs et des troupeaux.

A cette double angoisse de la première liberté conquise et des menaces nouvelles des hommes, celle des nomades pillards, répond Zarathoustra, ce révolutionnaire, ce prophète, le plus grand peut-être de tous les temps.

La culture de la terre a pour la première fois montré qu'on pouvait vivre autrement. Autrement que par le nomadisme et l'abattage du cheptel. Un avenir inédit s'ouvre devant l'homme, et les forces du passé s'opposent à sa naissance. Il affronte un combat nouveau. Zarathoustra va désigner en prophète ses objectifs, et organiser en révolutionnaire la résistance.

Jusque-là les forces mauvaises étant essentiellement celles de la nature, les dieux protecteurs, que l'on tentait de se concilier par des sacrifices d'aliments et de bijoux, d'animaux et d'hommes, étaient des dieux cosmiques. Avec Zarathoustra, pour la première fois, s'opère le passage des dieux cosmiques à un dieu éthique. A l'opposition naturelle des forces hostiles et des forces tutélaires, il substitue l'opposition humaine du Bien et du Mal, qui s'imposera pendant vingt-sept siècles.

Si le Zarathoustra de Nietzsche n'a rien de commun avec le grand prophète de l'Iran, du moins Nietzsche a-t-il mesuré l'ampleur de la révolution accomplie par Zarathoustra lorsqu'il écrivait : « J'ai dû rendre hommage à Zarathoustra... Zarathoustra, je suis comme toi cet homme prédestiné, qui détermine les valeurs pour des millénaires. »

Zarathoustra, premier sculpteur de la grandeur humaine, a ouvert l'homme à une dimension nouvelle, la dimension verticale, polaire, l'arrachant aux dérives de la nature et aux servitudes de l'histoire. Grâce à cette dimension divine qui lui permet l'anticipation prophétique de son propre avenir.

Ce prophétisme et cette révolution sont enracinés dans le quotidien de la vie, de la lutte vitale du laboureur et du berger contre le nomade pillard : « Celui qui sème le blé, sème le bien. » Le Mal, c'est ce qui fait obstacle à cette lutte pour l'humanisation de la nature, à cette lutte contre ce que nous appelons l'entropie.

Zarathoustra demeure le pionnier de toute vie nouvelle lorsque l'homme agit en responsable de la création. Son œuvre se déploie selon quatre thèmes fondamentaux :

— une vision nouvelle de Dieu (monothéiste et source de grandeur) ;

— une vision nouvelle du monde, conçu comme le champ de bataille entre l'homme et ce qui s'oppose à son humanisation ;

— une manière nouvelle de vivre les rapports avec le divin puisque les hommes ne communiquent plus avec les dieux par des rites ou des sacrifices sanglants mais rencontrent Dieu en eux-mêmes quand ils vivent divinement leur vie d'homme ;

— une manière nouvelle de vivre les rapports avec la nature, en respectant toute vie, celle des animaux et celle des végétaux[1].

La vision nouvelle de Dieu, chez Zarathoustra, ce n'est pas seulement le passage d'un dieu cosmique à un dieu éthique, c'est aussi le refus de toute conception anthropomorphique de Dieu. Hérodote lui-même, peu suspect de sympathie pour les Perses et de dénigrement des Grecs, est obligé de reconnaître (I, 133) que les Perses « n'ont jamais, comme les Grecs, attribué aux dieux une nature humaine ».

Avec Zarathoustra sont affirmées à la fois la transcendance et l'immanence de Dieu. Dans la religion mazdéenne avant Zarathoustra, tout comme d'ailleurs après lui dans le zervanisme des mages, régnait le dualisme. Les mages corrompaient sa doctrine en restaurant les vieux rituels du sacrifice sanglant, en adorant le vieux dieu mésopotamien Zervan, sous le regard impassible duquel se développent les combats mythiques de deux autres dieux : Ahriman, dieu du Mal, et Ormuzd, dieu du Bien, en professant à la fois un polythéisme et un dualisme radical. Ce dualisme ne peut conduire qu'à l'évasion du monde réel pour échapper au mal de la terre.

Selon Zarathoustra, au contraire, il n'y a qu'un seul dieu : Ahura-Mazda, qui n'est la source d'aucun mal : il a créé la liberté. La liberté de choisir entre le Bien et le Mal. C'est là une conséquence de l'opposition nouvelle et fondamentale, que marque si fortement

1. Voir Paul du Breuil, *Zarathoustra*, Paris, Payot, 1978.

Zarathoustra dans ses hymnes, entre ce qu'il appelle « le bon laboureur de la terre des hommes » et le nomade pillard et destructeur. Chaque homme est responsable de son choix. C'est là la clé de voûte de l'enseignement de Zarathoustra. L'homme peut s'engager dans l'armée du Mal, derrière cette sorte d'archange déchu, Ahriman, ou alors, comme écrit encore Zarathoustra, « être de ceux qui dès le matin travaillent à l'accroissement du jour », pour la victoire du principe du Bien : Spenta Manyu.

Les écrivains du romantisme européen, notamment Shelley et Victor Hugo, ont souvent confondu la doctrine de Zarathoustra avec le dualisme mazdéen d'avant la révolution du prophète.

Sans doute se déroule, dans le temps et l'espace, une bataille entre les deux principes de la lumière et des ténèbres mais, au-delà, il y a la liberté : elle a rendu possible le choix du Mal, mais elle est la seule création de Dieu.

L'homme peut, à tout moment, obtenir sa délivrance, c'est-à-dire recouvrer sa liberté primordiale, avant le choix du Mal. Ainsi, au commencement n'est pas la chute, mais le choix.

Cette vision nouvelle de dieu conduit à une vision nouvelle du monde : il ne s'agit pas de s'en évader sous prétexte que le Mal est un dieu aussi puissant que le Bien, et que le salut consiste à lui abandonner la terre pour vivre dans une vie céleste. Selon Zarathoustra, au contraire, la vie est un combat. Un combat indivisiblement intérieur (contre nos propres pulsions ténébreuses) et extérieur (contre les partisans de l'action des ténèbres). Cette doctrine met au premier plan l'action, avec toutes ses dimensions d'intériorité et d'efficacité. Chaque homme est à la fois un guerrier et un mystique. Il a une confiance absolue dans le terme de la bataille qui verra la victoire du dernier sauveur, celui qui viendra achever la métamorphose du monde à la fin des temps. La victoire de ce sauveur, le Saoshyant, sera à la fois la victoire de la liberté reconquise et d'un ordre humain sur la terre. Mais quiconque participe, dès aujourd'hui, à son avènement, est un Saoshyant. Cette victoire est à la fois résurrection et révolution.

Comme l'écrivait le traducteur de l'Avesta, Darmesteter : « Le plus pauvre, le plus faible des partisans de Zarathoustra sait qu'il est né soldat du Saoshyant, et que, par lui, le bien vaincra. » Une telle foi ne se contente pas de refléter ou d'expliquer le monde, elle est une force vivante pour le transformer. Le disciple de Zarathoustra est celui qui se demande chaque matin : « Et moi, que vais-je faire de ce jour pour que le monde devienne plus juste et plus beau ? »

Le prophétisme révolutionnaire de Zarathoustra désigne aux hommes un rôle nouveau dans le monde, en exigeant d'eux les trois vertus cardinales : « la pensée pure », qui est concentration intérieure de la prière et de la foi ; « la parole pure », qui est intelligence non pas mise au service de n'importe quelle fin, mais vouée au discernement et à la réalisation du plan divin ; « l'action pure », qui est engagement total de la vie dans ce combat. La vocation de chaque homme est d'être un sauveur du monde par cette pensée, cette parole et cette action. Ainsi est créée une sorte de chevalerie mystique dont le modèle est l'« artavan ».

Sri Aurobindo, soulignant la parenté du monde des Védas de l'Inde et de celui de l'Iran de Zarathoustra, écrit qu'en l'un et l'autre « la vie de l'homme est à la fois un sacrifice, un voyage et une bataille ».

Zarathoustra a donné un visage et une voix à l'espérance. Il a donné une loi à la vie pour vaincre la mort. Il a inauguré ainsi une manière nouvelle de vivre les rapports avec le divin. Cette révolution « théologique » était l'un des aspects de son prophétisme révolutionnaire. Il élimine les rites et les sacrifices, notamment les sacrifices d'animaux et les offrandes des prémices. Le seul sacrifice, selon lui, est le sacrifice intérieur et personnel de l'homme qui a sanctifié sa pensée, sa parole et son action, pour participer à la réalisation de l'avenir divin de l'homme.

Ce rapport au divin, qui interdisait en particulier le sacrifice du bœuf, base de l'économie nouvelle, transformait par là même les rapports avec la nature entière. Goethe est sans doute l'un des premiers Occidentaux qui aient découvert cet apport de Zarathoustra à l'harmonie de l'homme avec la nature : « La religion des anciens Perses ne se bornait pas à adorer le feu [...] Zarathoustra semble avoir, le premier, métamorphosé cette religion naturelle [...] Cette religion se fonde sur la dignité de tous les éléments [...] De là, leur volonté sainte de ne pas souiller l'eau, l'air, la terre. Ce respect de toutes les choses naturelles, qui sont l'environnement de l'homme, mène à toutes les vertus civiques [...] Tous les travaux auxquels souriait le soleil étaient pratiqués avec la plus haute diligence. »

L'homme, selon Zarathoustra, est responsable de l'univers entier. Il a mission, par son travail et ses combats, de continuer la création de la nature comme de l'histoire.

Zarathoustra est aussi l'un des plus grands poètes de tous les temps. Dans ceux des hymnes de l'Avesta, les « Gathas », qui sont son œuvre, écoutons sa voix[2] :

2. Dans le Zend Avesta les chapitres 28 à 34 et 43 à 51 sont attribués à Zarathoustra.

Il est deux esprits irréductiblement opposés dans la pensée, la parole et l'action. L'un apporte la vie, l'autre la mort. Les deux esprits s'affrontent en chaque homme, en chaque peuple. Ils s'affrontent depuis le premier homme jusqu'à la fin des temps.

Que les hommes écoutent et comprennent, car du choix qu'ils feront entre la lumière et les ténèbres dépend leur sort dans les deux mondes. La lumière et la nuit, la vie et la mort... Comment reconnaître l'une et se garder de l'autre ? Qui vas-tu châtier ? A qui donneras-tu le bonheur ? Celui que Dieu préfère c'est le bon laboureur de la terre des hommes.

Par contre, cet homme-là fait périr ma parole qui jette un regard destructeur sur le bœuf au labour et sur le soleil. Celui qui désole la campagne et qui insulte le juste, celui qui cherche la vie dans l'abus de la force, celui qui désire le pouvoir pour en faire argent. Ce sont les destructeurs du monde... Ils détruisent les deux mondes... Ils détruisent leur âme et détruisent le monde. Mais une royauté emportée par le mal périra. Qui les empêchera d'opprimer librement ? Aveugles et sourds se sont unis au pouvoir. Ils vont détruire le monde des hommes.

Vers quelle terre vais-je tourner mes pas ? Où irai-je porter ma prière ? Tous m'abandonnent. Les tyrans m'enveloppent de leur haine et me persécutent. Avec quelle force, sinon la tienne, puis-je répandre ta parole et faire triompher ta justice, Ô ! Ahura-Mazda ?

J'attends de toi la force et le bonheur que l'ami donne à l'ami. Quand donc viendront ceux qui doivent faire les grands jours ?

Dans ma prière, les mains tendues, je demande cette joie d'accomplir tes œuvres. Ô ! Mazda, dieu de la lumière. Nous affronterons avec joie l'épreuve du feu tout-puissant, la tienne au jour de la résurrection, Ô ! Mazda, ton feu rapide et fort, celui qui rayonne la joie, celui aussi qui punit et brûle.

Jusqu'à la dernière révolution du monde, jusqu'à sa résurrection, le maître d'erreur ne fera pas une nouvelle fois mourir le monde. Tu donneras la puissance aux justes, à la fin des temps. Et je présenterai à ton feu l'offrande de ma prière. Je marche vers la lumière de toute la force de mon désir.

Écoutez-le. Ainsi parlait Zarathoustra lorsqu'il annonçait aux justes, comme un prophète, la victoire qui récompenserait leur combat.

Zarathoustra interroge la création :

Quel artiste a créé la lumière et les ténèbres ? Qui a fait l'aurore, le midi et la nuit ? A la naissance du monde, qui a fait les eaux et les plantes ? Qui a mis en route les vents et les nuées ? Qui a mis l'amour au cœur du père lorsqu'il lui naît un fils ? Ô ! Ahura-Mazda, toi qui fais la croissance du monde, accorde-nous les biens du monde : l'héritage humain de nos ancêtres, et ce qui naît de nos actions d'aujourd'hui... Donne-nous la force, qui est la tienne, de créer la joie future des hommes.

Zarathoustra, ô notre dieu, t'a fait don de son âme.

Je veux être un homme qui parle avec la bouche et la parole d'un dieu, qui agisse avec les mains d'un dieu. Je veux créer des œuvres qui travaillent dès l'aube à l'accroissement du jour, des œuvres qui réjouissent le regard d'un dieu à la lumière du soleil.

Enseigne-nous les voies saintes... Et la joie d'une vie qui durera toujours, ô ! Mazda, dicte-nous les paroles, les gestes qui nous feront créer un monde digne de ta résurrection. — Je vous apporte la parole de santé, de sainteté, d'immortalité. Mazdâ règne. C'est par lui que le monde est une pensée. C'est lui qui a mis la joie dans la lumière céleste.

Cette conscience de la présence vivante de Dieu et de ses exigences fait de Zarathoustra l'un des premiers grands prophètes. Il parle au nom de la révélation qu'il a reçu mission d'apporter aux hommes. Cet enseignement apporte déjà quelques-uns des grands thèmes vitaux des autres religions prophétiques : la présence agissante, dans le monde et dans l'homme, d'un dieu unique.

Ce dieu est bon. Et, pour réaliser la plus grande perfection possible, il a donné à l'homme la liberté. Cette liberté de choix a permis le mal. L'homme comme être libre est pleinement responsable de son choix.

La lutte des hommes, dont la liberté a choisi de créer un monde plus juste et plus beau, un « royaume de Dieu », « un nouveau ciel et une nouvelle terre », va dans le sens du dessein divin de sauver l'homme et le monde.

Les prophètes d'Israël (ceux d'après l'exil de Babylone), le christianisme, le prophète de l'Islam passeront par la brèche ouverte par Zarathoustra.

3. Hindouisme

Les Védas.

Celles des tribus indo-iraniennes qui, au milieu du IIe millénaire, descendirent en Inde, apportaient un double héritage de croyances et de cultures : la plus ancienne stratification était celle des groupes nomades indo-européens, antérieure à leur dispersion à travers l'Europe et une partie de l'Asie ; la deuxième, celle d'où se séparèrent les Iraniens. Ces migrants de langue aryenne allaient se mêler, en Inde, à de vieilles civilisations sédentaires, riches d'un grand passé de culture et de religion, comme celles de la vallée de l'Indus, et aussi celles des Dravidiens du Sud qui semblent avoir eu, par voie de mer, des relations avec l'Afrique.

De ce « métissage culturel » naquit l'une des plus hautes visions de l'homme, du monde et des dieux, qui s'exprime dans la poésie grandiose des « hymnes védiques », contenant les germes de toute l'expérience indienne de la vie. Un sage indien de notre époque a pu dire : « Notre religion védique éternelle est la source de toutes les religions, de toutes les cultures et de toutes les civilisations. » Le Père Monchanin appelle le Véda « le poème liturgique absolu ».

Les premiers hymnes du Rig-Véda (*véda* signifiant : la vision, la connaissance), écrits dans la dernière partie du IIe millénaire, ne sont pas ceux d'une foi morte mais d'une expérience vivante et toujours actuelle de la vie : j'ai entendu psalmodier, à l'aube, au bord du Gange, à Bénarès, la même « parole » védique qui s'est élevée il y a trois mille ans.

Cette parole contient le message fondamental de l'Inde : le sens de l'unité profonde de la vie, celle de l'homme, celle de la nature et celle du divin, et la certitude que, de la conscience de cette unité, naissent à la fois la joie la plus haute et la liberté, la délivrance de toutes les illusions qui enchaînent notre vie à des réalités partielles et à des désirs bornés.

Le thème central des Védas, qu'approfondiront, à partir du VIIe siècle avant notre ère, d'autres textes sacrés (les Upanishads), est la réponse aux interrogations majeures : Qu'est-ce que l'homme ? Qu'est-ce que le divin ? Quelle est la réalité véritable ? Quels sont leurs rapports ?

La réponse qui s'esquisse dans les hymnes védiques, c'est que la réalité dernière, la conscience que l'homme en a, et la joie divine de les atteindre, ne font qu'un. Première formulation, parfois mythique et poétique, de la trinité hindoue : être-conscience-béatitude divine (*sat-cit-ananda*), clé de voûte de toute la méditation brahmanique ultérieure. Il s'en dégage déjà, à l'encontre de vieux préjugés occidentaux sur la culture indienne, une vision fondamentalement optimiste de la vie : la joie est la réalité ultime qui ne fait qu'un avec l'existence et la conscience.

Dans les Védas l'homme prend conscience de sa dimension divine, de sa parenté intime avec le divin : c'est la deuxième naissance de l'homme.

Au-delà de la puissance qu'il a conquise avec l'outil et l'arme, et de l'angoisse devant la mort, devant les limites de la vie qu'il combat par les rites funéraires, se fait jour la première célébration de la vie divine de l'homme.

Il y a sans aucun doute des analogies entre cette première affirmation védique et la levée humaine des religions de l'Iran qui culmineront avec le prophète Zarathoustra ; la conscience que prend l'homme d'appartenir à une réalité qui le dépasse, le culte de la lumière, du feu, comme les Mazdéens d'avant Zarathoustra, la volonté de lutter contre la mort.

Mais l'apport nouveau et décisif des Védas, c'est de dégager la parenté profonde entre l'homme et le divin, les voies de passage d'un état de mort à un état de vie, de naissance à une vie véritable éternelle, au-dessus des vicissitudes et des illusions du temps. La différence entre l'enseignement de Zarathoustra et celle de l'hindouisme est radicale. Chacun des deux est à l'origine des deux grandes visions religieuses fondamentales de la vie.

Zarathoustra a professé la première religion *prophétique*. Il se considère comme le messager d'un dieu qui lui dicte ses commandements et la conduite à tenir pour accomplir dans le monde le dessein divin. Dans cette lignée *prophétique* de la révélation se situent les religions juive, chrétienne, islamique.

L'hindouisme a donné le premier modèle de *mystique,* c'est-à-dire du mouvement d'esprit qui part non de la révélation d'un dieu séparé de l'homme et entrant avec lui en dialogue de commandement ou d'amour, mais au contraire de la conscience de l'homme pour découvrir sa réalité la plus profonde dans l'identification avec l'absolu en sa totalité sans limite et son éternité. Dans cette voie se situent, avec l'hindouisme, le bouddhisme, le taoïsme, et, dans toutes les religions, les variantes de la gnose.

Les « rishis », à la fois hommes du sacrifice et poètes-prophètes, créèrent les premiers hymnes védiques, et, avec eux, une manière de vivre fondée sur la discipline de soi, la recherche de la vérité comme recherche du sens de la vie, l'aspiration à l'immortalité dès cette vie, lorsqu'elle est vécue dans sa plénitude heureuse. Ils ouvrirent le passage d'une expérience immédiate de l'éparpillement et de la limitation, à la conscience profonde de l'unité et de l'infini. Ils ont enseigné pour la première fois à l'homme qu'il ne pouvait atteindre le divin et la vie immortelle que par le sacrifice de tout ce qu'il a, de tout ce qu'il fait, et de tout ce qu'il est.

Pour évoquer cette expérience profonde de la vie, les poètes védiques ne disposaient que d'un vocabulaire de paysans et de guerriers, et c'est là la clé de la lecture des hymnes auxquels ce symbolisme donne une grandeur poétique incomparable.

Le vocabulaire ne doit pas nous conduire à des contre-sens ; dieu portera tantôt le nom d'Agni, tantôt de Varuna, Indra, Prajapati ou Brahma, ou d'autres noms encore. Ceci ne doit pas nous induire à penser qu'il s'agit d'un polythéisme : chacun de ces noms exprime l'une des formes de la participation de l'homme par le sacrifice, l'action, la connaissance ou le chant à l'unité suprême du « Soi » qui est à la fois l'âme du monde et l'âme de l'homme. Les hymnes védiques le disent explicitement : « Ils le nomment multiple, lui qui, en réalité, est un. » (Rig-Véda X,145 ; et aussi, I,164 et 170 ; III,5 ; V,3.)

Ce dieu est le feu, la lumière du soleil. Il est né de l'eau primordiale « comme un flocon de beurre dans le lait », « alors que n'existaient ni être ni non-être ». De lui toute chose est née. Toute chose est vivante de sa vie. Un hymne d'une particulière beauté traduit l'émerveillement de la pénétration de la vie divine dans le corps de l'homme. En ce texte se trouve la première formulation de l'affirmation centrale de l'hindouisme : « Tu es cela » (« tu » représentant l'homme *microcosme* et « cela » le divin, *macrocosme*), à travers une image forte de laboureur.

A ce dieu on demande les choses quotidiennes : la fécondité de la terre, le succès dans le combat et la victoire contre la mort.

L'homme est ce qu'est sa foi. « On devient ce qu'on adore. »

La communication avec dieu s'établit par le sacrifice, imitation et répétition de l'acte créateur primordial qui mit en branle les mondes.

Le chant du poète est étroitement associé au sacrifice : il dit la formule qui relie l'homme au divin ; il tisse les rapports entre la terre et le ciel, entre l'homme et dieu. La parole sacrificielle est la parole cosmique.

Écoutons-la :

Par qui la chair de l'homme fut-elle réunie ?
Par qui ses doigts sculpteurs ?
Qui a fait planer le ciel aussi haut ?
Qui déploie à travers le monde
son manteau d'océan ?
La fleur des eaux, la déesse de l'aurore,
elle voit par les regards de tous les dieux.
Qui a allumé l'aurore ?
Qui nous a fait don du soir ?
De qui l'homme a-t-il reçu la puissance
d'affronter les montagnes et d'affronter les actes ?
Qui a mis en lui le sacrifice ?
Qui le réel ? Qui l'irréel ?
De qui vient la mort ? Et de qui l'immortalité ?

Le Brahman, au-delà de ce qui est et de ce qui n'est pas.
Le Brahman, qui est tout entier en l'homme,
a fait l'homme riverain des dieux,
membre d'une tribu du peuple divin.
Il se meut et il ne se meut pas.
Il est loin et il est proche.
Il est au-dedans de tout ce qui est.
Il est au-dehors de tout ce qui est.
Ce dieu est plus vaste que l'univers.
Dans le souffle toutes choses ont leur principe.
Sans le souffle il n'y aurait jamais eu d'aurore.
Hommage à toi, ô souffle, à ta clameur.
Hommage à toi, ô souffle, à ton éclair.
Quand le souffle, avec son tonnerre,
traverse les plantes en rugissant,
elles reçoivent les germes de vie.
Ainsi parlent et se réjouissent tous les êtres

à la surface de la terre,
Et toutes choses prennent la parole
comme nous la prendrons à notre tour.
Parlez, rochers et montagnes !
Et les pierres, gonflées de sève, rassasiées,
ont parlé
dans un hennissement pareil à celui des chevaux.
O Prajapati, nul autre que toi
n'a fait le tour de ces existences.
Alors que n'existaient ni l'être ni le néant,
ni la nuit ni le jour,
ni la mort ni la vie,
alors que les ténèbres étaient cachées par les ténèbres,
alors l'un prit naissance,
vide chargé de germes.
Et la plante de vie monta de l'océan
de cette eau fécondante où naît l'embryon d'or
comme le flocon de beurre dans le lait.

Il y avait des donneurs de semences,
il y avait des pouvoirs.
L'élan était en bas,
le don de soi était en haut,
car celui qui donne est au-dessus de celui qui ne donne pas
La vie ardente et l'acte
fermentaient dans l'eau primordiale.
Les saisons n'étaient pas encore nées.
Alors, les dieux donnant le monde à l'homme, leur fils,
les dieux entrèrent dans l'homme.
Et les hommes devinrent la maison des dieux.
Toutes les faims, toutes les soifs
entrèrent dans le corps de l'homme.
Savoirs et non-savoirs,
et toutes choses enseignables,
strophes, mélodies, paroles liturgiques,
Brahman, entrèrent dans son corps.
Et les rires et les élans, et les jeux et les joies
entrèrent dans son corps,
et les pensées, et les rêves, et les images.
Le soleil et le vent se sont partagé
l'œil et le souffle de l'homme.
Ainsi naquit le temps.

Le temps qui a pour roues toutes les existences.
Puis les dieux ont fait don à Agni
de son autre forme : le Soi.
C'est pourquoi celui qui connaît l'homme
connaît le Brahman.
Car tous les dieux habitent
en lui, comme les vaches dans l'étable.
Attelez les charrues, tendez les jougs,
dans le sillon labouré jetez la semence.
Ne nous fais pas de mal, ô Terre,
Toi sur qui tous les êtres se couchent,
Terre sur qui dansent et chantent
les hommes, sur qui ils combattent, ils parlent.
Terre porteuse de germes,
produit du sacrifice et de l'acte sacré.
Puisse Prajapati, seigneur des créatures,
nous rendre la terre maternelle
d'horizon en horizon, elle qui porte tout en son sein.
Elle qu'entourent de leur vol les aigles et les flamants,
elle que parcourt le vent
faiseur d'espaces troubles et secoueur d'arbres.

Les espaces servaient de clôture.
Quand il eut donné à la terre la forme d'un autel
paré pour le sacrifice,
le soleil dit à la terre :
« Que naissent en toi toutes choses,
ce qui fut et ce qui sera. »
Ainsi naquit le premier sacrifice.
Les meules du pressoir écrasent l'herbe sainte.
L'acte divin est celui du sacrifice
il est ce fil d'or qui lie la terre au ciel
et la tâche de l'homme est de le tisser.
Celui qui sait voir ce fil tendu de la terre au ciel
sur lequel sont tissés les hommes,
celui qui connaît et la trame et le fil,
rassasié de sève, sans désir, sage, immortel,
il connaît l'essence du Brahman.

Les Upanishads.

La deuxième grande étape de l'expérience hindoue de la vie s'exprime dans les Upanishads, dont l'étymologie (*shad* signifiant : s'asseoir) montre qu'il s'agit de recueils de notes prises au cours d'un enseignement ésotérique, c'est-à-dire communiqué oralement de maître à disciple.

Les Upanishads, cent dix-sept recueils, dont treize considérés comme d'importance majeure, sont enracinés dans les Védas.

Les Upanishads ont « intériorisé » le sacrifice védique : et en déchiffrant le symbolisme, elles marquent le passage, au VIIe et au VIe siècle avant notre ère, du sacrifice rituel au sacrifice du moi et des désirs pour atteindre la réalité dernière et la délivrance.

L'ensemble de ces textes constitue le noyau central du Védanta qui est la « fin du Véda ».

Toute la philosophie indienne est centrée sur la méditation des Upanishads. Le mot de « philosophie » peut prêter à confusion si on l'entend au sens de la « philosophie » occidentale. La philosophie hindoue n'est pas seulement une activité de l'intelligence. C'est une expérience transformante qui concerne toutes les dimensions de la vie. Son but est de faire passer l'homme de l'existence dans le temps à une vie éternelle, au-delà de la finitude et, par là, d'atteindre la délivrance à l'égard des réalités finies et des désirs partiels.

Les différentes « philosophies » de l'Inde ne sont donc pas des « systèmes » ou des « théories » propres à tel ou tel penseur individuel, mais les diverses formes de l'expérience de cette connaissance de la réalité de « Soi » et de l'absolu. Aucun des grands maîtres de la pensée hindoue n'a prétendu faire œuvre « originale », mais seulement, par son expérience vécue, dégager les virtualités déjà contenues dans les Upanishads. Il n'y a, par exemple, pas de différence fondamentale entre les méditations sur la « connaissance de soi » de Çankara (qui vécut au VIIIe siècle de notre ère) et les méditations sur le même thème de Ramana Maharshi, qui est mort en 1951.

Les commentaires, fort différents, des Upanishads, ne sont pas opposés comme des systèmes philosophiques, au sens où on les entend en Occident, mais des « points de vue » (*dharsanas*) complémentaires visant une même réalité. Par exemple, le Brahman, pour Çankara, né vers 700 ap. J.-C. ne se définit que par voie négative, vide de toute qualification, et impersonnel ; alors que, pour Ramanuja (né en

1017) « par le Brahman on entend la Personne suprême », et que le thème majeur de Ramanuja est l'accent mis sur la personnalité, qu'il s'agisse de la Personne suprême du Brahma ou de la personne humaine.

Les Upanishads sont, par rapport aux Védas, dans le même rapport que ces commentaires à la fois distincts et complémentaires, c'est-à-dire s'enrichissant mutuellement.

Ce qu'il y a de nouveau en elles, c'est d'abord d'avoir dégagé du mythe et du rite, pour l'exprimer avec la plus grande pureté spirituelle, l'intuition centrale que désignaient les Védas : l'identité de l'Atman et du Brahman, c'est-à-dire l'identité entre ce qu'il y a de plus profond dans l'être et la conscience de l'homme — et qui n'est plus un « moi » mais un « Soi », dépassant toute particularité individuelle —, avec la réalité dernière du monde, cette unité absolue qui est indivisiblement être, conscience et liberté divine.

C'est aussi d'avoir, pour la première fois dans l'histoire de la pensée humaine, mis en œuvre la « Voie négative » pour approcher l'absolu (Brahman) : notre pensée coutumière a forgé ses concepts dans le maniement des choses ; elle ne peut donc pas exprimer par concept cette réalité ultime : les Védas nous orientaient vers cette réalité inaccessible à la pensée par le mythe. Les Upanishads nous montrent que nous ne pouvons dire de l'absolu que ce qu'il n'est pas : il n'est pas cela.. pas cela... (*neti... neti*).

Le Védanta est d'abord une réflexion sur les fins et le sens de la vie. Il distingue quatre niveaux des buts poursuivis par les hommes et du sens qui est ainsi donné à leur vie :

1. La jouissance des sens (*kama*). La fin poursuivie est le plaisir, la volupté sexuelle et la satisfaction des désirs sensibles.
2. La richesse (*artha*). La fin poursuivie, c'est le succès dans le travail, dans la production de biens utiles, dans le désir de posséder.
3. Le service de la loi (*dharma*). La fin poursuivie, c'est le pouvoir, la gloire, le désir de donner au-dessus de celui de posséder. Le devoir.
4. La délivrance (*moksha*). Ni le désir de jouissance, ni le désir de possession, ni le désir de puissance ne sont des fins en soi. La délivrance c'est d'abord de balayer de nos vies tous ces décors qui empêchent de découvrir notre être véritable, notre « Soi » caché, et la fin suprême de la vie : l'identité entre le « soi » personnel et le « Soi » universel, cosmique, entre l'Atman et le Brahman.

Avant de méditer plus profondément sur la signification de cette délivrance, soulignons qu'il y a une différence fondamentale entre les trois premières fins et la quatrième. Les trois premières sont les « chemins du désir », ou les « chemins du dehors », la quatrième est le « chemin du renoncement », le « chemin du dedans », du retour à l'Un primordial.

Le mouvement externe, en effet, nous entraîne, par les désirs sans cesse renaissants, dans le devenir. Il fait de nous un maillon d'une chaîne de causes et d'effets. Le moteur de notre vie est en dehors de nous et nous lui sommes asservis.

Cet homme est un produit du monde naturel. Il est une partie de la nature. L'expérience quotidienne de la possibilité d'une rupture de ces déterminismes montre qu'il est possible de saisir l'homme dans une autre perspective : non plus comme un fragment de la nature, mais comme un être capable d'embrasser la nature dans son unité et dans son principe, et d'agir non plus seulement sous les poussées externes des autres objets de la nature, mais au nom des possibles non encore manifestés, et cela à partir d'une vue globale de la totalité déjà existante et de l'émergence de possibles inédits. Cette liberté fait de l'homme un « co-créateur » divin de l'activité cosmique.

Cette expérience est traduite par les grands mystiques. Sainte Hildegarde (1098-1179) évoque la vision de cette existence totale et de cette liberté créatrice dans un esprit très proche de celui du brahmanisme :

> *Je suis cette force suprême et ardente qui rayonne de toutes les étincelles de la vie. La mort en moi n'a point de place* [...] *je suis cette substance divine qui s'illumine dans la beauté des champs. Je suis la brillance de l'eau. Je brûle dans le soleil, la lune et les étoiles. La force mystérieuse du vent invisible, c'est la mienne. Je suis dans le souffle de tout ce qui vit. Je respire avec les prés verts et les fleurs. Quand les eaux coulent comme des êtres vivants, c'est moi. Je suis parmi les colonnes qui supportent la terre... Toutes ces choses vivent parce que je suis en elles, comme leur vie. Je suis la sagesse. Lorsqu éclata le tonnerre du verbe créateur de toutes choses, ce verbe était le mien. J'habite tous les êtres pour qu'ils ne meurent pas. Je suis la vie.*

Le mouvement interne, dans le Védanta, est, au contraire du mouvement externe, le mouvement par lequel nous existons, nous nous mouvons et nous sommes, dans l'Unité transcendante du tout. Nous nous dégageons du temps, de ce qui naît et meurt, pour accéder à la plénitude de l'éternité.

> *L'état où l'on a réalisé sa parenté avec le tout et pénétré en toute chose par l'union avec le divin, est le but ultime et l'accomplissement de l'humanité,*

écrivait Rabindranath Tagore.

Il en est des sociétés comme des hommes : aucune société ne peut dépasser le stade du « mouvement du dehors », du désir, si elle n'est pas inspirée par ceux qui se sont élevés au-dessus de la sphère des désirs et dont le bien suprême est la réalisation de « soi » par la réalisation du « Soi ».

A ce besoin répondait initialement le système des « castes » dont nous ne connaissons plus aujourd'hui que les formes dégénérées depuis que la société indienne a été intégrée par force au système capitaliste, c'est-à-dire au « mouvement externe » du désir et de la concurrence, au modèle occidental de croissance, où l'on gaspille sa vie dans une course fiévreuse à la possession, où la lutte pour la vie empêche de penser aux fins de la vie.

Avant de manifester une vertueuse indignation contre la « caste » (*varna* ou *jati*), il convient de se souvenir que, dans nos sociétés, une stratification féroce est instituée par les hiérarchies de l'argent. La richesse tenant lieu de toute supériorité effective, et cumulant tous les pouvoirs entre les mains de ceux qui la possèdent. Les castes militaires se chargeant de coups d'État pour rétablir périodiquement cette primauté.

En son principe le système des castes définissait différentes « fonctions » correspondant aux diverses fins de l'homme : la production et la richesse étaient des tâches dévolues aux « shudras », c'est-à-dire aux paysans, aux artisans, aux marchands. La mission de défendre la loi revenait aux « kshatriya », c'est-à-dire aux chevaliers, aux guerriers exerçant le pouvoir. Il appartenait à la classe supérieure, celle des « brahmanes », d'orienter le pouvoir vers les fins dernières de l'homme.

Dans cette hiérarchie, le pouvoir réel, celui d'assigner les fins globales de la société, n'appartient ni aux détenteurs de la richesse ni aux militaires ni aux technocrates, mais aux hommes du sacrifice et de la sagesse, les brahmanes, qui ne détiennent d'ailleurs aucun dogme et aucune autorité, même religieuse, mais seulement l'expérience de l'identité avec le divin à partir du détachement de soi et du désir.

On peut être tenté de comparer cette structure sociale à celle de la « république » aristocratique de Platon, ou à notre société féodale avec son clergé, sa noblesse et ses serfs.

Pour saisir la spécificité du modèle indien, il convient de ne pas le définir par ce qui n'est plus aujourd'hui que sa désintégration (comme si l'on jugeait de la chevalerie médiévale en se fondant sur ses formes dégénérées). Mais, surtout, il convient de souligner quelques aspects fondamentaux : d'abord que la conquête, la possession et le maniement de la richesse se situent au plus bas degré de l'échelle sociale.

Ensuite que les rapports entre les deux premières fonctions ne sont pas des rapports assimilables aux conceptions médiévales du temporel et du spirituel. Il y a subordination du kshatriya (du guerrier, du chef, du roi) aux brahmanes, c'est-à-dire à ceux qui établissent la correspondance entre l'ordre cosmique et l'ordre social. Le brahmane est l'homme du sacrifice (au sens rituel dans les temps védiques, au sens de renoncement dans les Upanishads).

Le « privilège » de cette couche supérieure, c'est la pauvreté, l'abandon du désir de posséder ou de commander, en un mot une situation semblable à celle d'un saint dans le vocabulaire chrétien. Les princes et les rois, les chefs des peuples n'accomplissent pleinement leur tâche qu'en se soumettant à la vision des brahmanes sur l'ordre divin.

Ce système souffrit très tôt de nombreuses perversions : dès le VIe siècle avant notre ère, le Bouddha (et d'ailleurs aussi les Upanishads) s'élevait contre ceux qui ne sont brahmanes que par naissance et non par vertu.

Nous avons rappelé les grandes lignes du système originel non pas pour nous faire l'avocat du régime des castes (dont l'Inde moderne a le plus grand mal à détruire les néfastes survivances, la plus criante, contre laquelle Gandhi ne cessa de combattre, étant celle des « intouchables » — parias), mais parce qu'il importe d'introduire, dans la réflexion sur nos sociétés contemporaines, la notion indienne d'une communauté où la production, la richesse et le pouvoir sont soumis à l'homme du sacrifice (nous dirions : le prophète ou le saint) pour réaliser ce que la tradition brahmanique indienne appelait l'harmonie de « la cité des dieux » (*devanagari*) dans laquelle chaque « fonction » est une vocation et un sacrifice ordonnés aux fins les plus hautes de la vie. Il y a là une forme inédite du rapport entre le spirituel et le temporel, entre la culture et le pouvoir. Le travail est un sacrifice, à la fois profane et sacré. De même que le commandement. Et, par-dessus tout, le sacerdoce de la sagesse. Édifier une telle société est le but permanent de toute civilisation.

La clé de voûte de cette vision du monde et de la société est précisément cette sagesse. Elle doit répondre aux questions dernières et d'abord à celle des moyens d'accéder à cette sagesse divine. Ainsi comment devenir un être divin tout en restant un homme sur la terre ? Le brahmanisme distingue quatre voies, quatre « yoga », c'est-à-dire quatre manières d'unir l'homme au divin :

1. La voie de la connaissance (*jnanayoga*). La connaissance véritable est celle qui nous permet de percevoir notre authentique réalité, c'est-à-dire notre identité avec le Brahman.

2. La voie de l'amour (*bhaktiyoga*), qui consiste à tourner l'amour qui est en nous vers le divin. Les pratiquants du bhaktiyoga, comme tous les autres mystiques, utilisent le langage et les métaphores de l'amour humain pour désigner l'amour divin. L'amour divin, comme l'amour humain, suppose que s'abolisse l'opposition du « je » et du « tu ». Il ne s'agit pas seulement de percevoir son identité avec le divin, mais de l'aimer. Et de n'aimer tout autre être ou toute autre chose qu'à l'intérieur de lui, c'est-à-dire à l'intérieur de « Soi ».

3. La voie de l'action (*karmayoga*). Il n'est nul besoin de se détourner du monde pour se tourner vers le divin. Là encore, contrairement à un préjugé occidental aussi répandu qu'erroné, l'hindouisme ne détourne pas de l'action. Ce n'est pas l'action qui asservit, mais les motifs de l'action (jouissance, intérêt, ambition, c'est-à-dire les désirs et les passions). Mais, comme nous le montrerons à travers son expression la plus éclatante, la Bhagavad Gita, l'action (travail ou combat) peut être un sacrifice librement consenti pour vivre inflexiblement selon la loi de son être (dharma), comme les guerriers et les princes que furent Arjuna ou Rama, dans les deux grandes épopées indiennes du Mahabharata et du Ramayana, en ont donné l'exemple en vivant leur vie d'homme avec l'intransigeance d'un dieu. Les deux seules conditions pour agir ainsi, c'est d'abord de ne pas agir pour le fruit de l'action (la victoire, la richesse, le pouvoir), ensuite de ne pas considérer que c'est « moi » qui agis. C'est le Brahman qui vit et agit en moi, et je n'en suis que l'instrument, pour créer la cité des dieux.

4. La voie royale (*rajayoga*) de la réintégration du « soi » (personnel) au « Soi » (universel), l'Atman, et de l'Atman au Brahman. L'expérience de « cet au-delà qui est au-dedans » est au centre des problèmes majeurs de l'hindouisme :

— le rapport du fini à l'infini,

— le rapport de l'être à la liberté.

Le monde des choses finies, c'est-à-dire de celles qui ont un commencement et une fin, qui naissent et meurent, qui constituent le devenir, c'est d'abord celui des objets sensibles, de la pierre à l'arbre et de l'animal à l'étoile.

Cet ensemble du monde extérieur, dont nous avons l'expérience vécue, sensible, la pensée hindoue l'appelle *maya*. Par un préjugé occidental invétéré (qui remonte au moins à toutes les sottises que Schopenhauer a pu dire sur le bouddhisme), on traduit *maya* par « illusion ». Or, justement, pour la pensée hindoue le monde extérieur, le monde du devenir, n'est pas une illusion. Les différents objets ont une réalité, mais une réalité qui n'a pas son fondement en elle-même. L'illusion, c'est de croire qu'ils sont la réalité ultime, que les individus ont une réalité « en soi », séparée de leur principe. Nous sommes renvoyés, comme toujours dans la pensée hindoue, de la multiplicité à l'unité par laquelle nous prenons conscience à la fois de l'interdépendance des choses (toutes choses ainsi sont une, en une universelle action réciproque, de telle sorte que toute naissance est une mort et toute mort une naissance) et de l'unité du principe qui les sous-tend. La racine de l'illusion, c'est l'attitude de l'homme qui se tourne vers les objets du monde plutôt que vers l'acte qui les engendre.

En ce qui concerne le « moi » fini, la démarche de pensée est analogue. Ce qui est illusoire, c'est de croire que nous sommes des individus séparés. Ici encore, il y a universelle interdépendance : les hommes sont comme les branches ou les feuilles d'un même arbre, ou comme les vagues d'un même océan. Si nous voulons suivre cette dernière métaphore, disons que les vagues, qui ne sont nullement illusoires, n'existent que dans le mouvement total des poussées de la mer, celle de ses marées et des vents qui l'agitent. Un même océan contient toutes les vagues et chaque vague est habitée par la vie totale de l'océan. Lorsque cessent les agitations et les tumultes de la surface, il n'y a plus qu'un seul océan étale, et « seule une mer parfaitement unie peut refléter le ciel ».

L'illusion individualiste écartée, l'homme prend conscience non seulement de son unité avec tous les autres hommes, mais de sa continuité avec le monde qui l'environne : la nature entière est le corps de chacun. La plus haute liberté, c'est l'abandon au divin. Tel est le fonds de la démarche des Upanishads : passer de la perception du multiple à l'intuition de l'unique.

Les deux démarches, celle du passage de *maya,* c'est-à-dire de la réalité multiple et mouvante au principe qui la fonde, et celle du « moi » individuel limité au « Soi » universel, ne sont qu'une seule et même démarche : celle de l'homme qui a reconnu la présence de la totalité de l'univers en lui-même, et son appartenance, sa participation, à cet univers.

Les hommes, le monde, le divin ne sont plus que des manifestations différentes d'une unique réalité. Espace extérieur et espace intérieur ne font qu'un au cœur de l'homme.

Comment le monde et le « moi » finis sont-ils liés à l'infini ? Déjà, au niveau le plus humble, je dois me défier des pièges du langage. Je dis « mon » vêtement, et je dis : « ma » personnalité. Celui qui parle est-il le même dans les deux cas ? Je puis quitter mon vêtement, m'en dissocier, le distancer de mon corps. Mais quand je dis : « ma » personnalité, qui est le témoin ? Quelle est cette conscience qui la déborde et la transcende au point de la différencier des autres et de la définir, c'est-à-dire d'en tracer les limites ? Qui est le spectateur de mes rêves ?

Il s'agit donc d'identifier ce « personnage », sous son masque de reconnaître l'acteur.

Nous sommes déjà engagés, avec la recherche de notre « Soi » véritable, sur la voie négative : il n'est pas mon corps, il n'est pas mon « moi », faisceau d'idées, d'émotions, de désirs ou de vouloirs, associés entre eux de façon contingente au cours de ma vie, et associés aussi à mon personnage social. Tout cela n'est encore que ma personnalité : mais qui est celui qui peut la regarder du dehors ou d'en haut pour la définir ? Suffira-t-il de dire que cette personnalité limitée d'un homme est débordée et transcendée par l'unité plus vaste de l'homme dans sa totalité, de la totalité des hommes ? Où me placer pour la situer à partir d'un niveau supérieur ? Je vais ainsi progresser de négation en négation. Chacune de ces négations est la négation d'une limite, la négation d'une négation. Je puis remonter, comme le fit Spinoza, à l'Être absolu, contenant tous les êtres déterminés, et définir cet Être par la négation de toute limite, de toute détermination, de toute négation. Serais-je parvenu ainsi au terme de la démarche ? En procédant de la sorte, n'allant pas au-delà de l'Être dans sa totalité, Spinoza s'est enfermé dans un univers clos où rien de radicalement nouveau ne peut surgir. C'est pourquoi il pourra traiter de l'homme et de ses passions, comme on traite, en géométrie, de cercles ou de triangles.

Les Upanishads, et toute la pensée hindoue ultérieure, avaient déjà résolu ce problème : l'infini, malgré la structure du mot, qui semble en faire une négation, présente au contraire deux aspects éminemment affirmatifs : d'abord, comme négation du fini, de la limite, il est négation de la négation. Il est donc ce qu'il a de plus positif : c'est le fini qui est limitation, négation de l'infini.

En outre, l'infini n'est pas seulement la totalité de l'Être déjà existant. Il n'est constitué ni par la simple addition de parties finies ni même par l'unité qui les englobe dans une totalité d'actions réciproques. Nous demeurerions ainsi au niveau du manifesté. Au-delà, il y a tous les possibles qui ne sont pas encore manifestés.

L'infini n'est donc pas totalité de l'Être, il est au-delà puisqu'il n'exclut pas les possibles et leur manifestation sans fin. Dans la pensée hindoue, Shiva est cet aspect du divin qui détruit sans cesse, par le devenir, les êtres, pour laisser place à la naissance de possibles nouveaux.

L'Être n'enferme pas tout le possible : il n'est qu'une affirmation limitée d'un possible infini. Le seul infini véritable, c'est celui dont on ne peut rien nier parce qu'il est manifestation sans fin de possibles inédits. Ce qui est la liberté.

Au commencement est la liberté.

L'Être et les êtres n'en sont que des limitations et, en quelque sorte, des « coagulations ». L'être naît de la liberté. Il n'en est que le sillage figé. Cette vision n'est apparue en Occident que plus de deux millénaires et demi après les Upanishads, avec Jacob Boehme, ce savetier visionnaire, qui, n'étant pas engoncé dans la « philosophie de l'être », propre à l'Occident, d'Aristote en saint Thomas et de Descartes en Auguste Comte, a inauguré, en dehors de cette tradition philosophique occidentale qu'il ignorait, une philosophie de l'acte, où la liberté engendre l'être.

Philosophie fondamentale que tout homme peut retrouver à l'intérieur de lui-même, à condition de n'avoir pas appauvri et perverti sa pensée par un rationalisme réduisant l'esprit à la seule intelligence et la réalité à l'être. Cette double réduction enferme l'homme dans un univers étouffant, limité à ce que nos mains et nos concepts peuvent manier, et refoulant en nous cette vérité primordiale que les Upanishads ont reconnue dès la première incandescence de l'aurore : ma réalité la plus profonde, comme en témoignent quotidiennement toutes les expériences par lesquelles je dépasse mes propres limites et celles du déjà existant : l'amour, le sacrifice, la création artistique, c'est cette source en moi, et qui ne vient pas de moi, ce jaillissement de possibles toujours nouveaux, à l'œuvre à l'intérieur de moi comme de tout autre homme, de tout autre vivant, de tout autre univers. L'homme ne cesse d'expérimenter en lui cette présence, cette possibilité permanente de renouvellement et de manifestation dont il n'est pas la source.

Les Upanishads ont vu que notre réalité la plus profonde était « Cela », qu'ils appelaient le Brahman et que d'autres appellent Dieu.

Prendre conscience de cette identité est le but et la joie suprême de la vie.

Le Brahman est au-delà de l'Être et de la totalité des êtres, la totalité des possibles manifestés ou non manifestés, la possibilité universelle.

Il est notre réalité ultime. C'est ce que les Upanishads et toute la pensée hindoue résument en quatre affirmations fondamentales :

— *Tu es Cela* (c'est-à-dire le Brahman).

— *Je suis le Brahman* (ce sera, en un autre langage, l'expérience de cette identité qui inspirera, des siècles plus tard, la certitude d'être

Dieu chez El Hallaj en terre d'Islam et maître Eckhart en terre chrétienne).

— *Le « Soi » est Brahman* (le « Soi » étant « l'homme universel » des soufis musulmans, l'Océan dont je suis la vague).

— *Le Brahman est conscience* (le principe primordial et éternel du monde, pour la pensée hindoue, est être, conscience, et béatitude divine de la reconnaissance de leur identité).

Qu'est-ce que le Brahman ?

Dans le Rig-Véda, c'est l'acte rituel du sacrifice et aussi la prière, l'incantation de l'hymne. Le sacrifice étant la réactivation du sacrifice originel qui fut le principe de toute création.

Lorsque s'intériorise, dans les Upanishads, le sacrifice, le Brahman est à la fois ce qui inspire le sacrifice humain et la puissance qui maintient l'existence de l'univers par un mouvement incessant de création et de destruction. Un chant sacré des « shivaïtes » exprime cette unité profonde des métamorphoses du monde et du sacrifice :

> *Parce que tu aimes les bûchers funéraires, j'ai fait un bûcher de mon cœur afin que tu viennes, ô Déesse sombre ! y danser ta danse éternelle. Entre en moi ! Entre en moi ! dansant ta danse qui rythme la naissance, la mort, et la renaissance du monde, pour que je te contemple, les yeux fermés.*

Le Brahman est ainsi la loi immobile qui préside à l'unité de toute vie, à l'extérieur et à l'intérieur de l'homme, à travers l'universel devenir de la destruction et de la création.

Il n'est pas seulement la loi mais la susbtance primordiale de l'univers.

En face de ce Brahman, sans limite et sans forme, l'homme est saisi d'une angoisse que traduit la plus ancienne des Upanishads, la Brihadaranyaka Upanishad :

> *Au commencement ce monde était un Soi (Atman), seul en la forme d'un homme. Regardant autour de lui, il ne vit rien d'autre que lui-même. D'abord il dit : « je suis »... Puis il eut peur* (I,4,1.2).

Dès lors commence la grande quête de l'éternité en s'identifiant avec la totalité primordiale à laquelle l'homme doit s'unir pour la réalisation de son être véritable.

De là cet appel :

De l'irréel conduis-moi au réel ;
des ténèbres conduis-moi à la lumière ;
de la mort conduis-moi à l'immortalité (*Ibid.*, I,3,28).

Le Brahman est la réalité et la vérité nourricières, donneuses de vie, à la fois de la vie qu'entretient et renouvelle la nourriture, et de la vie qui naît et renaît à la conscience de la réalité première du Tout. Le Brahman impersonnel au cœur de toute chose et l'Atman, qui est au principe de tout mouvement intérieur de l'homme, ne font qu'un. L'extérieur et l'intérieur ne font qu'un. Le monde est dans le « Soi », et le « Soi » pénètre le monde entier, en toutes ses parties.

Dire : « Je suis le Brahman », c'est exprimer la certitude que mon être le plus profond dépasse toute limitation dans l'espace, le temps, le désir individuel et le petit « moi ».

Dire : « Le Brahman est identique à l'Atman », c'est dire que la réalité profonde de l'univers est de l'ordre de la conscience et de la vie. La Svetasvara Upanishad définit ainsi cette unité :

> *Dieu unique, caché dans tous les êtres, qui pénètre tout, le Soi intérieur de toutes les créatures, conscience de toute action, présent en tous les êtres, le témoin, le mainteneur, l'absolu sans forme et sans second* (6,5).

Il est le commencement et la fin : tout procède de lui, et à lui toute chose retourne.

Il s'incarne parfois sous une forme humaine, lorsque la justice chancelle et qu'il importe de la rétablir : ainsi le dieu Vichnou a pris la forme de Ram ou celle de Krishna dans les deux grandes épopées indiennes. Chaque fois, pour appeler l'homme à participer à la vie éternelle du divin.

L'exemple le plus saisissant est celui de la Bhagavad Gita, où le dieu prend une forme personnelle, dicte sa volonté à l'homme, et appelle non seulement à l'obéissance mais à l'amour. Le Brahman désigne alors l'éternité et l'immortalité de l'Atman personnel.

Ainsi peut s'esquisser à grands traits la signification du Brahman, depuis le Rig-Véda jusqu'à la Bhagavad Gita. Dans cette trajectoire millénaire, il n'a cessé de s'enrichir et de s'affirmer ; de réalité totale indifférenciée et de loi impersonnelle, il est devenu conscience et béatitude, il a revêtu un visage humain que l'on peut aimer.

Le *yoga,* qui signifie « union », est l'ensemble des chemins qui conduisent à identifier Atman et Brahman.

Il désigne le but et il est puéril de l'identifier à l'un de ses moyens : les « postures », ou le contrôle de la respiration, qui peuvent servir au contrôle de notre corps, étape de l'unification et de la maîtrise du « Soi », avant de s'intégrer au Brahman.

Que notre vie entière forme une totalité harmonieuse est une exigence primordiale pour passer du temps à l'éternité.

Pour la pensée hindoue, le temps n'est pas « spatialisé », mesurable (c'est-à-dire exprimé en fonction d'un espace) comme dans notre conception occidentale : ce n'est pas cette ligne qu'il suffirait de prolonger aux deux bouts indéfiniment pour représenter l'éternité. Temps d'horlogers et d'astronomes. Temps de mécaniciens. Ce n'est pas non plus le temps de la promesse, comme dans la tradition juive, où la dimension de l'avenir est privilégiée puisque c'est la promesse messianique qui donne sens au présent et au passé. Ce n'est pas non plus le temps de l'éternel retour, le temps cyclique des Grecs. Seul peut-être Héraclite, proche de la pensée de l'Orient, a fait écho à la vision hindoue du devenir où s'entrechoquent, où s'enchaînent les événements et les choses, rien ne se reproduisant deux fois. Toute rencontre est la première, et tout départ est pour toujours. La naissance et la mort ne sont que des cas particuliers de ces rencontres et de ces départs.

Le temps, dans les Upanishads, n'est rien en dehors de ce devenir des choses dont nous avons vu déjà qu'elles n'ont pas en elles-mêmes leur fondement. Le temps, n'étant pas un « récipient » extérieur à ces événements qui n'ont pas de réalité en soi, n'est qu'un autre nom du déploiement des apparences sensibles : il n'a de sens qu'en fonction d'elles et de notre petit « moi » individuel qui est aussi une construction artificielle, illusoire, avec ses désirs et ses nostalgies, lorsqu'on le considère comme une réalité en soi. Le temps a le même genre de réalité. Il est à l'éternité ce que la *maya* est au Brahman, ce que le « moi » est au « Soi », à l'Atman, au Brahman, ce que le fini est à l'infini.

En d'autres termes, ce n'est pas l'éternité qui se définit à partir du temps (en le prolongeant en amont et en aval du présent), mais le temps qui se définit par rapport à l'éternité, seule réelle en soi, alors que le temps n'en est qu'un moment provisoire, limité, fini.

Comment, dès lors, l'homme peut-il accéder vivant à l'éternité, puisque la vie éternelle n'est pas une survie après la mort ? L'éternité est au-delà de la vie et de la mort. Elle les transcende. Elle seule est une réalité en soi car elle se confond avec l'instant qui, lorsqu'il est vécu dans sa plénitude (au niveau du « Soi », de l'Atman, du Brahman), est seul réel, alors que le passé qui n'existe plus et l'avenir qui n'existe pas encore n'ont d'existence qu'en fonction de lui.

L'instant ne se distingue pas de l'éternité, lorsque la totalité du passé et de l'avenir sont en lui, et qu'il leur donne un sens, qu'il les engendre comme le point engendre l'espace sans être lui-même espace.

« La vérité est dans l'éclair », dit la Kaushitaki Upanishad (IV,2). L'éternité est maintenant ou pas du tout : elle réside dans une certaine densité et intensité de la vie. Non pas en dehors de la réalité et du devenir, mais au cœur de son cœur, en l'instant où l'on saisit tout le sens d'une vie dans une vue panoramique.

Cette expérience de l'éternité dans la vie même, maître Eckhart la traduit très exactement dans le langage de la culture chrétienne :

> *Dans l'éternité, il n'y a ni avant ni après. Que Dieu nous aide à vivre en cette éternité*[...] *Le maintenant dans lequel Dieu créa le premier homme, le maintenant dans lequel trépassera le dernier homme, et le maintenant dans lequel je parle, tous sont identiques en Dieu en qui il n'existe qu'un maintenant.*

Quelques siècles avant Eckhart, le poète mystique persan Farid ud din Attar, dans son *Mémorial des saints* (II,179,10), écrivait :

> *Un million d'années passées et multipliées par un million d'années à venir sont présents à toi en cet instant dans lequel tu es*[...] *Le soufi (le mystique) est le fils de l'Instant*[...] *il appartient à la source et non au temps car auprès de Dieu il n'y a ni matin ni soir.*

Écoutons maintenant la voix des Upanishads non du point de vue d'érudits qui en reconstituent le texte comme un vestige d'un passé mort, sans rapport avec nos vies, mais avec la faim et la soif de qui en attend une réponse à ses angoisses et à son espérance :

Plus petit que l'infime
et plus grand que l'immense,
il habite au plus secret des créatures.
Lorsqu'on est sans désir
on devient limpide jusqu'à la racine.
On aperçoit alors la majesté du « Soi ».
C'est le « Soi » immense qui pénètre tout.
Celui qui peut l'atteindre est élu par le « Soi ».
Il a contemplé son essence intime
en inversant la direction de son regard,
du dehors des choses vers le dedans du « Soi ».

Seigneur de ce qui fut et de ce qui sera,
être sans naissance
il est l'éternité des choses passagères.
Brahman, qui réside dans tous les espaces,
dans l'espace qui est en dehors de l'homme,
dans l'espace qui est au-dedans de l'homme.
Ce Dieu unique, présent en tous les êtres,
est le commencement, la fin et le présent de tout.
Il naît et renaîtra sans fin.
Source de tout ce que je désire,
de tout ce que je vois,
de tout ce que je fais,
embrassant dans son unité tous les êtres,
tel est le Brahman,
et toi, tu es Cela.
Le feu devint parole et pénétra la bouche.
Cet esprit suprême je le suis.
Je suis le même esprit qui habite dans toutes les formes.
L'atman affranchi de toute souillure
qui n'est sujet ni à la vieillesse, ni à la mort, ni à la souffrance,
ni à la faim, ni à la soif,
dont les pensées et les désirs sont des êtres réels,
c'est cela qu'il faut chercher.
C'est lui, le Brahman qu'on trouve en toute chose.
C'est la rive lointaine au-delà de la peur.
La réalité unique et dernière de toute chose,
est sat cit ananda : *être, conscience, et joie divine.*

Celui qui connaît le Brahman,
à partir de qui se manifeste toute la diversité des choses
et qui porte seul en lui la totalité des êtres existants et des êtres possibles,
il est délivré de tous les liens.
Celui-là vit dans tous les mondes, dans tous les êtres, dans tous les « moi ».
Il commande aux mondes qui sont par-delà le soleil
et au désir des dieux.
On obtient par le « Soi » la force.
On obtient par le « Soi » la sagesse.
Si vous connaissez vraiment le « Soi »,
il est unique, en lui s'entrelacent le ciel et la terre.
Ces deux mondes à nos frontières :

monde intérieur de la pensée,
monde extérieur de ce que je vois,
multiple, fascinant, source inépuisable
de ce flot vital qui coule dans le « Soi ».
Il est en cent façons le dieu des créatures,
le soleil qui se lève avec mille rayons.
Quand le soleil se lève,
il éveille une rumeur dans la nature entière.
C'est l'hymne de toutes les créatures
à celui qui chasse les ténèbres et les terreurs.
Car la terre aussi est le cœur de l'homme.
Procure-moi ce monde auquel je sacrifie.
Que je sois moi-même tout ce qui existe.
Fais-moi aller du non-être à l'être.
Fais-moi aller de l'obscurité à la lumière.
Fais-moi aller de la mort à l'immortalité.
Sache que c'est l'Atman que tu dois connaître
afin que la mort ne puisse t'investir.
Celui qui a reconnu l'Atman,
le monde lui appartient. Il est le monde même.
Celui qui connaît tout, devient tout ;
il s'unit au Brahman.
Il devient pur et libre de la mort.
Celui qui sait : « Je suis le Brahman »,
celui-là est le Tout,
et les dieux mêmes ne peuvent l'en empêcher,
car il est leur Atman.
Et celui qui croit : « Dieu est un et moi je suis autre. »
Celui-là est ignorant.
Car il n'y a pas de joie dans le fini
mais seulement dans l'infinitude.
Cet Atman en toi est en tout. C'est pourquoi
ce n'est pas pour l'amour d'une femme qu'on aime une femme,
ce n'est pas pour l'amour de la richesse qu'on aime la richesse,
ce n'est pas pour l'amour du pouvoir qu'on aime le pouvoir,
c'est pour l'amour de « Soi », de l'Atman.
De l'Atman je ne peux dire que ce qu'il n'est pas.
De cet Atman on dit : il n'est pas ainsi... pas ainsi...
De même que les vases étant détruits
l'espace qui était dans ces vases
ne fait plus qu'un avec l'espace total,
de même l'homme brisant ses limites

ne fait plus qu'un avec l'Atman.
Les Saints sont allégés par la voie du soleil
où vit l'impérissable.
Comme d'un brasier jaillissent les étincelles
qui sont de la nature du feu,
de même de l'impérissable naissent les créatures
qui reviennent se fondre en lui.
Comme le vol des oiseaux dans l'espace,
ou le mouvement des poissons dans l'eau,
le départ de celui qui a atteint l'illumination ne laisse point de trace.
Du Brahman sont nés les hommes et les dieux,
la parole sacrée,
et les germes de vie qui deviennent féconds,
et le ruissellement des sources et des fleuves,
le bourgeonnement des montagnes et les vagues de l'océan.
De lui la lumière qui se révèle au cœur de tous les êtres,
de lui qui est l'éclat de toutes les lumières.
Tu es la flèche et Brahman la cible.
Prends le grand arc des Upanishads
et, de toute la force de ta méditation,
fais en sorte que la flèche ne fasse plus qu'un avec la cible.
C'est ainsi qu'on échappe au pouvoir de la mort.
Le « Soi » brillant et pur et le Brahman
sont comme deux oiseaux sur la même branche.
Voici, je meurs. Que mon souffle vital
fusionne avec l'Atman immense,
car je traverserai la naissance et la mort,
pour me fondre dans le Tout comme les fleuves dans la mer.
Je marche en tête d'une multitude,
je marche au sein d'une multitude,
et le monde ne m'est pas étranger.
Ô mort, tu connais, toi, le feu qui mène au ciel
ce feu qui est à l'origine des mondes.
Quand on sait que l'on va mourir,
l'on dit à son fils :
« Tu es Brahman, tu es le sacrifice, tu es le monde. »
Et le fils répond :
« Je suis Brahman, je suis le sacrifice, je suis le monde. »

La Bhagavad Gita.

> *La Bhagavad Gita résume l'essentiel de l'enseignement védique [...] je puise en elle une force que je ne trouve même pas dans le Sermon sur la montagne. Lorsque le désespoir m'assaille jusqu'à me sentir seul dans les ténèbres, sans un rayon de lumière, je reviens à la Bhagavad Gita. Je découvre tel ou tel verset, et un sourire monte à mes lèvres aux moments les plus dramatiques de ma vie. J'ai vécu de terribles tragédies, et si elles n'ont pas laissé sur moi de cicatrices visibles et ineffaçables, je le dois aux leçons de la Bhagavad Gita*[1].

La Bhagavad Gita, le plus sacré peut-être de tous les textes sacrés de l'Inde et de la spiritualité vivante de tous les peuples et de tous les temps, est un épisode de l'une des deux grandes épopées de l'Inde : le Mahabharata (composé entre le IVe siècle avant notre ère et le IIIe après notre ère), récit du combat d'ampleur cosmique opposant l'armée des Pandavas, servants de la justice, à celle des Kauravas, mus par la seule volonté de puissance, la cupidité du pouvoir.

Le chapitre de la Bhagavad Gita, que l'on peut traduire par « Le poème du maître divin », se situe au moment où va s'engager, dans la plaine de Kurukshetra (près de l'actuelle Delhi), la bataille décisive. Le prince Arjuna, le plus noble des chevaliers commandant l'armée des Pandavas, est saisi d'angoisse en parcourant des yeux les troupes des Kauravas, non point parce qu'il doute de la victoire, mais parce qu'il y a là, parmi ceux qui voulaient usurper le pouvoir, des hommes appartenant à sa propre famille, et des guerriers dont il connaît la valeur. Dans sa détresse, il est prêt à refuser le massacre. Il jette loin de lui son arc invincible et ses flèches.

Alors le dieu Vishnou s'adresse au prince désespéré pour l'aider à découvrir son devoir. En ce dialogue sublime est posé, dans toute sa force, le problème des moyens et des fins, ce problème auquel l'Arjuna moderne, Gandhi, apporta une solution inédite, inspirée de la Bhagavad Gita : les fins ne sont jamais supérieures aux moyens mis en œuvre pour les atteindre. Il ajoutait, lui, le non-violent : s'il n'y avait le choix qu'entre la violence et la lâcheté, je choisirais la violence. Il retrouvait là l'argument central, fondé, dans la Bhagavad

1 Gandhi, *Young India*, p. 1078-1079 (*Jeune Inde*, Paris, Stock, 1924).

Gita, sur toute la vision du monde de l'hindouisme : la non-violence ne peut consister, sous prétexte d'abstention, à laisser le champ libre au plus fort. La non-violence est un combat qui exige toutes les vertus du guerrier, sauf le crime. Le long martyre de Gandhi et de milliers de ses compagnons en a donné une illustration historique exemplaire.

Il ne saurait être question de résumer la Bhagavad Gita (texte d'ailleurs très court puisqu'il ne compte que sept cents versets), pas plus que l'on ne pourrait résumer un évangile. Nous nous contenterons donc de chercher le fil conducteur de ses dix-huit chapitres, non pour les dessécher en thèses abstraites, mais seulement pour nous introduire au mouvement de sa vie, puis nous écouterons la parole poétique qui nous interpelle encore par sa beauté et les germes de vie qu'elle porte en elle.

1. Le premier chapitre évoque *l'angoisse d'Arjuna* au moment où il est prêt à refuser le combat. A partir de là commencent les stances de Krishna, le dieu Vishnou, incarné sous l'aspect du conducteur de char. Le char, dans la symbolique traditionnelle de l'hindouisme, représente le véhicule de l'esprit, les chevaux sont les sens, les rênes le contrôle de soi, le conducteur du char est le véritable « Soi », l'Atman qui est en nous, le Brahman.

Les différents « yoga » qui suivent sont les diverses manières d'unir l'humain au divin.

2. *Le yoga de la connaissance unitive.* Quelle est la volonté divine ? Où est le devoir de l'homme qui veut accomplir cette volonté ? Comment entrer en harmonie avec le « Soi » divin ? Instaurer le « royaume divin » sur la terre est une œuvre commune de Dieu et de l'homme. Il y a deux voies, deux vocations, pour y parvenir : celle du saint (sannyasin) et celle de l'homme d'action (kshattryia : le guerrier). Si le second est guidé par le premier, le dessein divin s'accomplira. Mais les vertus qu'exigent ces deux voies sont différentes : on ne peut être à la fois prophète et roi. Il existe dans l'homme un élément indestructible qui ne meurt pas quand le corps se dissout.

3. *Le yoga de l'action.* Pour l'homme d'action comme pour le contemplatif, il s'agit de s'unir à l'action cosmique, mais par des voies différentes. Pour un kshatryia, comme l'est Arjuna, il ne convient pas de renoncer à l'action. « L'action, dit le dieu, est supérieure à l'inaction. » Ce qui est maléfique, dans l'action, ce n'est pas l'action elle-même mais ses motivations :

— l'action est destructrice lorsqu'elle est accomplie par intérêt personnel, pour la richesse, pour la puissance, pour la jouissance des fruits qu'elle donne ;

— l'action est destructrice aussi lorsque j'ai l'illusion d'en être l'auteur, alors que si je renonce non à l'action mais aux fruits de l'action ce n'est plus moi qui agis, c'est le divin qui agit en moi.

La vertu ce n'est pas de renoncer à l'action mais à l'action égoïste dont je m'attribue le mérite et les fruits. L'action accomplie sans intérêt personnel, contre les forces de désintégration sociale des avides et des puissants, pour la construction de la cité divine, cette action est un sacrifice au double sens de don de soi et de liaison de l'humain et du divin qui exige ce don.

C'est l'un des thèmes majeurs de l'hindouisme : le sacrifice est la plus éclatante manifestation du divin dans l'homme.

4. *Le yoga de la connaissance divine.* Vishnou révèle à Arjuna que le divin s'incarne chaque fois que, dans le monde, la justice chancelle. Dieu descend parmi les hommes pour les élever à une vie plus haute, en montrant dans l'homme pleinement libéré (du désir et du « moi ») l'image vivante de l'infini.

La tâche des brahmanes est de montrer cette voie ; celle des kshattryias est de les suivre. Car le problème fondamental que nous pose la vie est de connaître notre vrai « soi » et de vivre selon la vérité de la loi intime de notre vie (*dharma*) qui est la manifestation de la loi cosmique. La loi de la vérité du guerrier est l'action, comme celle du brahmane contemplatif est de le guider dans la voie divine.

5. *Le yoga de la renonciation.* Pour que Dieu soit présent dans notre contemplation ou dans notre action, il faut lui faire place, faire le vide en imposant silence aux désirs et au « moi », afin que plus rien ne nous distraie et ne nous sépare du divin : que notre « soi » devienne le « Soi » de toute chose. Que le divin seul agisse en nous.

6. *Le yoga de la méditation.* Le vrai « yogin » est celui qui parvient au parfait contrôle de soi afin de renoncer à ses buts propres et de devenir l'instrument du « Soi » universel. Ainsi seulement nous cesserons de nous confondre avec le monde objectif (le monde des objets), de nous croire un objet parmi les objets et nous prendrons conscience, au-delà de l'expérience des sens et de l'enchaînement des concepts, de notre transcendance, de la transcendance du « Soi » universel, du Brahman qui est plus nous-même que nous-même.

Selon Ramanuja, les six premiers chapitres sont consacrés à la nature de l'homme et à la manière de le saisir dans son essence. Seul l'homme vraiment unifié en lui-même peut accéder au divin. Ainsi Brahman est à la fois la matière primordiale et la prise de conscience de l'immortalité.

Du septième au douzième chapitre — là encore selon Ramanuja — il est traité de la nature du divin (à l'exception du chapitre VIII qui revient au yoga de la réalisation d'un état immortel indépendant du divin).

7. *Le yoga de la sagesse et de la science.* Une science séparée de la sagesse, c'est-à-dire une action et des moyens séparés de leur fin, est une science ignorante. La fin à laquelle sont ordonnées la science et l'action n'est pas une loi ou un commandement, mais l'union avec le divin et avec toutes ses manifestations dans la nature, dans les rapports entre les hommes, dans le sacrifice. Le divin est la source de toute existence et de toute action.

Une science est ignorante lorsqu'elle est au service de fins limitées : celles de la jouissance ou de la puissance des individus et des peuples.

8. *Le yoga de l'absolu.* Nous sommes ce qu'est notre foi. Le seul guide possible, c'est la certitude que le Brahman habite tous les êtres créés, toute action, tout sacrifice. Le sacrifice védique (rituel) est interprété comme une offrande de notre être total. Un don entier de soi au « Soi » universel. Forme nouvelle de la doctrine védique selon laquelle l'acte qui amène les êtres à l'existence est l'acte sacrificiel.

9. *Le yoga de la connaissance souveraine et du souverain mystère.* Le savoir souverain est connu par expérience directe. Cette expérience est celle non d'un fait mais d'une décision, celle de la foi. Si humble que soit l'offrande, elle est faite d'amour. L'expérience de cette liberté divine crée l'être à partir d'une infinité de possibles. Cette sagesse nous sauve ou, plutôt, nous libère.

10. *Le yoga de la manifestation.* Dieu est présent en toutes choses, mais il se manifeste davantage dans la vie que dans la matière inanimée, dans la conscience que dans la vie, et plus que tout dans la beauté et le sacrifice. Tout sacrifice (héroïsme du don de sa vie, amour, création de la beauté, participation à la création de la cité divine) est une révélation du divin.

11. *Le yoga de la forme cosmique.* Délivré de l'illusion que les choses existent en elles-mêmes, qu'elles vivent et meurent séparées de leur principe divin, Arjuna a une vision panoramique du monde, de la

multiplicité dans l'unité, qui donne un sens à chaque chose. Chaque chose est le miroir de toutes les autres, et toutes sont le miroir de leur principe, c'est-à-dire le symbole du divin au-delà d'elles, le dessein du divin qui se manifeste à travers elle. Cette illumination d'Arjuna, la Bhagavad Gita l'exprime en une image grandiose : « Si la lumière de mille soleils embrasait le ciel, elle serait semblable à la lumière de ce grand Être », le Brahman.

Dès lors, devenir l'instrument et le canal du Brahman selon la loi de sa propre vérité (*dharma :* loi cosmique transposée dans la vie humaine), c'est donner à sa vie sa plus haute réalité. Cette vision du divin est le centre de la Bhagavad Gita.

12. *Le yoga de l'amour.* Le divin peut n'être pas seulement connu, mais aimé. A la différence du christianisme, ce n'est pas la voie suprême. Il est dit dans la Suryia Gita : « L'amour est supérieur à la connaissance, et l'action sans désir et sans égoïsme est supérieure à l'amour. Celui qui réalise ce principe du Védanta est le meilleur des hommes », car il vit non pour des fins partielles mais pour le monde dans sa totalité.

13. *Le yoga de ce qui est connu et de ce qui le connaît.* L'absolu, c'est-à-dire ce qui ne peut se définir en fonction d'aucune relation ni dépendre d'elle, est à la fois transcendant (c'est pourquoi il exige un total renoncement) et immanent (c'est pourquoi est possible l'expérience directe de sa présence dans le « Soi »). La connaissance implique toutes les dimensions de notre vie, d'une vie qui est tout entière dans le mouvement du « moi » au « Soi ».

14. *Le yoga de la distinction des trois manières d'être de l'homme.* La vie étant ce passage du fini à l'infini, elle comporte trois modes d'existence : « tamasique », c'est-à-dire vouée au mouvement subi, à la naissance et à la mort ; « rajasique », c'est-à-dire mue encore par des désirs extérieurs qui conduisent à une action sans repos ; « sattvique », vie de pureté et de luminosité par l'identification de l'Atman et du Brahman. (On peut faire un parallèle avec les trois principales castes ou fonctions : shudras, kshatryias, brahmanes.)

15. *Le yoga de la Personne suprême.* Le monde est un organisme vivant unifié par l'Absolu (le Brahman). Il a ses racines dans le ciel, où il puise la sève des actes qui fécondent la terre. L'homme qui a pris conscience d'être un pont entre la terre et le ciel, entre l'humain et le

divin, est un « éveillé vivant », une manifestation partielle du divin. Il y a là l'indication de ce que peut être un dieu personnel.

16. *Le yoga de la distinction du divin et du démoniaque.* Dans le Rig-Véda, comme dans l'Avesta iranien, il y a lutte entre la lumière et les ténèbres, entre les dieux et les démons ennemis. La deuxième grande épopée indienne, celle du Ramayana, raconte la lutte menée par Rama, incarnation de Vishnou, contre les démons ennemis des dieux. Mais il est remarquable que lorsque Rama affronte finalement, en combat singulier, Ravana, le roi des démons, celui-ci n'est pas sans grandeur : il lutte avec courage bien qu'il soit assuré de sa défaite, et Rama vainqueur demande à Ravana expirant des conseils sur la conduite d'un roi. Finalement, le démon meurt sauvé par le nom de Rama qu'il invoque en sa dernière parole. Comme Gandhi mourant prononcera le nom de Rama en bénissant son assassin.

Il en est de même dans la lutte des Pandavas contre les Kauvaras : la race humaine n'est pas divisée en deux groupes irréductibles dont l'un serait le porteur de tout le bien, l'autre de tout le mal. La bataille de la lumière et de l'ombre se livre à l'intérieur de chaque homme. Le démoniaque conduit à la servitude, le divin à la délivrance. Mais il n'est aucun homme qui ne puisse être sauvé.

17. *Le yoga des trois expressions de la foi.* L'homme est ce qu'est sa foi. Cette foi ne s'exprime pas par l'ascétisme, par la torture de soi, mais par la discipline et la maîtrise du corps. Et, à tous les niveaux, par une identité croissante avec le « Soi » cosmique, avec le Brahman.

18. *Le yoga du renoncement libérateur.* Ce dernier yoga résume tous les autres. Contre la légende selon laquelle en Inde la sagesse détourne de l'action, il apparaît, dans ce dernier yoga, qu'au terme du chemin de sagesse il ne s'agit pas de renoncer à l'action, mais 1) au fruit de l'action, 2) à l'illusion que c'est le « moi » qui accomplit l'action véritable, celle qui est en harmonie avec le dessein cosmique. Ici la mystique, c'est-à-dire la conscience de l'unité de soi et de Dieu, et le lien d'amour qui les réunit, atteint son apogée.

La sagesse, en vérité, oriente et commande l'action :

— Une sagesse qui voit toute chose dans l'unité du tout conduit à construire la cité divine.

— Un savoir qui ne voit plus que la multiplicité et les fins limités est pure passion et non pas action.

— Un savoir qui s'attache seulement aux effets, à la jouissance et à la puissance, est ignorant.

Ces trois degrés de la connaissance se retrouvent au niveau de l'action. Ce qui demeure, c'est que seule une parfaite conscience du « Soi » est le sens et la joie de la vie, la délivrance ; que la réalité dernière de la vie est la joie divine de la manifestation de possibles toujours nouveaux ; que chaque homme est une facette du divin et que sa vérité d'homme et sa loi sont de tirer de sa propre vie le possible divin.

Fragments de la Bhagavad Gita.

Je ne vois pas quel bien pourrait en résulter quand j'aurai frappé les miens dans la bataille...

Je n'aspire ni à la victoire, ni à la royauté, ni aux plaisirs...

Tous ceux-là, même s'ils me frappent, je ne désire pas les frapper, fût-ce pour la royauté des trois mondes...

Sur ces mots Arjuna jeta son arc et ses flèches.

Krishna : Tu as mission d'agir, mais non de jouir du fruit de tes actes...

L'homme qui, abandonnant tous ses désirs, va, libre d'attachement, et ne dit plus « c'est à moi », ni « je », celui-là accède à la paix.

Accomplis ta tâche de ce jour. Car l'action est supérieure à l'inaction...

Les hommes aveuglés agissent par attachement aux fruits de l'action...

Le sage agit aussi, mais sans cet attachement, en ne visant qu'à l'intégrité de l'univers...

Me dédiant, à moi, le dieu Vishnou, toutes les actions, affranchi de tout désir de puissance comme de tout esprit de possession, ta fièvre apaisée, combats !

Chaque fois que l'ordre du monde et sa justice chancellent, et que le chaos va triompher, moi, Vishnou, je m'incarne sur la terre.

Pour la protection des bons et la destruction des destructeurs, d'âge en âge, je viens à l'existence terrestre.

L'homme acceptant ce que le hasard lui offre, l'homme qui a dépassé les contradictions, pur de tout égoïsme, toujours égal à lui-même dans le succès et dans l'échec, il peut agir, sans pour autant être lié.

Le renoncement et la discipline de l'action donnent tous deux accès au souverain bien.

Mais la discipline de l'action l'emporte sur le renoncement aux actes...

Celui qui, dans ses actes, n'est inspiré que par le Brahman, et n'est lié par aucun attachement, celui-là, lorsqu'il agit, n'est pas plus atteint par le mal que ne l'est, par l'eau, la feuille du lotus.

Lorsqu'on n'est plus lié aux objets des sens ni aux actes, lorsqu'on a renoncé à tout projet visant l'intérêt personnel, on a franchi tous les degrés du yoga.

Dans le soleil je suis l'éclat, la virilité chez les hommes, le parfum dans la terre et la splendeur du feu. Je suis la vie dans tous les êtres, chez les ascètes le renoncement. Je suis la semence éternelle de tout ce qui est. Je suis la force des forts, force exempte de désir et de passion.

Parmi les sacrifices je suis la parole murmurée, parmi les êtres immuables l'Himalaya... je suis le vent parmi les purificateurs, et Rama parmi les guerriers.

Quelle que soit la forme de tout être, ô Arjuna, je suis cela. Il n'est pas d'être, mobile ou immobile, qui existe en dehors de moi.

Alors Arjuna vit le corps du dieu des dieux, l'univers entier dans toute sa diversité et son unité.

Si la lumière de mille soleils embrasait le ciel, elle serait semblable à la lumière de ce grand Être.

Je suis le temps qui fait dépérir les mondes...

Et l'acte, c'est ce qui fait venir les êtres à l'existence.

Lève-toi, Arjuna, conquiers la gloire en triomphant de tes ennemis. Jouis d'un règne prospère. Car c'est par moi déjà que les destructeurs ont été promis à la mort.

Celui qui me dédie les œuvres qu'il accomplit, celui dont je suis, moi Vishnou, la fin suprême, c'est celui-là, libre de tout attachement comme de toute hostilité à l'égard de l'ensemble des êtres, c'est celui-là qui vient à moi...

Racines dans le ciel, branches et feuilles dans la terre, tel est l'arbre sacré de la vie.

Il puise dans le divin sa sève, et de là bourgeonnent les actes dans le monde des hommes.

Voici la triple porte de l'enfer : le désir, la colère, l'intérêt égoïste. Renonce à cette noire trinité.

La foi de chacun est conforme à son être. Cet homme est plein de foi. C'est ce que l'on croit que l'on est. C'est ce dont on a la foi qui nous fait être ce que l'on est.

Là où est Krishna, incarnation de Vishnou, là où est Arjuna, l'archer, là se trouvent assemblées la richesse, la puissance, la joie qui dure et la cité divine.

4. Bouddhisme

Les Upanishads, au VIIᵉ et surtout au VIᵉ siècle, avaient mis l'accent sur le passage d'une conception ritualiste du sacrifice à une conception intériorisée : le sacrifice de soi est plus important que le sacrifice d'animaux ou d'objets.

Ce mouvement était une réaction contre la sclérose du brahmanisme, devenant de plus en plus formaliste, et contre une certaine dégénérescence des brahmanes, plus attentifs à conserver et à étendre leurs privilèges de castes et leurs liaisons avec les puissants qu'à montrer la voie de l'union avec le divin.

Le bouddhisme ne constitue pas une rupture par rapport à l'hindouisme, mais plutôt une « réforme », tendant à un retour à une pureté primitive. En tenant compte des différences profondes qui séparent les visions du monde, les époques et les hommes, le rôle du Bouddha, à l'égard du brahmanisme de son temps, présente une certaine analogie avec celui de Luther face à l'Église : Luther ne met pas en cause le christianisme, mais seulement les abus de ceux qui avaient la charge d'en témoigner. Il tend non à créer une nouvelle religion mais à opérer un retour à la pureté du christianisme primitif. Enfin, contre un sacerdotalisme devenu l'affaire d'une caste cléricale, il entend s'adresser au peuple chrétien comme en témoigne sa traduction de la Bible en langue vulgaire et le principe qui l'énonce : chaque chrétien est prêtre, sacrificateur et roi.

Ces trois démarches sont déjà celles du Bouddha. Par la rupture avec son mode de vie ancien, ce fils du prince Gautama, le Bouddha, se faisant volontairement moine mendiant, montre combien le pouvoir est corrupteur, et combien il serait faux de croire que le pouvoir, l'avoir et le savoir sont des privilèges héréditaires. Il affirme avec force : « Ce n'est pas par la naissance mais par ses actes que l'on devient brahmane. » Le rite n'a pas de valeur, et l'intériorisation du sacrifice est, pour lui, fondamentale :

Je n'embrase pas du bois pour les feux et les autels,

J'attise une flamme en moi...
Mon cœur est le foyer, la flamme est le soi dompté.

Qu'il s'agisse, pour lui, non de créer une nouvelle religion ni même une doctrine originale, mais de retrouver la pureté primitive, est également explicite :

J'ai vu l'ancienne voie, la route prise par les « libérés vivants » d'autrefois, et c'est le sentier que je suis[1].

Enfin il renonce au sanskrit, langue sacrée des brahmanes, et s'exprime dans la langue populaire parlée.

Ce « protestantisme » indien enseigne essentiellement un mode de vie. Cela entraîne le Bouddha (comme plus tard Luther) à une série de ruptures avec la doctrine établie et l'ordre qu'elle implique. Il conteste l'autorité. Il conteste les rites : ni cérémonies ni prières à des dieux sans pouvoir ne sont nécessaires, pas de culte extérieur. Pas davantage de spéculation métaphysique sur le fini et l'infini, sur l'éternité du monde, sur les rapports de l'Atman et du Brahman. A ceux qui s'étonnent de ce silence doctrinal, le Bouddha répond : « Pourquoi ne vous ai-je pas dit ces choses ? Parce que ce n'est pas utile. Cela ne conduit pas au Nirvana. » (C'est-à-dire à la sérénité et à la joie de l'homme libéré de ses illusions.) Il dit cela en des images simples et fortes : lorsqu'un homme est blessé par une flèche, il s'agit d'abord de le soigner, et non pas d'attendre, pour le faire, de savoir qui a tiré la flèche, de quel bois elle est faite, pourquoi on l'a lancée, etc.

Le problème central, unique, que pose le Bouddha, est un problème pratique : dans un monde de souffrance, comment guérir l'homme de la souffrance ?

C'est le thème de son premier Sermon de Bénarès, prononcé dans le parc des Gazelles (appelé aujourd'hui Sarnath). « J'ai, dit-il, expliqué la souffrance, son origine, sa suppression, et les moyens de la supprimer. »

De là découlent les « quatre nobles vérités » qui constituent l'essence de son enseignement :

1. *La vie est souffrance.* Ce n'est pas là la proclamation d'une thèse pessimiste. Le pessimisme ne consiste pas à prendre acte de l'existence du malheur, mais à croire qu'on ne peut rien y changer, qu'il est impossible de vaincre le malheur. Or, tout l'enseignement du Boud-

1. Samyutta Nikayas II,106.

dha consiste précisément à montrer que l'on peut échapper au malheur et comment on peut y échapper. Son enseignement est donc fondamentalement optimiste. Le Bouddha constate, avec réalisme, l'existence de la maladie, de l'injustice, de la vieillesse, de la mort, de la séparation de ceux qu'on aime. Tout cela est souffrance.

Qui en est la victime ? Tout être soumis aux changements et aux conditionnements extérieurs, c'est-à-dire tout homme en tant qu'individu, soumis aux pressions et aux attractions extérieures et ballotté par elles. Le Bouddha, pour expliquer la souffrance, définit d'abord cet individu, et il découvre qu'il est une illusion ; en effet, ce que nous croyons être un individu, c'est-à-dire une entité autonome, n'est qu'un agrégat instable d'énergies physiques et mentales : le corps, les sens, les idées, les sentiments, la conscience. L'illusion c'est de croire qu'il existe, sous chacun de ces éléments, une réalité en soi, permanente, d'imaginer un acteur derrière l'acte, un penseur derrière la pensée, un « moi » derrière la conscience.

2. *La souffrance naît de cette illusion,* de cette ignorance, qui nous conduit à croire à l'existence réelle de ce petit « moi » empirique, isolé du reste du monde. Alors que tout, dans ce monde en devenir, est interdépendant. Les désirs de ce « moi » dérisoire, et qui nous fait souffrir, désirs sensuels, désir de possession des biens, désir de vie éternelle, ne naissent pas d'un « moi » qui serait autonome, ils naissent au contraire de notre illusoire sécession à l'égard du reste du monde. L'illusion fondamentale est celle de la rupture avec le Tout. Là encore l'illusion consiste à croire qu'il existe un sujet du désir, un sujet isolé, individuel, alors que c'est seulement par ignorance de l'universelle interdépendance qu'il croit à son existence séparée.

3. *Supprimer la souffrance,* c'est renoncer à l'illusion du « moi » et de ses désirs, à son devenir et à ses conditionnements. Il est absurde de répéter, après Schopenhauer, que le bouddhisme détruit le « moi », car il n'y a rien à détruire sinon une illusion. Ce que nie le Bouddha, c'est l'existence du petit « moi » empirique, mais pas du « Soi » des Upanishads qui est au-delà du devenir et des conditionnements, qui est la prise de conscience que ce que j'appelle « moi » n'est pas une réalité en soi, mais une vague à l'intérieur de l'océan, qui n'a de réalité que par l'océan qui la contient, et dans laquelle elle se résorbe et où naissent d'autres vagues. La seule différence entre le « Soi » bouddhique et le « Soi » des Upanishads, c'est que dans le premier l'accent est mis sur l'aspect moral, dans le second sur l'aspect métaphysique. Pour le Bouddha, il y a deux genres de vie : l'une qui

est soumise aux tiraillements des circonstances et des impulsions, l'autre qui est conscience d'appartenir et de n'agir qu'en fonction de l'intégrité de ce tout.

4. *Par quel chemin parvenir à la suppression de la souffrance*, c'est-à-dire à ce deuxième genre de vie dans lequel nous jouirons de la paix et de la liberté souveraine du Nirvana ?

Le Bouddha ne préconise ni la poursuite effrénée des désirs ni l'ascétisme, mais ce qu'il appelle « les sentiers du milieu ». Il définit ainsi « les huit sentiers » :

1) *La sagesse juste*. Celle qui consiste d'abord à pratiquer la voie négative à l'égard de soi : « ceci ne m'appartient pas ; je ne suis pas ceci ; ceci n'est pas ma véritable réalité », afin de conjurer l'avidité, la colère et l'illusion, « l'illusion du moi, du doute, et de l'attachement aux rites et aux cérémonies ». Atteindre cette sérénité du Nirvana est une joie supérieure à la domination de l'univers.

2) *La pensée juste*. Celle qui ne dépend plus du devenir, de ses courants, de ses illusions, en particulier de celle du moi. « La pensée : je suis, étant extirpée, dit le Bouddha, le filet de l'illusion est déchiré. » Alors il nous devient possible d'agir à partir du tout et en ayant pour but ce tout.

3) *La parole juste*. Celle qui dépasse les limitations du « moi » et des mots et qui n'exprime que la réalité véritable : mentir, c'est avoir peur de se révéler tel qu'on est.

4) *L'action juste*. Celle qui exclut toute visée intéressée au détriment des autres. Il n'est aucun des préceptes du Sermon sur la montagne dont on ne trouve l'équivalent dans les écrits bouddhistes.

5) *La vie juste*. Le Bouddha énumère expressément les métiers dont celui qui se dit son disciple doit s'abstenir : le trafic de l'argent, le trafic des armes, celui des êtres vivants et des boissons enivrantes.

6) *L'effort juste*. Effort de renoncer, effort de surmonter, effort de développer, effort de maintenir. Tous les efforts qui tendent à dépasser les illusions de soi et des autres.

7) *L'Esprit juste*. Ce que nous concevons détermine ce que nous faisons. Il s'agit de combattre l'ignorance de la réalité véritable : réalité véritable du corps qui n'est pas une individualité séparée, mais une parcelle du monde comme le cadavre au cimetière qui se résorbe dans les éléments ; réalité véritable des sentiments qui nous conduit à la maîtrise de la joie comme de la peur, à l'endurance du corps et de l'esprit ; réalité véritable du monde extérieur dans son universelle interdépendance, qui nous permet de situer en lui nos sensations, nos perceptions, nos sentiments, comme nos pensées et nos actes.

8) *La concentration juste.* Celle qui nous permet d'abord d'écarter de notre méditation tout ce qui n'en est pas l'objet. Cette première forme de la concentration n'a rien de spécifiquement bouddhiste. La concentration supérieure du *samadhi,* à partir du vide réalisé, permet d'accéder à l'extase, à « l'illumination », à « l'éveil » à la vie véritable (bouddha signifie : l'éveillé), c'est-à-dire à la vision globale de l'univers et de sa loi, à cette liberté suprême du Nirvana, où l'on s'identifie au jaillissement permanent des possibles du monde.

Le *samadhi,* dans l'hindouisme, est l'illumination par laquelle s'opère la jonction de l'être particulier avec l'absolu ; dans le bouddhisme, cette illumination (*satori*) permet d'atteindre le Nirvana, c'est-à-dire l'extinction du « moi » par la rupture non seulement avec les désirs mais avec tout ce qui est soumis à la succession temporelle.

L'éternité est ainsi atteinte par l'homme dans le présent créateur. Dans l'acte de création, faisant émerger dans le monde un possible nouveau, qu'il s'agisse de poésie, d'amour, ou de sacrifice, on s'oublie soi-même, on est libéré de la conscience de soi pour coïncider avec ce surgissement continué de l'être nouveau.

Peut-être s'étonnera-t-on que, définissant les conditions d'une libération, le Bouddha n'ait pas formulé une doctrine de libération sociale. Tout au plus dans l'un de ses écrits : « Dix devoirs du roi », a-t-il énuméré les principes d'un gouvernement juste en précisant ce que doivent être les vertus du roi. Il n'en est que plus remarquable que ce petit texte ait eu l'une des plus extraordinaires incidences historiques. Lorsqu'au IIIe siècle avant Jésus-Christ, l'empereur Açoka, qui régnait sur le plus grand empire que l'Inde ait connu jusque-là, se convertit au bouddhisme, il agit exactement à l'inverse de Constantin lorsque celui-ci se convertit au christianisme pour affermir son empire et vaincre dans les batailles. Açoka donne l'exemple, unique dans l'histoire, d'un conquérant qui, en pleine période d'ascension de sa puissance, renonce à toute guerre et à toute violence, à toute extension de son empire et, après avoir fait l'autocritique de son action antérieure, pourtant victorieuse, applique rigoureusement la morale du Bouddha, dont il fait graver les préceptes sur des stèles dans toutes les provinces de son empire. La plus célèbre d'entre elles est celle qui, à Sarnath, au lieu même où le Bouddha prononça son premier sermon, et, selon l'expression bouddhiste, « mit en mouvement la roue de la Loi », est surmontée du « Chapiteau aux lions » devenu l'actuel emblème de la République indienne.

Açoka opéra, dans le bouddhisme, une véritable mutation. Lorsqu'il se convertit, le bouddhisme n'était encore qu'une secte indienne.

Il en fit une doctrine qu'il voulait mondiale en envoyant des missionnaires très au-delà des limites de son empire : au nord de l'Himalaya, en Asie centrale, dans le Sud-Est asiatique, à l'est en Chine, et, à l'ouest en Syrie et en Palestine, où ces missionnaires furent parfaitement accueillis, si bien que des communautés bouddhistes, d'ailleurs proches des Esséniens (dont l'enseignement présente de grandes analogies avec celui des bouddhistes), étaient encore vivantes et rayonnantes en Palestine lors de la levée de Jésus de Nazareth.

Si le Bouddha, dans l'enseignement des « quatre nobles vérités », ne fait point de place à l'organisation d'un ordre social nouveau, c'est d'abord qu'il s'adressait à des moines, pour leur montrer la voie du salut.

Mais cette question, si actuelle aujourd'hui, de la tension entre le salut personnel et la libération sociale, n'a cessé d'être présente dans le bouddhisme, de la conversion d'Açoka jusqu'aux bonzes bouddhistes vietnamiens s'immolant volontairement par le feu pour appeler, par leur sacrifice personnel, leur peuple entier à la résistance contre l'oppression étrangère.

Ce problème central s'est posé, dans le bouddhisme, avec une force particulière, lorsque la prédication des enseignements du Bouddha dépassa les limites d'une règle monastique pour s'adresser aux masses. Il se produisit alors un schisme entre ceux qui, interprétant à la lettre l'enseignement primitif du Bouddha, pensèrent que le salut de chacun ne dépendait pas de la délivrance de tous les autres. C'est ce que l'on appela le Hinayana (petit véhicule), ou Theravada, qui prédomine encore dans les pays du Sud-Est asiatique. L'autre courant, celui du Mahayana (grand véhicule), estimait que l'universelle interdépendance, enseignée par le Bouddha, s'appliquait aussi aux hommes, et qu'il ne pouvait y avoir d'authentique libération d'un seul tant que les autres demeuraient asservis. Il n'y a pas d'homme libre dans un peuple esclave. Cet idéal fut concrétisé par le modèle du héros et du saint bouddhiste : le « bodhisattva », c'est-à-dire l'homme qui, ayant atteint la limite au-delà de laquelle il pouvait accéder à l'illumination et à la béatitude totale, renonce à franchir l'ultime étape pour rester avec la masse des hommes, les aider à conquérir leur propre délivrance, et n'entrer dans le Nirvana que lorsque tous les autres y pénétreront avec lui. Le bodhisattva préfère la délivrance des autres à son propre salut. Pour les adeptes du Theravada la vertu suprême est la sagesse, pour ceux du Mahayana, c'est l'amour. Alors que le Theravada est centré sur la vie monastique, le Mahayana est essentiellement laïc.

BOUDDHISME

Le bouddhisme, né en Inde, y a vécu pendant près de dix-huit siècles. Né d'une « réforme » de l'hindouisme, il finit par se résorber en lui au point de disparaître presque entièrement de l'Inde à partir du XIIe siècle.

Mais déjà il avait pris pied, dès le VIe siècle, en Chine avec un grand missionnaire de l'Inde, Bodhidharma. En s'enracinant en Chine le bouddhisme prit un caractère nouveau : de sa fusion avec le taoïsme chinois, naquit le bouddhisme tch'an qui deviendra, au Japon, le Zen.

5. Le Tao

Le thème du Tao a préexisté, en Chine, au taoïsme.

Il apparaît dans le plus ancien des livres chinois, le Yi King (Le livre des métamorphoses), pour lequel le Tao est la loi éternelle qui préside à l'universel devenir et à l'universelle interdépendance.

Ce livre permettait à la fois de lire l'ordre de l'univers et d'établir l'harmonie en soi-même par un consentement aux rythmes profonds de l'univers. Le Tao est ainsi à la fois la loi naturelle et la loi morale qui en est le reflet.

Le devenir lui-même naît de la composition de deux principes contraires : le Yin, principe féminin, qui est don de soi, et le Yang, principe masculin, qui est force créatrice. A la différence du dualisme du Bien et du Mal de Zarathoustra qui implique une lutte à mort entre les forces contraires, le Yin et le Yang sont complémentaires : ils ont besoin l'un de l'autre dans la réalité comme dans la pensée. Le Tao est la loi de leur alternance et de leur conjugaison, comme le pivot du cadran solaire autour duquel tournent la lumière et l'ombre.

Une véritable communauté humaine n'est pas un équilibre entre des convoitises affrontées. Elle a un fondement cosmique, elle reproduit l'ordre de l'univers. Le souverain est le Fils du Ciel, car il a mandat de réaliser parmi les hommes, sur la terre, la « loi du Ciel ». De même, lorsque cet ordre est perturbé, une révolution est nécessaire pour passer de la division à l'unité. Une révolution est ainsi une restauration de l'ordre.

Cette vision du monde a connu, au cours de son histoire plusieurs fois millénaire, de multiples dégénérescences : le temps vint où, au lieu de voir dans le Yi King un système de relations pouvant guider la recherche scientifique et la réflexion historique, on le traita comme une sorte de manuel de divination d'où l'on tirait des recettes magiques, en particulier pour s'assurer l'immortalité.

Aujourd'hui encore cette « religion taoïste » faite de superstition, de divination et de magie sévit, notamment, à Taïwan.

Par contre, la méditation taoïste n'a cessé d'inspirer, au cours des siècles, la science chinoise, par son sens de l'interdépendance dialectique des phénomènes (ce qui conduisit, par exemple, les Chinois à inventer la boussole et à développer l'astronomie, des siècles avant l'Occident, parce que leur pensée n'était pas obscurcie par la prétendue notion « d'action à distance », née de préjugés mécanistes). Elle anime aussi la philosophie chinoise, dominée depuis plus de deux millénaires, de Lao Tseu et de Tchouang Tseu à Mao Tsé-toung, par la dialectique du Yin et du Yang.

La politique et la morale chinoises sont fondées sur cette philosophie. Il en est de même pour la poésie chinoise et surtout pour la peinture chinoise qui, à son apogée dans les paysages Song (du xᵉ au xɪɪɪᵉ siècle), est l'une des plus hautes contributions de la Chine à l'art et à la culture universelles.

La réflexion sur le taoïsme est ainsi singulièrement actuelle et féconde à un moment où, en ce dernier quart du xxᵉ siècle, les impasses et les menaces de notre modèle occidental de culture et de développement nous obligent à repenser fondamentalement notre manière de concevoir et de vivre nos rapports avec la nature, avec la communauté humaine et avec le divin.

Le taoïsme, qui définit d'une manière originale et profonde ces rapports, est né à une période de crise historique : au vɪᵉ siècle avant notre ère, l'introduction en Chine de l'usage du fer et de la charrue entraîne un véritable bouleversement de l'ordre économique et social traditionnel (d'une importance comparable à celle que produira en Europe l'invention de la machine à vapeur). Cela se traduisit par une période d'anarchie politique que les historiens chinois ont appelée celle des « Royaumes combattants ».

Cette situation suscita deux réactions différentes :

— l'une, conservatrice, fut celle de Confucius, qui chercha à sauver les valeurs traditionnelles et à « rétablir l'harmonie entre le ciel et la terre » par un retour à « l'imitation des anciens », c'est-à-dire au passé mythique de la Chine. Il s'agissait, pour lui, de rétablir l'ordre et la loi par le respect de la famille, du rite, de la hiérarchie ;

— l'autre, celle de Lao Tseu, inspiré, comme Confucius, par la conception du Tao dans le Yi King, introduit des valeurs nouvelles : alors que Confucius visait essentiellement à l'intégration de l'homme à l'ordre social traditionnel, Lao Tseu vise à l'intégration de l'homme à la nature, considérant le système social, et la civilisation tout entière, comme un ordre artificiel, qui est une perversion de l'harmonie de la nature. Le plus grand penseur taoïste, Tchouang Tseu, écrit : « La nature a disparu ; les lois l'ont remplacée : de là tous les désordres. »

Ces deux tendances vont s'opposer, et souvent s'affronter pendant vingt-cinq siècles, et dans tous les domaines, de la politique à l'esthétique : en politique, comme le conservatisme à la contestation ; en esthétique sous la forme, par exemple, de la prédominance de la figure humaine dans des œuvres souvent académiques, hiératisées, moralisantes ; dans la peinture, de la dynastie des Han (IIe siècle avant notre ère) à la dynastie des T'ang (IXe siècle après notre ère), dominée par l'influence du confucianisme. Après une nouvelle période d'anarchie politique, d'invasions extérieures et de rébellions de chefs militaires (période dite « des cinq dynasties »), marquée notamment par la destruction du système d'irrigation sur lequel se fondaient la prospérité économique et l'ordre impérial, dans la paix et l'unité retrouvées, on assista, en revanche, à la merveilleuse floraison du paysage Song, qui sera l'expression la plus saisissante de l'expérience taoïste.

Le taoïsme, comme plus tard le tch'an (le Zen) qui lui emprunte beaucoup, est moins une doctrine qu'une manière de vivre.

Contre les conceptions dégénérées du Tao, ritualistes et magiques, Lao Tseu — en ce VIe siècle avant notre ère qui fut un siècle d'or pour l'esprit humain — fit, pour la tradition sclérosée du Tao, ce que dans le même siècle firent les Upanishads et le Bouddha en Inde qui intériorisèrent le ritualisme du sacrifice védique, ce que fit en Iran Zarathoustra pour le mazdéisme figé, ce que firent Héraclite et Pythagore chez les Grecs d'Asie Mineure en opérant la transition du mythique au rationnel.

L'intuition centrale du taoïsme découle du refus de tout dualisme : il n'y a pas un « moi » isolé du reste du monde. Il n'y a pas d'êtres réels distincts.

> *Tous les êtres et moi sommes un dans l'origine* [...], écrit Tchouang Tseu. *Tous les êtres sont un tout immense. Celui qui est uni à cette unité jusqu'à avoir perdu le sens de sa personnalité* [...] *aucune vicissitude ne peut lui porter atteinte.*

La métaphore la plus proche de cette unité profonde du Tao, est, comme pour l'hindouisme, celle de la mer, thème majeur de toutes les visions du monde orientales, aux antipodes de l'individualisme occidental : chaque être, en apparence distinct y compris son « moi », n'est qu'une vague de la même substance que la mer, sans limitation ou frontière qui la sépare d'elle. Elle n'est qu'une forme provisoire et fugitive qui s'esquisse dans l'océan sans forme et sans limite, et se résorbe en lui. Tchouang Tseu utilise cette analogie en rapportant un dialogue de Lao Tseu avec l'un de ses disciples :

— *Où allez-vous ?*
— *A la mer.*
— *Pourquoi ?*
— *Parce qu'elle est l'image du Principe, du Tao : toutes les eaux y confluent sans la remplir. Toutes les eaux en sortent sans la vider. Comme les êtres sortent du Tao et y retournent.*

L'univers entier participe à cette unité : une montagne est vivante comme une vague ou comme moi. Vivante de la même vie, obéissant au même rythme vital. Je suis en continuité avec les arbres ou les rochers. La peinture chinoise de paysage nous rend immédiatement sensible la présence du Tao.

Cet art a pour objet non de reproduire les apparences sensibles mais de rendre visible l'invisible, l'invisible unité rythmique et vivante du Tao.

Comment accède-t-on à cette vision ? Par l'expérience fondamentale du taoïsme : celle du vide. « La vision du Tao exige le vide », dit Tchouang Tseu.

Le vide taoïste n'est pas « rien ». Le vide est non-savoir, non-agir, non-être.

Le non-savoir n'est pas l'ignorance, mais le refus de la connaissance discursive qui procède par mots et concepts emprisonnant les choses dans leur réseau artificiel, les isolant, les découpant et les morcelant jusqu'à ne nous donner que des vues partielles, c'est-à-dire fausses, de la réalité.

Au-dessus de cette « science » des apparences, il y a la sagesse du non-savoir par laquelle nous prenons conscience que la nature profonde des choses ne peut être atteinte par les concepts et les mots qui la découpent artificiellement.

L'expression même de « non-savoir » montre qu'il y a là une démarche analogue à celle que les mystiques ont appelée « la voie négative ». Tout comme l'hindouiste dit : le Brahman n'est pas cela... pas cela, et le mystique chrétien : Dieu n'est pas cela... pas cela, cette « voie négative » est un préalable indispensable à l'illumination taoïste. Dès le début de son Tao të King (Le livre du principe et de la voie), Lao Tseu écrit :

Le Tao que l'on peut nommer
n'est pas le Tao
Le nom que l'on peut prononcer
n'est pas son nom.

La connaissance véritable, au-delà de la connaissance discursive et médiate, est la saisie globale du monde comme un tout, en amont du moment où notre petit « moi » individualiste, égoïste, y a introduit l'illusion de la multiplicité des choses, en projetant sur elles les faisceaux de nos désirs ou les exigences de leur manipulation utilitaire.

Cette connaissance n'engage pas seulement notre intelligence mais la totalité de notre être pour atteindre cette intuition métaphysique : le Tao est là où est le vide, et le vide est obtenu par le jeûne du cœur, par le dépassement du « moi » et de ses désirs, par le dépassement de l'illusion qui nous fait prendre la partie pour un tout se suffisant à lui-même.

L'intelligence de l'individu est nécessairement dualiste car elle implique la distinction du sujet et de l'objet.

L'illumination est le contraire de cette dissection du réel. Elle en exige le rejet préalable car, lorsque cette dissection a commencé, je ne pourrai plus jamais reconstituer l'être vivant dans son unité organique, je ne pourrai plus éprouver mon unité profonde avec le tout, vivre au rythme de l'univers dont je ne suis qu'une parcelle infime immergée dans le tout.

Cette illumination du non-savoir est une libération.

Elle nous libère de l'illusion du « moi » et de la pluralité des choses extérieures. Elle nous libère de l'abstraction dualiste, médiate qui, par l'opposition entre le sujet et l'objet, fait tomber sa herse entre nous et les choses. Elle nous libère de la fausse immédiateté de la connaissance sensible pour nous donner accès au principe Un, sous le chatoiement des sensations. Elle nous libère d'une manière très proche, de cette libération qui est la conscience hindoue de l'unité du Brahman et de l'Atman, ou du Nirvana bouddhique.

Le non-agir n'est pas l'inertie. Le non-agir est la rupture de tous mes conditionnements extérieurs, de tous mes attachements partiels. Si j'agis mû par mes désirs individuels, j'isole du tout ce qui est privé de sens par cet isolement même. Je poursuis, par exemple, pour eux-mêmes, la richesse, le pouvoir, les plaisirs des sens. L'action visant la richesse ne me conduit qu'à la possession où je suis possédé par ce que je possède. L'action visant le pouvoir m'intègre au cycle des violences en m'opposant comme individu à d'autres individus. L'action visant les plaisirs des sens me rend esclave d'une poursuite sans fin car je ne parviendrai pas à la satiété, chaque satisfaction d'un désir faisant surgir d'autres désirs. Ces prétendues actions ne sont que passions.

Le non-agir, qui les refuse, est le contraire de cette pseudo-action, de cette passion subie, intéressée et simplement réactive. Le non-agir, c'est la plénitude de l'action vraie, en harmonie avec le tout de l'être : placé au centre de la roue cosmique, le sage taoïste se meut avec elle, invisiblement. Il n'agit pour rien d'autre que pour le Tout et par le

Tout. Le non-agir est coïncidence avec le mouvement profond de l'univers.

Le non-agir casse le cercle de la violence et change la notion du pouvoir et de l'efficacité de l'action.

Mieux peut-être qu'en toute autre doctrine se manifeste dans le style de vie taoïste la liaison intime entre mystique et politique.

Dans la pensée chinoise, depuis le Yi King, le Tao était conçu à l'image de l'ordre imposé par l'empereur qui avait reçu « le mandat du Ciel » de maintenir l'ordre sur la terre, d'en être responsable. Chez les taoïstes, le Tao est une sublimation de cet ordre et de cette efficacité. Il implique une conception nouvelle du souverain, qui devient le « sage » taoïste, celui qui, dans l'illumination du non-savoir, a reconnu son appartenance au tout de l'univers et qui, par sa tranquille « vacuité », instaure la paix et l'harmonie du monde.

Il implique une autre conception du pouvoir, celui du « sage » taoïste, qui n'opère pas par la contrainte et la violence, mais qui, ayant pris conscience que les autres sont en lui et lui en eux, et que tous ensemble ne sont qu'un fragment du cosmos, agit en harmonie avec le tout par le rayonnement de sa propre sérénité.

Il implique une conception inédite de l'efficacité : « Le sage, écrit Tchouang Tseu, ne règle pas de l'extérieur. Il donne l'exemple de ce qui est juste, que les hommes suivront s'il leur plaît. » C'est ce que Tchouang Tseu appelle « enseigner sans paroles... pour qui se tient immobile au centre de toutes les destinées ». Traiter les hommes avec cette humanité est, selon les sages taoïstes, l'action la plus efficace. Le souverain n'est plus celui qui impose et contraint, c'est celui vers qui l'on va, comme l'on est attiré par le vertige du vide. Le vide, à ce niveau, étant cette plénitude d'être de l'homme qui n'a aucun intérêt individuel, égoïste, de possession, de domination ou de jouissance. Tchouang Tseu, évoquant cette impassibilité du sage au-dessus de toute impulsion, écrit : « Ils faisaient la guerre sans haïr et le bien sans aimer. » Le taoïsme des sages n'est donc pas une évasion spéculative, l'exaltation d'une vie intérieure aux dépens des responsabilités extérieures, mais une forme inédite de régulation de la société.

Cette régulation est fondée sur les deux principes fondamentaux du Tao : le vide et la dialectique du Yin et du Yang. Le caractère de moteur du monde de ce vide immobile est exprimé par une image saisissante dans le Tao të King de Lao Tseu : « Trente rayons se joignent en un moyeu unique ; ce vide central dans la roue en permet l'usage. »

Immobile au centre de l'immense giration cosmique, « libre de tout intérêt terrestre... l'éloge le plus grand de cet homme se résume en ces mots : il est un avec le grand Tout », écrit Tchouang Tseu, qui ajoute ce précepte : « Faites du non-agir votre gloire… le sage rend ce qu'il a reçu du ciel, sans rien garder pour lui. Il est essentiellement vide. »

Ce qu'il a reçu du ciel, c'est le rythme universel du Yin et du Yang, du don de soi féminin et de l'acte créateur masculin, et Tchouang Tseu élève le premier au-dessus du second : « Connais la virilité, mais préfère la féminité, tu seras le ravin du monde. »

Pleinement habité par le Tao qu'il a su accueillir (Yin) en faisant en lui le vide, le sage possède le pouvoir d'exercer son action sur les hommes sans intervention extérieure.

Le non-agir, c'est la victoire de l'*être* (de l'Être total) sur l'*avoir* et le *faire* de l'individu.

Le non-être n'est pas le néant. Pas plus que le non-savoir n'était l'ignorance, et le non-agir l'inertie. Le non-être est au-delà de l'être partiel, c'est-à-dire illusoire, du « moi ». Il est la réalité suprême de celui qui, sans prétendre exister par lui-même, participe à l'harmonie du tout et n'est rien d'autre que cette harmonie :

> *Supposons un homme entièrement absorbé par l'immense giration cosmique et se mouvant en elle,* écrit Tchouang Tseu. *Celui-là ne dépend plus de rien. Il est parfaitement libre, en ce sens que sa personne et son action seront unies à la personne et à l'action du grand Tout… Le surhomme n'a pas de soi propre ; l'homme transcendant n'a plus d'action propre ; le sage n'a même plus de nom propre. Car il est un avec le Tout.*

Le passage du « moi » individuel au non-moi, au « Soi » universel, est ainsi la visée du taoïsme comme de l'hindouisme.

La vertu majeure de la vie, pour le taoïste, c'est le *wou weï* (sérénité créatrice) que ne saurait acquérir un homme enfermé dans les limites de son « moi » individuel.

Le non-savoir, le non-agir, le non-être sont les voies d'accès à l'expérience du vide, qui seule permet d'entrer en communion avec le principe de toute chose, le Tao.

Nous avons vu que, dans la pensée chinoise antérieure au taoïsme, depuis le Yi King, le Tao est un terme religieux ou magique : il désigne l'art de mettre en communication le ciel et la terre.

Tao signifie d'abord le chemin, la route, la voie et, par métaphore : la méthode, le principe, la doctrine. Mais cette voie, ou cette méthode, ne concerne pas seulement l'homme. Elle désigne la manière dont la nature procède, la réalité ultime, qui échappe au découpage artificiel et utilitaire des concepts et des mots, l'unité sous-jacente à la pluralité, « moteur immobile », comme dit Aristote, de toutes les formes du mouvement et de la vie.

Puis s'intériorisent les diverses voies de communications entre le ciel et la terre. Le sacrifice, qui est un moyen d'entretenir des liens avec le ciel et la terre, comme dans le passage des Védas aux Upanishads, s'intériorise ; « Le sacrifice, écrit Li Chi, ce n'est plus quelque chose qui vient du dehors, mais du dedans. Il naît dans nos cœurs. »

Il en est de même de cette autre forme de communication avec le Ciel : la divination. L'avenir prédit par l'oracle n'est plus ce qui va nous arriver du dehors, mais ce que nous ferons.

Les constantes, à travers l'évolution de la conception du Tao, sont les thèmes de l'ordre, de la totalité, de la responsabilité, de l'efficacité.

Le Tao, qui s'identifia d'abord avec l'art de gouverner, demeure, à travers ses métamorphoses, une action régulatrice, un principe souverain d'organisation. Le « t'ien tao » est l'ordre céleste, le « wang tao » l'ordre royal. Le Tao, principe d'ordre, régit le ciel et la terre, l'esprit et les choses.

Le Tao n'est ni une substance ni une force, et pourtant l'immobile Tao irradie l'énergie et la vie. Le vide joue un rôle essentiel. Dans un vase, dit le Tao të King, ce qui est utile, c'est le vide intérieur, comme le moyeu dans la roue. Les anciens disques de jade percés en leur centre d'un trou circulaire sont le symbole de l'« un » et du vide comme source d'existence, de mouvement et de vie.

A la fois immanent et transcendant, le Tao est tout entier en tout : immanent à tous, il est trancendant à chacun. A la fois principe d'unité et d'intelligibilité ou, plus exactement, de transparence.

Le Tao est fusion de l'esprit avec le mouvement des choses. Le saisir — comme le feront, au-delà de la parole, les grands paysagistes Song —, c'est pénétrer au-delà des apparences sensibles du monde pour mettre notre esprit à l'unisson du grand rythme cosmique, en être possédé jusqu'à devenir la respiration de l'univers.

Le Tao est le fondement de l'amour : tous les êtres font partie de moi et je fais partie d'eux. Mötseu y voyait la source de l'unité entre les hommes, les taoïstes étendant cette « sympathie » (au sens le plus rigoureux du terme) à l'ensemble du monde.

Le Tao est au-delà de l'être et de la mesure. Il est, comme le Brahman de l'hindouisme, plus que l'être, étant source d'une infinité de possibles. Il est la liberté engendrant l'Être et les êtres comme quelques-uns de ses possibles.

Avec une compréhension profonde, les jésuites qui, les premiers, traduisirent en chinois l'Évangile selon saint Jean, en rendirent ainsi le préambule : « Au commencement était le Tao. »

Quels sont les rapports du Tao avec le devenir ?

> *Le Tao un et universel,* écrit Tchouang Tseu, *subsiste dans la multiplicité des êtres, dans leurs genèses et leurs destructions. Tous les êtres distincts sont tels par une limitation artificielle et temporaire du tout. Leur destinée est de rentrer dans le tout. Leur essence est d'en participer.*

Mais l'unité ne peut donner le mouvement et la vie. Or, le Tao est source de vie. Il ne peut l'être que parce que « un donna naissance à deux, et de là sont nés les dix mille êtres ». (Ce passage ressemble à celui du premier chapitre de *la Grande Logique* de Hegel.)

Le Tao s'est divisé en Yin et en Yang, qui désignent, à l'origine, le versant d'ombre (Yin) et le versant ensoleillé (Yang) d'une montagne. Le Tao est le pivot autour duquel tournent l'ombre et la lumière ; il est le régulateur de leur alternance sur la terre comme dans le ciel. De cette dialectique des opposés, qui sont en même temps complémentaires, qui s'excluent et qui s'impliquent mutuellement, naissent tous les cycles cosmiques, du jour et de la nuit, des saisons, de la feuille et de l'humus, de la mer, du nuage et du fleuve, de la vie et de la mort.

Se conformer à ce rythme universel d'élan et d'accueil, d'activité et de passivité, de déploiement des énergies et de repli dans la concentration sur soi, est l'essence de la sagesse.

Cette conception permet au taoïste d'aborder avec sérénité la mort : seul s'efface l'individu, mais, du point de vue du tout, c'est un événement local, un changement aussi naturel que le passage du jour à la nuit, de la veille au sommeil. Un passage d'une forme à une autre. Tchouang Tseu, qui ne croit pas à la survie individuelle, écrit :

> *Nous sortons de l'invisible pour naître et nous y rentrons pour mourir... La gloire du sage est d'avoir compris que tous les êtres sont en action réciproque dans un seul complexe universel, que la mort et la vie sont deux modalités d'un même être.*

L'éternité peut d'ailleurs être atteinte en chaque instant lorsque l'on se confond avec le tout, au sens où Tchouang Tseu rapporte ce propos de Lao Tseu : « J'étais en train de m'ébattre au principe des choses. »

L'identification taoïste de l'intérieur et de l'extérieur inspire tous les arts, et d'abord la poésie chinoise, qui ne procède pas par images ou métaphores, par des « comme », mais nous introduit directement dans les choses qui ont leur sens en elles-mêmes, et non par analogie.

Li P'o (701-762), le plus grand poète de l'époque T'ang (618-907), après une visite à l'ermitage d'un sage taoïste, évoque son état d'âme non par des comparaisons mais par l'évocation directe d'éléments du paysage qui portent en eux-mêmes leur sens et leur symbole.

Parmi les pics dont l'émeraude touche au ciel,
Vous vivez librement, dans l'oubli des années.
J'écarte les nuées pour voir la route ancienne.
Je m'appuie aux grands troncs pour écouter les sources.
Dans la tiédeur des fleurs, les bœufs noirs sont couchés ;
Et sur les pins altiers les grues blanches s'endorment.
Nous parlions quand le soir est tombé sur le fleuve.
Et je redescends seul dans la brume et le froid.

Poésie et peinture ne font qu'un. Comme l'écrira le grand peintre Kuo Hsi (1020-1090) de l'époque Song (960-1279) : « Un poème est un tableau sans formes, un tableau est un poème de formes. »

Avant de prendre le pinceau pour calligraphier un poème ou peindre un rouleau, l'artiste doit s'immerger dans la nature jusqu'à s'y perdre, à ne faire qu'un avec elle, devenir le bambou avant de l'évoquer, voir la montagne comme elle se verrait elle-même. L'expérience esthétique est une expérience mystique : le peintre devient ce qu'il peint. Il n'a ni à *refléter* un monde extérieur, comme dans toutes les variantes du réalisme, ni à *projeter* un monde intérieur comme dans toutes les variantes de l'expressionnisme, mais à se dissoudre dans l'autre, dans le tout autre, ce qui est le secret de toute création poétique. Participer à la créativité de l'univers. Pour exprimer leur admiration pour le peintre Fan K'ouan (950-1026), ses contemporains disaient que son pouvoir de création était semblable à celui de la nature. La grande poésie et la grande peinture sont, comme la mystique, une expérience ontologique, dans laquelle l'homme, le monde, et leur loi commune se confondent. Le pinceau n'est qu'un médium pour révéler l'Être profond qui naît de la métamorphose du « moi » en « Soi », lorsqu'il s'unit avec le Tout.

La peinture la plus profondément inspirée par le taoïsme, la peinture Song, n'est pas une profession, mais une manière de vivre. De vivre en harmonie avec le Tao. Le Tao de la vie et le Tao de la peinture ne font qu'un. Ainsi s'explique la continuité, pendant des siècles, de l'esthétique et de la peinture chinoises. Le but de la peinture Song est d'évoquer la présence du Tao, à la fois harmonie rythmique de la nature, ordre humain et législation céleste. Cette conception de la peinture, à l'époque Song, dérive de l'ancienne conception taoïste du rôle de l'empereur : servir de lien entre le ciel et la terre, révéler à la terre la loi du ciel.

L'esthétique de la peinture chinoise a été formulée vers l'an 500 par Hsie Ho qui, dans la préface de son livre, *Classification des peintres anciens,* répond à la question : Comment évoquer la présence du Tao ?

Il énonce six principes, tous contenus dans le premier, traduit de diverses manières : principe de la consonance ou de la résonance de l'esprit, ou principe de la vitalité rythmique, du mouvement de la vie, du rythme spirituel, etc. Mais, quelle que soit la version adoptée, il s'agit du principe fondamental du taoïsme :

— fusion de l'intérieur et de l'extérieur,

— vision du monde comme une totalité organique vivante.

Ce n'est pas seulement une règle de l'art : il résume toute l'expérience taoïste de la vie dont cet art est l'expression. Consonance des choses entre elles, consonance des choses et de l'esprit, prise de conscience de l'identité du rythme de l'esprit et du mouvement des choses[1].

Un grand peintre de l'époque Song, Kuo Hsi, orchestrera ce principe de base dans son traité du paysage intitulé : *Le Message des forêts et des rivières.* Communion de l'artiste avec la nature, composition synthétique, orchestration et hiérarchie des formes, rythme unique de l'œuvre, tous les thèmes majeurs de la peinture taoïste y sont évoqués dans le langage du poème et de l'humour :

> *Le grand mont majestueux règne sur les montagnes moindres comme un empereur lointain au milieu des princes de sa cour.*
>
> *Les montagnes révèlent une âme vivante. Elles peuvent être majestueuses et puissantes. Elles peuvent avoir l'air de regarder autour d'elles ou de s'incliner pour saluer. Elles peuvent avoir une coiffure à leur sommet, un siège au-dessous d'elles, un appui par-devant, un dossier par-derrière. Elles peuvent abaisser leur regard* [...] *ou marcher à l'aventure, en ondulant comme des bannières* [...]
>
> *Les montagnes ont les torrents pour artères, les arbres pour*

1. Nous sommes ici aux antipodes de cette reconstruction des apparences selon un plan humain, qui caractérise les principales écoles de la peinture occidentale, de la Renaissance au XXe siècle. Sou Tong-p'o écrivait, au XIe siècle : « Quiconque parle de ressemblance en peinture est bon à renvoyer aux enfants. » Cette conception n'apparaîtra en Europe qu'au début du XIXe siècle, avec Goethe, et n'y triomphera qu'au début du XXe. Le paysage Song rend visible une présence invisible, comme l'icône dans l'art byzantin.

chevelure, la brume et les nuages pour teint [...] *Les rochers bizarres sont comme des tigres accroupis au bord de la route* [...] *Les pics forment le squelette du ciel et de la terre* [...] *L'eau est le sang du ciel et de la terre. Le sang doit circuler, non pas rester stagnant, figé.*

Le paysage devient un drame humain. Nous retrouvons en lui toutes les étapes du pèlerinage du sage taoïste. Et d'abord, celle du vide : le dépouillement du sensible s'exprime dans le choix du lavis monochrome, dédaigneux de la livrée anecdotique que constitue la couleur des choses, et permettant d'exprimer de manière immédiate les mouvements, le sens et le rythme d'une portion de l'univers. Les blancs, les gris, les noirs, obtenus en diluant plus ou moins l'encre dans l'eau, sont comme des coagulations ou des matérialisations plus ou moins grandes du vide primordial. Divers degrés de condensation du réel.

Le paysage est un symbole visible de l'univers entier et de ses rythmes invisibles. Il ne s'arrête pas aux frontières d'un cadre : dans le rouleau deviennent immédiatement saisissables les poussées du monde qui viennent d'au-delà de la peinture et la débordent de toutes parts. Ce n'est pas l'homme qui « cadre » et qui limite. Ce n'est pas l'homme qui est la mesure de toutes choses. Le Tao habite les formes sans s'y réduire. Il est sans limite. Dans le paysage coule le mouvement rythmique du Tao. Il nous communique la respiration de l'univers. La peinture, écrit le peintre Chen Koua, est « un fragment d'éternité ».

Enfin la suggestion taoïste du monde qui passe s'exprime par l'importance des formes fugitives ou de la dissolution des formes dans les nuages, les brumes, les vapeurs, images de l'universelle « impermanence » des choses qui n'ont pas de substance propre ni de réalité en soi.

Derrière les brumes qui séparent les divers plans, les montagnes elles-mêmes parfois flottent, comme si elles n'avaient pas d'existence réelle. Tout ce qui est concret se dissout pour révéler, au cœur même du vide universel, et derrière le voile mouvant de ce « monde de la rosée », la présence du Tao, seule réalité ultime.

Cette vision du monde confère à la peinture chinoise une très grande force synthétique. Toutes les énergies de l'univers se nouent dans le paysage où l'on discerne aisément « les veines du dragon » (le dragon étant le symbole du Tao omniprésent) : ce sont les lignes de force où se composent tous les contrastes et toutes les tensions de l'infini qui nous déborde comme il déborde le rouleau.

De cette manière de vivre le monde et de l'esthétique qui l'exprime découlent les techniques du paysage Song.

Selon le principe taoïste de l'immédiateté de l'illumination, le peintre ne trace aucune esquisse préparatoire au crayon, au fusain ou à la craie. Il travaille directement au pinceau avec son lavis. Or, le subjectile sur lequel il travaille (la soie ou le papier) ne permet aucune correction, aucun « repentir », comme disent nos peintres, par lequel on pourrait revenir sur son tracé ou sur la densité d'un lavis. Une telle peinture exige une parfaite maîtrise du geste. Elle s'apparente à deux autres arts : la calligraphie et la danse.

Comme le calligraphe, le peintre doit disposer d'un alphabet de lignes et de touches pour traduire les plus subtiles inflexions du Tao. Comme l'écriture, l'art du dessin exige un classement rigoureux des formes que prend le trait pour rendre les rides, les crevasses ou les aspérités d'un rocher, les courbes ou les angles aigus d'une branche, la sinuosité d'un nuage ou les tourbillons et les éclaboussures d'un torrent.

Pour le peintre de paysage Song, un traité de l'époque énumère trente-trois signes pour rendre les mouvements et les replis des montagnes, correspondant non seulement aux différents types de stratification et de formation géologique, mais aussi aux poussées et aux rythmes du Tao qui les a créées et qui les anime. Chaque signe a un nom, comme ceux de l'écriture : il y a des traits : en « fibre de chanvre », en « chanvre emmêlé », en « queue de rat », en « feuille d'orchidée », ou en « feuille de bambou », il y a la ligne en « corde de luth », en « nervure de lotus », en « eau tourbillonnante », en « rides de démon », en « bûches empilées », ou en « coup de hache ».

Ceci ne concerne encore que le graphisme linéaire, sur lequel met l'accent l'école Song du Nord, l'école de « la ligne d'or ». L'école du Sud est celle de « l'encre brisée » qui préfère le pictural au linéaire, et tend à ce qu'elle appelle « la peinture sans os », fondée sur la tache plus que sur le contour. Chaque touche constitue un caractère de l'alphabet pictural : il y a des touches en « goutte de pluie », d'autres en « cristaux d'alun », en « dents de cheval », en « épines »...

Cette désignation évocatrice de chaque signe de l'alphabet de la peinture, évoquant un rythme ou une expression de la nature, n'a pas seulement valeur poétique ; elle nous ramène au thème majeur de l'art taoïste : il n'existe qu'un seul alphabet de la création, pour le peintre et pour l'univers. Cet alphabet complexe, que tout peintre doit posséder avec une virtuosité de calligraphe, explique la continuité de la tradition picturale chinoise. Ainsi s'exprimèrent, pendant plus de mille ans, ces calligraphes de l'infini.

Mais ce n'est encore là que l'apprentissage d'un métier. Au-delà de ce patient savoir, commence l'art de faire de son corps entier un médium entre les mouvements de la nature et ceux de la peinture. Par là, la peinture s'apparente à la danse.

Pour enregistrer, sur le papier ou la soie, comme un sismographe, toutes les pulsions et les messages qu'il reçoit de la nature, le peintre n'utilise pas les seules flexions des doigts et du poignet : lorsque les mouvements de son pinceau, sur la soie ou le papier, évoquent les battements d'aile d'un oiseau qui voltige de branche en branche, ces mouvements ont leur source, au-delà du coude et de l'épaule, dans le corps entier du peintre qui participe à cette danse, à cette musique devenue visible, pour capter le rythme du Tao.

La peinture chinoise est un art du temps comme elle est un art de l'espace. Dans de longs rouleaux horizontaux, que l'on déroule comme une partition de musique ou un poème, pour suivre les péripéties d'un voyage à travers les forêts, les montagnes et les rivières, le peintre passe d'un motif à l'autre à travers des séquences et des intervalles musicaux, des points d'orgue, des rythmes lents ou rapides qui commandent les mouvements de notre regard, qui retentissent dans tout notre corps, et le font, à son tour, entrer en consonance avec le rythme du Tao. Il fait battre en nous le cœur du monde.

Ce rythme n'est pas obtenu par la symétrie, essentiellement anthropomorphique, comme l'ont montré Dürer et Léonard de Vinci en faisant du corps de l'homme et de ses proportions le module de tout l'univers. Ici encore, ce n'est pas l'homme qui est la mesure. Il occupe peu de place dans le paysage. Nous n'avons pas le sentiment, devant cette peinture, que la nature appartient à l'homme, mais que l'homme lui appartient. Un monde qui nous dépasse danse dans le rouleau, avec la grâce du saule ou la droiture du bambou, l'humeur orgueilleuse d'une montagne ou la patience des grands pins.

Les vides ont autant d'importance que les pleins, car ce sont eux qui suggèrent l'échelle des figures, en accroissent ou en diminuent la distance. Un peintre chinois écrit : « Dans une composition dense, l'épaisseur et la lumière ont besoin l'une de l'autre ; ainsi le veut le principe du Tao. Dans une composition aérée, les lointains et les plans les plus proches doivent s'équilibrer. Alors le royaume entre en expansion. »

Le traitement de l'espace est aussi complexe et subtil que celui du temps. L'espace de cette peinture n'est pas l'absence de formes ou le récipient vide qui les attend ni la distance entre deux points. Il est l'élément au sein duquel les formes vont naître. Il est le symbole du monde sans forme de l'esprit, le vide taoïste, qui contient virtuellement, non seulement les formes déjà manifestées, mais aussi toutes les formes possibles non encore manifestées. Il est un espace de liberté ouvert à tous les jeux de la création.

Comment cela se traduit-il techniquement ? D'abord par le traitement de la perspective. Le peintre Song ne travaille pas en présence du « motif ». Il a vécu et médité, parfois pendant des mois, comme Fan K'uan, dans les forêts et les gorges de la montagne. Il peint ensuite de mémoire, et non pas à partir d'un point de vue unique comme l'œil géomètre du peintre occidental, de la Renaissance jusqu'à l'impressionnisme, mais à partir de la perspective mouvante, multiple, celle du souvenir ou du rêve où l'on évoque simultanément plusieurs facettes de la même figure.

La perspective, dans un rouleau chinois, est en général une perspective plongeante, comme si celui qui regarde était enlevé dans les airs pour lui permettre d'embrasser des chaînes de montagnes et les routes en lacets ou les fleuves qui en suivent les vallées sur des distances illimitées. Cet étagement des plans isole les formes et nous donne sur cette forme plusieurs vues à la fois : de face, de profil, de dos (comme le tenteront, dix siècles plus tard en Europe, Juan Gris, Braque et Picasso).

Chez les peintres Song, cet usage de la perspective plongeante et de la perspective multiple n'est pas une acrobatie technique : elle est commandée par leur conception du monde, décentrée par rapport à l'homme. Le monde y est regardé, en quelque sorte, comme il se regarderait lui-même, de partout et de nulle part. Une vision divine.

A cette perspective linéaire s'ajoute la perspective atmosphérique qui en renforce les effets.

La composition tend au même but. Dissymétrique, elle laisse au vide une place capitale. L'un des exemples les plus caractéristiques est celui de Ma Yuan, peintre Song du Sud au XIIIe siècle. Ses contemporains l'avaient surnommé « Ma en coin », car, dans un coin, ou sur un seul côté du tableau, se dressent des falaises, des arbres, ou une terrasse où médite un sage taoïste face au vide infini du reste du paysage.

L'œil est ainsi appelé à un va-et-vient entre la figure et le vide sans fin où se perd le regard. Les formes ou les figures, par cette dissymétrie délibérée de la composition, nous obligent à passer du matériel à l'immatériel qui, pour un taoïste, ne font qu'un. Ainsi sont suggérés un flux et un reflux entre le visible et l'invisible, symbole de l'opération du Tao.

Enfin, dans la composition, l'équilibre des tensions (qui porte lui aussi des noms évocateurs : la méthode « de l'hôte et de l'invité », celle « du ciel et de la terre ») est fondamentalement différent du « contraposto » cher au baroque occidental où, chez Rubens en particulier, si un membre avance l'autre recule, etc., technique purement visuelle et illusionniste pour suggérer les reliefs, les profondeurs et les mouvements. L'équilibre des tensions, dans une peinture Song, est composition du Yin et du Yang, jeu de forces et de rythme obéissant aux lois intérieures du Tao.

Si nous avons parlé avec tant d'insistance de la peinture Song, c'est que cette peinture permet, dans l'esprit même du taoïsme, de transmettre, au-delà de la médiation des mots, le message essentiel du taoïsme.

6. Bouddhisme zen

Le bouddhisme zen, c'est d'abord un bouddhisme chinois, ou, plus exactement, un bouddhisme taoïste.

Son point de départ est celui du bouddhisme : le désir d'être délivré du cycle de la douleur de la naissance et de la mort, en découvrant notre être véritable au-delà des illusions et des désirs du « moi ».

Son point d'arrivée est celui du bouddhisme, ce qui en constitue l'essentiel : le *samadhi,* c'est-à-dire le parfait abandon de l'illusion du « moi » et de ses désirs. Dans le *samadhi,* la pensée se retire des choses qui nous entourent ; les chaînes causales qui nous ligotent au monde sont coupées. Le Soutra du Diamant dit : « Être libéré de toutes les formes [i-e. : du monde des phénomènes] c'est avoir atteint la nature du Bouddha. »

Mais le *samadhi* n'est encore que l'aspect négatif de l'illumination : se ressaisir et aboutir à cette reconstruction de « soi » qui est la condition de notre indépendance à l'égard du monde. Le vide est ainsi fait en nous par l'illumination : le *satori,* intuition de l'Être, qui n'est plus seulement intégration de « soi », mais intégration de « soi » au tout, et vision de l'unité de ce tout dans laquelle le « moi » se résorbe. Toute distinction entre le sujet et l'objet s'abolit. C'est en quelque sorte le tout qui prend conscience de lui-même.

Cet aspect essentiel du bouddhisme est très proche de l'illumination taoïste. En Chine, elle ne fera plus qu'un avec elle.

Déjà, dès le IIe siècle de notre ère, le patriarche bouddhiste indien Nagarjuna, partant de l'analyse des relations d'interdépendance qui régissent les « agrégats » du « moi » et des choses, avait développé le thème dominant de tout le bouddhisme ultérieur : chaque chose n'existe que par toutes les autres, c'est-à-dire qu'elle est relative et sans nature propre. La doctrine de Nagarjuna est essentiellement celle du vide de substance de chaque chose, qui n'existe que par la loi de production et de destruction incessante et des relations mutuelles des choses, loi qui est leur unique réalité.

Le bouddhisme se rapproche ainsi du taoïsme. Mais la synthèse ne s'opérera vraiment qu'un demi-millénaire plus tard avec l'arrivée en Chine d'un moine indien : Bodhidharma, dont les disciples ont résumé les enseignements en trois principes :

1. ne pas se fonder sur les textes ;
2. révéler directement à chaque homme son esprit original ;
3. contempler sa propre nature pour s'identifier au Bouddha.

Ce mouvement s'implante très vite en Chine, d'abord parce que le premier principe faisait sauter l'obstacle de la langue : il n'était plus nécessaire de s'instruire dans les textes en pali du Bouddha, mais de retrouver en soi-même l'expérience directe du Bouddha. L'accent mis sur l'expérience directe, concrète, et non sur les spéculations métaphysiques et les visions, était plus proche du caractère pratique des Chinois. Et surtout les conditions historiques étaient propices pour ce renouveau.

Nous avons eu déjà l'occasion de remarquer que les grands mouvements spirituels naissent souvent à un moment de fracture de l'histoire, en des époques de troubles où une mutation véritable n'est possible que par une initiative créatrice capable de surmonter les contradictions les plus profondes. Or, les trois grands sommets du bouddhisme zen se situent à de semblables périodes : les années autour desquelles se situe l'arrivée de Bodhidharma correspondent aux luttes sanglantes entre les dynasties du Nord et du Sud, où la ruse et le crime étaient les moyens normaux de la politique. Le « sixième patriarche du bouddhisme zen », Houeï Neng (677-744), est contemporain des grandes crises de l'empire T'ang, et Li Tchi (que les Japonais appellent Rinzaï) vit, au milieu du IXe siècle, l'agonie de cet empire ; le pouvoir central s'effrite par suite de rébellions militaires et de sécessions, notamment en 782. Les structures sociales et économiques se transforment. Un mouvement sauvage de xénophobie proscrit le bouddhisme comme doctrine étrangère au profit du conservatisme confucéen.

Il convient de ne pas oublier cette atmosphère qui appelait à une remise en cause fondamentale de l'ordre et des valeurs établies pour comprendre le caractère véritable du Tch'an, sa signification, et pour nous, en cette fin du XXe siècle, où un autre ordre et d'autres valeurs agonisent, la très grande actualité de cette contestation.

Le Tch'an (qui se prononcera *zen* en atteignant le Japon vers le XIe siècle), prolongeant en ceci l'esprit du taoïsme, vise à se dépouiller de tout ce qui, en l'homme, a été artificiellement surajouté à sa nature, qu'il s'agisse des ritualismes religieux ou des contraintes sociales, lorsque l'ordre et les valeurs ne sont plus que des mots, vidés du sens qu'ils ont pu avoir en d'autres temps et en d'autres circonstances. (Songeons aux contenus qui sont mis aujourd'hui sous des mots comme : liberté, socialisme, patrie, morale, etc., et nous comprendrons à la fois la fureur iconoclaste des grands maîtres tch'an [zen] contre la tyrannie des textes et des mots, et la vogue dont jouit aujourd'hui le Zen en Occident, même sous des formes parfois dévoyées.)

Ils attaquent tous les formalismes, les mythes, les conventions religieuses, morales ou sociales. Et, au-delà, les concepts, les logiques et les mots, pour tenter de retrouver, par leur comportement « casse-dogmes », des « commencements absolus », une expérience vécue au-delà du langage. (Ici encore, les victimes des délires « linguistico-maniaques », tendant à réduire toute réalité au « discours » et aux structures du « discours », peuvent trouver dans le Zen un antidote heureux pour redécouvrir les dimensions de la vie sous son dessèchement linguistique.)

Le moment décisif de l'extension du Tch'an, en Chine, se produisit avec Houeï Neng, que la tradition présente parfois comme un moine illettré et qu'une peinture Song montre en train de déchirer des liasses d'écrits « sacrés ». Houeï Neng, d'après les textes qui nous en sont parvenus (notamment les Soutras de l'Estrade), développe les thèmes majeurs attribués à Bodhidharma : la transmission de l'esprit du Bouddha en dehors des textes de son enseignement, d'un homme à un homme, sans la médiation de l'écriture. Selon Houeï Neng les livres n'ont fait qu'emprisonner dans des récipients l'eau d'une source qui est en chacun de nous : « La Bodhi (sagesse), dit-il, existe dans notre nature originelle. Elle y est pure. Il nous suffit de la percevoir directement pour parvenir à l'état d'un Bouddha. » Déjà l'on pouvait lire dans le Soutra du Diamant, qui joua un rôle décisif dans l'orientation de Houeï Neng : « Laissez votre esprit évoluer librement sans qu'il demeure nulle part. »

Dans sa lutte contre l'intellectualisme et les mots, il met l'accent sur la voie négative et le « saut brusque » pour atteindre l'illumination :

> *Dans mon enseignement, tout est établi sur la non-pensée comme doctrine principale, la non-forme comme substance et la non-demeure comme base. La non-demeure est la nature originelle de l'homme. Être non souillé par tout ce qui nous environne est appelé non-pensée*[1]...

La réalité est au-delà de tous les couples de contradictions :

1. Houeï Neng, *Discours et Sermons*, Paris, Albin Michel, 1963.

La véritable nature n'est ni impermanente ni permanente ; elle ne va ni ne vient ; elle n'est ni au centre, ni à l'intérieur, ni à l'extérieur ; elle n'est pas née et ne meurt pas ; son essence et ses manifestations résident toutes deux dans l'état absolu de l'inéluctable. Éternelle et immuable, nous l'appelons le Tao[2].

Le surgissement de l'illumination, non pas au terme d'une méditation méthodiquement organisée, mais par un « saut brusque », découle du principe même du Zen : il n'y a aucune commune mesure entre le raisonnement logique par concepts et la vision de l'absolu. L'entraînement zen consiste donc non à apprendre mais à désapprendre. A nous déprendre de nos démarches intellectuelles coutumières : on ne peut « voir en soi la nature du Bouddha », c'est-à-dire saisir l'univers comme tout, et soi-même à l'intérieur de ce tout, qu'en éliminant toute activité de l'esprit procédant par enchaînement de logique ou de causalité. Le Dharmapada Soutra dit : « En un éclair pénétrer dans le vide ultime, voilà la sagesse. »

Cette « absence de pensée », cette « non-pensée », si proche du « non-agir » du taoïsme, n'est pas pure négation. Tout au contraire elle est la propédeutique nécessaire à d'autres modes d'accès à la réalité véritable.

La peinture, nous l'avons vu pour le taoïsme, est l'une de ces voies. Et des œuvres de peintres zen, comme le moine japonais Sesshue (1420-1506), en sont témoins.

Il en est de même pour la poésie. Dès la fin du VIIIe siècle, Taï Chamlouen écrivait que « l'esprit poétique ouvre la porte du Tch'an ». Dans la période Song, Li Tche-yi écrit à Sou Tong-p'o : « Entre Tch'an et poésie, pas de différence : l'illumination du pinceau est pareille à l'illumination du Tch'an. »

La poésie propre du Tch'an, telle qu'elle va s'exprimer, à l'époque Song, dans le Koan, c'est-à-dire dans les énigmes, apparemment absurdes, qui, en cassant la logique et les associations habituelles d'images ou d'idées, ouvrent la voie à l'illumination, évoque souvent le surréalisme, lui aussi « casse-dogmes ».

Le maître du Zen sous lequel s'épanouit le Koan, au IXe siècle, est Rinzaï.

Rinzaï définit quatre sortes de relations possibles entre l'homme et la nature :

1 on peut supprimer l'homme sans supprimer l'objet. Cela signifie

2. *Ibid.*

se perdre dans la nature. Réalisme dans lequel le « moi » devient irréel : c'est le monde sans l'homme ;

2. on peut supprimer l'objet mais non l'homme. C'est l'idéalisme radical, tel, par exemple, celui de Çankara en Inde : le monde entier se joue à l'intérieur de ma conscience et n'est rien que la conscience que j'en ai ;

3. on peut supprimer à la fois l'homme et l'objet. C'est l'anéantissement de toute conscience et de toute réalité, de l'intérieur et de l'extérieur, comme dans un sommeil sans rêve ;

4. on peut ne supprimer ni le sujet, ni l'objet, ni l'homme, ni la nature. C'est un retour à la réalité, après la double critique du sujet et de l'objet. Ce réalisme, qui n'est plus « naïf », est celui de Rinzaï.

Cette dernière relation caractérise « l'homme vrai », l'homme solidement enraciné dans un monde dont on ne met pas en doute l'existence, comme totalité et comme unité. Cet homme vrai est également confiant en lui-même parce qu'il a su étreindre la réalité au-delà de l'écran artificiel des concepts, des mots et de leur logique. Cet homme est autonome en ce double sens qu'il a surmonté l'illusion qu'il existe un autre monde, et que les choses ou le « moi » ont une réalité en soi, indépendamment de la totalité qui leur donne leur réalité et leur sens.

De là les paradoxes célèbres de Rinzaï qui tous tendent à montrer au disciple qu'aucune réalité séparée, fût-ce celle du Bouddha, n'a de sens en dehors du tout :

> *Ne vous laissez égarer par personne. Tout ce que vous rencontrerez* [comme réalité séparée. — R.G.], *au-dehors et au-dedans de vous-mêmes, tuez-le. Si vous rencontrez le Bouddha, tuez le Bouddha ! Si vous rencontrez les patriarches et les saints, tuez les patriarches et les saints ! Si vous rencontrez vos père et mère, tuez vos père et mère !* [...] *C'est le moyen de vous délivrer, d'échapper à la servitude des choses et des êtres ; c'est là la liberté, c'est là l'indépendance* [...] *Aucun de vous ne s'exprime librement ; vous tombez tous dans le vain piège tendu par les anciens. Moi, je n'ai aucune Loi à donner aux hommes ; je ne fais que soigner la maladie et délier les liens. Essayez donc, vous qui venez à moi, de ne dépendre de rien.*

Les voies, pour atteindre cette liberté, sont multiples : il y a l'attention rigoureuse portée aux actes les plus quotidiens, et l'art de vivre l'acte de chaque instant. Un moine, arrivant au monastère, demande au maître Joshu :

— S'il vous plaît, donnez-moi votre enseignement.

— Avez-vous mangé votre riz ?

— Oui, dit le moine.

— Alors, ce que vous avez de mieux à faire c'est de laver votre bol, répond Joshu.

Il y a la méditation zazen (méditation assise, généralement dans la position dite du lotus) qui a pour objet non point de « centrer » sur soi, mais au contraire de s'arracher au « moi », en chassant de l'esprit toutes les images, toutes les idées, tous les désirs, afin d'abolir toute séparation et même toute distinction entre le sujet et l'objet, le « moi » se résorbant dans le monde et son unité.

Il y a enfin et surtout le rapport humain direct, du maître au disciple, qui ne s'exprime pas dans un enseignement discursif mais dans des paradoxes ou des gestes dont l'apparente absurdité oblige l'esprit à s'éveiller des rêves de la raison et à s'orienter vers ce qui ne peut être compris par la logique du concept, ni exprimé par des mots, vers ce qui transcende la raison.

Le monde entier est une question sans parole. Lorsque nous parvenons à coïncider avec cette question, il devient inutile de répondre. La vraie réponse à la question d'un Koan, c'est cette même question lorsque nous-même ne faisons qu'un avec elle.

Le plus ancien recueil de ces Koans, le « Recueil de la falaise verte » (*Pi Yen Lou,* en chinois, ou *Hekigan Roku* en japonais) a été rassemblé par deux moines bouddhistes du Sseu Tch'ouan, au XIe et au XIIe siècle, à partir de propos ou d'énigmes de maîtres célèbres dont la compréhension par les disciples permet de mesurer la profondeur de leur expérience de l'illumination zen.

Il existe aujourd'hui 1 700 Koans. Mais le recueil évoque cent « cas » tirés de l'histoire des maîtres. Le premier exemple est celui de l'entretien du premier patriarche zen, l'Indien Bodhidharma, lorsqu'il se présenta devant l'empereur Wou, fondateur de la dynastie éphémère des Leang (502-556), qui avait jusque-là favorisé le taoïsme et qui se convertit au bouddhisme en 527.

Voici le dialogue rapporté dans le « Recueil de la falaise verte » :

L'empereur Wou, des Leang, demanda au grand maître Bodhidharma :

— Qu'est-ce que le principe ultime de la vérité sacrée ?

Bodhidharma répondit :

— Un vide insondable et rien de sacré.

L'empereur poursuivit :

> *— Mais qui ai-je donc en face de moi ?*
> *Bodhidharma lui répondit :*
> *— Je ne sais pas.*
> *L'empereur ne comprit pas.*
> *Après cet entretien, Bodhidharma traverse le fleuve [le Yang-Tsé-Kiang] pour se rendre au royaume de Weï.*

L'auteur du recueil, le moine Houan Wou (1063-1135) — Engo, en japonais —, donne ce commentaire :

> *Jusque-là l'empereur avait embrassé l'idée qu'il existe deux vérités, l'une absolue, l'autre relative [...] la vérité absolue mettant en lumière la non-existence, alors que la vérité relative révèle seulement le monde sensible, tangible [...]Se référant à ce haut enseignement, l'empereur Wou a posé la question : « Quel est le principe ultime de la vérité sacrée ? » En répondant : « Un vide insondable et rien de sacré », le Premier Patriarche [...] tranche tout cela d'un coup d'épée décisif [...] car la dualité de l'absolu et du relatif est irréelle.*
> *Mais l'empereur était borné. C'est pourquoi il posa cette autre question qui, elle aussi, se fonde sur un dualisme, celui du sujet et de l'objet : « Mais qui donc ai-je en face de moi ? » La compassion et la commisération de Bodhidharma était sans limites, aussi répondit-il une fois encore : « Je ne sais pas » [...] car la discrimination entre, par exemple, action et non-action, être et non-être, n'a plus de sens. L'empereur n'avait rien compris. Alors Bodhidharma quitta le pays.*

Voici un autre exemple, tiré du premier « cas » exposé dans le « Mumonkan » (La porte sans porte), deuxième recueil de quarante-huit Koans, rassemblés, en 1228, par le moine zen Mumon Ekaï.

> *Un moine demande au maître Joshu (778-897) : « Un chien a-t-il ou n'a-t-il pas la nature de Bouddha ? »*
> *Joshu répondit : « Mou ! » ce qui signifie : barrière (semblable aux postes d'inspection pour immigrants qui donnent ou refusent l'autorisation d'entrée).*
> *Ce Koan est l'une des barrières ou « porte sans porte », qui donne ou refuse l'accès à l'illumination.*
> *Le Mumon commente ce dialogue par un quatrain :*
> *« Un chien, la nature de Bouddha,*
> *Voilà une formulation qui dit tout !*

Si vous commencez à penser en termes de « il a », « il n'a pas »,
Vous êtes d'avance un homme mort. »

Car il suffit de poser les questions sous la forme dualiste de l'avoir et du non-avoir, pour perdre l'unité avec la vie. Et ne plus s'identifier et identifier toute chose avec l'unité et la totalité de la vie, c'est cela la mort. Le maître Joshu, avec son « Mou ! », a signifié la présence de la barrière, de « la porte sans porte » que ne peut franchir aucun homme qui demeure sous l'emprise du dualisme, de la possession et des mots.

Quant à la nature du Bouddha, le Nirvana Soutra indique que tout être vivant et sentant, que toute chose, peut devenir Bouddha. L'erreur consiste à séparer, comme si ils étaient des entités réelles, existant en soi, avec leurs propriétés, des êtres dont l'expérience du vide et de l'illumination montre l'inexistence en dehors de l'unité du tout.

Le maître zen est un « passeur » qui nous aide à franchir le fleuve de la vie : vu de la rive de départ, c'est-à-dire du point de vue dominé par l'argent, l'esprit de possession, les hiérarchies sociales, les honneurs, l'autorité, leur langage et leur logique, tout nous semble séparé, classé, étiqueté, en réalité dévitalisé par le découpage des conventions. « Si l'on ne peut franchir la barrière, c'est-à-dire tarir la naissance des pensées, on est comme un fantôme qui s'accroche aux arbres et aux herbes. » La barrière établie par les patriarches, c'est le « Mou », la barrière de l'illumination suprême. Ce passage accompli, vu de l'autre rivage, le monde apparaît dans son unité, au-delà du découpage des désirs, des images, des concepts et des mots, au-delà des dualismes de l'être et du non-être, de la vie et de la mort, du divin et de l'humain.

Les voies de passage, les expériences déjouant les pièges des mots pour retrouver l'unité sont diverses, et le Japon en offre de multiples exemples : la peinture zen dont le moine japonais Sesshu, par exemple, a montré la grandeur ; les jardins zen des temples offrant par la seule disposition des rochers, ou les sillons tracés par ratissage dans le gravier, des pistes sans fin à la méditation ; l'art du bouquet créant, dans le microcosme de quelques branches, une image plénière de l'univers, expressive de mille émotions, comme un visage ; la cérémonie du thé où l'attention rigoureuse à chaque geste, comme en un rituel, permet d'atteindre la concentration ; les arts martiaux où, dans le tir à l'arc par exemple, le tireur ne fait plus qu'un avec sa cible.

Le sens japonais de la beauté, comme force d'identification avec le tout, doit l'essentiel de sa fascination à cette expérience zen de la vie.

7. Judaïsme

La connaissance de soi, dans sa réalité profonde et véritable, permet d'accéder à l'expérience vécue de l'immortalité, d'échapper à l'espace et au temps, de jouir ainsi d'un mode d'existence inconditionné qui est béatitude suprême.

Tel est le dénominateur commun des grandes expériences que nous avons évoquées jusqu'ici : celles de l'hindouisme, du bouddhisme, du taoïsme, du Zen.

Pour la commodité de l'exposé et pour employer des termes qui, en toute rigueur, ne sont qu'une transposition occidentale de ce type d'expérience, disons qu'il s'agit là d'un courant « gnostique », caractérisé par une initiative venant de l'homme, remontant, par étapes successives, jusqu'à la réalité de Dieu, et permettant de s'identifier à lui. Dans cette expérience unitive, il y a continuité dans le passage du fini à l'infini, du temps à l'éternité, de l'homme à Dieu.

Nous n'avons rencontré qu'une exception : celle du mazdéisme et de son grand prophète Zarathoustra.

Il y a là un autre type d'expérience, radicalement opposé au premier : l'expérience « prophétique », celle de Zarathoustra, du prophétisme juif, du christianisme, du prophète de l'Islam.

L'opposition est radicale car nous grouperions, sous une même formule ambiguë, deux expériences fondamentalement différentes si nous adoptions une définition du genre : connaissance de Dieu par expérience (comme saint Thomas définissait la mystique) ; ou encore : relation personnelle avec Dieu (comme des auteurs plus récents ont défini le prophétisme).

Quelle forme d'expérience, quel type de relation caractérisent cette rencontre de l'homme et de Dieu ?

Dans la lignée des « sagesses », il y a continuité dans *un mouvement qui part de l'homme pour aller à Dieu,* ou quelque autre nom que l'on donne à l'absolu, à l'inconditionné, à l'infini immanent à tout être limité. Dans la lignée prophétique, *le mouvement part de Dieu pour interpeller l'homme.* Il n'y a pas de commune mesure et donc pas de passage continu de l'un à l'autre. Transcendance radicale.

Dieu peut se révéler à l'homme, et cette *révélation* est un geste de Dieu, à la différence de l'expérience « gnostique », qui commence par une initiative de l'homme telle que méditation, ascèse, voie négative, amour.

Cette révélation définit un temps de la révélation : le temps n'est ni illusion du désir, de la perception ou du « moi », comme pour l'hindouisme, ni le temps cyclique de « l'éternel retour », tel que le concevait la philosophie grecque classique : il est une *histoire,* qui a un commencement absolu — celui de la création, de la révélation, de l'alliance de la promesse, du jugement, de l'avènement du Royaume de Dieu —, comme le montre l'exemple des prophètes d'Israël.

Ajoutons enfin que, dans la perspective gnostique, il peut y avoir des degrés dans la vérité, et aussi des « prises de vues » différentes, mais pas nécessairement opposées ; c'est pourquoi ni l'hindouisme ni le bouddhisme, par exemple, ne se sont répandus par la conquête. La révélation, au contraire, exprime la manifestation absolue de Dieu. Elle est la vérité et ne laisse place à aucun compromis. Zarathoustra appelait au combat contre les forces du mal, Moïse fait massacrer trois mille personnes en un jour pour les punir de leur idolâtrie (Exode XXXII, 25-28). Le christianisme a connu la croisade et l'inquisition ; l'Islam la guerre sainte.

Par contre, il serait faux d'imaginer que l'unité exclusive de la révélation implique nécessairement le monothéisme et soustraie son passage à toute évolution historique.

La situation géographique d'Israël, au cœur même du Fertile Croissant qui relie la Mésopotamie à l'Égypte, en a fait un lieu de fécondation réciproque des deux grandes civilisations.

Le judaïsme est d'abord une religion de nomades, qui ne vivent pas, comme les agriculteurs sédentaires, selon le rythme cyclique des semailles et des moissons. La promesse de Yahvé conduit ce peuple vers un avenir qui n'est pas la simple répétition du présent. Ce caractère du judaïsme se perpétuera longtemps après que les tribus se seront fixées sur la terre de Canaan. Yahvé demeurera le dieu de la promesse, liant l'homme à la mouvance d'un avenir toujours en naissance.

Lorsque Abraham quitte, avec ses tribus, la Mésopotamie, vers le début du IIe millénaire, il véhicule dans sa migration les thèmes majeurs de la mythologie sumérienne antérieure : la création, le déluge, tel qu'il est décrit dans l'épopée de Gilgamesh, le thème de la tour de Babel, qui est l'une des Ziqqurat de Babylone.

André Neher, dans son beau livre sur *l'Essence du prophétisme*[1], a dégagé ce que la tradition hébraïque apportait de spécifique à la synthèse de ces éléments : le passage du mythe à l'histoire, par un mouvement semblable à celui qui s'opère entre la mythologie du Rig-Véda et le mouvement proprement humain et intérieur des Upanishads. Il s'agit d'une histoire véritable, car, dans le dialogue entre Dieu et ses prophètes, d'Abraham à Malachie, l'homme est appelé à coopérer avec Dieu dans sa création.

C'est ce qui distingue la Genèse biblique de l'esprit prométhéen du mythe mésopotamien de la création.

Le récit du déluge, dans l'épopée de Gilgamesh, est un mythe qui rassure l'homme : le déchaînement des éléments, les crues du delta du Tigre et de l'Euphrate n'ont pu tout détruire : l'humanité a pu renaître après le désastre et se remettre au travail. Dans le récit biblique les faits sont les mêmes, mais il s'y ajoute une forte coloration religieuse et morale : l'humanité a été engloutie en punition de son infidélité. Une histoire s'achève ainsi. Mais une autre commence. Les promesses du Dieu de l'alliance ont été tenues contre la pire adversité et elles sont tenues lorsque l'homme est fidèle à l'alliance.

La différence est plus marquée encore dans le passage sur la tour de Babel. Les grandes pyramides à étages de la Mésopotamie symbolisaient une victoire de l'homme sur l'espace. Elles étaient « les maisons qui relient la terre au ciel ». Il est significatif que, dans le récit biblique, la transcendance de Dieu est fortement accusée : entre Dieu et l'homme, il y a une barrière infranchissable ; la tour de Babel demeura inachevée.

En 1750 avant notre ère, le roi Hammourabi, rétablissant l'unité de l'ancien empire de Sargon et faisant de Babylone sa capitale, reçoit du dieu Shamash, comme le montre une stèle du Louvre, la plus ancienne « loi » du monde, le premier code de justice tendant à empêcher le fort d'opprimer le faible. La ressemblance est saisissante avec la Loi, révélée et transmise au peuple juif par Moïse cinq siècles plus tard, aux environs de 1250 (Exode XX,2-17). Il est remarquable d'ailleurs que cette Loi, formulée en Dix Commandements, soit une loi de justice sociale, dans laquelle l'amour n'a point de place et ne sera mentionné, noyé au milieu de prescriptions rituelles, que dans le Lévitique (XIX,18). Avant d'établir entre Dieu et l'homme des rapports d'amour, Dieu ne se manifeste que par des commandements à son serviteur.

On peut suivre au cours des siècles de l'histoire biblique une

1. Paris, Calmann-Lévy, coll. « Diaspora », 1972.

évolution semblable à celle de toutes les grandes religions : une spiritualisation croissante de la conception même de Dieu. D'Abraham à Moïse, un dieu de l'orage, de la fécondité et de la guerre s'humanise. C'est d'abord un dieu cruel, qui exige non seulement des sacrifices d'animaux (Lévitique III à VI), mais le massacre de peuples entiers : « Tu dévoreras tous ces peuples que Yahvé ton Dieu te livre ; ton œil sera sans pitié » (Deutéronome 7,1 et 7,16). Puis l'intervention de ce Dieu des carnages deviendra plus rare, bien qu'apparaisse encore jusque dans Ézéchiel « l'épée du massacre » qui est celle de Yahvé (Ézéchiel XXI,14-29) comme au livre de Josué où Yahvé ordonne de « passer au fil de l'épée » (Josué VI,21) « hommes et femmes, jeunes et vieux » d'une ville conquise.

Il fallut des siècles pour humaniser et intérioriser cette religion tribale : c'est seulement avec le Ier Isaïe, que sont clairement rejetés les sacrifices d'animaux (Isaïe I,11), bien que, dans le même Isaïe, le retour à Jérusalem soit fêté par des holocaustes d'animaux (Isaïe XXXIV,5-8). Osée enfin proclamera cette métamorphose : « C'est l'amour qui me plaît et non les sacrifices, la connaissance de Dieu plutôt que les holocaustes » (Osée VI,6). Il s'opère ainsi un passage semblable à celui qui s'opéra entre les premiers hymnes védiques et les Upanishads.

Dans Isaïe enfin (Isaïe XLV,21) Dieu apparaît comme un « Dieu juste et sauveur ». Il est remarquable que cette levée du grand prophétisme et cette élévation spirituelle de Yahvé s'exprime avec force au retour de la déportation de Babylone, lorsque le roi des Perses, Cyrus, décrète la libération des juifs et leur retour à Jérusalem en 538.

Lorsqu'en 505 Darius accomplit la promesse de Cyrus, le lévite Néhémie devient satrape de Judée. Artaxerxès subventionnera le prophète Esdras pour réaliser le premier recueil des textes de la Thora (Esdras VII,15) et imposera l'autorité du prophète en punissant de mort quiconque lui désobéira (Esdras VII,26). Le long exil à Babylone a fait vivre les tribus d'Israël dans l'atmosphère du prophétisme de Zarathoustra, de son rejet des sacrifices d'animaux, de sa lutte du Bien contre le Mal, de sa victoire finale du Bien, où se sont élaborés les grands thèmes zoroastriens de l'Apocalypse et du Royaume divin, dans le triomphe de Saoshyant sauveur.

Tous ces thèmes sont admirablement orchestrés par les grands prophètes : Amos, Isaïe, Jérémie, qui donnent ainsi un sens nouveau à l'Alliance, un sens qui tend à l'universaliser.

Le rituel d'initiation tribale de la circoncision devient désormais signe de l'Alliance, et Jérémie évoque même une circoncision du cœur

(Jérémie IV,4) alors qu'Isaïe dénonce l'hypocrisie religieuse de ceux qui observent les rites mais ne pratiquent pas la justice.

Le sabbat perd son sens d'anniversaire lunaire pour devenir, comme dans le calendrier zoroastrien, un jour consacré au Seigneur.

C'est donc au VIe siècle, comme dans toutes les autres cultures, que le judaïsme atteint son apogée avec ses prophètes scripturaires. La partie la plus archaïque des textes bibliques demeure la Thora, qui multiplie les prescriptions rituelles : interdits alimentaires et vestimentaires, sacrifices et rites, par lesquels se manifeste, en religiosité formelle, l'Alliance.

C'est avec les grands prophètes « scripturaires » qu'apparaît avec éclat l'apport du judaïsme à la civilisation universelle. On ne peut le définir à partir de la notion d'Alliance, qui a conduit trop souvent à un ethnocentrisme orgueilleux sinon au racisme. Esdras parle de la « race sainte » (Esdras IX,2), réprouve ceux qui ont épousé des femmes étrangères : « Nous avons trahi notre Dieu en épousant des femmes étrangères » (X,2). C'est ainsi, nous apprend Néhémie (IX,2), que « la race d'Israël se sépara de tous les gens de souche étrangère ».

On ne peut non plus définir cet apport comme celui du monothéisme. Sans parler même de l'hindouisme, il suffit de comparer l' « Hymne au soleil » du pharaon Akhénaton, proclamant le monothéisme en Égypte au milieu du XIVe siècle avant notre ère, et le Psaume 104 sur « Les splendeurs de la création », qui reprend, au XIe siècle avant notre ère, souvent mot pour mot, l'hymne égyptien, sur l'action du créateur sur la nature, puis de suivre le passage de l'idée du Dieu unique et exclusif d'Israël à la conception d'un Dieu unique et universel, pour conclure, avec Dupont-Sommer que « c'est au VIe siècle, quelque temps après Zarathoustra, que se rencontrent les premières formulations explicites du monothéisme juif[2] ».

La méditation millénaire des rabbins sur la Bible s'exprime à travers le Talmud, œuvre fondamentale de l'exégèse qui, de génération en génération, a fait l'éducation du peuple juif. C'est l'un des plus éminents spécialistes du Talmud, Moïse Maïmonide (1135-1204), le saint Thomas d'Aquin du judaïsme, qui, s'efforçant d'intégrer la philosophie d'Aristote dans la perspective hébraïque, a formulé dans une Somme théologique, *le Guide des égarés*, les treize propositions dans lesquelles il synthétise la profession de foi du judaïsme. André Chouraqui, dans son *Histoire du judaïsme*[3], résume ainsi les treize

2. Cité par Paul du Breuil, *Zarathoustra*, *op. cit.*, p. 244.
3. Paris, PUF, coll. « Que sais-je ? », n° 750, p. 72.

articles de foi définis par Maïmonide : « Croire d'une foi parfaite en un Dieu créateur, unique et éternel, incorporel, premier et dernier, seul adorable, dont le verbe authentique s'exprime dans le message annoncé par les prophètes. Moïse, le plus grand d'entre eux, a rédigé la Thora, vraie et immuable loi d'Israël, sous la dictée de Dieu ; croire d'une foi parfaite à l'omniscience de Dieu, à la rétribution des justes au Paradis, au châtiment des réprouvés en Enfer ; croire d'une foi parfaite à la venue du Messie personnel, le Fils de David, dont le triomphe annoncera l'heure de la résurrection des morts. »

Le grand apport du judaïsme à la culture universelle est essentiellement celui de ses prophètes, en particulier leur conception originale du temps.

André Neher, dans son *Essence du prophétisme*[4], a remarquablement souligné la liaison du prophétisme et de la politique. Pendant les siècles qui ont suivi l'installation des tribus juives en Canaan, le pouvoir politique est directement aux mains des prophètes que sont les « juges ».

Lorsque à partir du XIe siècle le régime devient monarchie héréditaire, les prophètes sont les arbitres du pouvoir. Une chaîne continue de « confréries prophétiques ». Depuis Samuel (le dernier des juges) qui est à la fois prophète et roi, jusqu'aux prophètes Élie et Élisée (IXe siècle), « les grandes crises politiques, l'établissement des dynasties dans le royaume du Nord, ont pour origine les cercles prophétiques[5] ».

Du VIIIe siècle au Ve, vivent les grands prophètes « scripturaires », c'est-à-dire ceux dont nous possédons directement les écrits : Amos, Osée, Jonas au VIIIe siècle, Michée, Isaïe, Joël, Obadya, Nahum, Habacuc, Sophronie au VIIe siècle, et, pour le VIe siècle, Jérémie, Ézéchiel, Daniel, qui sont les contemporains des « années terribles » : de la chute de Jérusalem et de la déportation en Égypte et en Babylonie. Malachie, le dernier des grands prophètes, vivra la renaissance du nouvel État juif sous Ezra et Néhémie.

Les prophètes sont, avant la catastrophe, pendant l'exil et dans les grandes heures de la libération, les témoins de Dieu.

Là encore, le fait nouveau qui émerge dans l'histoire, ce n'est pas la prophétie elle-même. André Neher, évoquant les archives de Mari, qui datent de la civilisation mésopotamienne du début du IIe millénaire, y découvre des traces qui évoquent « par certains aspects, le prophétisme biblique dans ses formes les plus pures[6] ». Les prophètes

4. *Op. cit.*
5. A. Neher, *op. cit.*, p. 13.
6. *Ibid.*, p. 32.

de Mari ne cessent de rappeler le contact qui lie le souverain à son Dieu. Chez eux s'exprime déjà la notion d'Alliance. « Le prophétisme de Mari, conclut A. Neher, constitue sans doute la préhistoire du prophétisme hébreu[7]. »

Ce qui est spécifique, dans le prophétisme biblique, c'est le lien entre la révélation de l'Alliance et la promesse eschatologique du triomphe final. C'est le messianisme.

La certitude que Dieu seul est roi donne une mesure pour juger les rois eux-mêmes, une mesure absolue, transcendante, en fonction de laquelle tout ordre établi n'est que provisoire. De là découle le rôle contestataire et souvent révolutionnaire du prophétisme biblique.

Le prophète n'est pas le devin ou l'oracle qui prédit l'avenir. *Le prophète est celui qui juge toute institution et tout acte par rapport à sa fin,* et qui, par là, lui donne un sens.

Tel est l'apport essentiel du judaïsme : les grands prophètes ont introduit une conception nouvelle du temps, le temps de la promesse, le temps de l'espérance, le temps du projet. Ils l'ont créée en donnant à la prophétie une dimension nouvelle en fonction de leur conception nouvelle de l'Alliance : le destin d'un peuple, les péripéties de son histoire dépendent de sa fidélité ou de son infidélité à l'Alliance et à la Loi révélée de Dieu. Ses malheurs viennent de son infidélité, ses victoires de l'obéissance puis de l'amour à l'égard de Dieu et de sa Loi. Par sa fidélité à l'Alliance, un peuple mérite l'accomplissement de la promesse : la réalisation du Royaume de Dieu. En répondant à l'appel de Dieu, dont les prophètes sont les témoins et les messagers, le peuple participe à la création continuée de Dieu dans l'histoire. L'histoire est émergence permanente du radicalement neuf dans la vie des hommes. Elle est rythmée par les catastrophes qui découlent de l'infidélité au projet divin, et par les victoires que la fidélité rend possibles. Elle est illuminée par la promesse messianique du salut à la fin des temps.

Le prophète est à la fois choisi par Dieu pour être son partenaire entre l'homme et le divin, et mandaté pour communiquer au peuple le message de Dieu.

Ce message est indivisiblement divin et politique : il porte tantôt sur des événements de politique intérieure (Elie et Amos condamnent une dynastie infidèle et appellent à son renversement pour porter au pouvoir des dirigeants pieux), tantôt sur la politique extérieure (Israël étant situé au point de rencontre des deux arcs du Fertile Croissant, le problème essentiel est celui de la coopération avec l'une ou l'autre des

7. *Ibid.*, p. 34.

deux grandes puissances : l'Égypte et les empires mésopotamiens. C'est ainsi qu'Isaïe appelle à la rupture avec les Assyriens, alors qu'Ezéchiel dénonce l'illusion d'une alliance avec l'Égypte).

Au-delà de ces jugements historiques et politiques, la grandeur des prophètes bibliques fut d'avoir, en chaque moment, jugé les institutions et les actes en fonction de leur fin dernière, qui est l'avènement du Royaume de Dieu.

L'attitude de leur peuple est définie par eux non plus comme dans la Thora (c'est-à-dire dans les cinq premiers livres de la Bible) en terme d'obéissance et de soumission, qui instituent entre Dieu et l'homme un rapport de maître à esclave, mais à travers un symbolisme conjugal, instituant des rapports d'amour et de fidélité réciproques.

Cette manière d'envisager le temps, comme temps de l'espérance, c'est-à-dire de l'action militante pour participer à l'invention du futur, et de rapporter chaque chose à sa fin, fait du prophétisme biblique à la fois la source de toute utopie créatrice et de tout jugement politique dépassant le niveau des moyens pour s'élever au discernement des fins, à l'action pour réaliser le dessein divin.

De là découle ce thème majeur, et qui conserve aujourd'hui sa pleine actualité : l'avenir d'un peuple et sa force résident en la confiance qu'il a dans les valeurs qu'il a créées.

Il y a là une contribution si importante qu'il serait fâcheux de réduire le message de la Bible à celui du Pentateuque, de son ritualisme et de sa loi, aux dépens de la distanciation prophétique à l'égard de l'ordre établi et des politiques régnantes. L'un des grands malheurs de l'actuel État d'Israël, c'est précisément, alors qu'il aurait besoin de prophètes, de subir la loi de rabbins intégristes.

Il est fâcheux aussi de prétendre transformer cette grande contribution à la civilisation de l'universel, en valeur suprême, unique et exclusive de l'histoire. Même l'un des analystes les plus profonds du prophétisme se laisse entraîner aux formules meurtrières de l'exceptionnalisme chauvin du genre : « Israël est l'axe du monde ; il en est le nerf, le centre, le cœur[8]. » La prétention de devenir la vérité ultime et totale a d'ailleurs été le péché de toutes les doctrines du type prophétique, qu'il s'agisse du judaïsme, du christianisme ou de l'Islam, jusqu'aux tentatives des États-nations de s'attribuer l'exclusivité de Dieu, qu'il s'agisse du *Gott mit uns* (Dieu est avec nous) des pangermanistes puis des hitlériens ou de la longue et dérisoire prétention française d'accomplir « les actes de Dieu » (*Gesta dei per Francos*).

8. *Ibid.*, p. 111.

Une dernière remarque, enfin, en ce qui concerne les rapports entre prophétisme et mystique, afin précisément de souligner que toute doctrine se dessèche par exclusivisme et s'enrichit par fécondation réciproque. Dans son ouvrage, devenu une référence classique, *les Grands Courants de la mystique juive*[9], Gershom Scholem distingue trois moments fondamentaux de la mystique juive : celui de la Merkaba, c'est-à-dire de la contemplation de Dieu dans le rayonnement de sa Royauté selon la Genèse et le premier chapitre d'Ézéchiel sur « la vision du trône de Dieu ». Cette première forme du gnosticisme hébraïque, au cours des dix premiers siècles, est fécondée par les apports extérieurs véhiculés par Byzance, puis par l'Islam, grâce à qui les Juifs purent connaître (comme plus tard les chrétiens), à partir du IXe siècle, les œuvres de Pythagore, de Platon, d'Aristote et de Plotin, alors qu'ils avaient laissé dans l'ombre, jusque-là, l'œuvre de Philon le juif (contemporain de Jésus) à ce carrefour des influences de l'Orient et de la Grèce que constituait Alexandrie.

Le deuxième grand courant, selon G. Scholem, est celui du hassidisme allemand (1150-1250) autour de Rabbi Yehuda, le « hassid ». Il cherche une mystique de l'immanence divine mettant l'accent sur l'amour, souvent proche de son contemporain saint François d'Assise, et peut-être enrichi par les apports de Scot Érigène au IXe siècle.

C'est en Espagne que le contact du judaïsme avec la culture arabe qui la féconde porte ses plus beaux fruits : celui de la Kabbale, développée surtout au XIIIe siècle par Abraham Abulafia, et, au XVIe, par Luria. Dans sa recherche d'un contact personnel et immédiat avec Dieu, ce mouvement est conduit à composer avec la conception biblique du Dieu personnel transcendant, alors que le souci de « dénouer les liens de l'âme » le rapproche fort, comme le souligne Gersham Scholem[10], des thèmes du bouddhisme tibétain, et aussi du yoga hindou, comme le suggère André Chouraqui[11] dans son *Histoire du judaïsme*.

Le courant du Zohar (le livre de la splendeur), composé ou compilé à la fin du XIIIe siècle par Moïse de Léon, s'efforce de déchiffrer les symboles du monde et d'y retrouver les lois de la Thora, devenues lois cosmiques. Cette forme de la Kabbale, où l'amour s'est substitué à la crainte de Dieu, est contemporaine de Joachim de Flore et s'en inspire.

9. Paris, Payot, 1977.
10. *Op. cit.*
11. *Op. cit.*

Le double mouvement gnostique, de la procession à partir de Dieu, et du retour à Dieu, centre du néo-platonisme, est aussi au centre du kabbalisme.

Enfin, le dernier « hassidisme » et ses chemins de l'extase, né en Pologne au XVIe siècle, est extrêmement proche des mystiques rhénans et donne, avec Dov Baer, au début du XIXe siècle dans ses *Lettres aux hassidim sur l'extase*[12], une image originale du saint et de chaque homme portant en lui une étincelle de Dieu.

Nous avons rappelé ces exemples de « métissage culturel » entre le courant essentiellement prophétique du judaïsme et les diverses formes du courant mystique (néo-platonisme et gnose, bouddhisme, soufisme musulman ou mystique chrétienne), car ils illustrent, à partir d'un cas extrême — celui du judaïsme — la théorie selon laquelle toute doctrine progresse et affirme sa spécificité non dans un isolement anxieux, mais en s'ouvrant aux souffles du large, en acceptant la fécondation réciproque des autres visions du monde.

*

LE TEXTE FONDAMENTAL DE L'ALLIANCE
(Exode XXXIV,10-27)

Yahvé dit : « Voici que je vais conclure une alliance : devant ton peuple je ferai des merveilles telles qu'il n'en a été accompli dans aucun pays ou aucune nation… Observe donc ce que je te commande aujourd'hui. Je vais chasser devant toi les Amorites, les Cananéens, les Hittites, les Perizzites, les Hivvites et les Jébuséens […] *Garde-toi de faire alliance avec les habitants du pays où tu vas entrer… Vous démolirez leurs autels, vous mettrez leurs stèles en pièces et vous couperez leurs pieux sacrés* […] *Yahvé est un dieu jaloux : Ne fais pas alliance avec les habitants du pays… car tu prendrais de leurs filles pour tes fils…*

Tu ne feras pas de Dieu de métal fondu.

Tu observeras la fête des azymes.

Tout être sorti le premier du sein maternel est à moi… Les premiers ânons mis bas tu les rachèteras par une tête de petit bétail…

Pendant six jours tu travailleras, mais le septième jour tu chômeras, que ce soient les labours ou la moisson tu chômeras.

Tu célébreras la fête des semailles, prémices de la moisson des blés, et la fête de la récolte au retour de l'année…

12. Paris, Fayard, 1975.

Je déposséderai les nations devant toi et j'élargirai tes frontières...
Tu n'offriras pas avec du pain levé le sang de ma victime...
Le meilleur des prémices de ton terroir tu l'apporteras à la maison de Yahvé ton Dieu, et tu ne feras pas cuire un chevreau dans le lait de sa mère. »
Yahvé dit à Moïse : « Mets par écrit ces paroles car, selon ces clauses, j'ai conclu mon alliance avec toi et avec Israël. »

Pour mesurer le chemin parcouru entre ce pacte d'alliance tribal et ritualiste — dicté par Yahvé à Moïse, et qui est au centre de la Thora — et la grande tradition prophétique, voici cet autre dialogue entre Job et Yahvé, qui marque si puissamment la transcendance de Dieu.

Job : « Mes malheurs sont plus lourds que le sable des mers.. Je dirai à mon Dieu : tu sais bien que je suis innocent...
Souviens-toi : tu m'as fait comme on pétrit l'argile...
Point de violence dans mes mains, et ma prière est pure...
et pourtant Dieu déracine comme un arbre mon espérance..
Sous ma peau, ma chair tombe en pourriture
et mes os se dénudent comme des dents...
Pourquoi les méchants restent-ils en vie
et accroissent leur puissance ? »

Éliphaz de Teman essaye vainement de justifier le malheur du juste par les fautes qu'il a pu commettre sans le savoir :

« *Veux-tu donc suivre la route antique*
que foulèrent les hommes pervers ?
... Réconcilie-toi avec Dieu
ainsi ton bonheur te sera rendu...
car il abaisse l'orgueil des superbes ;
mais il sauve l'homme aux yeux baissés.
Il délivre l'homme innocent :
aie les mains pures et tu seras sauvé. »

Job n'accepte pas cette trop humaine morale et continue à demander des comptes à Dieu :

« *qu'il me passe au creuset : or pur j'en sortirai...*
Je n'ai pas négligé les commandements de ses lèvres...
Jusqu'à mon dernier souffle je maintiendrai mon innocence.
Je tiens à ma justice, et ne la lâche pas...
Ai-je vu un miséreux sans vêtement,
un pauvre sans couverture,
sans que leurs reins m'aient béni,
que la toison de mes agneaux les aient réchauffés ? »

Alors se taisent les hommes. Ils cessent de répondre à Job qui se croyait juste.

Alors Yahvé répondit à Job au sein de la tempête :
« Quel est celui qui obscurcit mes plans
par des propos dénués de sens ?...
Où étais-tu quand je fondai la terre ?...
As-tu, une fois dans ta vie, commandé au matin ?...
Est-ce par toi que le faucon prend son vol ?...
que l'aigle place son nid sur les cimes ?...
Et Léviathan, le pêches-tu à l'hameçon ?...
lui qui regarde en face les plus hautains,
lui, le roi de tous les fils de l'orgueil. »
Et Job fit cette réponse à Yahvé :
« Je sais que tu es tout-puissant :
Ce que tu conçois tu peux le réaliser.
J'étais celui qui voile tes plans
par des propos dénués de sens...
Je ne te connaissais que par ouï-dire,
mais maintenant mes yeux t'ont vu.
Aussi je me rétracte
et m'afflige sur la poussière et la cendre. »

Alors seulement, ayant perçu, au-delà d'une justice définie à vue humaine, la transcendance de Dieu, il retrouve la vie et la joie.

Enfin à l'apogée de la tradition prophétique et poétique, Ésaïe annonce la déchéance de Babylone et l'avènement lumineux du Royaume de la promesse :

« Babylone ne sera plus jamais habitée...
les bergers n'y parqueront plus leurs troupeaux,
ce sera le repaire des bêtes du désert,
les hiboux empliront leurs maisons.
Les hyènes hurleront dans ses tours,
les chacals dans ses palais orgueilleux...
Alors arrivera le jour
où Yahvé te soulagera de ta souffrance,
de la servitude et de l'exil...
Rumeur de peuples immenses,
rumeur comme la rumeur des mers,
grondement de peuples, qui grondent comme grondent les eaux puissantes.
... Le chant sera sur vos lèvres comme en une nuit de fête, et la joie sera dans vos cœurs
comme lorsqu'on marche au son de la flûte
pour aller à la montagne de Yahvé, le rocher d'Israël.
... L'herbe se dessèche, la fleur se fane, mais la parole de notre Dieu subsiste à jamais.
... Criez de joie, cieux, car Yahvé a agi,
hurlez, profondeurs de la terre,
poussez, montagnes, des cris de joie. »
Ainsi parle Yahvé à son oint

à Cyrus dont j'ai saisi la main droite
pour faire plier les nations…
« *C'est moi qui vais marcher devant toi, j'aplanirai les montagnes,*
je briserai les portes de bronze,
je ferai céder les verrous de fer…
Souvenez-vous de ces choses et soyez des hommes… »

Yahvé n'a que faire de leurs jeûnes :

« *Au jour où vous jeûnez, vous traitez des affaires,*
et vous opprimez tous vos ouvriers…
Voici le jeûne que je préfère :
délivrer ceux qui portent injustement les chaînes…
libérer les opprimés
et briser tous les jougs.
Partager ton pain, avec l'affamé
héberger chez toi les sans-abri…
Alors ta lumière éclatera comme l'aurore.
Yahvé m'a envoyé porter la nouvelle aux pauvres,
panser les cœurs meurtris,
annoncer aux captifs la libération
et aux prisonniers la délivrance…
Voici : je vais créer des cieux nouveaux et une terre nouvelle…
… Ils bâtiront des maisons et ils les habiteront,
ils planteront des vignes et en mangeront les fruits.
Ils ne bâtiront plus pour qu'un autre habite,
ils ne planteront plus pour qu'un autre mange…
De leurs épées ils forgeront des socs de charrues
et de leurs lances des serpes.
Une nation ne brandira plus l'épée contre une autre.
Et leurs fils n'apprendront plus la guerre. »

8. Christianisme

Ce qui distingue le christianisme de toutes les autres expériences profondes de la vie, ce n'est pas une spéculation théologique sur le théisme, c'est-à-dire la croyance en un Dieu conçu à l'image d'un roi tout-puissant, d'un juge moral, ou d'un concept si grand qu'aucun autre ne puisse être plus vaste. La spécificité de la foi chrétienne, c'est d'avoir pour objet fondamental, pour objet unique, la personne de Jésus-Christ : nous ne pouvons rien connaître de Dieu que ce qui nous en a été révélé par la vie, l'enseignement, la mort et la résurrection de Jésus-Christ :

> *Nul ne connaît le Père si ce n'est le Fils et celui à qui le Fils veut bien le révéler* (Matthieu XI,27 et Marc X,22).

Or, si les Évangiles nous apprennent peu de chose sur le Jésus historique, en revanche, elles nous donnent beaucoup d'informations sur les réactions de ceux qui furent les premiers chrétiens, et apportèrent, dans le langage et la culture de leur temps, témoignage de leur foi, et nous éclairent sur les attitudes de ceux qui ne virent pas en lui le porteur de leurs espérances.

Les réactions des diverses fractions du peuple juif, milieu primitif de la levée de Jésus, permettent de situer son message d'abord par rapport au judaïsme.

Une première évidence s'impose : Jésus de Nazareth a refusé de s'identifier au Messie qu'attendaient les juifs et qui serait le sauveur de leur nation. Lorsque Pierre lui dit : « Tu es le Christ [c'est-à-dire le Messie] », Jésus lui ordonne (Marc XV,30) et il ordonne à tous ses disciples (Matthieu XVI,20) de n'en rien dire. Car une grande confusion serait ainsi créée entre sa propre mission et celle qu'attendaient les juifs d'un Messie : il ne s'identifie pas aux espérances du peuple juif.

Ainsi s'explique la défiance, la déception et l'hostilité de toute la communauté juive à son égard. Pour tout juif pieux, Dieu est le roi de son peuple d'Israël. Il est le Dieu de l'Alliance. Et s'ils demeurent fidèles à l'Alliance, ce Dieu les délivrera et les sauvera. C'est le fonds même de leur plus ardente prière : « Qu'Il établisse son Royaume durant votre vie et durant vos jours, et durant la vie de toute la maison d'Israël. » Cette espérance eschatologique (dont nous avons déjà souligné la parenté avec elle des zoroastriens de cette Perse dont les juifs ont été sujets pendant deux cents ans), Jésus lui donne une dimension nouvelle.

Les plus violemment indignés par son comportement sont les membres de la caste sacerdotale, les sadducéens, qui ont la charge de servir le culte dans le Temple et d'être les gardiens vigilants de la Loi. « Les sadducéens, écrit l'historien juif Flavius Josèphe, rejettent toutes les règles qui ne sont pas inscrites dans les Lois de Moïse. » Même les prophètes d'Israël ne trouvent pas grâce à leurs yeux. Du point de vue de ces chefs religieux, le comportement de Jésus est sacrilège : n'a-t-il pas parlé de son pouvoir de détruire le Temple ? (Matthieu XXVI,61), et n'a-t-il pas prétendu, dans son Sermon sur la montagne, se placer au-dessus de la Loi révélée par Moïse et qui constitue le fondement de l'Alliance avec Yahvé ?

Les grands prêtres, et en particulier leur chef, Caïphe, seront donc les plus inflexibles contre Jésus. Ce sont eux qui le livreront au gouverneur romain pour qu'il l'exécute. Caïphe lui-même déclare devant les sadducéens et les pharisiens : « Il est de votre intérêt qu'un seul homme meure... et que la nation ne périsse pas tout entière » (Jean XI,50). Puis les grands prêtres vont trouver le gouverneur Pilate et lui disent : « Nous avons une Loi et d'après cette Loi il doit mourir » (Jean XIX,7). Pilate hésite encore. Ils exercent sur lui un véritable chantage. « Si tu le relâches, tu n'es pas ami de César : quiconque se fait roi s'oppose à César » (Jean XIX,12). « Crucifierai-je votre roi ? » demande encore Pilate. Les grands prêtres répondirent : « Nous n'avons de roi que César » (Jean XIX,15). Après s'être conduits ainsi en « collaborateurs » de l'occupant romain, et même plus zélés que lui dans leur acharnement, « ils persuadèrent la foule de réclamer Barabbas[1] et de perdre Jésus » (Matthieu XXVII,20 et Marc XV,2), lorsque le gouverneur romain proposa d'exercer son droit de grâce en faveur de l'un des deux. La fureur des sadducéens est telle qu'ils préfèrent encore faire relâcher Barabbas, l'un des chefs de ces zélotes qui étaient pourtant leurs adversaires implacables, puisqu'ils menaient une lutte armée contre l'occupant alors que les grands prêtres collaboraient avec lui.

Cette haine des grands prêtres contre Jésus est renforcée encore par

1. En hébreu *Bar Abba* signifie : Fils du Père.

le fait qu'il les avait dénoncés dans sa parabole des vignerons qui ont tué le fils de leur maître. « Ils avaient bien compris que c'était pour eux qu'il avait dit cette parabole » (Marc XII,12 et Luc XX,19).

Pour les pharisiens et les scribes, mouvement laïc d'environ 6000 membres, chargés de veiller, avec un zèle vétilleux, à l'application de la Loi, à la lettre, Jésus est un blasphémateur. Le grief principal contre lui est qu'il n'observe pas le commandement le plus sacré de la Loi : il a violé le sabbat en permettant à ses disciples de cueillir des épis de blé ce jour-là et en guérissant lui-même des malades. Il s'est donné pour mesure de la Loi, il a violé le repos sabbatique, il ne fait pas ses ablutions avant le repas, il a contesté la légitimité de la dîme, il a manqué au jeûne rituel, il a la prétention de pouvoir pardonner les péchés ; en un mot, il méprise la pureté cultuelle et rituelle sous prétexte de ne s'intéresser qu'à la pureté du cœur devant Dieu. Il n'a d'ailleurs cessé de les insulter :

> *Malheur à vous, scribes et pharisiens hypocrites qui fermez aux hommes le Royaume des cieux !... Malheur à vous, guides aveugles... qui ressemblez à des sépulcres blanchis... Serpents, engeance de vipères... Vous êtes les fils de ceux qui ont assassiné les prophètes* (Matthieu XXIII,13-36 et Luc XI,30-53).

Luc ajoute :

« Les pharisiens se mirent à lui en vouloir terriblement » (Luc XI,53), et il n'est pas étonnant qu'ils aient été aux côtés des grands prêtres de l'aristocratie sadducéenne pour exiger à grands cris sa mort.

Les rapports de Jésus avec les zélotes sont plus complexes qu'avec l'« establishment » religieux. Les zélotes se caractérisent d'abord par leur opposition violente à l'occupant : ils organisent des attentats contre les soldats romains, une activité permanente de guérillas et, périodiquement, des soulèvements armés. Ce sont eux qui, en 132, sous la direction de Bar Kochba (le Fils de l'étoile), organisent la dernière grande insurrection pour l'indépendance de la Palestine. Incontestablement révolutionnaires du point de vue national et social (ils critiquent les propriétaires fonciers, les injustices sociales, les trafiquants du Temple), leurs objectifs religieux sont ceux d'un

« retour à une pureté primitive », ce qui signifie pour eux le retour à une théocratie ou à une démocratie politico-religieuse, imposée par la force.

Jésus ne s'identifie jamais aux zélotes mais ne les fustige jamais. Quelques-uns de ses disciples sont probablement des leurs. Jésus sera condamné par le pouvoir romain comme un résistant zélote alors que les zélotes le considèrent comme un traître à la cause nationale puisqu'il ne se rallie pas à leur mouvement et refuse le rôle de Messie libérateur.

Il n'est pas possible de le confondre avec ces révolutionnaires de son temps. S'il ne prend jamais ses distances à leur égard, cela montre qu'il ne désavoue fondamentalement ni leurs objectifs ni leurs méthodes. Même la résistance armée à l'oppression ne semble pas absolument exclue par Jésus : à la veille de son arrestation et du combat décisif, il dit à ses disciples : « Que celui qui n'en a pas vende son manteau pour acheter un glaive » (Luc XXII,36). Lui-même ne reconnaît pas le « totalitarisme » romain, prétendant régner à la fois sur les corps et sur les cœurs. Pour lui, l'empereur n'est pas divinisé comme le veulent la politique et la religion romaines. Lorsqu'il prononce son : « Rendez à César ce qui est à César et à Dieu ce qui est à Dieu » (Matthieu XXII,22 ; Marc XII,17 et Luc XX,25), c'est là une formule profondément subversive pour un préfet romain qui ne peut admettre cette division du temporel et du spirituel : tout est dû à César, même le culte rendu à un dieu, et il ne suffit pas de s'acquitter envers lui de l'impôt et des devoirs civiques. Dans les premiers siècles du christianisme, des milliers de chrétiens furent condamnés à mort, même s'ils acceptaient de servir dans l'armée, simplement parce qu'ils refusaient d'accomplir les sacrifices sur l'autel de César ou de lui consacrer des prières.

Les critiques sociales des zélotes sont fort proches de la critique des richesses et des hiérarchies formulée par Jésus de Nazareth lui-même. De même d'ailleurs — nous venons de le voir à propos des sadducéens et des pharisiens — que sa polémique contre la dégénérescence formaliste, ritualiste, cléricale et hypocrite des interprétations de la Loi.

En quoi Jésus de Narareth se distingue-t-il des zélotes ?

En ce qu'il ne peut pas s'accommoder d'une révolution limitée dans le temps et dans l'espace. Il ne s'agit pas seulement de libérer la Palestine de l'occupation étrangère (encore qu'il ne fasse aucune objection à cette entreprise), mais de mettre fin à toute oppression en tous lieux et en tout temps, et c'est pourquoi le message conserve aujourd'hui encore sa valeur universelle et son sens pour nous. Il ne s'agit pas seulement de revenir à la Loi ancienne par-delà ses perversions ritualistes et cléricales, mais de ne voir dans la Loi, qui est justice, qu'un cas particulier, limité, d'un amour qui n'est plus seulement la loi d'un peuple mais la loi de la vie.

En un mot Jésus de Nazareth ne se distingue pas des zélotes parce qu'il est moins révolutionnaire qu'eux mais parce qu'il l'est davantage, c'est-à-dire qu'il appelle de manière universelle, et touchant à toutes les dimensions de la vie, à une mutation à la fois intérieure et extérieure de l'homme, car les obstacles à vaincre ne sont pas seulement dans les structures sociales mais aussi dans l'homme.

La découverte, en 1947, des Manuscrits de la mer Morte, permettant de connaître de façon détaillée le mode de vie de la communauté juive des 4 000 esséniens de Qumran, a beaucoup aidé à définir l'originalité du message de Jésus de Nazareth. Comme les esséniens, Jésus considère la propriété des richesses comme un obstacle majeur au salut. Pour eux, comme pour lui, il est difficile, sinon impossible, à qui recherche et possède les biens terrestres, d'entrer dans le Royaume de Dieu. Les moines de Qumran, comme Jésus, prêchent et pratiquent la pauvreté, l'humilité, la pureté du cœur, d'une manière parfois très proche de celle des moines bouddhistes, dont les communautés subsistent en Palestine depuis deux siècles — depuis les missions de l'empereur indien Açoka. Pourtant il n'est pas possible d'assimiler Jésus aux moines de Qumran ni au « Maître de justice », réalisation de leur idéal et de leurs espérances.

Les esséniens voyaient en lui un homme qui se compromettait dans le monde, y avait d'étranges fréquentations, qui ne se pliait pas à une règle monastique, et ne partageait pas leur dualisme farouche entre la vie dans le monde et la vie contemplative.

Hans Küng[2] a marqué avec netteté les divergences : Jésus de Nazareth n'accepte ni l'isolement du monde des moines de Qumran, ni leur conception dualiste du réel (caractéristique de tout « gnosticisme » pour lequel le corps est la « prison de l'âme »), ni leur légalisme, ni leur ascétisme, ni leur organisation hiérarchisée, ni leur règle monastique.

2. Hans Küng, *Être chrétien*, Paris, Ed. du Seuil, 1978.

Pour les autorités romaines, Jésus de Nazareth semble avoir été considéré comme un personnage de peu d'importance jusqu'au moment où, semant la division dans la population juive, il apparut comme un fauteur de troubles susceptible de dégrader les rapports entre la puissance occupante et la population locale occupée. La règle de conduite du gouverneur Pilate est manifeste : pas d'histoires avec les administrés juifs, et surtout pas avec le haut clergé, les grands prêtres, qui rendaient possible une collaboration avec le minimum d'à-coups. C'est pourquoi, quelle que soit son opinion personnelle sur la culpabilité de Jésus, il céda à leurs exigences et ordonna l'exécution. Il le fit d'autant plus facilement qu'il y avait tout de même un principe fondamentalement séditieux dans le comportement de ce trublion qui se permettait de dire le « Rendez à César ce qui est à César et à Dieu ce qui est à Dieu », mettant en cause, en leur principe même, les valeurs sur lesquelles reposait l'Empire romain.

Si bien que la condamnation de Jésus de Nazareth, loin d'être une erreur judiciaire, était au contraire dans la logique implacable du système. Jésus de Nazareth a transgressé les principes des deux totalitarismes régnant en Palestine à son époque : le totalitarisme théocratique des juifs, pour qui la Loi révélée par Dieu, conservée et interprétée par les grands prêtres et les pharisiens, régentait tous les actes de la vie jusqu'à faire de chacun d'eux un rite dont la non-observance était une offense à Dieu ; et le totalitarisme impérial des Romains sacralisant l'obéissance au monarque dans la vie publique comme dans les consciences privées. La coalition de ces deux totalitarismes, voyant en lui un sacrilège et un rebelle, conduit infailliblement à sa mort, et nous aide à comprendre le sens de sa vie.

Nous n'avons jusqu'ici vu se dessiner les traits de Jésus de Nazareth qu'à travers les jugements et les actes de ses ennemis. Comment donc l'ont perçu ceux qui ont cru en lui ? Ce sont d'ailleurs les seuls témoignages dont nous disposons : ceux des Évangiles.

Le premier caractère, le plus évident, qui lui est attribué par les récits évangéliques, c'est qu'on l'a considéré comme dépassant la nature de l'homme[3]. Cette certitude s'est exprimée dans le langage de l'époque. Celui du miracle. A commencer par celui de sa naissance : pour ces hommes frustes, un être aussi exceptionnel ne pouvait pas

3. Il convient de ne pas oublier que les Évangiles, écrits longtemps après sa mort, sont une « relecture » de sa vie à partir de sa Résurrection.

naître comme tout le monde ; comme beaucoup de dieux de l'Antiquité, ils le font naître d'une vierge. Notons que ni Marc, ni même Paul[4], c'est-à-dire les premiers témoins, n'utilisent pas cette image pour exprimer l'intervention personnelle de Dieu. Il est plus surprenant que l'on ait conservé jusqu'à notre époque cette métaphore. Comme si cette vie n'était pas suffisamment merveilleuse, et comme si, à la manière des aristocrates ou des grands bourgeois de notre « establishment », on attachait de l'importance à la « famille » et aux « mésalliances » ! La qualité de la vie de Jésus de Nazareth n'a pas besoin, pour qu'on y sente la présence du divin, qu'il soit le fils d'une « bonne famille ». Et si son père était un repris de justice ? Et si sa mère était une prostituée ? Qu'est-ce que cela changerait au fait que Jésus de Nazareth a montré comment on peut vivre divinement une vie d'homme ?

Il en est de même des autres « miracles ». Les témoins ont le sentiment du merveilleux devant une telle vie. Ils veulent nous dire cette Bonne Nouvelle : avec Jésus de Nazareth tout est possible. Aucun échec n'est irrémédiable. Ils le disent dans le langage simple d'hommes du peuple de leur temps : les aveugles voient, les paralytiques marchent, la tempête s'apaise, les morts reviennent à la vie. Autant de façons de dire : Jésus, c'est le contraire de la fatalité. Il redonne un avenir à ceux qui se croient perdus ; il est la lumière, et l'on traduit : les aveugles voient. Il est la vie, et les paralytiques mêmes en partagent le mouvement. Il nous apprend à lutter sans panique et à vivre notre vie d'homme même lorsque tout se déchaîne contre nous : il apaise la tempête. La vie ne s'arrête pas avec notre mort d'individu, et c'est une résurrection.

Il est significatif d'ailleurs que, dans les paroles mêmes que les évangélistes prêtent à Jésus après chaque miracle, il apparaît que le miracle n'est pas une rupture des lois de la nature, un événement extérieur. Jésus, après la plupart de ses interventions, ajoute : « C'est ta foi qui t'a sauvé. » Il ne nous tire pas d'affaire comme on tire un noyé hors de l'eau. Le véritable miracle, c'est la foi.

Une autre manière de traduire l'émerveillement, pour des hommes formés à la culture juive, comme le sont les évangélistes, et s'adressant, pour le convaincre, à un public juif, c'est de rattacher chaque acte à une prophétie antérieure : « Comme il est dit par les prophètes... » Comme si Jésus était simplement l'acteur d'un scénario déjà écrit par les prophètes ! alors que tout, dans cette vie de Jésus,

4. « Né d'une femme », écrit saint Paul (Épître aux Galates IV,4), et non pas « né d'une vierge ». Ce qui serait un singulier oubli si saint Paul avait connu un tel miracle.

nous déroute, est inattendu comme les mots d'un poème. Précisément, il ne joue aucun des rôles qu'on attendait de lui. Rien, dans sa vie, n'est routine, rien qui soit la simple application d'une loi antérieure, fût-ce celle de la raisonnable raison. Il casse au contraire nos logiques coutumières. Il viole toutes les règles du jeu : qu'est-ce que cette justice économique qui donne à l'ouvrier de la onzième heure le même salaire qu'à celui qui a travaillé depuis le matin ? Quelle est cette morale qui ne condamne pas la femme adultère avec la dureté de la vieille loi (la lapidation et la mort), mais qui s'en prend aux gens « honorables » : « que celui qui n'a jamais péché jette la première pierre » ; quand tous les hypocrites penauds se retirent, Jésus dit simplement à la femme : « va et ne pèche plus ! ».

Qu'est-ce que cela signifie, du point de vue de la morale coutumière, d'accepter les parfums d'une prostituée, de banqueter avec des publicains rapaces, et même d'aller loger chez cette crapule de Zachée (Luc XIX) ? Qu'est-ce que cet amour qui demande d'abord de « haïr son père et sa mère » ? Il y avait là assurément de quoi dérouter. Car, avec Jésus de Nazareth, le destin n'est plus un mur, l'enchaînement à notre passé, mais un vertige en face des possibles, à l'infini, d'une liberté sans limites. Oui, assurément, si cet homme est Dieu, tout est possible. Sa vie l'a montré. Alors nous pouvons dire avec le centurion témoin du dernier acte de sa vie : « Vraiment celui-ci était fils de Dieu » (Matthieu XXVII,54).

Au-delà de toutes ces manières anecdotiques, métaphoriques ou historiquement datées, d'évoquer la présence divine dans cette vie, se manifeste son émergence en chacune de ses actions et de ses paroles. S'agit-il d'un prophète ? Du Messie de la promesse ancienne ? Du fils de Dieu ?

Déjà, parlant de Jean Baptiste, il dit qu'il est « prophète et même plus que prophète » (Matthieu XI,9 et Luc VII,26). C'est à ce titre (« le prophète Jésus ») (Matthieu XXI,11) qu'il est salué par la foule à son entrée à Jérusalem, et lui-même sait qu'il sera tué comme tel (Matthieu XXIII,37) : « Jérusalem, Jérusalem, toi qui tues les prophètes et lapides ceux qui te sont envoyés... » A Jérusalem, Jérémie fut lapidé, Amos a été assassiné, Élisée fut précipité du haut des remparts (Luc IV,29), Ezéchiel fut tué.

Mais Jésus est plus qu'un prophète. Sans doute, comme eux, juge-t-il chaque institution en la rapportant à sa fin dernière. Par exemple, pour ne retenir que l'institution la plus sacrée, il ne va jamais au Temple pour y prier ou faire un sacrifice, mais seulement pour rappeler ce qu'est le véritable service de Dieu contre un clergé formaliste, et contre les trafiquants qu'il chasse à coups de fouet et dont il renverse les étals. Comme les prophètes, il annonce le Royaume. Mais il n'est pas seulement messager et annonciateur de la Bonne Nouvelle : en lui déjà commence à s'accomplir la promesse.

Est-il alors le Messie ? Certainement pas celui qu'attendaient les juifs : celui qui leur donnerait la victoire contre leurs ennemis ou leurs oppresseurs.

En quel sens alors peut-il être le Christ, le Fils de Dieu ? Lorsque devant le Sanhédrin, le grand prêtre lui demande : « Je t'adjure, par le Dieu vivant, de nous dire si tu es le Christ, le Fils de Dieu[5] » (Matthieu XXVI,63), Jésus répond : « Tu l'as dit » (de même Marc XIV,61-62 ; Luc XXII,67-70 et Matthieu XVI,16).

Ce problème de la filiation divine a été fort embrouillé et obscurci lorsqu'on a voulu le formuler dans le langage et les catégories de la philosophie grecque, qui véhiculaient une conception anthropomorphique de Dieu ou une conception purement abstraite, telle que l'idée du Bien de Platon ou le « moteur immobile » d'Aristote, et un concept de substance qui n'avait aucun rapport avec l'expérience des apôtres.

L'Église d'Orient s'est beaucoup mieux défendue que celle d'Occident contre ces confusions. Saint Grégoire de Naziance insistait déjà pour que la pensée chrétienne procède « à la manière des apôtres et non d'Aristote ». La théologie byzantine rejette l'idée platonicienne de la continuité entre l'intelligence conceptuelle et le divin, et, par suite, l'idée hellénistique qu'il est possible de connaître le Dieu vivant par la « raison naturelle », qui est une raison pervertie.

En revanche, l'Église d'Occident a voulu traduire cette expérience unique de la présence divine en Jésus, en termes de pensée grecque traduite en latin. Au Concile de Nicée (325), convoqué non par un homme de foi mais par un politicien soucieux surtout de définir une doctrine capable d'unifier son empire, Constantin, le dogme est formulé selon lequel Jésus, le Fils, est de la même substance (*homoousios*) que le Père. Or, une telle conception de la « substance » n'est traduisible, par exemple, en aucune langue asiatique et n'a aucun sens en dehors de l'aire de culture gréco-latine. J.-A. Cuttat, dans son beau livre : *Expérience chrétienne et Spiritualité orientale*[6], fait une réflexion insolite et pourtant pertinente si l'on ne veut pas « provincialiser » le christianisme en le réduisant à l'aire gréco-latine de son existence : « Si les Pères des premiers conciles avaient été indiens... peut-être auraient-ils parlé d' " Identité

5. C'est un titre assez courant à l'époque.
6. Paris, Desclée de Brouwer, 1967, p. 15.

suprême " du Christ dès sa naissance. » Il est vrai que le rapport entre Jésus et Dieu serait plus universellement compris à partir des conceptions hindoues du Brahman et de l'Atman, du taoïsme ou du bouddhisme. D'abord parce que cela éviterait le double écueil grec de l'anthropomorphisme et de l'abstraction conceptuelle, ensuite parce que ce rapport eût été « dynamisé », c'est-à-dire posé en termes d'énergie et non de substance. Ceci est confirmé par le fait qu'au IIIe Concile de Constantinople en 680, sur la suggestion de Maxime le Confesseur, cette évolution a été esquissée : en Jésus-Christ, par l'adhésion de la volonté humaine à la volonté divine, les énergies de la divinité et de l'humanité peuvent se compénétrer sans se mélanger ; alors que toutes les « hérésies » des premiers siècles sont nées de l'inintelligible formulation grecque du problème des deux natures : nestoriens les juxtaposant, monophysites absorbant la nature humaine du Christ dans la nature divine, ou ariens tendant à la réduction inverse.

L'expérience, que la philosophie grecque ne pouvait pas exprimer, constituait pourtant l'apport spécifique du christianisme à la conception de l'homme et du Dieu qu'il porte en lui, la Trinité, et qui peut se dire en termes très simples : à la différence de l'hindouisme, Jésus de Nazareth nous a révélé que la conscience personnelle ne peut pas être connaissance de soi, mais d'abord amour, c'est-à-dire conscience que ce qui nous constitue fondamentalement est notre rapport avec l'autre. Alors que, dans l'hindouisme, le sage reconnaît toutes choses comme résidant en lui-même, dans le christianisme l'homme ne peut se constituer comme homme que par le dialogue et la communion avec l'autre et avec le tout autre, c'est-à-dire la transcendance.

Ce rapport d'amour ne peut s'enclore entre deux termes. Il n'est amour que s'il s'ouvre sur l'infini. Il implique, comme condition de cette ouverture, un troisième terme grâce auquel seul l'amour peut être amour, c'est-à-dire étendre ce rapport « je-tu » à tous les autres êtres qui entrent ainsi dans une communauté. Elle n'est ni addition de monades, d'unités solitaires, ni totalité organique dans laquelle chaque partie n'a de sens qu'en fonction du tout, ni unité absorbant et résorbant toute diversité. Dans cette communauté, la relation fondamentale d'amour n'est telle que par le rapport personnel entre deux êtres, opposant son modèle à l'individualisme et au totalitarisme. Ce couple d'amour, et non pas l'individu, est la plus petite unité de base de la société, de la communauté.

Tel est le lien inédit entre les hommes que Jésus de Nazareth a révélé en le vivant[7]. « Ce qu'est l'homme, le Christ a voulu l'être,

7. Voir notamment saint Paul (Épître aux Romains, VIII,14-17 et VIII,26)

disait saint Cyprien (« les idoles ne sont pas des dieux » XI,15) pour que l'homme puisse être ce qu'est le Christ. » Grégoire de Nysse trace d'un trait sûr le passage de la vision trinitaire de l'homme à la vision trinitaire de Dieu : « Tous les hommes sont tellement un en l'image de Dieu qu'il ne faut pas plus parler d'hommes au pluriel qu'on ne dit trois dieux. »

Par là même, il révélait ce que peut être un Dieu « personnel », un Dieu ayant précisément les caractères d'une « personne » : le contraire d'une monade refermée sur soi, d'un individu isolé, ou d'une totalité abstraite, mais un Dieu qui est amour [8], un Dieu portant en lui le double principe fondamental qui constitue la personne : le rapport de communion avec l'autre, et l'ouverture à l'infini de cette communauté qui commence avec le troisième terme, celui qui empêche l'amour de se détruire en se repliant sur le couple primordial du « je-tu ». Cette vision nouvelle de Dieu, révélée par la vie de Jésus de Nazareth, est celle de la Trinité. Dieu est Trine et Un à la fois parce que son Unité est inséparable, en son principe même, pour être une unité personnelle, du double rapport constitutif de la personne.

Maintenant, essayons de traduire cette expérience de l'amour dans les concepts de la philosophie grecque, pour lesquels l'amour est insaisissable, et nous aurons des « définitions » de cette expérience ineffable, non conceptuelle, qui la rendent inintelligible et inacceptable lorsqu'elle est traduite en concepts.

De fait, à partir du moment où l'on a prétendu définir la Trinité dans le seul langage gréco-romain au Concile de Nicée convoqué par l'empereur Constantin en 325, et au Concile de Chalcédoine convoqué par l'empereur Marcien en 451, les confusions ont commencé. Il avait fallu trois siècles pour essayer de couler cette réalité radicalement nouvelle de l'expérience chrétienne de l'amour dans le moule d'une culture qui lui était radicalement étrangère. Les Conciles de Nicée et de Chalcédoine s'efforcent de répondre aux problèmes posés à la philosophie grecque par l'expérience chrétienne de l'homme et d'un Dieu qui est amour, expérience qui s'exprime en sa plénitude dans la Trinité.

Tout ce qui n'est pas de formation gréco-latine allait échapper à ce cadre étouffant. Dès le VIIe siècle, l'Islam, pourtant très respectueux de la foi d'Abraham comme de la personne de Jésus (que les mystiques musulmans, avec Ibn Arabi, appelleront : le sceau de la sainteté), l'Islam va accuser le christianisme de « polythéisme » car il voyait, dans les définitions hellénisantes de la Trinité, l'affirmation de

8. Voir surtout : 1re Épître de Jean IV,7-21.

trois dieux conceptuellement distincts. Ils rallièrent d'ailleurs aisément à eux les diverses « hérésies chrétiennes » nées des spéculations sur la « consubstantialité » du Père et du Fils, les masses déroutées par ces subtilités sans vie, et aspirant à une expérience simple et forte de la transcendance divine.

Le Concile de Chalcédoine, qui détenait le trésor trinitaire, avait pourtant essayé de prévenir les confusions : « distinguer sans séparer, unir sans confondre ». On ne saurait mieux dire. Le malheur c'est que cet admirable programme ne pouvait être réalisé avec l'outillage intellectuel hellénistique qui faisait naître inévitablement faux problèmes et polémiques sur le principe crucial de la Trinité.

Trois siècles à peine après l'expansion fulgurante de l'Islam, naissait le grand schisme entre l'Église d'Orient et celle de Rome. Il s'agissait cette fois, en dehors des questions de préséance et d'autorité du pape romain (hélas, trop romain, trop imbu des hiérarchies, du juridisme et de l'autoritarisme de l'Empire romain), d'une interprétation des rapports entre les différentes « personnes » de la Trinité. Le Credo de Nicée et de Constantinople, reprenant les paroles de Jésus rapportées dans l'Évangile selon saint Jean, proclamait que l'Esprit procède du Père, comme le Fils. Espagnols et Francs voulurent ajouter : « et du Fils ». En 1014, l'empereur Henri II imposa même au pape cette étrange adjonction : « et du Fils » (*filioque*), qui semblait mettre en cause l'unité de la source divine (des « personnes » de la Trinité toujours dans la perspective du concept grec de substance individuelle).

La querelle était née d'un faux problème de philosophie qui masquait l'expérience fondamentale de l'amour trinitaire (l'amour chrétien est trinitaire ou il n'est pas) et du Dieu trinitaire.

Il importe finalement assez peu que l'Église d'Orient (précisément parce qu'elle était d'Orient, c'est-à-dire portant l'héritage d'autres cultures que celles de la Grèce et de Rome) ait eu raison de ne rien vouloir ajouter au Credo de Nicée et de Chalcédoine, qui aggrave les confusions créées par les conceptions « substantialistes » de la Trinité. Ce qui est grave, c'est que le schisme subsiste, alors que les raisons qui l'ont engendré ont perdu toute actualité. La spiritualité des Églises d'Orient n'a cessé de mettre au premier plan de sa contemplation et de son action l'expérience trinitaire. Lorsque Feodorov proclame : « Le dogme de la Trinité, c'est notre programme social », il démontre par là que la tâche politique du christianisme est de rompre avec les conceptions soit bourgeoises, soit anarchisantes, qui pensent et organisent la société à partir de l'individu, et avec les conceptions totalitaires, de droite ou de gauche, qui détruisent également la personne, non à partir de l'individualisme, mais d'une notion et d'une pratique de la société conçue comme un tout sur le modèle d'un organisme animal. Il souligne ainsi la tâche politique du christianisme, comme l'a remarqué Olivier Clément dans *l'Église orthodoxe*[9] : lutter pour une société qui soit une communauté fondée sur le rapport interpersonnel, principe de l'amour trinitaire. « Le Royaume c'est la participation à la Trinité[10]. »

Mais les Églises d'Occident prennent aujourd'hui de plus en plus de distance à l'égard des perversions grecques de la pensée chrétienne et des perversions romaines de l'organisation chrétienne. On peut discerner les moments décisifs de cette évolution, depuis le livre du Père Laberthonnière opposant, dès 1904, *Réalisme chrétien et Idéalisme grec*[11], jusqu'à l'œuvre du pionnier de la fécondation de la foi chrétienne par la spiritualité orientale, le Père Monchanin, grand helléniste pourtant, et qui écrivait, de son « ashram » indien : « L'advaïta à la louange de la Trinité est notre unique dessein... J'attends de la greffe chrétienne en Inde une profonde plongée de l'Église au fond du mystère trinitaire. »

Un dernier exemple de la nocivité du provincialisme occidental et de son rôle dans la division du christianisme : le schisme protestant de la Réforme. Au-delà des querelles subalternes, la racine de l'antagonisme c'est que, l'Église romaine n'ayant cessé de calquer ses structures et même ses démarches intellectuelles sur le totalitarisme de l'Empire romain, elle s'est heurtée à un autre phénomène typiquement occidental : l'explosion d'individualisme consécutif à la naissance du capitalisme, qui s'est traduit, sur le plan religieux, par une protestation contre ce totalitarisme romain et par le désir d'un retour au christianisme des premiers siècles, pré-romain et même pré-occidental, celui de Jésus de Nazareth, qui ignorait tout de la philosophie grecque, comme de l'organisation romaine. Ici encore, il est significatif que s'est séparé de l'Église tout ce qui n'était pas latin : de l'Allemagne et l'Angleterre à la Scandinavie.

Il est non moins significatif qu'au moment où est mis en cause le capitalisme en son principe même, avec la morale et la théologie qu'il a influencées, les raisons historiques qui ont engendré le schisme disparaissent une à une et que les formes de spiritualité catholiques ou protestantes sont de plus en plus indiscernables. Rien d'essentiel ne se jouait dans ce conflit : sans parler, naturellement, des « Indul-

9. Paris, PUF, coll. « Que sais-je ? », n° 949, p. 63.
10. *Ibid.*, p. 95.
11. Lucien Laberthonnière, *Réalisme chrétien et Idéalisme grec*, 1904 ; repris sous le titre *Réalisme chrétien*, Paris, Éd. du Seuil 1966.

gences », qui songerait aujourd'hui à opposer, dans l'économie du salut, la foi et les œuvres, comme si la foi n'était pas la racine à partir de quoi s'épanouissent les œuvres ?

L'une des tâches essentielles de la théologie, aujourd'hui, est de ressaisir le message de Jésus de Nazareth *en amont* de la civilisation gréco-romaine. Ainsi seulement sera mis fin aux schismes de l'Occident, et le christianisme pourra à la fois s'approfondir et s'enraciner dans les civilisations non occidentales.

La prise de conscience de l'expérience chrétienne spécifique qui nous a été révélée par Jésus de Nazareth, et l'effort pour dégager, de l'expérience exemplaire vécue par lui, les contaminations et les « provincialismes » occidentaux qui en ont si souvent occulté le message fondamental, nous permet d'aborder, dans la vie de Jésus de Nazareth, son enseignement.

Le centre, et même le thème unique, de l'enseignement de Jésus de Nazareth, c'est le Royaume de Dieu.

Le Royaume de Dieu, c'est l'irruption du divin dans l'humain. Il ne s'agit pas, pour Jésus, du triomphe d'Israël sur ses ennemis. La question de savoir quand arrivera le Royaume est une question juive. Le Royaume qu'annonce Jésus n'est pas celui qu'attendaient les juifs.

Il ne s'agit pas non plus d'un autre monde, après l'histoire et au-delà d'elle. Lorsque Jésus dit : « Mon Royaume n'est pas de ce monde » (Jean XVIII,36), cela ne signifie pas que son Royaume est ailleurs, dans un autre monde, mais qu'il est d'une espèce différente de ceux qu'on acquiert et maintient par la force des armes. Sa politique est celle qui institue d'autres règles du jeu pour que la vie et l'histoire de l'homme deviennent plus humaines, c'est-à-dire divines. Il ne suffit pas pour cela de changer l'État, mais de transformer des sociétés individualistes ou totalitaires en communautés.

Lorsque Jésus de Nazareth parle du Royaume, il n'en parle pas par concepts mais par paraboles, c'est-à-dire qu'à la manière des poètes, et non des philosophes, il ne le définit pas mais le « désigne ». La parabole est une comparaison par laquelle un événement de la vie quotidienne suggère, par analogie, une réalité qui n'existe pas encore, une réalité que l'on ne peut disséquer par analyse : on appelle à la vivre.

La plupart de ces paraboles empruntent leurs métaphores à des phénomènes de croissance : celle du semeur, du bon grain et de l'ivraie, de la graine qui doit mourir pour que naisse la vie, du grain de sénevé. Toutes nous suggèrent que le Royaume est à la fois à venir et déjà là. Il est présent en germe. Son plein épanouissement requiert la participation active de l'homme, l'effort et le sacrifice.

L'enseignement central de Jésus de Nazareth, ce n'est pas une explication du monde, mais un appel à le transformer de telle sorte que le Royaume, déjà présent en germe au-dedans de nous, s'épanouisse à l'extérieur. L'heure de la rencontre de Jésus par les hommes, c'est l'heure de la décision, l'heure du choix. Il interpelle chacun de ses disciples et chacun de nous : le Royaume des cieux est déjà là, présent en toi comme une promesse ; veux-tu, oui ou non, participer à son avènement dans le monde ?

Qu'est donc ce Royaume qui est déjà en naissance au-dedans de nous, et qui nous incite au combat pour transformer le monde, à l'intérieur de nous comme à l'extérieur.

Qu'il soit à l'intérieur de nous, déjà là, que Dieu soit à l'intérieur de nous, c'est ce que signifie « l'homme est à l'image de Dieu ». Comment sommes-nous apparentés à Dieu, à l'image de Dieu ?

Comment peut-on dire, avec saint Grégoire de Naziance et saint Basile le Grand, que « l'homme est une créature qui a reçu l'ordre de devenir Dieu » ? Si l'homme est à l'image de Dieu, cela ne veut pas dire seulement qu'il participe à l'énergie créatrice de Dieu, mais, comme l'écrit le théologien orthodoxe Dumitru Staniloe, que « l'image de Dieu dans l'homme est un reflet du caractère personnel du Dieu trinitaire ». La « personne » de l'homme, comme celle de Dieu, ne se définit que par sa relation à l'autre. Commentant saint Grégoire Palamas, le théologien orthodoxe Ciprien Kern [12] donne son plein sens à l'expression « l'homme est à l'image de Dieu » : « La ressemblance avec Dieu n'est pas seulement l'image d'une seule personne de la Sainte Trinité, mais de la Trinité entière et vivifiante. L'homme reflète en soi la vie trinitaire de la divinité. Ce fut l'enseignement de saint Grégoire de Nysse, de saint Cyrille d'Alexandrie, de Théodoret, de saint Jean Damascène et des autres Pères. »

Le Royaume est au-dedans de nous, car la participation à la Trinité définit Dieu comme amour.

Jésus de Nazareth nous appelle à en prendre conscience. La *métanoïa*, la « conversion », c'est le passage de l'individu à la personne, de l'atome refermé sur lui-même, insulaire, à l'image de Dieu qui naît à l'existence dans le rapport avec l'autre, c'est-à-dire qui ne part pas du « je pense, donc je suis », mais, selon Calliste, spirituel byzantin du XIVe siècle : « J'aime, donc je suis. »

12. Ciprien Kern, *Anthropologia Sv. Grégoire Palami*, YMCA Press, 1959, p. 355.

Ainsi s'éclaire la formule de l'Évangile selon Thomas « le Royaume est à l'intérieur de vous et il est à l'extérieur de vous » (logia 3), qui réapparaît sous d'autres formes dans les synoptiques car il est de l'essence de ce rapport non seulement de ne pas se refermer dans l'intersubjectivité entre deux êtres, mais de s'étendre à une troisième « personne » de la Trinité, et à travers elle, à l'infini, à toute communauté, si vaste soit-elle. *Le centre de l'homme n'est pas en l'homme mais hors de lui, dans l'autre :* « Si tu as réellement rencontré ton frère, tu as aussi rencontré ton Dieu », disait saint Clément d'Alexandrie (Stromates I,19). L'universalisation de ce rapport d'amour est le sens ultime de l'histoire.

Cette mutation radicale en chaque homme, s'étendant à la totalité de l'histoire et de ses communautés, constitue l'essentiel du message et de l'enseignement de Jésus de Nazareth.

> *Les pharisiens lui ayant demandé quand viendrait le Royaume de Dieu, il leur répondit : La venue du Royaume de Dieu ne se laisse pas observer, et l'on ne dira pas : Voici, il est ici ! ou bien : il est là ! Car le Royaume de Dieu est au milieu de vous* (Luc XVII, 20-21 et Thomas, logia 113).

Dieu est à la fois en nous et en avant de nous. Il est le Dieu qui vient et nous appelle.

Jésus de Nazareth est l'un de ces « mutants », comme disent les biologistes, qui annoncent l'apparition d'une forme nouvelle de la vie. Pour mesurer l'ampleur de cette mutation, on peut comparer l'amour du Christ avec les formes d'amour conçues et vécues dans l'aire culturelle où s'est développé l'enseignement de Jésus : les traditions culturelles jusque-là existantes étaient juives et gréco-romaines.

Déjà, dans le Lévitique (XIX,18), il était dit : « Tu aimeras ton prochain comme toi-même », et Rabbi Hillel, au temps de Jésus, ajoutait même : « Ce que tu n'aimes pas qu'on te fasse, ne le fais pas toi-même aux autres. Voilà toute la Loi, le reste n'en est que l'application. »

Ce que le judaïsme traditionnel appelle l'amour, c'est donc essentiellement la justice, l'application de la Loi. L'amour, selon Jésus de Nazareth, peut fort bien être un défi à la justice. Il ne s'agit plus seulement d'aimer ceux qui le méritent mais d'aimer du même amour les ennemis et les pécheurs. S'opposant radicalement à la loi du talion, formulée par Moïse dans l'Exode (XX,24-25), « œil pour œil, dent pour dent », Jésus de Nazareth répond : « Il a été dit : œil pour œil, dent pour dent... Il a été dit : Tu aimeras ton prochain et tu haïras ton ennemi. Eh bien moi je vous dis : Aimez vos ennemis... » (Matthieu V,38-44).

L'opposition est plus saisissante encore avec l'*eros* grec. Dans le mythe d'Éros, Platon juxtapose sa « théorie des idées » et l'enseignement des mystères orphiques venus d'Asie.

L'éros est le passage de l'homme du monde sensible au monde des idées et à la participation divine (idée du Bien) par la médiation de la beauté. L'amour est ainsi fonction de la valeur de ce qui est aimé. L'éros est l'amour de ce qui est bon et beau.

Avec Aristote, cet amour prend une dimension cosmique : il est mouvement de l'univers entier, élévation graduelle de la matière à la forme, de la possibilité à l'existence. Le désir crée le mouvement de l'objet aimé vers ce qu'il aime. C'est en ce sens qu'Aristote définit Dieu comme « moteur immobile ».

Chez Plotin, sous l'influence de l'Orient, le mouvement de l'éros est plus complexe : il n'est pas seulement mouvement ascendant de l'homme vers Dieu, mais mouvement descendant de Dieu vers l'homme. Toute chose procède de l'unité divine et tout retourne à l'Un. Cette conception est caractéristique de la gnose, qui, reprenant l'idée platonicienne selon laquelle le corps est « la prison de l'âme », recherche l'évasion de l'âme de cette prison et son retour à Dieu. Plotin mourant, selon le récit de Porphyre (*De Vita Plotini,* 2) dit à son ami Eustochios : « Je t'attendais pour tenter d'élever le divin en moi jusqu'au divin de l'univers. » Ce qu'il y a de caractéristique, dans la gnose, c'est qu'en elle il y a continuité entre l'homme et le divin, et que l'homme, par son propre effort, peut s'identifier au divin. Saint Paul dira : « La connaissance (*gnosis*) rend orgueilleux, alors que l'amour (*agape*) édifie » (Ire Épître aux Corinthiens VIII,1).

A la différence de la voie platonicienne de l'éros, il n'y a pas, de l'homme à Dieu, la continuité d'une connaissance mais la rupture de la foi, le pari sur Dieu qu'aucun savoir ne peut cautionner, l'espérance, c'est-à-dire la mobilisation de toutes nos énergies pour la réalisation d'un Royaume dont nul ne nous a promis qu'il était gagné d'avance. Si la foi est le seul chemin de l'homme à Dieu, l'amour est le seul chemin de Dieu à l'homme. C'est pourquoi cet amour ne dépend pas des mérites de ce qui est aimé. Il est inconditionnel. Et, par là, créateur, à l'image de Dieu : il redonne, par la confiance accordée sans condition, un avenir à ceux que leur passé condamne, comme l'a si fortement montré Victor Hugo dans *les Misérables* où la vie du bagnard Jean Valjean recommence à partir de l'amour, contre toute justice, de l'évêque de Digne.

A la différence de l'amour qui convoite (*eros*), cet amour qui donne (*agape*), est celui de la foi trinitaire. Cet amour, cette participation à la Trinité, c'est déjà l'avènement du Royaume, qui sera pleinement réalisé lorsque dans toute communauté humaine non plus la justice mais l'amour sera la loi.

Alors, mais alors seulement, sera achevée l'Incarnation commencée avec la vie de Jésus de Nazareth, lorsque, à des vies qui ont pour centre le « moi » et ses intérêts, succédera une vie où chacun pourra dire avec saint Paul : « Ce n'est plus moi qui vis, mais le Christ qui vit en moi » (Épître aux Galates III,20). Achèvement de l'Incarnation, achèvement du Royaume, achèvement de l'universelle communauté trinitaire : ainsi s'affirme l'unité de l'enseignement du Christ et de sa vie.

Au-delà de la Loi juive et de l'éros grec, c'est une « transmutation de toutes les valeurs antiques », comme l'a souligné Frédéric Nietzsche.

La grande inversion accomplie par la vie et l'enseignement de Jésus de Nazareth se poursuit avec sa mort. D'abord parce que cette mort est la conséquence nécessaire de sa vie et de son enseignement.

Jésus n'est pas mort. Il a été tué. Il n'est mort ni de mort naturelle, ni de mort accidentelle, ni par suite d'une erreur judiciaire ; il a été exécuté parce que, par ses actes comme par ses paroles, il a violé tout ce qui était sacré pour ses contemporains : la Loi juive et la majesté divine de l'empereur de Rome. Sacrilège pour les juifs, il était passible de mort par lapidation, selon la règle fixée par Yahvé lui-même à Moïse dans le Lévitique (XXIV,14). Jésus était parfaitement conscient qu'il allait au-devant d'une telle mort (Matthieu XXIII,37) qui déjà avait frappé le prophète Jérémie à Jérusalem. Séditieux aux yeux des Romains pour avoir mis en cause le caractère sacré de l'empereur, il subit le châtiment prévu par la loi contre les rebelles politiques : la crucifixion, qui avait été infligée, par exemple, à Spartacus et aux 6000 esclaves tombés aux mains des légions après l'avoir suivi dans sa révolte.

Jésus est mort pour avoir été le témoin d'un Dieu qui n'était alors reconnu par personne, et pour avoir inflexiblement porté ce témoignage jusqu'à son terme afin de libérer les hommes d'une fausse idée de Dieu. A un Dieu qui juge, au dernier jour, les vivants et les morts au nom de la Loi, il oppose un Dieu qui donne et qui pardonne. Au dieu du théisme romain qui s'identifie avec la toute-puissance impériale, il oppose un Dieu qui subit le supplice infamant des esclaves sur leur gibet.

La Croix où mourut Jésus de Nazareth est ainsi devenue le symbole de la vie chrétienne dans sa plénitude. Mais s'identifier avec Jésus sur la Croix ne signifie pas que la souffrance est un lieu privilégié de la révélation. S'identifier avec Jésus sur la Croix, c'est d'abord s'identifier à l'action qui l'a conduit à la Croix. Sinon, comme l'a remarqué Georges Cazalis en Amérique latine, on a une image à la fois oppressive et non libératrice du Christ : celle du « Señor Abatido », du Christ supplicié invitant l'Indien et tous les misérables à imiter l'immobilité de sa mort, c'est-à-dire les incitant à la résignation, et celle d'un Seigneur triomphant et de Marie, revêtus de tous les vêtements d'apparat et de tous les attributs qui furent ceux des rois et des reines d'Espagne, ceux des conquérants, et qui engage au respect et à la soumission.

Au nom d'une conception semblable, il se trouva, au XIXe siècle, un pape pour condamner la vaccination contre la variole, considérée comme un châtiment de Dieu auquel l'homme ne devait pas tenter d'échapper. Ainsi furent justifiées, comme conséquences du péché, les divisions en classes, en maîtres et esclaves, en féodaux et serfs, en patrons et prolétaires, de saint Augustin à la « doctrine sociale de l'Église » de Léon XIII et de ses successeurs, pour interdire de lutter contre cette division voulue par Dieu comme châtiment des hommes.

Il importe donc de souligner que la souffrance du Christ sur la Croix n'est pas passive, mais suprêmement active et délibérément affrontée comme la conséquence de toute une vie, d'un enseignement et d'un témoignage qui impliquaient la subversion et l'inversion de toutes les valeurs sur lesquelles reposait jusque-là l'ordre du monde gréco-romain, de ses sujets et de ses colonies.

La même remarque vaut pour la pauvreté et la faiblesse. La pauvreté et la faiblesse ne sont ni des vertus ni des lieux privilégiés de la manifestation divine, mais seulement la pauvreté volontaire, au sens que lui donne saint Paul évoquant « Jésus-Christ qui pour vous s'est fait pauvre de riche qu'il était » (IIe Épître aux Corinthiens VIII,9), ou la faiblesse volontaire, celle dont Jésus de Nazareth donne l'exemple au moment de son arrestation. « Penses-tu que je ne puisse pas faire appel à mon Père qui me fournirait sur-le-champ plus de douze légions d'anges ? » (Matthieu XXVI,53). Il n'en fit rien parce que, précisément, cela aurait obscurci le témoignage qu'il avait à porter et qui était une subversion radicale de l'idée que l'on se faisait jusque-là de Dieu, c'est-à-dire de la conception théiste de Dieu, comme semblable à un roi tout-puissant, à un juge moral ou à un concept métaphysique. Sur la Croix, ce théisme-là est mort. Ce Dieu-là est mort. Et naissait un autre Dieu. Un Dieu qui a le visage de ce témoin inflexible dans sa foi jusqu'à la mort, de cet agonisant nu et ensanglanté, et plus encore de ce Fils abandonné même par son Père, de ce Dieu abandonné par Dieu. Car le cri déchirant « Mon Dieu, mon Dieu, pourquoi m'as-tu abandonné ? » est l'ultime témoignage que Dieu ne nous appartient pas comme une force ou une arme sur laquelle nous pourrions toujours compter, comme une connaissance définitivement acquise, mais qui, pour quiconque, fût-ce pour Dieu même, pour Jésus-Christ, demeure objet de foi et non de certitude et de possession. C'est déjà ce que suggérait le sacrifice d'Abraham, tel que l'a commenté de façon si bouleversante Kierkegaard. Mais à Abraham fut épargné, au dernier moment, de donner la mort à son fils. C'est déjà ce que suggérait le dialogue de Job avec Yahvé, révélant la radicale coupure entre le jugement de l'homme sur la justice et la transcendance de Dieu. Mais jamais encore n'avait été creusé, devant les pas de l'homme, un tel abîme, et n'avait été montré plus tragiquement que cet abîme ne pouvait être franchi que par la foi.

Ce Dieu n'aurait pas été pleinement homme s'il n'avait connu le désespoir, l'abandon de Celui pour lequel il témoignait par sa vie et par sa mort.

Cette tragédie serait une tragédie de l'absurde si elle n'était déchiffrée à travers l'expérience trinitaire du Dieu personnel. Il n'y a pas ici le Père et là le Fils comme il y eut Abraham et son fils Isaac au jour du sacrifice. Il n'y a aucune mesure entre le drame humain de la montagne de Morija, où est mise à l'épreuve la foi d'un homme, et le drame divin de la montagne de Golgotha où le dialogue entre celui qui crie son abandon, et le silence de celui qui est interpellé, où la tension de la foi entre l'amour et l'espérance se situe, si l'on peut s'exprimer ainsi, « à l'intérieur de Dieu même ». Dans cette agonie de Jésus de Nazareth, Dieu n'est pas un acteur extérieur : si l'amour ne peut s'enclore dans l'égoïsme à deux d'un couple, si même le face-à-face du Père et du Fils, de celui qui engendre et de celui qui est engendré, est en chacun de nous et n'est pas le dernier mot de cet amour, si au contraire cet amour implique l'ouverture à l'autre, à tous les autres et au tout autre, à l'infini, alors intervient nécessairement l'incertitude tragique, l'indétermination fondamentale, ou plutôt la liberté qui transforme l'expérience en un acte de foi, en un pari sur cette totalité ouverte, inexorablement ouverte, sur un nombre innombrable d'autres dont chacun est une théophanie.

Dieu même peut douter de Dieu.

C'est le plus haut témoignage de la foi. Il peut emporter l'adhésion de celui des hommes qui en est le plus loin. Lorsqu'en un grand cri Jésus expira, le centurion commandant la garde s'écria : « Assurément cet homme était fils de Dieu. » Ce soldat romain était peut-être un fidèle du dieu Mithra, le contraire du Dieu crucifié, ce dieu des soldats, ce dieu soldat, ce dieu par excellence de la force, celui qui donne la victoire aux armées, dont le culte était particulièrement répandu dans les légions de Rome. L'inutile mise en scène de la mort, avec le voile du Temple qui se déchire et le tremblement de terre, n'ajoute rien à la commotion produite par le cri dernier du Dieu mourant qui est un cri désespéré. Dieu est allé jusqu'au bout de l'homme, et peut atteindre ainsi le plus lointain des hommes. Il y a, dans tout amour, cette incertitude et ce risque sans lesquels la foi n'aurait aucun sens. Telle est la tragédie qui se joue à l'intérieur de l'inépuisable et mystérieuse trinité de l'aimé, de l'amant et de l'amour. Dire : « trinité », c'est dire Dieu est autre, et Dieu est amour.

Un Dieu même peut mourir. Cela change et dérange l'ordre coutumier du monde. Si Dieu même peut mourir, il n'est aucune puissance, aucune autorité, aucune hiérarchie qui ne porte en elle la possibilité de sa propre mort. Si Jésus crucifié est appelé le Seigneur, César — l'empereur — ne peut plus être le Seigneur et être appelé de la sorte. Il en est ainsi de toutes les « seigneuries » du monde. Tel est le message explosif de la Croix. Son message libérateur : aucun pouvoir désormais n'est sacré, intouchable. Il n'est aucune dérive catastrophique de ce monde aux mains de forces aveugles qui ne puisse être remontée à contre-courant, en acceptant le risque d'en mourir et avec l'espérance de faire renaître la vie.

Il n'est rien de plus iconoclaste que le geste de Dieu mourant sur la Croix sous le visage de Jésus de Nazareth, le seul visage de Lui que nous puissions connaître : si Dieu même peut mourir, il n'est aucune puissance, aucune autorité au monde que nous ne puissions mettre en cause et affronter avec l'espérance de vaincre.

Cette expérience de la Croix nous libère du culte de toutes les idoles de la politique et de la richesse, de toutes les aliénations et de toutes les servitudes. La Croix a ouvert la brèche à la libération de l'homme.

La Résurrection mobilise les énergies humaines pour cette libération. A condition de ne pas l'interpréter en termes magiques : comme s'il suffisait d'y croire pour qu'elle existe. La croyance n'est pas la foi : la croyance est l'adhésion plus ou moins fondée à une image ou une idée ; la foi est une décision qui commande toute notre manière d'exister.

Dire « le Christ est ressuscité » ne serait que croyance, ou même superstition s'il s'agissait d'une opération magique de réanimation de cadavre. Dire « le Christ est ressuscité » est plus qu'un événement de la foi, c'est un acte de foi, lorsqu'on l'entend en son sens plénier : Jésus de Nazareth n'est pas revenu à une vie « normale », c'est-à-dire ayant de nouveau la mort pour terme. « Je suis avec vous pour toujours jusqu'à la fin du monde », c'est le dernier mot de Jésus dans l'Évangile selon saint Matthieu (XXVIII,20). Ce dernier mot, après sa résurrection, ne s'adresse qu'à ceux qui croient en lui.

La Résurrection, c'est une nouvelle manière d'exister pour le Christ et pour ses disciples. Jusque-là, Jésus de Nazareth avait vécu d'une vie semblable à celle de tous les hommes, il l'avait vécue en laissant transparaître en chaque acte et chaque parole, et jusque dans sa mort, le Dieu qui était en lui. Il avait donné, comme Fils, un visage au Père.

Et voici qu'après sa mort se produit le plus grand des miracles : après cette mort infamante, l'aventure terrestre de Jésus de Nazareth semblait se solder par un échec complet. Les juifs l'avaient tourné en dérision en l'affublant des oripeaux d'un roi de Carnaval ; les soldats romains avaient ri de son supplice et l'avaient frappé de leur lance même après sa mort ; la foule l'injuriait, riait : « Si tu es Fils de Dieu, descends de ta croix » (Matthieu XXVII,40), et passait son chemin en haussant les épaules ; les grands prêtres et les pharisiens exultaient de joie parce qu'ils s'étaient débarrassés de lui ; l'un des disciples, Judas, l'avait trahi ; un autre, Pierre, l'avait renié et, pour finir, tous les autres s'étaient enfuis. L'on ne saurait imaginer faillite plus totale d'une entreprise humaine.

Et voilà le vrai miracle, historiquement constatable et irrécusable, bien plus extraordinaire qu'une violation magique des lois de la biologie, qu'une histoire de tombeau vide, ou d'un tremblement de terre répondant au cri de l'agonisant : ceux-là mêmes, qui lâchement l'avaient abandonné à son heure dernière, témoignent qu'ils l'ont vu vivre d'une vie nouvelle, porteuse d'une nouvelle Alliance et d'une annonciation du Royaume. Ces gens, la veille encore apeurés, vont porter ce témoignage au prix de leur propre vie. Les disciples sont devenus des apôtres. Des apôtres prêts à affronter le martyre pour annoncer la Bonne Nouvelle. Ce n'est pas seulement le Christ, mais eux tous qui se sont mis à vivre d'une vie nouvelle, celle de l'Esprit. Le Fils et son Père vivent en eux, et cette vie gagne comme un incendie, au-delà de la Palestine, Antioche en Asie, Alexandrie en Afrique, et puis Rome elle-même, comme un défi à sa puissance jusque-là invincible. Des milliers d'hommes et de femmes mourront au chant de cette vie éternelle et de l'Esprit, sous les crocs des fauves ou dans les flammes des bûchers.

Le cri du centurion du Calvaire : « Assurément cet homme est le Fils de Dieu », devient celui de foules innombrables qui à leur tour transmettent la flamme de celui qui « donne la vie aux morts et appelle le néant à l'existence » (Romains IV, 17).

Cette formidable mutation de la vie, c'est l'expérience vivante de la Trinité, vue, maintenant, à la lumière de la Résurrection : lorsque à travers le sacrifice du Fils est apparu pleinement le Père et que l'Esprit qui est en eux s'est mis à vivre avec une force si bouleversante que le courage du même sacrifice s'est communiqué à des milliers de témoins, de martyrs, Dieu, dit saint Paul (IIe Épître aux Corinthiens V,19), était « dans le Christ ». Il était dans le Christ comme un amour qui se donne, comme une espérance qui se communique avec la certitude que tout est possible, comme une foi qui exige que l'on mette notre vie entière comme enjeu dans ce pari vital. Ce pari que nous faisons lorsque, par la foi en la Résurrection, nous exprimons l'indomptable certitude qu'aucun échec n'est irrémédiable et définitif. Je ne pourrai jamais plus dire : tout est fini !

Nous pouvons maintenant mesurer l'ampleur de la mutation opérée par la Révélation, à travers la vie, l'enseignement, la mort et la résurrection de Jésus de Nazareth. Ce n'est pas la révélation d'un être, d'une réalité qui existerait déjà en dehors de nous et sans nous, c'est la révélation d'un appel et d'une exigence. Dieu, c'est le pouvoir de transformer le monde. Nous sommes porteurs de ce pouvoir. Nous en sommes responsables.

La Trinité, que saint Jean de la Croix tenait pour « ce qu'il y a de plus saint au Paradis », donne un contenu concret, militant à cette exigence. Elle requiert la participation de chacun pour créer un avenir dont les contours sont clairement dessinés : le rapport personnel, le rapport d'amour, révélé par Jésus de Nazareth, ce rapport d'amour ne peut s'enclore entre deux êtres fussent-ils le Père et le Fils. Il est aussi l'Esprit que nous avons pour tâche de faire vivre, de proche en proche, dans toute communauté humaine.

Tâche sans limites. L'histoire n'est jamais finie. Mais nous savons désormais que l'histoire humaine n'est jamais simple passage de cause à effet, d'antécédent à conséquent, mais d'abord passage du possible au réel. Cette histoire ne cesse de repousser les limites du possible : n'est pas seulement possible ce qui découle des conditions déjà existantes dans le passé, mais aussi tout ce qui peut émerger à l'appel du futur. Telle est la conception de l'histoire, ou plutôt la manière de vivre et de faire l'histoire qui découle de l'expérience trinitaire et de la décision de la foi.

Elle exclut toute « suffisance » par son principe même puisque l'homme, comme personne, ne peut se définir, se limiter à lui-même, puisqu'il n'a de sens que par rapport à l'autre homme, à tous les autres hommes habités comme lui par l'infini de la vie trinitaire.

La Trinité est ainsi l'horizon sans fin du Royaume, c'est-à-dire de toutes les métamorphoses de notre condition tendant à rendre notre vie plus humaine, c'est-à-dire divine.

La Trinité contient en germe toutes les libérations et toutes les révolutions de l'histoire.

*

LA MANIFESTATION DE L'ESPRIT [13]

[...] *Pour quelle raison le Seigneur parle-t-il d'Évangile du Règne ou Jean d'Évangile éternel, sinon que ce qui nous a été commandé par le Christ ou par ses apôtres, conformément à la foi dans les sacrements, est transitoire et temporel en ce qui regarde les sacrements eux-mêmes, mais éternel en ce qui a trait à ce qu'ils signifient ?*

[...]

[...] *Ce sont donc trois états du monde, comme nous l'avons déjà montré dans cette œuvre, que les mystères de la Sainte Écriture nous attestent : le premier, lors duquel nous fûmes sous la loi ; le second, lors duquel nous fûmes sous la grâce ; le troisième, que nous attendons comme devant intervenir prochainement et lors duquel nous jouirons d'une grâce plus parfaite. Car Dieu, comme dit Jean, nous a donné « grâce sur grâce ». Plus précisément, la science fut la caractéristique du premier état ; le régime de la sagesse, celle du second ; la plénitude de l'intelligence, celle du troisième. Le premier fut placé sous les auspices de la dépendance servile ; le second sous ceux de la dépendance filiale ; le troisième sous ceux de la liberté. Le fouet pour le premier ; l'action pour le second ; la contemplation pour le troisième. Successivement la crainte, la foi, la charité ; l'état d'esclaves, l'état d'hommes libres, l'état d'amis ; de vieillards, d'adultes, d'enfants. La lumière des étoiles, l'aurore, le plein jour. L'hiver, le début du printemps, l'été. Les orties, les roses, les lys. Les herbes, les épis, le blé. L'eau, le vin, l'huile. La septuagésime, la quadragésime, la fête pascale. En effet, le premier état se rapporte au Père, qui est l'auteur de tout* [...] *; le second au Fils, qui fut digne d'assumer notre limon et au sein duquel il put jeûner et souffrir afin de réformer le statut du premier homme qui était tombé en mangeant le fruit ; le troisième à l'Esprit Saint, dont l'apôtre dit : « Là où est l'Esprit du Seigneur, là est la liberté » (IIe Épître aux Corinthiens, III,17).*

13. Selon Joachim de Flore (1135-1202), *Traité sur les quatre Évangiles,* Henri Mottu, Delachaux et Niestlé.

CANTIQUE DE FRÈRE SOLEIL OU DES CRÉATURES [14]

Loué sois-tu Seigneur, dans toutes tes créatures,
spécialement messire frère Soleil,
par qui tu nous donnes le jour, la lumière ;
il est beau, rayonnant d'une grande splendeur,
et de toi. le Très-Haut, il nous offre le symbole.

Loué sois-tu, mon Seigneur, pour sœur Lune et les Étoiles,
dans le ciel tu les as formées.
claires, précieuses et belles.

Loué sois-tu, mon Seigneur, pour frère Vent,
et pour l'air et pour les nuages,
pour l'azur calme et tous les temps
par lesquels tu donnes soutien à toute créature.

Loué sois-tu, mon Seigneur, pour sœur Eau,
qui est très utile et très humble,
précieuse et chaste.

Loué sois-tu, mon Seigneur, pour frère Feu
par qui tu éclaires la nuit :
il est beau et joyeux,
indomptable et fort.

Loué sois-tu, mon Seigneur, pour sœur notre mère la Terre
qui nous porte et nous nourrit,
qui produit la diversité des fruits,
avec les fleurs diaprées et les herbes.

Loué sois-tu, mon Seigneur, pour ceux
qui pardonnent par amour pour toi ;
qui supportent épreuves et maladies :
heureux s'ils conservent la paix,
car par toi, Très-Haut, ils seront couronnés.

Loué sois-tu, mon Seigneur, pour notre sœur la Mort corporelle
à qui nul homme vivant ne peut échapper.
Heureux ceux qu'elle surprendra faisant ta volonté
car la seconde mort leur sera épargnée.

PRIÈRE POUR LA PAIX [15]

Seigneur,
faites de moi un instrument de votre paix.
Là où est la haine, que je mette l'amour.

14. Saint François d'Assise (1182-1226). *Documents écrits et premières biographies* rassemblés par les R. P. Th. Desbonnets et D. Vorreux, Paris, Éd. franciscaines, 1968, p. 196.
15. *Ibid.*, p. 177.

Là où est l'offense, que je mette le pardon.
Là où est la discorde, que je mette l'union.
Là où est l'erreur, que je mette la vérité.
Là où est le doute, que je mette la Foi.
Là où est le désespoir, que je mette l'espérance.
Là où sont les ténèbres, que je mette la lumière.
Là où est la tristesse, que je mette la joie.
O Seigneur, que je ne cherche pas tant
d'être consolé que de consoler,
d'être compris que de comprendre,
d'être aimé que d'aimer.
Car c'est en se donnant que l'on reçoit,
c'est en s'oubliant soi-même que l'on se retrouve soi-même.
c'est en pardonnant que l'on obtient le pardon,
c'est en mourant que l'on ressuscite à l'éternelle vie.

SERMONS [16]

On ne doit pas saisir ni considérer Dieu comme en dehors de soi, mais comme son bien propre et comme ce qui est en soi-même ; on ne doit pas non plus servir ni agir en vue d'un « pourquoi » : ni pour Dieu, ni pour son propre honneur, ni pour quoi que ce soit en dehors de soi, mais uniquement en considération de ce qui est en soi son être propre et sa propre vie. Bien des personnes simples s'imaginent qu'elles doivent considérer Dieu comme étant là-bas et elles ici. Il n'en est pas ainsi. Dieu et moi nous sommes un. Par la connaissance j'accueille Dieu en moi ; par l'amour, je pénètre en Dieu. Certains disent que la béatitude ne réside pas dans la connaissance, mais uniquement dans la volonté. Ils ont tort, car si elle résidait uniquement dans la volonté, il n'y aurait pas d'unité. L'agir et le devenir sont un. Quand le charpentier n'agit pas, la maison ne se fait pas. Quand la hache repose, le devenir repose aussi. Dieu et moi nous sommes un dans cette opération : il opère et je deviens[17].

Le Père engendre sans cesse son Fils et je dis plus encore : il m'engendre en tant que son Fils et le même Fils. Je dis davantage : il m'engendre non seulement en tant que son Fils, il m'engendre en tant que lui et lui en tant que moi, et moi en tant que son être et sa nature. Dans la source la plus intérieure, je sourds dans le Saint-Esprit ; c'est là une vie, un être, une opération. Tout ce que Dieu opère est un ; c'est pourquoi il m'engendre en tant que son Fils, sans aucune différence. Mon père selon la chair n'est pas à proprement parler mon père, mais seulement par une petite parcelle de sa nature, et je suis séparé de lui ; il peut être mort et moi vivant. C'est pourquoi le Père céleste est véritablement mon père, car je suis son fils et j'ai de lui tout ce que j'ai, et je suis

16. Maître Eckhart (1260-1327), *Sermons*, Paris, Éd. du Seuil, 1974.
17. *Ibid.*, p. 86.

le même Fils et non un autre. Le Père crée une seule œuvre, c'est pourquoi il me crée comme son Fils unique, sans aucune différence[18]. [...]

Si nous disions que Dieu a créé le monde hier ou le créera demain, nous nous comporterions de façon insensée, Dieu crée le monde et toutes choses en un actuel présent et le temps qui s'est écoulé voici mille ans est maintenant aussi présent à Dieu et aussi proche que le temps qui est maintenant. Dans l'âme qui est située en un actuel présent, le Père engendre son Fils unique et dans cette même naissance, l'âme renaît en Dieu. C'est là une seule naissance ; chaque fois qu'elle renaît en Dieu, le Père engendre dans l'âme son Fils unique[19].

SONNET À JÉSUS CRUCIFIÉ[20]

Si j'élève, ô mon Dieu, vers toi mon cri d'amour,
Ce n'est point pour le ciel que tu nous as promis,
et ce n'est point l'enfer, avec ses épouvantes,
qui me détourne de te trahir.

Mais je t'aime, ô mon Dieu, en te voyant ainsi,
cloué sur cette Croix empourprée de ton sang.
Ce sont tes plaies que j'aime, et c'est ta mort,
Ce que j'aime c'est ton amour.

Au-delà de tes dons et de tes espérances,
quand même il n'y aurait ni de ciel ni d'enfer,
je le sais, ô mon Dieu, je t'aimerais encore.

T'aimer est mon bonheur autant que mon devoir,
ne m'accorde donc rien, même si je t'implore :
l'amour que j'ai pour toi n'a pas besoin d'espoir.

JE MEURS DE NE POINT MOURIR[21]

Je vis, mais sans vivre en moi,
Et mon espérance est de telle sorte,
Que je me meurs de ne point mourir !
Je vis désormais hors de moi,
Depuis que je me meurs d'amour,
Parce que je vis dans le Seigneur
Qui m'a voulue pour lui ;
Quand je lui donnai mon cœur,
Il y grava cette devise :

18. *Ibid.*, p. 85.
19. *Ibid.*, p. 111.
20. Sainte Thérèse d'Avila (1515-1582), *Œuvres complètes*, Paris, Éd. du Seuil, 1949, p. 1597
21. *Ibid.*, p. 1551.

Je me meurs de ne point mourir !
Cette divine prison
De l'amour par lequel je vis
A fait Dieu mon captif
Et rendu libre mon cœur,
Mais j'éprouve un tel martyre
De voir Dieu mon prisonnier
Que je me meurs de ne point mourir !
[...]
Ô vie, que puis-je donner
A mon Dieu qui vit en moi,
Si ce n'est te perdre,
Pour mieux jouir de toi ?
Je veux en mourant te conquérir,
Puisque Dieu est le seul que j'aime,
Je me meurs de ne point mourir !

LA VIVE FLAMME D'AMOUR[22]

1
Ô vive flamme d'amour
Comme vous me blessez avec tendresse
Dans le centre le plus profond de mon âme !
Puisque vous ne me causez plus de chagrin,
Achevez votre œuvre, si vous le voulez bien,
Déchirez la toile qui s'oppose à notre douce rencontre.

2
Ô brûlure suave,
Ô plaie délicieuse,
Ô douce main, ô touche délicate
Qui as la saveur de la vie éternelle
Qui payes toute dette
Qui donnes la mort et changes la mort en vie.

3
Ô lampes de feu
Dans les splendeurs desquelles
Les profondes cavernes du sens
Qui était obscur et aveugle
Donnent avec une perfection extraordinaire
Et chaleur et lumière à leur Bien-Aimé !

4
Avec quelle douceur et quel amour
Vous vous réveillez dans mon sein
Où vous demeurez seul en secret

22. Saint Jean de la Croix (1542-1591), *Œuvres complètes*, Paris, Éd. du Seuil, 1947, p. 1104.

Et avec votre aspiration savoureuse
Pleine de biens et de gloire,
Avec quelle délicatesse vous m'embrasez d'amour !

SOUFFRANCES DE L'ÂME QUI DÉSIRE VOIR DIEU[23]

Je vis mais sans vivre en moi
Et mon espérance est de telle sorte
Que je meurs de ne point mourir.

1
Déjà je ne vis plus en moi,
Et sans Dieu je ne puis vivre,
Je reste donc sans lui et sans moi.
Ce mode de vivre, que sera-t-il ?
Il me donnera mille morts,
Puisque j'espère ma vie elle-même ;
Et je meurs de ne point mourir.

2
Cette vie dont je vis
Est une privation de vie
Aussi est-elle une mort continuelle
Jusqu'à ce que je vive avec toi,
Écoute, ô mon Dieu, ce que je dis,
Cette vie-là, je ne la veux pas.
Je meurs de ne point mourir.
[...]

Fais-moi sortir de cette mort,
Ô mon Dieu, et donne-moi la vie,
Ne me tiens pas enchaîné
A ce lien si fort,
Vois que je souffre pour te voir
Mon mal est si profond
Que je meurs de ne point mourir.

8
Je pleurerai désormais ma mort,
Je me lamenterai sur ma vie,
Retenue qu'elle est
Par mes péchés,
Ô mon Dieu, quand sera-ce ?
Quand est-ce que je dirai en vérité
Je vis désormais de ne plus mourir ?

23. *Ibid.*, p. 1105

9. Islam

Au moment de la naissance de l'Islam, au VIIe siècle, le monde était divisé en de grands empires : l'Empire chinois, celui de l'Inde, celui des Sassanides en Iran, l'Empire byzantin, et, en Europe, les débris de l'Empire romain d'Occident morcelé par les Goths et les Francs.

Or, en moins d'un siècle, tous ces empires vont s'écrouler, à l'exception de l'Empire chinois des T'ang (618-906) alors à son apogée, et d'une partie de l'Europe où, avant la désintégration de l'ancien Empire romain d'Occident, les papes, et notamment Grégoire le Grand (540-604), avaient pris en main tous les pouvoirs et couronnaient les rois vainqueurs.

Partout ailleurs, et notamment dans les Empires sassanide et byzantin, c'était la décadence : décomposition politique d'États centralisés et bureaucratiques, mais incapables de maintenir leur autorité dans des provinces où se multipliaient les rébellions de chefs locaux ; désordre économique né de cette anarchie politique, et aggravation des injustices sociales au profit de féodaux ; enfin prolifération de schismes et « d'hérésies religieuses » dues, en particulier dans l'Empire sassanide, à la régression du grand prophétisme de Zarathoustra vers le ritualisme des mages zervanistes bénéficiant des privilèges de religion d'État, dont les Sassanides leur avaient donné le statut. Dans les empires chrétiens d'Orient et d'Occident, les spéculations de la théologie hellénisante, affaire de clercs, ne répondaient pas aux besoins des masses, si bien que se manifestait un double mouvement : un pullulement de sectes déclarées hérétiques (ariens, pélagiens, nestoriens, monophysites) et, d'autre part, une redoutable confusion des pouvoirs spirituel et temporel qui conduiront, dans l'Église chrétienne d'Orient, à un « césaro-papisme », et en Occident, à la primauté du pape et du sacerdoce sur les royautés et les empires.

Ce système des religions d'État trouve son image symbolique dans une mosaïque du VIIe siècle où le Christ est représenté sous l'uniforme d'un général byzantin ! Les hiérarchies des Églises chrétiennes avaient pris la relève des structures de l'Empire romain après le démembrement de celui-ci.

La fulgurante expansion de l'Islam n'est pas due à la puissance militaire, qui joua un rôle limité, mais, avant tout, au fait que, dans des sociétés où 4000 ans de civilisation sombraient dans le chaos, un monde nouveau donnait un visage à l'espérance des multitudes accablées. L'une des raisons principales de l'expansion rapide de l'Islam, c'est qu'à une vision statique du monde, figé dans des hiérarchies sociales fondées sur le sang, il substituait une vision dynamique du monde et de la société, restaurant la valeur de la responsabilité personnelle dans des sociétés où le système féodal l'avait refoulée.

L'Islam apportait l'âme d'une nouvelle vie collective.

C'est sans doute pourquoi, aujourd'hui encore, la foi musulmane, la seule qui continue à progresser, notamment en Afrique noire, constitue une sorte de ceinture du monde, entre le Nord et le Sud : du Maroc à l'Égypte, à travers tout le Maghreb, et jusqu'à son berceau arabique, elle se déploie, jusqu'en Asie centrale à travers l'Ouzbekistan, à Samarkand, et jusqu'au Sud-Est asiatique avec l'Indonésie. « Nous avons fait de vous, dit le Coran (sourate II,143), un peuple du milieu. »

Son destin est peut-être de charrier, comme une artère, entre l'Orient et l'Occident, toutes les forces de vie, de l'une à l'autre rive.

Né, avec Mohammed, dans la petite république marchande de La Mecque, carrefour des échanges caravaniers et maritimes entre l'Orient et la Méditerranée, et en contact permanent avec les communautés juives et chrétiennes de Syrie, l'Islam apparaît d'abord, pour des chrétiens dispersés en sectes condamnées pour hérésie et soumis aux rudes pouvoirs temporels des clergés, et pour des juifs persécutés, comme un « retour aux sources ». Le modèle de la foi absolue en Dieu et de la soumission à sa volonté (Islam), qui constitue la forme la plus haute de la liberté, est, pour Mohammed comme pour les juifs et les chrétiens, Abraham. Un musulman révère en Abraham un prophète de l'Islam, et il en est de même pour Moïse et Jésus.

Par-delà tous les « byzantinismes » et les « orthodoxies » aux dogmes obscurs, l'Islam apportait une foi simple et forte directement accessible aux peuples au-delà de leurs clergés. Il apportait une vision du monde dominée par le prophétisme jusque dans les actes les plus quotidiens de la vie, imprégnée d'un mysticisme nouveau dont Ibn Khaldoun nous apprend qu'avant le soufisme il était largement répandu en Islam et n'avait donc pas un nom spécial. « C'est seulement lorsque la mondanité se répandit et que les hommes devinrent de plus en plus dépendants de ce qui attache à cette vie, que ceux qui se consacrèrent à la contemplation de Dieu se distinguèrent des autres par l'appellation de " soufis ". » (Muqaddimah ch. VI). Le soufisme mettait en question, en son principe même, la propriété.

Ce retour à la « religion primordiale » d'Abraham permet à l'Islam de se formuler en termes simples, et, en même temps, d'engendrer le plus haut mysticisme.

La forme simple, la plus extérieure, est celle des « cinq piliers » de l'Islam : la profession de foi, la prière, le jeûne, le *zakat* (abandon obligatoire d'une partie de sa richesse) et le pèlerinage à La Mecque.

1. *La profession de foi (shahada),* dont la proclamation suffit à définir un musulman, est d'une simplicité qui la rend populaire, et d'une profondeur qui rend l'Islam inépuisable : « Dieu seul est Dieu, et Mohammed est son prophète. » La première partie, « Dieu seul est Dieu », est le mouvement de l'homme vers le divin, de l'extérieur vers l'intérieur. Elle distingue le réel (Dieu) de tout ce qui est irréel, c'est-à-dire de tout ce qui est perçu ou conçu en dehors de sa relation à Dieu. Rien ne saurait être réel qui ne soit divin.

L'incroyance consiste à voir les choses indépendamment du Dieu qui est leur origine, leur fin, leur sens.

Lorsque Whitehead définit le théisme comme une doctrine qui conçoit Dieu à l'image d'un chef d'empire, à l'image d'une personnification de la morale, à l'image d'un principe philosophique dernier, il conclut : « La grande période de la philosophie théiste prit fin avec l'apparition de l'Islam[1]. »

En effet, si la Chine et l'Inde n'avaient jamais connu cet anthropomorphisme, en revanche le judaïsme n'avait cessé de faire de Dieu un roi et un juge, tandis que le christianisme, après le message libérateur de Jésus de Nazareth et de sa révolution dans l'expérience de Dieu, avait fait une grave rechute de théisme aussi bien à Rome, après Constantin, qu'à Byzance.

Le deuxième mouvement de la profession de foi, « Mohammed est son prophète », est le mouvement de reflux de Dieu vers l'homme par son messager, Mohammed, qui a transmis le Coran, directement dicté par Allah. Le Coran joue ainsi, dans la révélation musulmane, le rôle joué par Jésus de Nazareth dans les Évangiles : c'est Dieu se communiquant aux hommes, allant vers eux pour les rattacher à leur principe. Mohammed personnifie toute la création et il est remarquable que le même mot, *ayat,* désigne à la fois les versets du Coran,

1. A. N. Whitehead, *Process and Reality,* New York, 1929 ; rééd. 1960, p. 520.

parole de Dieu, et les choses, dont chacune est également un signe de l'alphabet divin, un langage que Dieu nous parle : « Les sept cieux et la terre et ceux qui s'y trouvent le louent ; et il n'y a aucune chose qui ne chante ses louanges, mais vous ne comprenez pas leur chant » (sourate XVII,44). L'absolu se révèle dans le relatif sous forme de symboles. La nature entière est une théophanie, une apparition, une révélation de Dieu.

2. *La prière* est la participation consciente de l'homme à ce chant de louange qui lie toute créature à son créateur. « Reviens en toi-même pour trouver toute l'existence résumée en toi. »

La prière intègre l'homme de foi à cette adoration universelle : en l'accomplissant, le visage tourné vers La Mecque, tous les musulmans du monde et toutes les mosquées dont la niche du Mirhab désigne la direction de la « kaaba », sont ainsi intégrés, par cercles concentriques, à cette vaste gravitation des cœurs vers leur centre. L'ablution rituelle, avant la prière, symbolise le retour de l'homme à la pureté primordiale par laquelle, rejetant de lui-même tout ce qui peut ternir l'image de Dieu, il en devient le parfait miroir.

3. *Le jeûne* est une interruption volontaire du rythme vital, l'affirmation de la liberté de l'homme par rapport à son « moi » et à ses désirs, et en même temps le rappel de présence en nous-mêmes de celui qui a faim, comme d'un autre moi-même que je dois contribuer à arracher à la misère et à la mort.

4. *Le zakat* n'est pas l'aumône, mais une sorte de justice intérieure institutionnalisée, obligatoire, qui rend effective la solidarité des hommes de la foi, c'est-à-dire de ceux qui savent vaincre en eux-mêmes l'égoïsme et l'avarice. Le *zakat*, c'est le rappel permanent que toute richesse, comme toute chose, appartient à Dieu et que l'individu n'en peut disposer à sa guise, que chaque homme est membre de tous les autres.

5. *Le pèlerinage à La Mecque*, enfin, non seulement concrétise la réalité mondiale de la communauté musulmane, mais, au-dedans de chaque pèlerin, vivifie le voyage intérieur vers le centre de soi-même, vers la « kaaba du cœur ».

Le thème central de l'Islam, en toutes ses manifestations, est ce double mouvement de flux de l'homme vers Dieu et de reflux de Dieu vers l'homme, diastole et systole du cœur musulman.

« En vérité, nous sommes à Dieu et à Lui nous retournons » (sourate II,156).

C'est là le thème fondamental de la gnose, véritable « religion primordiale », dont nous avons déjà perçu les manifestations premières dans l'hindouisme, mère des religions. A Alexandrie, au carrefour des spiritualités de l'Orient et de l'Occident, la gnose opère sa jonction avec le néo-platonisme. Elle s'épanouit avec Philon le juif comme avec Plotin. Voir toute chose en Dieu et Dieu en toute chose est le leitmotiv de toute gnose, et c'est le centre de la mystique musulmane : le soufisme. « Le soufisme, écrit Sayyed Hossein Nasr, est l'affirmation la plus universelle de la sagesse éternelle[2]. »

Le mysticisme musulman des soufis exige, comme l'hindouisme, le sacrifice du « moi » individuel et de ses désirs pour atteindre le suprême « Soi ». Le « moi » fini reflue vers son principe divin. Au lieu de se disperser dans le multiple, le soufisme, inversant cette tendance, remonte de la périphérie vers le centre, en renonçant à ce qui est lui. Al Djunayd (mort en 910) définit ainsi le soufisme : « Le soufisme, c'est Dieu te faisant mourir à toi-même pour renaître en Lui. » On ne renonce au « moi » qu'en renonçant à toute possession. Un disciple de Djunayd, Abul Hasan al-Nuri, ajoute : « Ils ne possèdent rien et ne sont possédés par rien. » C'est seulement après l'extinction (*fana*) du « moi », que la loi de Dieu cesse pour le soufi d'apparaître comme un commandement extérieur : elle est intériorisée. Alors commence l'union d'amour entre Dieu et le soufi. « Quand le moi s'efface, alors Dieu est son propre miroir en moi », disait Abu Yazid al-Bistami (mort en 875). « Le premier degré de l'extase, c'est l'anéantissement de toi-même, en tant qu'individu existant en soi », écrit Ibn Arabi (mort en 1240).

De là découle, dans le soufisme, la conception de l'homme et du monde.

L'homme dont la connaissance réjouit l'être, et où l'être prend conscience de lui-même, n'est pas l'homme individuel, mais l' « homme universel », celui qui, par son détachement du monde et du « moi », a atteint la connaissance du divin et l'union avec Dieu : pour que Dieu soit en nous, il faut lui faire toute la place, par l'extinction du « moi ».

Dans la perspective des soufis, Dieu est tout, et, en même temps, au-dessus de tout, à la fois immanent et transcendant.

Au plus intime de lui-même, chaque homme peut rencontrer Dieu.

2. Sayyed Hossein Nasr, *Sufi Essays*, Londres, George Allevand Unwin, 1972, p. 146.

« Qui se connaît lui-même connaît son Seigneur. » L'un des grands mystiques de l'Islam, Abd al-Karim al-Jili (né en 1366), écrit[3] :

Chaque individu du genre humain contient les autres entièrement [...] Les individus sont des miroirs placés face à face, dont chacun reflète pleinement l'autre [...] Mais les uns ne contiennent les choses qu'en puissance, tandis que les autres, les parfaits parmi les prophètes et les saints, les contiennent en acte.

Cet homme universel est un microcosme :

Sache que l'homme universel comporte en lui-même des correspondances avec toutes les réalités de l'existence [...]Il n'existe pour l'un, dans tout le cosmos, aucun lieu de manifestation plus parfait que toi-même lorsque tu te plonges dans ta propre essence en oubliant toute relation, et que tu te saisis toi-même par toi-même, dépouillé de toutes apparences en sorte que tu sois toi-même, en toi-même, et que de toutes les qualités divines ou des attributs créés — qui t'appartiennent par ailleurs — aucune ne se réfère plus à toi. Cet état de l'homme est le lieu le plus parfait de la manifestation de l'unité dans toute existence... La révélation de Dieu dans ses activités correspond à un état contemplatif où le serviteur voit la puissance divine évoluer dans les choses. Il voit Dieu comme l'auteur de leur mouvement et de leur repos, toute action étant abstraite de la création et attribuée à Dieu seul.

Cette méditation d'al-Jili sur l' « homme universel » est le commentaire d'un hadith déjà cité : « Celui qui se connaît soi-même connaît son Seigneur. »

Mais, nous dit Ibn Arabi (1165-1240) :

La représentation de Dieu ne revient qu'à l'homme universel, dont la forme extérieure est créée des réalités et des formes du monde, et dont la forme intérieure est la forme de Dieu [...] Dieu est donc le miroir dans lequel tu te vois toi-même, comme tu es son miroir dans lequel il contemple ses noms[4].

Le monde lui-même, comme l'homme universel, est une révélation de Dieu.

L'être éphémère manifeste la forme de l'Éternel, c'est par la contemplation de l'éphémère que Dieu nous communique la

3. *De l'homme universel*, Paris, Dervy-Livres, 1975 (trad. Titus Burckhardt).
4. *La Sagesse des prophètes*, Paris, Albin Michel, 1974, p. 36 s. (trad. Titus Burckhardt).

connaissance de Lui-même. Il nous dit, dans le Coran, qu'il montre ses " signes " dans l'éphémère : " Nous leur montrons nos signes aux horizons et en eux-mêmes, jusqu'à ce qu'il leur devienne évident que tout est Dieu " (sourate XLI,53). *Nous savons ainsi que Dieu s'est décrit lui-même comme extérieur et comme intérieur, et qu'il a manifesté le monde à la fois comme intérieur et comme extérieur, afin que nous connaissions l'aspect intérieur (de Dieu) par notre propre intérieur et l'extérieur par notre extérieur*[5].

Ainsi le monde est l'apparent à travers lequel nous pouvons découvrir le Dieu caché :

Tu ne connais le monde que dans la mesure où l'on peut connaître les ombres, et tu ignores Dieu dans la mesure où tu ignores la personne dont dépend cette ombre.

L'homme, vicaire de Dieu (calife d'Allah sur la terre), est responsable de la sauvegarde divine du monde.

La nature, comme l'homme, est une théophanie. Le soufi Dhou'l-Noun l'Égyptien (860), écrit :

O mon Dieu, jamais je ne me penche pour écouter le cri d'un animal, le bruissement du feuillage dans les arbres, le murmure de l'eau, la psalmodie des oiseaux, jamais je ne tends l'oreille à l'invite amoureuse de l'ombre, au bourdonnement du vent ou au grondement du tonnerre, sans trouver qu'ils témoignent de ton Unicité.

Le rapport auquel les soufis aspirent, entre Dieu et l'homme, est un rapport d amour. Un rapport tel que le définit l'un d'eux, Sari al-Saqati (mort en 870) : « L'amour ne devient parfait entre deux êtres que lorsque l'un peut dire à l'autre : ô moi ! » Il en est de même de Dieu : « Que dis-tu de l'amour ? » demande-t-on à al-Djounaïd (910). « C'est, répondit-il, l'insertion des qualités du Bien-Aimé à la place de celle de l'amant. Ceci, d'après le sens de la parole de Dieu [...] je l'aime lorsque je suis l'œil par lequel il voit, l'oreille par laquelle il entend, la main avec laquelle il saisit. »

Cette identification à Dieu, comme dans les formes les plus hautes de l'amour chrétien, est identification avec le prochain, tel que l'évoque le mystique Bichr al-Hafi (841). Un jour de froid rigoureux des amis le rencontrèrent presque nu. Il grelottait.

5. *Ibid.*, p. 34

— *Pourquoi es-tu ainsi, Abou Narr ?*

— *Le souvenir des indigents m'est venu à l'esprit, leur dit-il. Comme ils n'ont pas de quoi se couvrir et que je n'ai rien qui puisse être partagé avec eux, j'ai voulu leur donner en partage ma propre personne, en souffrant avec eux les mêmes tourments, à cause du froid.*

Le message essentiel du Coran, comme l'a souligné Iqbal, c'est d'éveiller en l'homme une conscience plus haute de ses multiples relations avec Dieu, avec l'homme, et avec l'univers.

Cette vision du monde inspire toutes les dimensions de la vie en terre d'Islam : l'art, la science, l'action.

L'art de l'Islam, comme l'a souligné Titus Burckhardt, découle directement de sa vision spirituelle : c'est un art abstrait, rythmique et incantatoire, qui a pour objet de refléter l'éternel dans le devenir. De rendre visible l'invisible par la géométrie et la musique des formes. Une image qui prétendrait imiter le monde sensible, individuel, sans le considérer comme un langage que Dieu nous parle, serait un art sacrilège prétendant créer une nature à la manière de Dieu.

L'art musulman est donc une expression de la profession de foi fondamentale de l'Islam : la transcendance radicale de Dieu. Cela s'exprime d'abord dans l'architecture et sa décoration. On a pu dire qu'en Islam tous les arts mènent à la mosquée, et la mosquée à la prière. C'est ce que traduit l'usage des formes, à la fois géométriques et rythmiques, dans les entrelacs, les stalactites, les palmettes et les arabesques des « mirhab », qui désignent, en chaque mosquée, la direction de La Mecque : elle est le lieu de l'apparition, de la théophanie, et rien, en elle, ne doit distraire le fidèle du Dieu sans forme humaine, du Dieu radicalement transcendant vers qui se dirige la prière. Dans la décoration des coupoles ou des *iwan,* les versets du Coran, calligraphiés en pierres bleues sur fond blanc, sont le symbole parfait de l'art musulman : le message du prophète se transforme en ornement.

L'alchimie de la lumière, telle qu'on peut, aujourd'hui encore, en être saisi dans la cour des Lions de l'Alhambra de Grenade, ou sur les coupoles de céramique, aux couleurs changeantes à chaque heure du jour, des mosquées d'Ispahan, transposent directement le verset du Coran : « Dieu est la lumière des cieux et de la terre » (sourate XXIV,35).

La splendeur spécifique des plus belles miniatures persanes, qui pourtant ne sont pas des œuvres religieuses puisqu'elles illustrent des ouvrages de science ou des épopées profanes, c'est de créer un microcosme, un petit univers, selon d'autres lois que celles du monde réel, avec des couleurs et des formes qui ne sont pas celles de notre monde, et des symboles qui nous renvoient à des réalités qui ne sont pas quotidiennes, comme dans les plus grands des arts sacrés : la peinture Song, l'icône byzantine ou le vitrail gothique.

La science musulmane est, elle aussi, directement inspirée par la vision centrale de l'Islam. Il est vrai qu'elle doit beaucoup aux sciences de la Chine, de l'Inde, de la Grèce, mais elle a intégré cet héritage à la vision islamique du monde : toutes les formes de l'univers ne sont pas symboles ou signes de Dieu. L'un s'y révèle à travers le multiple, ce qui implique une vision organique du monde, considéré comme un seul grand être vivant où toutes choses et tous niveaux de réalité sont interdépendants. La loi qui gouverne toute vie, et que les sciences, comme les arts et la mystique, ont pour tâche de nous faire connaître, doit aider l'homme à vivre d'une vie plus haute, en harmonie avec Dieu, avec les autres hommes, et avec la nature, dont Dieu, selon le Coran, l'a institué le calife, le maître responsable de la conservation et de l'humanisation de cette nature.

De là découlent les deux traits fondamentaux de la science musulmane à son apogée. D'abord, l'importance accordée à la perception sensible a permis de rompre avec la conception purement déductive de la pensée grecque et avec son « enfermement » dans l'homme. La science arabe, de l'astronomie à la médecine, et la technique arabe, de la chimie à l'hydraulique et à la navigation, est à l'origine de la méthode expérimentale de la Renaissance. Roger Bacon (1212-1292), précurseur de ces méthodes d'observation et d'expérimentation qui permirent à l'Europe de rompre avec la stérilité du syllogisme aristotélicien et scolastique, fasciné par l'université musulmane de Cordoue, en Espagne, proclamait que la renaissance de la langue et de la science arabes était, pour ses contemporains, la seule voie d'accès à la science véritable. La cinquième partie de son *Opus majus*[6], consacrée à la perspective, est une traduction du traité d'optique d'Ibn Haitham. La science islamique et les techniques qui en découlent constituent la source principale de la science de la Renaissance occidentale.

Le deuxième caractère spécifique de cette science musulmane est qu'elle ne sépare pas la *science,* au sens où nous l'entendons aujourd'hui (la connaissance « objective », c'est-à-dire engendrant les techniques de manipulation de l'objet), de la *sagesse* (c'est-à-dire de la réflexion sur les fins, humaines et divines, de la mise en œuvre de ces

6. Roger Bacon, *Opus majus,* Philadelphie, 1928.

moyens). Alors qu'aujourd'hui ce divorce entre la science et la sagesse, entre la maîtrise des moyens et la réflexion sur les fins nous menace de mort, alors que, comme l'écrit Sayyed Hossein Nasr, « la révolte de l'homme contre le ciel a pollué la terre[7] », l'inspiration profonde de la science musulmane à son apogée ordonne le savoir à ses fins humaines et divines.

La décadence de l'Islam a commencé (outre les causes extérieures, telles que la prise et le sac de Bagdad, centre de la vie intellectuelle musulmane, par les Mongols, en 1259 et l'invasion européenne des croisades) lorsque s'opéra le divorce entre les divers aspects de l'activité humaine, et que se manifesta une régression vers les formes grecques de la pensée : l'Islam, comme le christianisme, a été sclérosé et dévitalisé par le rationalisme grec, comme il apparaît avec Ibn Roschd (Averroès, 1126-1198), pour qui il n'existe pas d'autre philosophie que celle d'Aristote, dont il se fait le commentateur. Il ne subsiste plus rien, en lui, du message que l'Islam apportait au monde. Symétriquement, la « sagesse » enseigne le détachement du monde, alors qu'une crispation des pouvoirs, menacés par l'invasion extérieure, conduit à un légalisme et à un intégrisme officiel étouffant.

Ainsi était bloqué le double mouvement de flux et de reflux, de montée vers l'unité divine et de retour à la multiplicité concrète du monde, qui constituait la spécificité de l'Islam à son apogée.

La renaissance musulmane ne se dessina de nouveau qu'au XIXe siècle lorsque furent rétablies cette unité et cette harmonie. Ali, le gendre du prophète, était à la fois un grand saint et un guerrier. Ce type d'homme, caractéristique de l'Islam, réapparut au XIXe siècle avec Abd el-Kader, l'un des grands mystiques disciples d'Ibn Arabi, comme en témoigne son *Livre des étapes*. Il est devenu chef de guerre et organisateur politique pour défendre la liberté de son peuple contre l'invasion française. Pour lui, comme pour tous les héritiers de la plus haute tradition musulmane, depuis Mohammed, il n'y a pas d'opposition entre mysticisme et politique, entre prophétisme et libération.

Pour le prophète, la prière est source d'action, la mystique est l'éveil, en lui, de forces capables de transformer la nature et la société pour les rendre plus humains. Ainsi, seulement, selon la parole du Coran, Dieu est à la fois l'extérieur et l'intérieur, et l'homme à son image : l' « homme universel » des grands soufis est celui qui est à la fois capable de remonter à l'unité suprême du divin, et de retourner au multiple concret de la réalité sensible et de l'action transformatrice.

7. *Op. cit*

Dans cette perspective, tous les actes sont sacrés parce qu'ils sont situés par rapport à leur source divine :

L'Islam donne à chaque action tout son sens en ne séparant pas un monde terrestre et un monde spirituel : un acte est profane lorsqu'il est détaché de l'unité de la vie, il est au contraire sacré lorsqu'il s'y réfère et s'en inspire.

L'Islam, conçu et pratiqué dans sa vérité (car il existe aussi, en Islam, des dégénérescences intégristes de la foi comme dans le judaïsme et le christianisme), échappe ainsi aux trois griefs majeurs portés avec juste raison contre toute religion, c'est-à-dire contre tout « théisme » (au sens que nous avons précédemment défini) : maintenir l'ordre établi des riches contre les pauvres, des puissants contre les opprimés ; empêcher le progrès des sciences en entretenant les superstitions ; inciter à prier pour satisfaire les besoins au lieu de travailler.

L'identification avec la volonté de Dieu (ce que traduit le mot Islam), loin de conduire au fatalisme, s'est au contraire révélé pendant des siècles comme un stimulant puissant à l'action, au changement des structures sociales, au développement des sciences et à un travail de bâtisseurs.

A partir de là, et en le saisissant en sa période ascendante, nous pouvons situer l'Islam dans la civilisation universelle.

Comme l'écrit Mawlana Mohammed Ali, dans son livre *The Religion of Islam*[8] :

> *L'Islam est un résumé de l'expérience universelle de l'humanité* [...] *Les articles de foi sont les racines, les règles de conduite sont les branches. Les branches poussent à partir des racines, comme les actions germent de la foi* [...] *Toute religion a marqué une étape de l'élévation de l'homme.*

Aucune religion, sauf la plus ancienne (l'hindouisme) et la plus jeune (l'Islam), n'a montré un accueil plus tolérant à la foi des autres. Il ne s'agit pas d'éclectisme ou de syncrétisme, mais d'une remarquable aptitude à la synthèse et à l'intégration. Et ceci dès le départ. Il est dit dans le Coran : « Pour chaque nation il y a un messager » (sourate X,48) et plus précisément : « Nous n'avons jamais envisagé

8. Le Caire, The Arab Writer Publishers and Printers, p. 119.

un messager sinon dans le langage de son peuple, afin qu'il puisse leur rendre clair le message » (sourate XIV,64).

Le prophétisme est une dimension fondamentale de l'homme. C'est pourquoi, dans la perspective de l'Islam, Adam, le premier homme, est aussi le premier prophète. Et aussi Abraham, exemplaire dans sa soumission à la volonté de Dieu ; et Moïse, législateur inspiré. Le Dieu d'Abraham, d'Isaac et de Jacob est aussi le Dieu de l'Islam. La pénétration fut donc rapide dans les communautés juives. Le judaïsme et l'Islam vivront en symbiose pendant des siècles, se fécondant mutuellement.

En Iran, renversant la dynastie des Sassanides par laquelle le mazdéisme, devenu religion d'État, s'était sclérosé dans le ritualisme des mages, la pénétration de l'Islam redonna une vie nouvelle au grand prophétisme de Zarathoustra. Lorsque les musulmans pénétrèrent en Perse, leur doctrine, fondée sur des principes de justice et d'égalité pour tous, rallia les masses populaires à la lutte contre la tyrannie des grands propriétaires fonciers et le despotisme d'un État bureaucratisé. L'un des premiers disciples de Mohammed dont fait mention le Coran est Salman, le Perse. Rebuté par les pratiques magiques du néo-mazdéisme officiel, il s'était d'abord converti au christianisme, puis il se rallia à l'Islam. Mais il ne s'agit pas seulement d'un ralliement individuel : dès le IIe siècle de l'Hégire (VIIIe siècle chrétien) ; il n'y a pas seulement un schisme « chiite », né d'une querelle à propos des règles de succession des califes (les partisans d'Ali, gendre du prophète s'opposant aux califes Ommeyades de Damas), mais plus profondément une iranisation de l'Islam, c'est-à-dire un enrichissement du prophétisme islamique par ce qu'il y avait de plus profond dans le prophétisme de Zarathoustra. La dévotion chiite à l'égard du XIIe imam, l'imam caché, descendant de Mohammed, de son gendre Ali et de son petit-fils Hossein qui connut le martyre dans la plaine de Kerbéla, est très proche de l'attente eschatologique du Saoshyant, le Sauveur des derniers jours dans l'enseignement de Zarathoustra. Jamais, d'ailleurs, dans cette partie du monde, les musulmans ne firent preuve de sectarisme. L'un des Pères de l'Église chrétienne, saint Jean Damascène (674-749), fut le ministre d'un calife Ommeyade à Damas. En Arménie et en Géorgie le « métissage culturel » de la foi zoroastrienne, de celle des chrétiens et des musulmans, suscita une littérature originale dont témoigne notamment le chef-d'œuvre de Chota Roustaveli, *le Chevalier à la peau de tigre*.

La rencontre avec le christianisme fut plus complexe. A partir du principe coranique selon lequel Dieu a envoyé un prophète à chaque peuple, les musulmans considèrent qu'il ne peut pas y avoir de « guerre sainte » contre les « gens du livre », c'est-à-dire contre la lignée abrahamique des juifs et des chrétiens, dont l'Islam fait partie. En fait, le même principe a été appliqué au zoroastrisme en Perse et à l'hindouisme en Inde. Seuls furent combattus avec violence les polythéistes et les idolâtres.

Il y eut d'abord un passage massif à l'Islam des ariens combattus par une Église romaine mettant au premier plan de sa polémique la conception hellénisante de la Trinité.

Il y eut aussi un ralliement des nestoriens qui voyaient en Jésus un homme inspiré par Dieu : dès le xe siècle, al-Tahari, un médecin nestorien converti à l'Islam, utilise les textes bibliques pour défendre le point de vue musulman. Il invoque notamment l'Évangile selon saint Jean pour trouver une annonciation du message de Mohammed dans les paroles de Jésus disant : « J'ai encore beaucoup de choses à vous dire, mais vous ne pouvez pas à présent les entendre, mais quand il viendra, lui, l'esprit de vérité, il vous introduira dans la vérité tout entière » (Jean XVI,12-13).

La polémique entre musulmans et chrétiens fut particulièrement vive en Espagne, notamment à Cordoue, capitale intellectuelle des musulmans d'Espagne, et à Tolède, qui jouait un rôle analogue pour les chrétiens. Louis Cardaillac, dans son livre *Morisques et Chrétiens*[9], a situé avec précision les termes du conflit.

La personne de Jésus est honorée avec un très grand respect dans le Coran (il eût été bon que Mohammed fût traité de la même manière dans la littérature chrétienne). Quatre-vingt-douze versets y sont consacrés à Jésus, considéré par les musulmans comme messie. Trente-sept d'entre eux l'appellent « fils de Marie », qu'ils désignent comme une vierge fécondée par l'Esprit : « Celle qui était vierge... nous lui avons insufflé notre esprit » (sourate XXI,91). Le Coran parle de la Vierge Marie avec une grande vénération : « Nous avons fait d'elle et de son fils un signe pour les mondes » (sourate XXIII,9 et 52).

Ibn Arabi dédie à Jésus un chapitre empreint de la plus grande piété ; il le qualifie de « messager » de Dieu (*rasul*, messager, est le nom donné à Mohammed dans la profession de foi musulmane). C'est, pour les soufis, le « saint » par excellence. De même que Mohammed est le « sceau de la prophétie », Jésus est, dit Ibn Arabi d'après le Coran, le « sceau de la sainteté ». Il écrit :

9. Paris, Éd. Klincksieck, 1977.

Oui, ce sceau de la sainteté est un apôtre qui n'aura point d'égal dans le monde.
Il est l'esprit, et il est le fils de l'Esprit et de la Vierge Marie.
C'est là un rang auquel nul autre ne pourra atteindre.
Il descendra parmi nous en arbitre juste[10].

Cette révélation de Jésus lors de la seconde venue sera valable non pour une seule communauté mais pour l'humanité entière. Mais il ajoute :

> *Ceux-là sont mécroyants qui disent : en vérité Dieu est lui-même le Messie, fils de Marie* [...] *non parce qu'ils disent que le Messie était Dieu* [...] *mais parce qu'ils identifiaient Dieu comme le fils de Marie* [...] *avec la forme humaine terrestre désignée expressément*[11].

La polémique entre musulmans et chrétiens, telle qu'elle se développe notamment en Espagne, porte, selon Louis Cardaillac[12], sur trois points :

1. la Trinité (rappelons-le une fois encore, surtout sous la forme où elle s'exprimait dans les catégories et le langage de la philosophie grecque) est incompatible avec la conception musulmane de l'unité et de l'unicité divine. Même le grand mystique persan Roumi, chez qui l'amour joue pourtant un rôle de premier plan, a consacré l'un de ses poèmes à la critique de la Trinité ;

2. l'Incarnation également : la conception musulmane de la transcendance de Dieu n'admet pas que Dieu puisse devenir homme. Jésus est donc tenu pour un grand prophète comme Abraham, Moïse ou Mohammed. Al-Ghazali (1058-1111) a écrit spécialement une *Réfutation excellente de la divinité de Jésus-Christ d'après les Évangiles,* où il dénonce ce qu'il considère comme une représentation anthropomorphique de Dieu.

La transcendance immuable de Dieu exclut qu'il ait un « fils » de même nature que Lui, par lequel il entrerait dans le devenir du monde des êtres voués à la mort. Il en est de même pour la Vierge Marie que le musulman vénère (il existe, aujourd'hui encore, en Afghanistan, une mosquée dédiée à la Vierge, la mosquée de Myriam). Le Coran appelle Jésus « le fils de Marie », mais un musulman considère comme monstrueux et sacrilège d'appeler Marie « la mère de Dieu » :

3. le culte et les pratiques chrétiennes sont également condamnées.

10. Ibn Arabi, *op. cit.*
11. *Ibid.*, p. 127.
12. *Op. cit.*, p. 219.

Les polémistes musulmans font porter leurs critiques sur le pape Sylvestre, celui du Concile de Nicée, qui a formulé le dogme trinitaire. Mais il est remarquable aussi que les auteurs musulmans empruntent souvent, à partir du XVIe siècle, aux protestants des arguments contre la papauté, l'Église et ses rites, notamment à partir du livre d'Alfonso de Valdès, *Dialogue sur ce qui se passe à Rome,* en 1529. Ils empruntent également à Érasme son argumentation contre la Trinité.

En Espagne, les cavaliers musulmans (dont quelques milliers seulement débarquèrent dans un pays de 10 millions d'habitants) ne s'imposèrent pas par la force militaire : ils furent accueillis en libérateurs par le peuple, qu'ils libéraient de l'oppression de rois Wisigoths dégénérés, d'évêques et de féodaux despotiques. Du point de vue religieux, l'influence de l'arianisme — mettant peu l'accent sur la Trinité — facilita la pénétration de l'Islam. Un polémiste chrétien, Perez de Chinchon, dans son *Antialcoran,* attribue la position de Mohammed à l'égard de la Trinité à l'influence exercée sur lui par un moine arien, Sergio.

L'argumentation musulmane contre la Trinité peut se résumer ainsi : la Trinité n'est pas plus fondée sur l'Écriture que sur la raison. Suivant la thèse de Cardaillac, il convient de replacer cette polémique dans le contexte de l'époque : dans le christianisme, un courant philosophique, d'un intellectualisme exclusif, prétend, de saint Anselme à Ramon Lulle (1233-1316), justifier les dogmes par la raison. A cette conception rationaliste du dogme chrétien correspondent les attaques rationalistes des polémistes musulmans. Cette manière de présenter le christianisme à partir de prétendues « preuves » rationnelles de l'existence de Dieu, contredit, à l'intérieur du christianisme lui-même, le sens de la révélation, celui de la transcendance, et ce qu'il y a de transrationnel dans l'amour.

Le dialogue aujourd'hui peut se situer à un autre niveau lorsque la Trinité, comme centre de l'expérience chrétienne, n'est plus traduite et défigurée par le conceptualisme grec, et où elle révèle alors son originalité : la définition de la personne (divine ou humaine) par son rapport d'amour à l'autre. La transcendance est une rupture créatrice et l'on ne peut rétablir, par concept, une artificielle continuité entre Dieu et l'homme.

Ce dialogue est d'autant plus aisé avec l'Islam qu'il repose sur les principes mêmes de sa vision du monde telle qu'elle s'exprime dans le Coran, et chez les plus grands des mystiques de l'Islam.

Le thème coranique de Dieu, s'adressant à chaque peuple avec un messager et dans un langage accessible à ce peuple, fournit la base la plus solide à une étude comparative des religions qui ne soit plus viciée, comme elle le fut en Occident, soit par une conception naïve de l'exceptionnalisme occidental et chrétien, soit par un scientisme déniant *a priori* toute valeur et toute existence réelle à l'expérience de la foi.

Il est temps de dire clairement qu'on est hindou, bouddhiste, juif, chrétien ou musulman, non par ce que l'on croit, mais par ce que l'on fait. Et, à partir de là, de mesurer l'apport de chaque foi à l'humanisation de l'homme, c'est-à-dire à la prise de conscience de ce qu'il y a en lui de créateur, c'est-à-dire de divin.

Le Coran enseigne :

> *Nous avons donné à chacun d'entre eux une loi et une règle. Si Dieu l'avait voulu, il aurait fait une seule communauté. Mais il a voulu vous éprouver par le don qu'Il vous a fait. Cherchez à vous surpasser les uns les autres dans les bonnes actions. Votre retour, à tous, se fera vers Dieu. Il vous éclairera, alors, au sujet de vos divergences* (sourate V,48).

Lorsque le Coran parle de « guerre sainte », il distingue la « grande guerre sainte », celle que nous avons à diriger contre nous-mêmes, contre notre « moi » égoïste et ses désirs à la fois insatiables et limités, et l'autre « guerre sainte », d'un rang inférieur à la première, contre les faiseurs d'idoles.

Ainsi fondée sur l'universalité de la révélation et la diversité de ses formes, l'Islam a su intégrer l'apport de toutes les cultures. Il a rencontré le judaïsme et le christianisme dès ses premiers pas, le prophétisme de Zarathoustra en Perse, l'hindouisme dans le Sind puis dans tout le sous-continent indien. On sortait dès lors de la lignée abrahamique et des « gens du livre », et pourtant, surtout après le grand ouvrage d'al-Biruni (973-1050), qui fut la principale source de la connaissance de l'hindouisme pour les musulmans au Moyen Age beaucoup de mystiques musulmans considérèrent l'hindouisme comme la religion primordiale, la « religion d'Adam », écrit l'un d'eux, et tinrent les Védas comme un livre inspiré par Dieu. Le Bouddha fut regardé comme un prophète, tout comme ils appelèrent Platon l' « imam » des philosophes, et Plotin le « cheikh des Grecs ».

Un « hadith » du prophète rapporte : « Cherchez la connaissance, même en Chine. » Dans son *Colloque des oiseaux*[13], le grand poète mystique Attar (1119-1190) situe en Chine (qui fut pourtant connue plus tard par les musulmans à travers notamment les Voyages d'Ibn Batuta (1304-1368) le Symorgh, l'oiseau mythique qui symbolise le

13. Sous le titre *Mantiq al-Tayr ou le Langage des oiseaux*, Paris, Éd. d'Aujourd'hui, 1975

divin : « La première manifestation du Symorgh se produisit en Chine. L'une de ses plumes tomba sur la Chine. »

L'œcuménisme n'a jamais été proclamé avec autant d'ouverture et de force que par les grands mystiques de l'Islam.

Al-Hallaj (858-922), dont Massignon a révélé en Occident le message, écrivait dans son Diwan :

> *J'ai médité sur les diverses religions, en m'efforçant de les comprendre, et j'ai trouvé qu'elles relèvent d'un principe unique à ramifications nombreuses. Ne demande donc pas à un homme d'adopter telle religion, car cela l'écarterait du principe fondamental ; c'est ce principe lui-même qui doit venir le chercher.*

Al-Ghazali écrit dans son livre *Erreur et Délivrance :*

> *Je voyais bien que les enfants chrétiens ne grandissaient que dans le christianisme, les jeunes juifs que dans le judaïsme, et les petits musulmans que dans l'Islam. Et j'avais entendu ce « hadith » du prophète : " Tout homme naît dans la nature pure. Ce sont ses parents qui font de lui un juif, un chrétien ou un mazdéen "* [14].

Ibn Arabi (1165-1240), le « cheikh el-Akbar », c'est-à-dire le « maître le plus grand », écrit, dans sa *Sagesse des prophètes* [15] :

> *Mon cœur est devenu capable de toutes les formes : il est pâturage pour les gazelles et couvent pour le moine. Temple pour les idoles et ka'aba pour le pèlerin. Il est les tables de la Thora et le livre du Coran.*

Roumi, le grand poète mystique persan du XIIIe siècle, fait cette profession de foi :

> *Je ne suis ni chrétien, ni juif, ni parsi, ni musulman. Je ne suis ni d'Orient ni d'Occident. Ma place est ce qui est sans place. Ma trace est ce qui est sans trace [...] J'ai écarté la dualité. J'ai vu que les deux mondes ne font qu'un. Je cherche l'Un, je connais l'Un, je vois l'Un, j'invoque l'Un. Il est le Principe. Il est la fin. Il est l'extérieur. Il est l'intérieur.*

Tels sont les pionniers et les maîtres du dialogue des civilisations et de la foi. Non par éclectisme mais par besoin de plénitude. Unir sans

14. Al-Ghazali, *Erreur et Délivrance*, Beyrouth, Commission internationale pour la traduction des chefs-d'œuvre, 1959, p. 61.
15. *Op. cit.*

confondre, distinguer sans opposer. C'est la voie royale de la fécondation réciproque et de l'enrichissement mutuel.

C'est aujourd'hui la seule initiative capable de renouveler, en leur fond même, en leur redonnant toutes leurs dimensions humaines, l'art, la science, et l'action, au seuil du IIIe millénaire.

*

POÈME [16]

Je T'aime de deux amours : amour visant mon propre bonheur, et amour vraiment digne de Toi.

Quant à cet amour de mon bonheur, c'est que je m'occupe à ne penser qu'à Toi et à nul autre.

Et quant à cet amour digne de Toi, c'est que Tes voiles tombent et que je Te vois.

Nulle gloire pour moi, ni en l'un ni en l'autre, mais gloire à Toi, pour celui-ci et pour celui-là.

DE LA SAGESSE DIVINE DANS LE VERBE ADAMIQUE [17]

Adam fut appelé : homme et calife de Dieu sur la terre. Ce nom d'homme désigne sa nature qui contient virtuellement en elle toutes les autres natures créées et son pouvoir d'embrasser toutes les vérités essentielles. L'homme universel est l'œil par lequel Dieu contemple Sa création et lui dispense Sa miséricorde. Tel est l'homme à la fois éphémère et éternel, être créé et immortel, Verbe capable de distinguer et d'unir par son essence divine. Par son existence, le monde fut achevé. Il est au monde ce qu'est le chaton à l'anneau : le chaton porte le sceau que le roi applique sur les coffres de son trésor, et c'est pour cela que l'homme universel est appelé le Représentant de Dieu dont il sauvegarde la création, comme on sauvegarde des trésors par un sceau : aussi longtemps que le sceau du roi se trouve posé sur les coffres du trésor, nul n'ose les ouvrir sans sa permission ; ainsi l'homme se voit confier la sauvegarde divine du monde, et le monde ne cessera pas d'être sauvegardé aussi longtemps que cet Homme universel demeurera en lui.

EXTRAIT DE « ANTHOLOGIE DU SOUFISME » [18]

Celui qui est fixé sur telle adoration particulière ignore nécessairement (la vérité intrinsèque d'autres croyances), par là même que sa croyance en Dieu

16. Rabia (de Basra), VIIIe siècle. Éva de Vitray-Meyerovitch, *Anthologie du soufisme*, Paris, Éd. Sindfad, 1978.
17. Ibn Arabi, *La Sagesse des prophètes*, *op. cit.*
18. Cf. Éva Vitray-Meyerovitch, *Anthologie du soufisme*, *op. cit.*

implique une négation d'autres formes de croyance. S'il connaissait le sens de la parole de Junayd : « La couleur de l'eau, c'est la couleur de son récipient », il admettrait la validité de toute croyance, et il reconnaîtrait Dieu en toute forme et en tout objet de foi. C'est qu'il n'a pas la connaissance (de Dieu), mais se fonde uniquement sur l'opinion dont parle la parole divine : « Je Me conforme à l'opinion que Mon serviteur se fait de Moi », ce qui veut dire : Je ne Me manifeste à Mon adorateur que sous la forme de sa croyance ; donc qu'il généralise, s'il veut, ou qu'il détermine. La divinité conforme à la croyance est celle qui peut être définie, et c'est Elle, le Dieu que le cœur peut contenir selon la parole divine : « Ni Mes cieux, ni Ma terre ne peuvent Me contenir, mais le cœur de Mon serviteur fidèle Me contient ». Car la divinité absolue ne peut être contenue par aucune chose, puisqu'Elle est l'essence même des choses et Sa propre essence.

Vers l'union

Écoute, ô bien-aimé !
Je suis la Réalité du monde,
le centre et la circonférence.
J'en suis les parties et le tout.
Je suis la Volonté établie entre le ciel et la terre.
Je n'ai créé en toi la perception
que pour être l'objet de Ma perception.
Si donc tu Me perçois, tu te perçois toi-même
Mais tu ne saurais Me percevoir à travers toi.
C'est par Mon œil que tu Me vois et que tu te vois,
ce n'est pas par ton œil que tu peux Me concevoir.

SYMBOLE DU PAPILLON ET DE LA CHANDELLE [19]

Une nuit, ne pouvant dormir, je m'en souviens,
J'entends le papillon disant à la chandelle :
« Je t'aime et je comprends que j'en sois consumé.
Mais toi, pourquoi gémir et pourquoi donc brûler ? »
« Dérisoire amoureux, répondit la chandelle,
Le miel, mon doux ami, fut séparé de moi.
Depuis que sa douceur se trouve loin de moi
Comme Farahd, l'amant meurtri, un feu me brûle. »

Tandis qu'elle parlait, un torrent douloureux de pleurs se répandait sur son visage pâle.

Elle me dit :

Présomptueux, tu ne sais rien de l'amour,
Tu ne sais ni souffrir ni persévérer. Car au moindre contact de la flamme tu fuis.
Moi je reste pour être par elle consumée.
Si le feu de l'amour brûle un peu de ton aile,

19. Saadi (1184-1226).

Regarde, ose du moins y brûler tout entier.
Et la nuit n'avait pas versé toutes ses heures
Qu'une femme éteignit tout à coup la chandelle.
Tandis que la fumée s'élevait, elle dit :
« C'est l'implacable loi d'amour, ô mon enfant !
Voici donc le secret si tu veux le connaître.
De sa flamme nul n'est sauvé que par la mort. »

LE CHANT DE LA FLÛTE [20]

Celui qu'on arrache à sa source première
Aspire à retrouver le temps de son union.
Écoutez le roseau qui conte son histoire ;
Il gémit d'être seul, coupé de sa racine :
« Depuis qu'on m'arracha, les amants déchirés,
Ont emprunté mes cris pour épancher leurs plaintes.
Car j'ai besoin d'un cœur déchiré par l'absence
Pour dire la douleur de cette nostalgie.
J'accompagne l'amant éloigné de l'aimée,
Je suis le compagnon de toute solitude
Et mon secret n'est pas séparé de ma plainte.
C'est le feu de l'amour qui pénétra la flûte,
La ferveur de l'amour qui pénétra le vin. »

LE CABARET DES MAGES [21]
(Symbole de l'amour mystique)

Au cabaret des mages, je vois la lumière de Dieu.
Étrange d'apercevoir cette lumière en un tel lieu.
Toi, le chef des pèlerins dévots, ne cherche pas à m'écarter.
Tu ne vois de Dieu que la maison. Mais à moi Dieu lui-même se montre.
En caressant la chevelure des belles je veux répandre l'odeur du musc.
Mais peut-être est-ce trop présumer de mes pouvoirs.
Brûlure du cœur, larmes versées,
Chagrin des nuits, soupirs du matin,
Tout cela est un don de la grâce divine.
Chaque instant me révèle un aspect neuf de ton visage.
A qui dirai-je ce que je découvre derrière ce voile ?
Ni le musc de la Chine ni les parfums de Tartarie
Ne sont plus enivrants que tes senteurs d'aurore.
Au cabaret des mages, il n'est pire fou que moi.
Mon cilice est engagé pour du vin,

20. Roumi (1207-1273).
21. Hafiz (1320-1389).

Le miroir de mon cœur est couvert de poussière.
Je ne demande à Dieu qu'un esprit de lumière.
J'abjure mes erreurs pour un verre de vin.
J'ai fait serment de ne plus boire que sous les regards du visage adorable.
Le sens de ce conte la flamme te le révélera.
Ah ! qui saura si mes larmes attireront l'étreinte
D'une femme semblable au cyprès élancé ?
Ami, apporte la coupe de vin
Et ne me parle d'aucune autre femme.
Amoureux idolâtre,
Hors d'elle et de cette coupe rien ne m'est rien.

LE TÉMOIN [22]

Es-tu vivant, es-tu mort, ou agonisant ? Il te faut demander le témoignage de trois témoins. Le premier témoin, c'est ta propre conscience : regarde-toi donc avec ta propre lumière. Le second témoin, c'est la conscience d'autrui : regarde-toi donc à la lumière d'autrui. Le troisième témoin est la conscience de l'essence de Dieu : regarde-toi donc à la lumière de Dieu. Si tu demeures sans trouble en face de cette lumière, considère-toi aussi vivant et éternel que Lui ! Arriver à sa propre dignité, c'est cela l'existence ; voir l'essence divine sans voiles, c'est cela la vie. Le croyant ne se contente pas des seuls attributs ; Mohammed ne s'est contenté que de l'essence divine.

L'histoire de l'homme, en Orient comme en Occident, consiste en combats, querelles, insurrections, pour une poignée de terre [...] Reçois de moi un conseil : prends de la terre ta nourriture et ta tombe, ne la prends pas elle-même [...] « La terre appartient à Dieu. » Quiconque ne voit pas cette évidence est un impie.

Je ne te dis pas : abandonne ton palais et ta demeure ; ce monde de couleurs et de parfums, c'est ton patrimoine. Tire de la terre tous les joyaux qu'elle recèle. comme le faucon chasse sa proie dans le ciel, frappe la montagne de ta hache, tire de toi-même une lumière et augmente son feu. Sois étranger aux coutumes idolâtres, construis selon ton désir un monde nouveau. Ne donne pas ton cœur à la couleur, aux parfums, aux palais, à la demeure ; le cœur est le sanctuaire de Dieu, ne l'offre à nul autre que Lui. Qu'est-ce que mourir sans viatique, sans tombe et sans linceul ? Se perdre dans l'argent, l'enfant et la femme ! Mais celui qui répète en son cœur : « Il n'est pas d'autre Dieu que Lui » peut contenir en son sein l'univers.

22. Mohammed Iqbal (1873-1939), *Message de l'Orient.*

3

La nouvelle croissance

1. Comment rompre la logique du système

Il n'y aura peut-être pas de XXIe siècle dans l'histoire des hommes. Les enfants qui naissent aujourd'hui vivront-ils jusqu'à cinquante ans ? A en juger par les seules tendances (ou plutôt les seules « dérives ») actuelles, je répondrai, sans hésitation, non !

Si cet avenir, pour moi, fait encore problème, c'est que je crois à la possibilité d'une rupture avec ces dérives, à un droit de reprise des hommes sur leur destin, à une « transcendance ».

Aujourd'hui, croire que l'humanité a un avenir, c'est faire acte de foi : un acte de foi dans les possibilités de l'homme et du Dieu qui l'habite.

Un acte de foi n'est pas un pari arbitraire, c'est un acte d'amour, une espérance, avec toutes les actions préventives qu'elle engendre.

L'objet de cette troisième partie du livre est de définir clairement ces actions, cette perspective.

L'Occident malade de la croissance, mortellement atteint pour avoir fait de l'homme un agent géologique qui ne cesse d'accélérer l' « entropie », c'est-à-dire l'épuisement des stocks d'énergie et de matière dont dépend le destin de l'espèce. L'Orient gagné par le même cancer. Pour lui aussi la croissance est une excroissance. Quel dialogue est possible entre ces deux malades ? Et surtout quel remède lorsque le mal est planétaire ?

Une crise de même grandeur s'est produite il y a 3 000 ans : lorsque les peuples des steppes, au début du Ier millénaire avant notre ère, eurent épuisé les sols de l'Asie centrale après une longue période d'élevage sur place, ils émigrèrent vers le sud, et les invasions nomades se jetèrent sur les riches terres des deltas, de l'Hoang Ho à l'Indus, de la Mésopotamie à l'Égypte.

Mais aujourd'hui, il n'est plus de jeunes et riches civilisations capables de rassasier pour longtemps des migrants affamés et rebelles. Le mouvement a même été inversé : les peuples riches du Nord vivent aux dépens des peuples pauvres du Sud. Ce jeu cruel rend les riches toujours plus riches et les pauvres toujours plus pauvres.

Mais il n'y aura bientôt plus rien à voler. Plus d'affamés à dépouiller, même si les repus escomptent encore exercer leur volonté de puissance. Même s'ils ne veulent pas voir que le monde, « leur » monde, est un monde clos, que leurs violences fermentent en vase clos.

Incapables désormais d'agir, c'est-à-dire de faire grandir l'homme, ils continuent à s'agiter pour se préparer à le détruire. Pour se donner l'illusion de faire quelque chose, ils fabriquent des armes et tripotent les atomes, de plus en plus d'armes et de plus en plus d'atomes. Ils en font le commerce, le trafic. Cette activité fébrile de l'Occident, de jour en jour emporté par le vertige de la vitesse, même lorsqu'elle le rapproche plus vite de l'abîme, fasciné par la performance technique, qui n'a dès lors d'autre but qu'elle-même et accélère la destruction.

Les mots eux aussi reflètent la désintégration de cette culture : la paix s'appelle désormais l' « équilibre de la terreur », la trahison des peuples s'appelle « sécurité nationale », la violence institutionnelle s'appelle l' « ordre », la concurrence de jungle s'appelle « libéralisme », le goulag s'appelle « socialisme ». L'ensemble de ces régressions s'appelle le « progrès », dont le nom de guerre est la « croissance ». Car la Croissance, ce monarque absolu, ne peut réaliser ses objectifs que par la guerre, qui n'est même plus un moyen de s'emparer de territoires ou de richesses, mais qui répond admirablement à la question fondamentale posée par la croissance : elle permet d'espérer le « plein emploi » par la course aux armements, et même de réaliser ce beau rêve par l'utilisation de ces armements. Hitler, qui fut en 1933 aux prises avec le pire déferlement du chômage, a donné un exemple, qui mérite d'être mémorable, de la solution parfaite de ce problème.

Ce n'est là qu'un « passage à la limite » de toutes les tendances lourdes de notre époque. La guerre n'est qu'un cas particulier, et particulièrement aigu, d'un système fondé sur la concurrence de tous contre tous, loi de toute société de croissance. A l'intérieur de chaque pays, les partis de droite et de gauche ne proposent que des variantes mineures de la gestion du système : leur objectif commun est la croissance, la droite mettant l'accent sur la production, la gauche sur sa répartition. A l'extérieur, les pays capitalistes et les pays dits « socialistes » s'opposent moins par ce qui les distingue que par ce qui leur est commun : l'objectif de croissance et d'expansion qui les met en concurrence.

Le centralisme tous azimuts de la société soviétique ressemble fort au passage à la limite d'un capitalisme libéral devenant de plus en plus, par sa logique interne, un capitalisme d'État et même un capitalisme supra-national tendant à former, dans le monde, un réseau unique. La pénétration croissante des « multinationales » en Union soviétique et dans sa sphère d'influence, avec toutes les conséquences politiques qui en découlent, va dans ce sens.

Dans tous les cas, à l'intérieur comme à l'extérieur, les besoins sont mis au service de la croissance et non la croissance au service des besoins.

Cette formidable agression contre la nature conduit à la destruction de l'homme et à la désintégration du tissu social, les deux suscitant, comme un écho, les explosions de la violence : celles des États, de leurs guerres, de leurs révolutions de palais et de leurs répressions, celles des individus, depuis le « ras le bol » des écoliers et de leurs bandes, jusqu'aux agressions et au terrorisme.

Cherchant la racine du mal et les moyens de l'extirper, il importe de ne pas se tromper de cible.

La violence est la loi de toute société de croissance et la violence individuelle ou la violence de groupe n'est que l'intériorisation de cette loi : si la concurrence est la loi de notre société pourquoi ne serait-elle pas la loi de ma vie personnelle et ne déboucherait-elle pas sur l'affirmation, par tous les moyens, de ma propre volonté de puissance, selon l'exemple donné tous les jours par les entreprises et les États, où la réussite se définit par la victoire sur l'autre et son écrasement ? Si l' « équilibre de la terreur » est le mode de coexistence entre les États, pourquoi ne le serait-il pas dans la coexistence des individus ?

Si la « croissance » (qui augmente par la production de marchandises inutiles ou néfastes, et par la destruction autant que par le travail[1]) est la loi, pourquoi porter des jugements de valeurs sur mes impulsions et prétendre leur imposer des limites ?

Le « casseur » est celui qui a transposé dans sa vie individuelle la loi de notre système de société, car le crime est dans la logique interne de notre modèle de croissance.

1. D'après les règles actuelles de calcul de la croissance en termes purement financiers, si l'on employait 2 millions de Français à détruire leurs maisons, et 2 millions d'autres à les reconstruire, le produit national brut monterait en flèche. Comment ne pas penser qu'il y a quelque chose de vicié et de pervers dans les notions de « croissance » et de « plein emploi », lorsque de tels objectifs peuvent être atteints par la dévastation et la guerre ? Comment ne point penser que ce système de société nous a engagés dans une aventure démentielle ?

La violence déclarée (guerres, coups d'État, meurtres, révoltes, répressions policières, etc.) n'est que l'expression de la violence fondamentale qui est la destruction des rapports humains par l'obligation de se conformer aux objectifs du système.

L'économie politique, cette idéologie « sinistre », nous permet de dégager le principe de toute violence qui, présent dans toutes les sociétés fondées sur la domination des uns et sur le travail des autres, a atteint son apogée avec nos sociétés industrielles : elles ont rationalisé l'écrasement de l'homme et l'ont réalisé à une échelle jusque-là inaccessible.

Le capitalisme est une illustration exemplaire de la domination économique dans sa structure même. Les grands économistes, dédaignant les petits mensonges, en étaient parfaitement conscients. Adam Smith énonçait cette loi qui n'a cessé de se vérifier depuis lors : « Toutes les fois que le législateur s'occupe de régler les différends entre les maîtres et leurs ouvriers, ses conseillers sont toujours les maîtres[2]. »

Deux siècles après, le dernier des grands économistes qui montra la voie pour sauver le système, John Maynard Keynes, expliquait ainsi le succès de la théorie de Ricardo : « Présenter beaucoup d'injustices sociales et de cruautés apparentes comme des incidents inévitables dans la marche du progrès, et les efforts destinés à modifier cet état de choses comme de nature à faire, en définitive, plus de mal que de bien, la recommandaient à l'autorité. Qu'elle fournît certaines justifications aux libres activités du capitaliste individuel, lui valait l'appui des forces sociales dominantes groupées derrière l'autorité[3]. »

L'autorité, voilà le maître mot. Pour les praticiens comme pour les théoriciens.

Le Conseil national du patronat français, dans sa déclaration solennelle du 19 janvier 1965, disait sans détours (point 12) : « En matière de gestion des entreprises, l'autorité ne peut se partager », et Raymond Aron d'énoncer cet axiome : « La grande entreprise industrielle a, par essence, une structure autoritaire[4]. »

Voilà qui est clair : cette « structure » exclut la participation réelle

2. Adam Smith, *Recherches sur la nature et les causes de la richesse des nations*, Paris, Gallimard, coll. « Idées », nº 318, 1976, t. I, chap. X.

3. J. M. Keynes, *Théorie générale de l'emploi, de l'intérêt et de la monnaie*, Paris, Payot, coll. « Petite Bibliothèque Payot », nº 139, 1977, chap. III.

4. Raymond Aron, « Note sur le pouvoir économique », in *Revue économique*, novembre 1958. Marx a simplement « remis sur leurs pieds » les thèses classiques d'Adam Smith et de Ricardo, en dévoilant la racine économique de toute violence comme découlant structurellement du système.

aux décisions et le dialogue. Elle implique de rejeter l'homme, comme un déchet inutile, lorsqu'il ne sert plus le système.

La concentration croissante a conduit à parcelliser de plus en plus le travailleur, jusqu'à ce qu'il n'ait plus accès à une vue de l'ensemble, que le travail perde toute signification et le travailleur toute responsabilité.

L'homme n'est plus seulement soumis aux rouages du monde comme travailleur-serviteur de la machine, mais comme consommateur soumis aux matraquages publicitaires et aux conditionnements qui l'intègrent au système en lui imposant, du dehors, et ses besoins et leur perpétuelle frustration.

Toutes les institutions reproduisent cette structure autoritaire et hiérarchique de l'entreprise : l'école comme l'Église, l'armée comme l'administration.

Les partis politiques (même ceux qui se voulaient révolutionnaires) ont reproduit, dans leur organisation, les structures aliénantes qu'ils tentaient de combattre.

Ils ont seulement récupéré un langage militaire pour donner le change sur leurs activités. Même les plus opportunistes ont pris l'habitude d'appeler « batailles électorales » ce qui est le contraire d'une bataille : un rite électoral qui ne change jamais fondamentalement les « centres de décision » effectifs et moins encore n'en permet la « décentralisation ».

La grève, qui est, par excellence, un moyen d'action non violent, a été assimilée (par ses acteurs comme par ses détracteurs ravis d'en faire un épouvantail et de justifier ainsi l'emploi des forces de répression) à un combat.

Ce qui demeure vrai, c'est qu'un tel système d'agression contre la nature peut être assimilé à une activité de pirates lancés contre leurs rivaux à la recherche et à la conquête des trésors cachés de la terre (notamment de ses stocks d'énergie non renouvelables, de ses matières premières et de ses marchés). Toute activité prend le caractère d'un combat : cette société, fondée sur la concurrence, fonctionne de telle façon que l'homme y devient un loup pour l'homme.

Tout cela conduit à un extraordinaire gâchis. L'homme y a perdu ses dimensions proprement humaines ; seul en face de structures écrasantes, aliénantes et sans visage, dans son travail comme dans ses loisirs, dans sa consommation comme dans sa vie civique, il est la victime de ce que l'on appelle très justement des « maladies de civilisation » : quand ce n'est pas la faim, la misère, la dépendance, comme dans les deux tiers les plus pauvres du monde, ce sont, dans le tiers le plus riche, le cancer, les troubles cardiaques, les troubles mentaux nés de la solitude et de l'absence de signification de la vie, des cadences folles ou d'un urbanisme nous coupant de tout rapport avec la nature extérieure et désintégrant tous les équilibres de notre nature intérieure.

La révolte apocalyptique est aussi une « maladie de civilisation ».

La révolte, qu'elle se manifeste par la destruction des symboles de cette société, par l'agression individuelle ou le terrorisme, est, en son fond, contestation de la hiérarchie qui nous intègre à un système qui fonctionne en n'ayant d'autre but que ce fonctionnement même. Cette contestation est celle de la finalité des gestes ou des institutions imposés.

C'est pourquoi nous avons dit, d'entrée de jeu, que la croissance n'était pas seulement un problème économique et politique mais un problème religieux, par sa mise en question des fins et du sens de notre vie et de notre histoire.

Depuis des siècles, l'homme occidental ne vise, à peu près exclusivement, que la *maîtrise de la nature,* qui fut autrefois la condition de sa survie ; saura-t-il à temps viser d'abord la *maîtrise de soi ?*

Ce problème, qui est la forme ultime du problème de la croissance, relève des prophètes et non des technocrates.

Mais nos Églises sont-elles prêtes à jouer ce rôle qui est *leur* rôle : montrer ce but ?

Il y va de l'avenir de l'homme tout entier : de l'homme dans ses rapports avec le monde, et c'est le problème de sa fonction ; de l'homme dans ses rapports avec l'autre homme, et c'est le problème de sa relation ; de l'homme dans ses rapports avec lui-même et le Dieu qui l'habite, et c'est le problème de sa méditation.

Dans sa fonction, c'est-à-dire dans son travail, son rôle civique ou familial, ses obligations professionnelles, religieuses, militaires, politiques, l'homme est invariablement intégré et situé à l'intérieur d'une hiérarchie, soumis à des fins qui lui échappent. Les diverses fonctions tendent à atrophier en lui ses dimensions proprement humaines : sa transcendance, c'est-à-dire sa possibilité permanente de rupture avec ses conditionnements et ses aliénations, son autonomie personnelle à l'égard de cette vie d'homme double, contraint de faire sans le vouloir, ou contraint de vouloir sans avoir les moyens de le faire ; sa vision globale du monde auquel il appartient, et qui seule pourrait donner un sens à ses actions et à ses fonctions ; sa vocation de créateur, de co-créateur du monde, l'appelant à découvrir lui-même ses propres fins et celles de son univers, à rechercher librement, et de façon responsable — c'est-à-dire à ses risques et périls, et à travers essais et erreurs —, les moyens propres à les atteindre.

Dans sa relation, dans ses contacts de personne à personne, liens d'amour ou d'amitié, de dialogue et de communion, de solidarité ou fraternité de groupe, son aliénation n'est pas moindre. Toutes les *relations,* c'est-à-dire les rapports d'intériorité, dans notre système, se dégradent en *fonctions,* c'est-à-dire en rapports de personnages.

Pour tenter d'échapper à la solitude et à l'absence de signification, la bande tient lieu de communauté et la violence de moyen d'expression.

Cette désintégration de la communauté proprement humaine commence dès l'enfance où l'enseignement vise à adapter la jeunesse à la société et non la société à la jeunesse. Ce saccage se poursuit tout au long de l'existence, au bout de laquelle semblent de plus en plus prendre chair les fictions les plus déshumanisantes imaginées dans les romans d'Aldous Huxley ou d'Orwell.

Dans sa méditation, c'est-à-dire dans son rapport avec lui-même. dans sa recherche de ce qui est en lui présence du divin, quand il se pose la question du « pourquoi », du « qui suis-je ? », du sens de sa vie, l'homme prend conscience de la même faillite de l'Occident.

L'esprit cartésien et faustien, c'est-à-dire la conception seulement quantitative et opératoire de la raison, réduite au maniement des choses, ne nous donne aucun moyen de répondre à de telles questions car elle nous enferme dans une vision machiniste et industrielle du monde où l'homme se réduit à ses fonctions de travailleur et de consommateur.

Tels sont les traits essentiels de la pathologie culturelle de l'Occident qui souffre de malnutrition spirituelle : une culture scientifique et technique donnant aux hommes les pouvoirs d'un géant pour satisfaire les besoins d'un nain pervers ; une théologie archaïque devenue incapable de répondre aux problèmes posés par cette science et cette technique ni aux problèmes posés par les rapports sociaux et politiques découlant de cette « révolution industrielle » ; une philosophie morte, car sans rapport avec l'histoire réelle et sans prise sur elle, colonisée par le scientisme technocratique et devenue ainsi incapable de donner vie aux autres dimensions du rationnel : la réflexion sur les *fins* de l'homme, c'est-à-dire la « sagesse ».

Dans cette voie nous allons vers un suicide planétaire, irréversiblement. Le compte à rebours a déjà commencé. Dans cinq ans, il sera trop tard pour changer de route.

On ne peut échapper à la logique implacable du système que par une radicale inversion.

Cette radicale inversion seule rendra possible une rencontre neuve entre le prophétisme et la politique, entre la révolution et la foi, qui, pendant des millénaires, ont cheminé du même pas et sur la même route, contre nos deux pauvres derniers siècles d'antagonismes et de quiproquos.

La science n'est rivale de la foi que si la religion fait de Dieu un mathématicien, un physicien thaumaturge ou un alchimiste. La technique n'est rivale de la foi que lorsque la religion a fait de Dieu un fabricant des mondes. La révolution n'est rivale de la foi que lorsque les religions font alliance avec les despotismes et les contre-révolutions.

Nous savons maintenant — et c'est à quoi fut consacrée la première partie de ce livre — ce qui a jusqu'ici rendu impossible cette rencontre salvatrice. Nous savons quel est l'enjeu de cette rencontre : un avenir à visage humain.

De quelque nom qu'on appelle cet avenir, nous savons ce qu'il ne sera pas : une société qui ne pourra se fonder, moralement, sur la vision individualiste de l'homme ; une société qui ne pourra se fonder, économiquement, sur notre modèle occidental de croissance ; une société qui ne pourra se fonder, techniquement, sur une conception scientiste et positiviste du savoir, sur un rationalisme infirme parce que mutilé de sa finalité humaine ; une société qui ne pourra se fonder, politiquement, sur le système actuel du parlementarisme, bourgeois par essence, et ne connaissant que l'« homme statistique », cette « moyenne générale » n'ayant pas plus de sens concret dans une majorité politique que dans le produit national brut par habitant, car cet « homme statistique » n'existe nulle part : un homme peut être chômeur ou milliardaire, mais la moyenne entre les deux n'existe que dans le bonneteau de la statistique.

Cette action démente et cette déraison passive, qui polluent notre proche histoire en ne nous assignant d'autre but que de manipuler des *objets* et d'en créer de nouveaux, ne tiennent compte ni du « sujet », puisqu'elle proclame, avec tous les technocrates, la mort de l'homme ni du « projet », comme invention « poétique » de l'avenir.

Les révolutions sont devenues conservatrices lorsqu'elles ont oublie ou ignoré qu'on ne pouvait changer le monde sans se changer aussi soi-même, qui fait partie de ce monde.

La foi s'est refroidie en rites et en mythes lorsqu'elle a oublié ou ignoré que l'homme ne peut se changer lui-même sans participer à la transformation du monde, car cette action l'oblige à *s'ouvrir* à l'autre homme, qui participe à cette transformation, et à s'ouvrir à la nouveauté des résistances toujours inédites suscitées par l'action même dont sa foi est le ferment.

2. Ce que nous avons appris des sagesses de trois mondes

Quelles peuvent être, maintenant, les incidences de ce long détour de la deuxième partie de ce livre à travers les sagesses et les prophétismes de trois mondes, pour nous aider à concevoir et à réaliser un nouveau projet de société, à tous les niveaux de la vie personnelle et sociale, au niveau de l'économie, de la politique, de la culture et de la foi ?

Avant d'esquisser ce bilan, soulignons qu'il ne s'agit pas d'ethnologie ni d'aucune forme de *connaissance de l'autre* fondée sur le postulat implicite selon lequel il n'y aurait qu'une seule ligne de développement de la civilisation, la civilisation « occidentale » servant alors d'étalon pour mesurer toutes les autres d'après leur plus ou moins grande ressemblance avec celle-ci.

Le dialogue des civilisations est *découverte de l'autre*. La découverte que l' « autre » — celui dont la culture n'est pas passée par la « révolution industrielle » — conteste précisément, dans sa critique de l'Occident, ce qu'est devenu l'homme dans les pays industrialisés mus par une croissance aveugle.

Ce dialogue des civilisations, au lieu de soumettre la culture des autres aux critères et aux méthodes de nos prétendues « sciences humaines », nous apporte beaucoup plus qu'un savoir : le sens de l'ouverture à l'autre, la certitude que nous avons quelque chose à apprendre de lui, qu'il est ce qui me manque pour être plus humain.

Ce dialogue des civilisations est une expérience transformante qui nous donne le sens de la relativité de notre propre culture, et remet en cause nos préjugés les plus enracinés.

La culture n'est pas un musée des arts ou des littératures, c'est l'ensemble des réponses d'une communauté humaine aux questions qui lui sont posées par la nature, les autres hommes et lui-même.

Dans l'usage que nous ferons de cette découverte de l'autre, de tous les autres, dans la mutation qu'opère en nous cette rencontre, nous ne devons céder à aucune confusion hâtive, à aucun éclectisme butinant les cultures et les religions pour les assimiler tant bien que mal à la nôtre : tout au contraire, c'est en saisissant, avec les convergences et les complémentarités possibles, les différences irréductibles, que nous parviendrons à reconnaître en l'autre sa spécificité, et, par là même, à enrichir et à approfondir notre propre culture, à nous convertir, à l'intérieur de notre propre conviction, à une foi rendue, par la confrontation, plus consciente de ce qui lui est proche, plus riche de dimensions parfois oubliées.

Notre longue « quête » à travers les sagesses et les prophétismes de trois mondes nous a montré qu'on pouvait vivre autrement.

Vivre autrement les rapports de l'homme avec la nature, c'est-à-dire les rapports économiques.

Vivre autrement les rapports de l'homme avec la société, c'est-à-dire les rapports politiques.

Vivre autrement les rapports de l'homme avec lui-même, et avec le divin, c'est-à-dire les rapports de la sagesse et de la foi.

Comment concevoir et réaliser, à ces trois niveaux, le projet nécessaire à la survie et à la vie de l'espèce ? Ce projet est nécessaire pour passer d'une croissance aveugle, sans finalité humaine, et suicidaire pour le monde, à un développement qui ne soit plus commandé par les exigences du développement de l'entreprise, mais du développement de l'homme et de l'épanouissement de ce qu'il y a en lui de divin. Il exige une radicale inversion de nos rapports avec la nature, avec la société, avec nous-mêmes et avec le divin.

Comment nos rencontres avec les cultures, les sagesses, les fois, les révoltes de l'Asie, de l'Afrique, de l'Islam, de l'Amérique latine nous aident-elles à préparer cette « nouvelle croissance » ?

D'autres rapports de l'homme avec la nature.

1. *Les sagesses et les prophétismes de trois mondes nous ont enseigné* que l'homme appartient à la nature, et non pas, comme dans notre conception cartésienne et faustienne, que la nature appartient à l'homme.

« Tu es Cela », nous dit la sagesse hindoue : une seule et même vie parcourt la nature entière, de la pierre à l'arbre, et de l'animal à l'homme. La destruction de cette nature, et du courant de vie qui est en elle, conduit à la mutilation de l'homme, alors que la saisie et l'amour de son unité donnent à l'homme sa respiration vraie et toutes ses dimensions spirituelles. Ce souffle anime les Védas.

La communauté africaine nous fait vivre, dans la sculpture et le poème, dans la danse et le chant, cette participation et cette communion avec les grandes forces et les grands rythmes de l'univers, dans la continuité vitale, actuelle, joyeuse, de la présence en nous de ceux qui vécurent, dans l'harmonie comme dans l'affrontement, les menaces et les promesses du même univers.

L'homme est le « calife de Dieu sur la terre », son représentant responsable, nous enseigne le prophète de l'Islam : l'homme a mission de veiller sur cette nature, de la préserver de la destruction des biens et des ressources qu'elle nous offre, de comprendre le langage que Dieu nous parle à travers les signes qui sont en elle, aussi impérieux qu'une sourate du Coran.

Déjà le premier prophète, Zarathoustra, étendait au monde de la terre labourée, et au bœuf qui en ouvre les sillons, l'immense fraternité de la vie.

Nous avons appris à en recevoir la beauté à travers un tapis persan évoquant, pour les assoiffés du désert, des jardins aux parures de paradis.

Nous en avons éprouvé le Tao dans telle peinture chinoise des Song, nous communiquant devant un paysage le même recueillement qu'inspire, dans l'art byzantin, une icône. La nature est ici le visage de Dieu.

Comprendre la vie, c'est d'abord la saisir dans son unité. Restaurer l'unité perdue, en Occident, entre l'homme et la nature, le sens de la communion avec le Tout. Prendre conscience que nous appartenons au réel et que tout le réel se résume et se mire en nous.

Il ne s'agit point là de je ne sais quel panthéisme, d'un « retour à la nature », ou de toute autre idylle champêtre.

Très concrètement, au contraire, il s'agit de mettre en rapport notre foi avec une conception humaine, une conception d'avenir de la science, de la technique, de l'économie.

Certes, le christianisme a su parfois surmonter les perversions du dualisme grec : saint Paul évoque, fugitivement il est vrai, la dimension cosmique de la foi en faisant du Christ le rédempteur non seulement de l'homme, mais de l'univers entier (Épître aux Romains VIII,19). Ce thème réapparaît, avec sa fraîcheur de source, chez saint François d'Assise, sa petite sœur l'eau et ses sermons aux oiseaux des bois, avec saint Jean de la Croix, et, plus près de nous, avec le Christ cosmique du Père Teilhard de Chardin. Mais il demeure le plus souvent souterrain dans la tradition chrétienne. La notion de nature est curieusement associée aux notions de chute et de péché, alors que la Genèse elle-même (III,17) montre comment les ruptures de la vraie relation de l'homme avec Dieu conduisent à la rupture de la vraie relation de l'homme avec la nature, les autres hommes et lui-même.

Ce dualisme mortel a conduit à séparer l'économique de l'humain, à absolutiser et sacraliser la croissance devenue sa propre fin au lieu d'être ordonnée à l'homme et au Dieu qui est en lui.

Ce n'est que dans les actuelles angoisses écologiques que certains chrétiens ont pris conscience « que la réintégration de l'humain dans les équilibres naturels conduit à sa réintégration au sein de la création, dans un univers dont il n'est pas le maître, comme on l'a proclamé avec orgueil, mais seulement une des composantes », même si sa place dans la nature est une place privilégiée [1].

Cette prise de conscience conduit à des conséquences pratiques concrètes. L'ouvrage de ces chrétiens d'Alsace était une protestation contre la construction de la centrale nucléaire de Fessenheim, et nous conduit à des prises de position fondamentales.

D'abord sur l'énergie. Le monde peut être considéré comme un champ immense et un *flux* d'énergies dont la plus importante est l'énergie solaire, non seulement par la chaleur qu'elle rayonne, mais parce qu'elle apporte la vie par les plantes qui absorbent sa lumière, les autres êtres vivants se nourrissant de ces plantes. A travers des végétaux encore, depuis des millions d'années, ces énergies ont été *stockées* en des points singuliers du globe sous la forme de pétrole ou de charbon. Le problème central, aujourd'hui, décisif pour la vie de l'espèce, c'est, nous l'avons vu dans notre première partie, de ne pas nous comporter en pirates voleurs de trésors et liquidant les *stocks* non renouvelables et si proches d'être épuisés, mais au contraire de nous insérer dans le *flux* d'énergie pratiquement inépuisable du soleil, du vent et de toutes les fermentations de la vie.

Nous voyons ici combien la foi la plus haute implique les décisions les plus concrètes concernant le style quotidien de notre vie : s'insérer dans la nature en canalisant le *flux* de ses énergies, au lieu de la violer et de la tuer en dilapidant les *stocks* de son énergie.

Il s'agit bien du style de la vie quotidienne, car l'une de ces attitudes — celle qui consiste à puiser sans vergogne dans les *stocks* d'énergies fossiles (du pétrole à l'uranium) et à les gaspiller en une génération — est celle du « fils à papa » égoïste et inconscient, vivant follement sur son capital, alors que s'insérer dans le *flux* implique l'élémentaire sagesse de vivre pour les autres et de vivre autrement que dans l'instant qui passe.

Comme nous le verrons dans notre « tableau économique de la

1. *Nature menacée et Responsabilité chrétienne*, Strasbourg, Éd. Oberlin, 1979, p. 41.

France », la pire déraison est de séparer l'économie de l'écologie, comme si la « gestion de la maison » (ce qui est le sens étymologique du mot « économie ») pouvait se passer de la « connaissance de la maison » (ce qui est le sens étymologique du mot écologie), c'est-à-dire de la connaissance de la nature des énergies, renouvelables ou non renouvelables, dont nous disposons pour mettre en œuvre une raisonnable gestion.

Une insertion proprement humaine de l'homme dans la nature n'est-elle pas indissolublement liée à une insertion proprement humaine de l'homme dans la communauté humaine ?

D'autres rapports de l'homme avec la société.

2. *Les sagesses et les prophétismes de trois mondes nous ont enseigné* que l'homme ne devient humain que par une lutte incessante contre la prétention de son petit « moi » égoïste à s'ériger en valeur absolue. Le refus du « moi » individualiste est déjà dans le dépouillement total des grands visionnaires de l'Inde, dans le « vide » du taoïsme et du bouddhisme zen, mais aussi dans le sacrifice d'Abraham, dans le « retour à Dieu » des soufis arabes ou persans. Abu Yazid al-Bistami écrivait : « Quand le moi s'efface, alors Dieu est son propre miroir en moi. » Dans la tradition chrétienne, mais dans des termes fort proches de ceux de l'Orient, maître Eckhart écrit (sermon 87) : « L'homme doit être si vide de toutes choses et de toutes œuvres, aussi bien intérieurement qu'extérieurement qu'il puisse être, pour Dieu, un lieu où Dieu peut agir[2]. » Ce thème majeur des mystiques est merveilleusement orchestré par saint Jean de la Croix nous appelant à faire le vide en nous pour que Dieu y puisse occuper toute la place.

Ce refus du « moi » a un pouvoir profondément révolutionnaire : la faiblesse irrémédiable de l'anarchisme occidental, de Stirner à Proudhon et à Bakounine, c'est de se fonder sur un individualisme qui est l'essence même du monde bourgeois depuis la Renaissance.

La mutation dont nous cherchons le fondement part du postulat inverse : celui des mystiques et des prophètes qui luttent, en eux et hors d'eux, contre le désir égoïste de posséder. Abu'l Hassan al-Nuri définissait ainsi les mystiques musulmans (les soufis) : « Ils ne possèdent rien et ne sont possédés par rien. »

2. Maître Eckhart, *op. cit.*

Il y a là une force éminemment subversive car si aucun bien dont la dilapidation menace la vie de tous ne peut être objet d'appropriation par un homme ou par un groupe d'hommes, ce qui est mis fondamentalement en question c'est la propriété elle-même, au sens romain du terme, qui subsiste dans notre code actuel : *jus utendi et abutendi* (le droit d'user et d'abuser). Aucun droit de propriété ne peut prévaloir contre les fins de la communauté humaine. Du refus mystique de laisser le « moi » comme individu s'ériger en valeur absolue découle ainsi la plus radicale contestation de la propriété de type romain ou capitaliste : la propriété n'est pas un droit absolu de l'individu ; elle est une fonction sociale.

Mais refuser au « moi », ou à un groupe quelconque d'individus (nation, église ou parti), le droit de s'ériger en valeur absolue conduit à une contestation plus radicale encore du droit de posséder : nul ne peut s'arroger le droit et le pouvoir de *penser* pour tous et d'imposer ses fins partielles comme fins dernières. Aucun dogmatisme religieux ou athée ne peut prétendre constituer un système clos et achevé et nous proposer ou nous imposer comme absolu ce qui ne l'est pas.

Contre toutes les limitations de l'homme, ces mystiques ont choisi la « voie négative » : la réalité véritable n'est pas cela ; la vérité n'est pas cela ; l'absolu n'est pas cela... Tout ce que les hommes ou les institutions disent, ce sont des hommes qui le disent, dans le langage de leur culture partielle et de leur horizon limité.

C'est pourquoi les mystiques n'ont pas été aimés par les Églises : ni par les religions officielles ni par les révolutions installées. Il n'y a pas que Jérusalem qui ait tué ses prophètes !

Et pourtant chacun de ces mystiques et chacun de ces prophètes a contribué à nous faire prendre conscience de cette expérience quotidienne : il existe en nous ce qui nous permet de franchir les limites de notre « moi » quotidien. Cette force qui est en nous et qui n'a pas sa source en nous, dans notre « moi », avec ses conditionnements et son passé, ils l'ont appelée Dieu.

Cette irruption de l'absolu vient briser sans cesse nos cadres de pensée et nos routines d'action.

La certitude qu'aucun homme ni aucun groupe n'a de propriété exclusive de quoi que ce soit ne conduit pas seulement à refuser de mettre le droit de propriété au-dessus des fins de la communauté, mais aussi à refuser à quiconque la prétention d'énoncer une vérité absolue. Elle nous contraint à nier sur le plan religieux qu'il y ait un peuple élu ; c'est, en politique internationale, reconnaître que nulle nation et nul État ne peut accaparer ni les richesses ni les droits inaliénables de la communauté mondiale. C'est le refus de tout colonialisme direct ou indirect. Alors, mais alors seulement, peut commencer la « nouvelle croissance », la véritable croissance, la croissance du divin en nous et hors de nous.

Nous parlons de la « nouvelle croissance » en un sens plénier : très concrètement économique et politique, mais ordonnée à des fins plus hautes : un Royaume de Dieu qui ne serve plus à nous dissuader de changer le monde, mais qui, au contraire, soit la référence permettant de relativiser tout ordre, tout pouvoir, de transcender toute culture.

La croissance du Royaume, c'est ce qui nous oblige nous-mêmes à croître incessamment, en sortant de l'insularité de notre individualisme mesquin. En chaque moment nous avons une décision à prendre, un choix à faire : vivre et agir pour le petit « moi » égoïste, ou bien pour le Royaume.

Dieu est un surcroît, toujours inattendu et inédit : la force créatrice au cœur de chaque homme.

L'homme n'est vraiment homme qu'en se donnant, c'est-à-dire en perdant ses limites.

La croissance commence en nous lorsque nous atteignons ce « je » qui n'est plus « moi » et qui s'identifie avec la source toujours jaillissante de l'être.

La « nouvelle croissance » n'exclut nullement la garantie économique pour chacun, fût-ce le plus démuni, de la nourriture, du vêtement, du logement, des soins médicaux, de l'éducation, des loisirs ; elle interdit à quiconque, individu ou groupe, de s'assurer propriété exclusive ou monopole de ces biens et services premiers de la vie. Elle ne se mesure pas seulement en produit national brut, fût-il équitablement réparti, elle prend en compte les exigences qualitatives de l'homme et de tout homme ; elle oppose à la « foule solitaire » et aux bureaucraties ou aux pouvoirs sans visage des rapports proprement humains de solidarité ou d'amour, de communication profonde, des possibilités permanentes d'initiative, de responsabilité, de création à tous les niveaux de la vie sociale : le passage d'une division du travail, qui fait du travailleur un appendice de la machine ou le rouage d'une hiérarchie, à une participation de chacun aux décisions dont dépend son destin. Le passage d'une démocratie quantitative, statistique, anonyme à une démocratie participative et associative, telle que nous en définirons plus loin les exigences premières. Le passage de loisirs de passivité ou d'évasion, qui ne sont que compensation et récupération des forces vitales broyées par le travail, à des loisirs actifs, créateurs, qui soient une célébration de la vie au-delà d'une journée de travail. D'une culture qui ne soit plus seulement consommation, mais création joyeuse d'une vitalité intérieure qui explose dans le poème, l'image, la danse ou le chant comme symboles de l'acte de vivre.

D'autres rapports de l'homme avec le divin.

3. *Les sagesses et les prophétismes de trois mondes nous ont enseigné* que l'homme n'est pleinement homme qu'en prenant conscience qu'il est habité par un pouvoir qui dépasse son individualité, que l'humain et le divin ne font qu'un.

La culture occidentale n'a pensé que rarement de façon dialectique. La dialectique n'est rien d'autre que la saisie de la *relation*, alors que la culture occidentale a, le plus souvent, pensé en termes d'*être* et d'*essence*, et en termes dualistes, c'est-à-dire opposant ce qui n'a de sens qu'uni intimement par une complémentarité : divin et humain, mais aussi âme et corps, esprit et matière, être et non-être.

Il est vrai qu'Héraclite, au VIe siècle avant notre ère, et parce que vivant à Éphèse, en Asie Mineure, au contact des antiques sagesses de la Perse, et, au-delà, de l'Inde, a inauguré, pour la Grèce et, à travers elle, pour l'Occident, une vision dialectique du monde saisi dans ses contradictions et son devenir, dans ses relations et ses complémentarités. Mais, très vite, cette dialectique, avec Socrate, déjà, se détache des choses pour devenir une interrogation intérieure, et avec Platon, pour ne plus porter que sur des idées dont chacune est un Être, une essence.

Le christianisme a rompu le charme maléfique de ce monde cristallin des êtres et des essences pour découvrir en l'amour, qui est la *relation* première et la plus profonde, la réalité divino-humaine de l'homme. Il a fait surgir l'expérience de l'homme-Dieu, d'un Christ saisi dans les dialectiques interminables de sa mort sur la croix et de sa résurrection à une vie nouvelle. Mais, trois siècles après, cette expérience indicible de la *relation*, cette dialectique de la vie, était récupérée, enfermée dans la cage du rationalisme grec des essences et des êtres qui, nous l'avons vu, rendait inintelligible la relation primordiale qui venait d'être révélée, incarnée dans les harmonies et les drames de la vie de Jésus de Nazareth et les mutations humaines qu'avait suscitées cette incarnation.

Désormais cette expérience ineffable ne survivra qu'à travers les mystiques plus ou moins marginalisés par les Églises officielles, de maître Eckhart à Jacob Boehme.

Lorsque Hegel, reprenant le problème à partir d'Héraclite, réalisera la majestueuse synthèse de sa *Logique,* ce sera pour dogmatiser la relation de telle sorte que ce que l'on découvre à la fin était contenu dans le premier commencement. La dialectique, qui est, en son principe même, ouverture sur l'infini et l'inédit, se trouve refermée dans un système clos se prétendant capable de rendre la réalité totalement transparente et réductible, sans résidu, aux concepts, et de nous livrer une vérité absolue et achevée.

Marx, le plus grand des disciples de Hegel précisément parce qu'il a su en découvrir les limites, ironisait sur le système de son maître : à en croire le professeur Hegel il y a eu jusqu'ici de l'histoire, mais désormais il n'y en aura plus ! Et il « rouvrait » pour un temps le système : « J'ai fait entrer dans la danse les rapports sociaux pétrifiés en leur jouant leur propre mélodie dialectique. » Mais, avant même la mort de Marx, ses disciples s'empressaient de momifier à nouveau, fût-ce en l'embaumant et en chantant ses louanges funèbres, l'imprévisible, primesautière et subversive dialectique en la replaçant dans le cercueil du scientisme positiviste.

Pour faire revivre aujourd'hui cette vivifiante dialectique, nous devons une fois de plus nous tourner vers les autres cultures qui, toutes, à l'exception des intermèdes occidentaux que nous venons d'évoquer, ont été fondamentalement dialectiques. Nous allons saisir la relation vivante et inépuisable et non pas nous enfermer dans le concept ou dans l'être.

L'expérience de la présence du divin dans l'humain est une évidence pour le sage hindou pour qui la « connaissance de soi », des Upanishads à Çankara et de Çankara à Ramana Maharshi, est cette expérience même. Les confusions sur l'Incarnation (l'assimilation superficielle entre l'Incarnation chrétienne et les « avataras » des dieux indiens, le dieu Vishnou, par exemple, s'incarnant dans le personnage de Rama dans le Ramayana, ou Krishna s'adressant au guerrier Arjuna dans la Bhagavad Gita en prenant les traits de son conducteur de char) sont venues de ce que l'on a traduit l'Incarnation dans le langage « substantialiste » de la philosophie grecque : s'il y a deux « réalités » séparées, l'une ne peut être que l'apparence de l'autre, et l'on aboutit à ce que le jargon de la philosophie gréco-romaine a appelé l'hérésie « docétiste ».

De même, et toujours dans la perspective de rapports entre l'hindouisme et le christianisme, on a pu assimiler, sans en saisir la relation (et donc sans approfondir l'une et l'autre notion), la « non-dualité » (*advaïta*) des maîtres védantins à l'union mystique avec Dieu, en sous-estimant les différences fondamentales entre les deux expériences dans leur nature et dans leur méthode : dans leur nature, car le « Tu es Cela » ne signifie pas la rencontre entre un « je » et un « tu », mais la prise de conscience de l'identité de l' « absolu en moi » et de l' « absolu en soi », par laquelle le sage indien s'arrache aux illusions de l'individu pour s'identifier au Tout non personnel ; et dans leur méthode car, pour la sagesse hindoue, il y a continuité dans le passage des illusions de départ à l'illumination dernière, un même effort personnel et total de dépouillement permettant cette métamorphose. Il y a, au contraire, dans l'expérience chrétienne, ce moment de « rupture » d'un Dieu qui se donne, qui peut à tout instant venir vers moi, se « révéler », de sorte que je peux toujours, comme écrit Pascal : « tendre mes bras au Libérateur », sans que mes bras se referment nécessairement sur Lui.

On voit ici combien il est nécessaire d'éviter tout éclectisme, toute assimilation hâtive ; c'est seulement en cernant ce qu'il y a d'irréductible entre l'expérience hindoue et l'expérience chrétienne (comme nous l'avons esquissé sur deux points précis) que chacune peut enrichir et féconder l'autre sans confusion. En revanche, on peut poursuivre sans fin une polémique de sourds si l'on essaie de décrire l'expérience chrétienne en termes de « personnes », personne signifiant en latin : masque (*persona*). L'hindou affirmera alors que la « non-dualité » (*advaïta*) à laquelle il aboutit est supra-personnelle, et le chrétien qu'elle est infra-personnelle, comme si l'expression de « personne » était un « concept » et comme si l'expérience trinitaire pouvait se traduire par concepts, en particulier par ceux de l'anthropomorphisme grec, alors qu'elle ne peut être qu'une image, une métaphore, pour *désigner* (et non définir) une expérience réelle mais irréductible aux mots : la non-dualité hindoue comme l'expérience mystique chrétienne sont au-delà des analogies du personnel et de l'impersonnel par lesquelles on essaie de les évoquer. Si l'on oublie cela (c'est-à-dire que toute théologie est nécessairement symbolique, qu'elle peut désigner et non définir le divin), alors on va projeter l'expérience de l' « autre », ici de l'hindou, sur la grille des catégories grecques, et on va « classer » l'hindouisme comme variante d'une « hérésie gnostique ».

On pourrait refaire la même démonstration pour le Tao ou pour le bouddhisme. Tout y est relation et ne peut se réduire au concept comme en a la prétention notre « provincialisme » occidental.

Les polémiques entre chrétiens et musulmans ont été, elles aussi, stériles pendant des siècles, parce que là encore on ne confrontait pas une expérience à une expérience, une foi à une foi, mais une culture à une culture, avec cette circonstance aggravante que l'une ou l'autre foi s'exprimait dans une culture qui lui était étrangère en son principe même : musulmans et chrétiens, d'al-Ghazali en Ramon Lulle, et d'Averroès en saint Thomas d'Aquin, argumentant et se réfutant mutuellement à partir de concepts grecs.

Les musulmans accusent les chrétiens de mettre en cause l'unité de Dieu en parlant de sa « paternité », les chrétiens rétorquent que Dieu se révèle en son essence en la personne de Jésus-Christ tandis que, dans le Coran, Mohammed ne peut, au mieux, que recevoir et transmettre les commandements littéraux, d'un Dieu inaccessible.

Affrontement de dogmes et non de fois, cette polémique ne crée pas les conditions d'un enrichissement et d'une fécondation réciproques car elle repose sur la confusion mortelle de la foi et de la religion : la religion, c'est la foi telle qu'elle a pu se traduire à travers certaines cultures et certaines institutions. Bien entendu, la foi s'exprime, à chaque époque, dans le langage d'une culture, et la structure d'une institution, mais elle ne s'y réduit pas.

Le christianisme n'est pas la chrétienté, car la chrétienté n'est que le christianisme s'exprimant dans les structures impériales romaines adaptées au système féodal, tout comme l'Islam ne peut se définir par les structures de la communauté de Médine, ou des empires des Ommeyades, des Abbassides ou des Ottomans.

Un véritable dialogue exige que la foi se libère, ou au moins se situe, par rapport aux modes de pensée et d'action dans lesquelles elle s'est manifestée à telle ou telle étape de son histoire. Alors, et alors seulement, apparaissent, dans toute leur richesse et toute leur fécondité, les véritables convergences et les véritables divergences. Tandis que le dialogue est impossible entre un monseigneur Lefebvre arrêtant l'histoire de l'Église à Pie V, et un musulman intégriste considérant comme loi éternelle telle prescription historique (se retrouvant d'ailleurs dans la Bible), exigeant que l'on coupe la main du voleur ou qu'on lapide l'adultère.

Au niveau de la foi, le problème du dialogue se pose à un tout autre niveau de profondeur, où chacun a quelque chose à apprendre de l'autre. Par exemple, musulmans et chrétiens se réclament les uns et les autres de la foi d'Abraham. Mais avec cette différence profonde : pour un chrétien la foi exemplaire n'est pas seulement le modèle de l'abandon au Dieu (Islam) d'Abraham, mais celle de Jésus de Nazareth, qui, au-delà de la référence purement abrahamique à Dieu et à sa Loi, est libération du péché et de la loi par l'amour.

A ce niveau d'approfondissement de ce qu'est la foi, peut se nouer un dialogue fécond. Un dialogue dans lequel dès le début de la rencontre, il y a une expérience commune de la foi comme forme suprême de la liberté, la liberté de l'homme ne se définissant pas comme simple négation des obstacles à l'autonomie de l'individu, mais se posant par son rapport à Dieu.

Ici encore une nuée de faux problèmes surgit, enfantée par la conception hellénique de l'être et de l'essence, de l'objet et du concept, du fini et de l'infini. Ce qui crée la confusion, c'est que la pensée grecque en ne dépassant pas la notion d'indéfini n'a jamais pu imaginer l'infini. Or, l'infini ne peut être confondu avec l'indéfini. L'indéfini, c'est ce dont on ne voit pas les limites, ou ce dont les limites reculent incessamment. L'infini, c'est ce qui ne rivalise aucunement avec la limite ou l'absence de limite. L'infini (comme l'éternel) est d'un autre ordre que la distance et le temps, même prolongés indéfiniment. C'est cette liberté première, créatrice et inépuisable, qui ne cesse de se manifester dans l'histoire et dans sa création continuée.

Le recul de « ce qui est en train » de se faire au profit du « déjà fait » et du « tout fait », conduit à ce structuralisme qui évince l'homme au bénéfice des choses, et dont la logique aboutit à la « mort de l'homme », qui n'est qu'un corollaire de la mort de Dieu, alors que Dieu est prière et qu'il appartient à l'homme d'exaucer la prière de Dieu.

Nous n'avons aucun besoin d'un « retour à la religion », mais d'une résurrection de la foi, c'est-à-dire de la conscience que tous les drames du monde naissent de l'absence de l'homme, de son acte créateur.

Si tu avais été là, comme homme, responsable et créateur, le vide de la misère ne se serait pas créé, ce vide qui pollue la réalité de Dieu et fait de la religion un « Opium du peuple ».

Si tu avais été là, comme homme, responsable et créateur, la science ne se serait pas séparée de la sagesse et n'aurait pas dégénéré en scientisme, un scientisme qui pollue la réalité de Dieu, en en faisant un concept ou un mécanicien inutile dans la mécanique routinière de l'univers.

Imaginons un instant que la profession de foi traduisant l'expérience chrétienne soit formulée non pas à partir des catégories de la philosophie grecque, mais à partir de l'expérience africaine de la vie, ou des illuminations de l'Asie, celles de l'hindouisme ou du Tao par exemple : l'expérience de la présence du divin ne serait alors pas formulée comme si Dieu était être ou concept, mais jaillissement de possibles. Dieu serait non pas être mais acte, et la foi serait l'expérience de ce jaillissement, de cet acte, dans un univers où la liberté précède l'être qui n'en est que le sillage figé.

L'expérience fondamentale et la révélation en nous du divin, c'est l'acte créateur.

Ouvrir cette brèche de transcendance en nous exige que l'on se place en ce lieu unique de jaillissement où l'acte de foi, la création poétique et l'action révolutionnaire ne font qu'un.

Le grand art nous offre le modèle le plus évident de cette transcendance. J'appelle grand art (en me référant, pour l'essentiel, aux arts non occidentaux ou à l'art occidental avant la Renaissance) le contraire de l'art individualiste qui cherche la singularité à tout prix, à la fois parce qu'il vise à l'intégration au marché et à la concurrence, et parce qu'il n'est que *reflet* d'un monde en miettes et sans espérance.

Le grand art n'est pas reflet mais *projet,* exploration et expérimentation de mondes possibles. Au-delà de celui qui la crée, l'œuvre suscite non des spectateurs ou des consommateurs passifs, mais des célébrants de cette vie en train de naître, des co-créateurs de la création. Pas seulement de la création artistique, mais de la création tout court.

Cette imagination a valeur prophétique, subversive, car elle fait entrevoir des possibilités dont les conditions ne sont pas contenues dans ce qui existe déjà. Elle nous suggère que le monde n'est pas une réalité déjà faite, mais une œuvre à créer.

Dans cette perspective, l'éducation consiste non à préparer l'enfant à s'adapter à l'ordre existant et à ses exigences techniques ou politiques, à le gaver de savoirs et de respects, mais à lui montrer les chemins pour accéder à la transcendance, c'est-à-dire à l'invention du futur. A faire émerger la transcendance au-delà de tous les conditionnements.

La véritable éducation n'est pas dogmatique mais prophétique. Elle est subversive, car elle apprend à vivre de façon créatrice, même au milieu du chaos, à ne pas fonder notre espérance sur les dérives de la nature ou de l'histoire, mais à faire prendre conscience qu'il est possible de vivre autrement.

Les conséquences pratiques, concrètes, de cette affirmation intransigeante de la transcendance sont essentiellement révolutionnaires.

Les seules révolutions possibles sont des révolutions qui ne font pas abstraction de cette dimension transcendante de l'homme, qui ne font pas abstraction du divin, celles qui se fondent sur cette certitude de la foi : le fond dernier de la réalité est un acte de cette liberté créatrice qu'on appelle Dieu.

Être révolutionnaire, c'est être un créateur de cette réalité, c'est participer à la vie divine.

3. Socialisme et vision du monde

C'est pourquoi, contrairement à la tradition, nous ne définirons pas les différentes formes de socialisme par les *moyens* qu'ils mettent en œuvre, mais par les *fins* qu'ils poursuivent.

Avant d'esquisser les grandes lignes de ce que sera un socialisme occidental, nous évoquerons ce qu'il peut apprendre d'autres formes non occidentales du socialisme, fondées sur des visions de l'homme, de la nature et de Dieu : d'un socialisme chinois, d'un socialisme hindou, d'un socialisme africain, d'un socialisme islamique, d'un socialisme latino-américain.

Le caractère commun de ces divers socialismes, qu'ils aient déjà tenté de se réaliser ou qu'ils en soient encore l'espérance, c'est qu'à la différence du socialisme de Marx, même lorsqu'ils en portent l'empreinte, comme en Amérique latine, ou s'en réclament résolument, comme en Chine ou au Vietnam, ils ne sont pas, comme le marxisme que nous connaissons, un pur produit de la culture occidentale : ils sont profondément enracinés dans d'autres traditions culturelles, parfois même à visées fondamentalement religieuses, comme, par exemple, le socialisme islamique.

Là où le marxisme a été un produit d'importation il n'a pu plonger ses racines dans les autres continents parce qu'il y apparaissait comme une variante de la pensée productiviste, faustienne de l'Occident. Le socialisme, en dehors de l'Occident, est au contraire une mise en question fondamentale du modèle occidental de croissance et la recherche de formes organiques, endogènes, de développement. Le dénominateur commun de ces divers socialismes, c'est de rejeter à la fois notre modèle de croissance et notre modèle de révolution.

Du socialisme chinois.

L'exemple de la Chine est, de ce point de vue, particulièrement significatif. Nous en examinerons les traits essentiels chez son principal théoricien, Mao Tsé-toung.

Le « modèle de comportement » qui se dégage du style de la construction du socialisme, dans la Chine dont Mao a dirigé la politique pendant un demi-siècle, est la négation même de la société de croissance de type occidental. Sans renoncer, à aucun moment, au développement industriel et à l'accroissement de la consommation, Mao Tsé-toung n'attendit pas l'échec de ce que l'on appelait pompeusement, dans les organisations internationales dominées par les pays occidentaux, la « décennie du développement » (1960-1970) pour comprendre que la croissance, telle qu'elle était conçue par les pays dominants, ne pouvait ni résoudre les problèmes de l'inégalité à l'intérieur des pays, mais au contraire accroître ces inégalités, ni résoudre les problèmes de l'emploi, mais au contraire désorganiser la vie agricole, augmenter le chômage et créer des ceintures de « bidonvilles » autour des grands centres urbains, ni résorber l'écart entre les pays « industrialisés » d'Europe et d'Amérique et les pays dits « en voie de développement » du tiers monde [1].

En rejetant ce modèle de croissance, Mao Tsé-toung rejetait le modèle de révolution de type soviétique après l'avoir, pendant une courte période (de 1950 à 1956), imité. Mao Tsé-toung avait déjà remis en cause, dès 1927, après le massacre des ouvriers de Shanghai et de Canton, follement lancés à l'assaut des plus puissants bastions de l'impérialisme, le dogme stalinien selon lequel il fallait attaquer d'abord là où la classe ouvrière était la plus forte.

Dès 1948, en rupture avec le modèle soviétique, Mao Tsé-toung donna la priorité à la solution des problèmes agraires.

Alors que l'industrialisation soviétique s'était faite en prélevant sur les campagnes tout le surplus nécessaire aux investissements industriels, fut-ce au prix d'une collectivisation forcée, portant ainsi à la

1. Dans un rapport commun de la Banque mondiale et de l'Institut d'études pour le développement, est établi ce constat de faillite : « Bien que le revenu moyen par tête d'habitant du tiers monde se soit accru de 50 % depuis 1960 [...], il est clair maintenant que cette croissance rapide n'a que peu profité ou même pas du tout au tiers de la population » Londres, Oxford University Press, 1974.

production agricole un coup dont, aujourd'hui encore, après cinquante ans, elle ne s'est pas entièrement relevée, Mao Tsé-toung ne voulut pas d'une industrialisation faite aux dépens des paysans, aggravant la disparité entre la ville et la campagne, poussant à un développement trop rapide de l'urbanisation et de l'industrie lourde qui ne pouvait absorber toute la main-d'œuvre affluant des campagnes.

Mao Tsé-toung avait une tout autre conception de la paysannerie. Dès son « Rapport sur l'enquête menée dans la province de Hounan à propos du mouvement paysan », en 1927, il avait pris conscience des capacités propres d'organisation de la paysannerie chinoise. Elle était depuis longtemps rodée à la coopération et à la discipline pour se défendre contre les intempéries par des travaux collectifs d'irrigation, de construction de digues et de barrages, de creusement de canaux. Elle était formée aussi à la lutte politique par maintes révoltes contre les féodaux, le mandarinat impérial et les « seigneurs de la guerre ». Cette expérience millénaire avait amené les paysans à forger, contre d'insoutenables tyrannies, des formes propres d'organisation et de combat, telles que les Unions paysannes dans leurs soulèvements contre les propriétaires fonciers parasites, sous le mot d'ordre : « Tout le pouvoir aux Unions paysannes. »

Tenant compte de cette spécificité du mouvement paysan chinois et de son potentiel révolutionnaire, Mao Tsé-toung, convaincu que celui qui gagnera la paysannerie gagnera la Chine ; celui qui résoudra la question agricole gagnera la paysannerie [2], préconisa une voie originale : « Cerner les villes par la campagne, puis prendre les villes. »

La première étape du développement rural de la Chine avait commencé dès 1927, lors de l'installation des premières « bases rouges », par des lois agraires tendant à mettre fin à la domination des grands propriétaires fonciers usuriers par la confiscation de leurs terres au profit des paysans pauvres. Ces mesures furent systématisées par la Loi sur la réforme agraire de la République populaire de Chine, promulguée le 28 juin 1950, qui constituait une élimination drastique du régime féodal en distribuant la terre à 300 millions de paysans.

A partir de là commença un développement rural original de la Chine.

C'était un problème ardu car la Chine ne possède que 8 % de la terre cultivable dans le monde, alors qu'elle constitue plus de 20 % de la population du globe ; les démographes estiment qu'aux environs de

2. Entretiens avec Edgar Snow, *The Other Side of the River*, Londres, Gollancz, 1963, p. 70

cette année 1980, elle atteindra le milliard d'habitants malgré une vigoureuse et efficace politique de réduction de la natalité.

Il convient de rappeler que, pendant la dernière et la plus grande famine, avant la révolution chinoise, en 1928-1929, 3 à 6 millions de personnes moururent de faim.

Le résultat atteint par ce mode de développement rural est spectaculaire : non seulement on est arrivé, pour la première fois dans l'histoire de la Chine, à nourrir tout le monde, mais à assurer les « cinq garanties » : nourriture, habillement, logement, éducation, obsèques décentes ; à quoi s'ajoute aujourd'hui une sixième garantie, celle de la santé. Et aussi une victoire sur l'inflation : les prix des denrées essentielles sont restés stables depuis vingt-cinq ans.

Si au début des années 1950, la politique économique de la Chine était fondée sur le modèle soviétique, l'accent étant mis sur l'industrie lourde et l'urbanisation grâce au surplus extorqué au secteur agricole, sous le contrôle centralisé du Parti, dès 1956-1957 la Chine commença à chercher sa voie propre vers le socialisme, créant des rapports nouveaux des paysans avec la nature et avec leur avenir.

Il ne suffisait pas, en effet, de distribuer de façon équitable la terre, car si chaque paysan s'enfermait dans son lopin, il devenait impossible de réaliser les travaux collectifs permettant de faire face aux calamités (sécheresse ou inondation) et de poursuivre un véritable développement technique et culturel.

En s'appuyant sur la tradition des Unions paysannes, se constituèrent des coopératives, adaptées à chaque niveau du développement économique et des esprits : d'abord de simples « brigades d'aide mutuelle » qui, tout en respectant la propriété privée de la terre, permettait de mettre en commun, pour les travaux d'intérêt collectif, le bétail et l'outillage. Puis des coopératives intégrant aussi la terre, mais où le revenu de chacun était calculé en fonction non seulement de son travail, mais de son apport, au départ, en terre ou en outils. Enfin des coopératives plus avancées où la répartition se faisait en fonction du travail accompli, de sa quantité et de sa qualification.

Dès 1962 étaient lancés deux mots d'ordre : « Prendre l'agriculture comme base et l'industrie comme facteur dominant », et « ne pas oublier la lutte de classe ».

Le premier mot d'ordre mettait l'accent sur la transformation *sociale* de l'agriculture afin qu'il n'y ait pas de déséquilibre entre le développement de l'agriculture, de l'industrie légère et de l'industrie lourde. Car c'est seulement par le développement de l'agriculture que l'industrie légère d'abord, puis l'industrie lourde, peuvent trouver un marché dans un pays où 80 % de la population vit en région rurale.

Cette priorité de la transformation *sociale* de l'agriculture sur sa transformation *technique* était la condition première pour que le progrès profite à tous. Ainsi seulement pouvait être préparé le terrain pour les « quatre changements » techniques fondamentaux de l'agriculture : irrigation, électrification, engrais chimiques, mécanisation.

Parce que, pendant des années, avaient été mises en œuvre à la fois les méthodes traditionnelles et les méthodes industrielles, Hua Kuofeng, Premier ministre en avril 1976 et président du Parti en octobre 1976, pouvait appeler à mécaniser 70 % des travaux agricoles. Cet appel marquait une étape décisive dans le développement rural de la Chine, sans, pour autant, constituer une rupture avec la politique antérieure, car, dès 1965, avait été établi un plan à long terme comportant deux étapes principales : de 1965 à 1980 construire un système industriel indépendant, et, de 1980 à 2000, réaliser les quatre grandes modernisations (modernisations de l'agriculture, de l'industrie, de la défense nationale, de la science et de la technique). Ce qui, trop souvent, en Occident, est considéré comme une rupture, sinon comme un reniement du proche passé, est ainsi l'accomplissement du calendrier fixé, depuis 1965, par Mao Tsé-toung et Chou En-laï.

Sans aucun doute, la route suivie ne fut pas toujours rectiligne, et les erreurs furent nombreuses. Il n'est aujourd'hui aucun Chinois qui ne reconnaisse qu'il est arrivé au président Mao Tsé-toung de se tromper (ce que lui-même avouait volontiers), mais la ligne générale a été suivie, elle continue de l'être, et ses réalisations sont pour l'essentiel positives.

La création la plus originale, et, jusqu'ici, la plus durable, fut celle des « communes populaires », constituées en 1958 pour articuler le travail des coopératives les plus avancées avec les administrations locales (les municipalités) et le pouvoir central. Ces communes populaires ne sont pas seulement des coopératives agricoles de dimensions plus vastes, mais des unités complexes de gouvernement local qui intègrent toutes les fonctions économiques, sociales, administratives et politiques de la communauté rurale[3].

Le but de cette institution est de mobiliser toutes les activités rurales, pour répondre à tous les besoins selon le principe de *self reliance* (compter sur ses propres forces). Il existait, en 1975, 50 000 communes populaires regroupant, en moyenne, de 10 000 à 40 000 personnes sur une superficie de 800 à 4 000 hectares.

3. Voir, à ce propos, le beau livre du Pakistanais Sartaj Aziz, *Rural Development Learning from China*, Londres, Macmillan, 1978.

La méthode employée est caractérisée par la décentralisation et l'autonomie dans l'accomplissement de leurs différentes fonctions (utilisation de la terre, irrigation, répartition de la main-d'œuvre, équilibre entre les sommes consacrées aux investissements et celles distribuées en salaires).

L'ensemble des membres de la commune élit une assemblée du peuple (de 100 à 120 membres) qui désigne un comité révolutionnaire de 10 à 25 membres, la plupart à mi-temps.

Ces communes ont la charge d'améliorer les connaissances et les techniques de leurs membres, de former les techniciens pour développer des industries répondant à leurs besoins, de répartir équitablement les revenus, d'élaborer la planification locale et de l'harmoniser avec les objectifs du Plan national de telle sorte que l'information et les décisions progressent à la fois de bas en haut et de haut en bas. Car ce qui fait l'originalité de la commune chinoise, c'est d'être beaucoup plus qu'une coopérative : elle prend en charge toute la vie sociale d'une petite communauté : elle gère l'économie, les écoles, les hôpitaux, les services sociaux, voire militaires, rapprochant ainsi, par une audacieuse centralisation locale, tous les aspects de la vie politique afin de permettre à chacun de participer à toutes les décisions et à toutes les réalisations.

Le système, en dépit d'erreurs nées d'une impatience subjective, telles que le Grand Bond en avant, ou la Révolution culturelle, présente, dans l'ensemble, un bilan positif puisque, grâce à cette décentralisation à la base, en 1975, plus de 60 % des engrais chimiques, 50 % du ciment et 65 % des tracteurs étaient produits par des entreprises à petite échelle, créées à l'échelon des provinces.

Un tel système ne peut fonctionner que dans la mesure où les participants, à tous les niveaux, sont puissamment motivés. Il est d'ailleurs significatif que, dans tous les pays se réclamant du socialisme, la coercition devient d'autant plus forte que la motivation idéologique devient plus faible.

Sans aucun doute, problèmes et contradictions demeurent, problèmes et contradictions qui surgissent d'ailleurs aujourd'hui dans tous les régimes ; il faut, à tout instant, décider d'une priorité : liberté ou égalité ? La Chine de Mao a jusqu'ici mis l'accent sur l'égalité (avec des minimums et des maximums de revenus), ce qui impliquait des limitations de liberté (limitation des consommations de luxe, de la mobilité et du choix de l'emploi, par exemple, tout en sauvegardant une certaine liberté d'expression).

Autre problème, autre contradiction : doit-on mettre l'accent sur la *self reliance* ou bien sur l'interdépendance ? L'ouverture actuelle de la Chine aux grands courants d'échanges internationaux pose ce problème avec acuité.

Croissance culturelle et harmonie sociale sont-elles plus importantes que le progrès technologique pour un développement humain ? Qui oserait affirmer que de tels problèmes se posent seulement pour la Chine ?

Et d'autres encore : peut-on développer une industrie moderne sans accentuer les différences entre la ville et la campagne ? Développer la qualification sans recourir aux stimulants matériels et à la spécialisation ? Importer massivement de l'extérieur sans affaiblir la *self reliance ?*

Ce qu'il convient de souligner, c'est que la réponse à ces problèmes, même si elle se réclame du marxisme, est une solution spécifiquement chinoise, celle au moins d'un « marxisme *sinisé* » : « La " sinisation " du marxisme, disait Mao à la sixième session plénière du Comité central en octobre 1938, c'est-à-dire le fait de lui faire porter, dans toutes ses manifestations, la marque des particularités de la Chine [...] devient un problème que tout le Parti doit comprendre et résoudre sans délai. Il faut en finir avec les formules toutes faites de l'étranger. Il faut chanter un peu moins des refrains vides et abstraits. Il faut cesser avec le dogmatisme et le remplacer par quelque chose de neuf et de vivant, par un style chinois et une manière chinoise, agréables à l'oreille et à la vue des simples gens de Chine [4]. »

Cette sinisation du marxisme présente trois caractères essentiels : le volontarisme écartant le déterminisme-scientiste ; l'humanisme chinois par opposition à l'individualisme occidental ; la dialectique taoïste comme correctif au dogmatisme de la dialectique hégélienne.

La tradition volontariste chinoise de transformation de l'homme est née de l'enseignement de Confucius, même si celui-ci lui avait donné une orientation fondamentalement conservatrice. A la différence du dualisme occidental platonicien ou cartésien, séparant l'âme et le corps, le ciel et la terre, Dieu et l'homme, le confucianisme est résolument tourné vers l'homme et vers la terre des hommes : « Vous ne savez pas comment servir les hommes, pourquoi vous inquiéter du service des esprits ? Vous ne savez pas comment vivre, pourquoi vous interroger sur la mort ? », disait Confucius. Il en tirait cette maxime pratique : « La voie n'est pas en dehors de l'homme ; celui qui crée une voie en dehors de l'homme ne saurait en faire une voie véritable. L'homme de bien se contente de transformer l'homme. » Le confucia-

4. Mao Tsé-toung, *Œuvres choisies,* Paris, Éd. sociales, 1955, t. II.

nisme met l'accent sur les biens et les obligations sociales de l'homme : « Le travail de soi sur soi mené à bien [...] On peut participer à l'administration de son pays [...] On peut contribuer à pacifier le monde. » Ce « moralisme politique », caractéristique du style de travail des dirigeants chinois, est un héritage du confucianisme. Comme l'écrit un homme qui a vécu profondément les deux cultures, un Vietnamien, le Dr N'Guyen Khac Vien : « Le confucianisme déteint souvent sur le marxisme ; en terre confucéenne la moralité révolutionnaire tend souvent à l'emporter sur la notion de loi du développement historique [5]. »

La deuxième différence fondamentale entre le marxisme chinois et le marxisme occidental tient à sa conception de l'humanisme. L'humanisme de la Renaissance européenne, celui de la Révolution française, et aussi celui de Marx qui en est l'un des plus nobles et des plus conséquents héritiers, est centré sur la défense et l'épanouissement de l'individu (grâce, chez Marx, à ses dimensions sociales). Le socialisme chinois met au contraire, d'entrée de jeu, l'accent sur la prééminence des valeurs collectives, qu'il s'agisse des revenus, des primes, ou du niveau de vie. Ici encore, le Dr N'Guyen Khac Vien souligne cette différence : « L'individualisme bourgeois, qui met sa propre individualité au-dessus de la société, l'anarchisme petit-bourgeois, qui ne reconnaît aucune discipline sociale, sont étrangers au confucianisme comme au marxisme. Quand il passe de la société traditionnelle à la société socialiste, l'homme confucéen adopte une discipline sociale nouvelle, mais, au fond de lui-même, il n'a jamais été hostile, comme l'intellectuel bourgeois, au principe même de la discipline collective, la considérant comme indispensable au développement de sa propre personnalité [6]. »

La dialectique telle que l'exprime et la pratique Mao Tsé-toung est souvent plus proche de celle du Tao de Lao Tseu que de la logique de Hegel.

Dans son étude « De la contradiction » (août 1937), Mao souligne que « la conception dialectique du monde est née en Chine et en Europe dès l'Antiquité [7] ». L'un des arguments les plus fréquemment employés par les théoriciens chinois dans leurs polémiques contre les Soviétiques et les marxistes occidentaux, c'est de s'en tenir à une conception « hégélienne » de la contradiction qui les condamnerait à un déterminisme plat et à l'économisme. Pour Mao, en effet, le

5. N'Guyen Khac Vien, « Confucianisme et marxisme au Vietnam », *La Pensée*, n° 105, octobre 1962, p. 10.
6. *Ibid.*, p. 23.
7. Mao Tsé-toung, *Œuvres choisies*, Paris, Éd. sociales, 1955, t. I, p. 370.

propre de la dialectique, c'est d'être inhérente à la nature intérieure des choses et, par conséquent, de ne pas comporter de « synthèse » finale qui en arrêterait le mouvement. Le Yin et le Yang du Tao s'opposent en une dialectique interminable, toujours renaissante. La dialectique de la lutte des classes ne s'arrête donc pas avec l'avènement du socialisme. Si bien que cette conception taoïste de la dialectique est le fondement théorique de la « révolution permanente » telle que l'entendent les dirigeants chinois, une révolution qui ne se termine avec aucune victoire. Comme l'écrivait Bertolt Brecht (et comme le confirme, hélas, l'expérience de toutes les révolutions installées) : « Il faut changer le monde, et puis il faudra changer ce monde changé. »

La thèse fondamentale « Un se divise en deux », directement empruntée à la pensée du Tao, voue ainsi à une renaissance perpétuelle l'opposition des contraires. Nul ne saurait donc être un révolutionnaire authentique sans prendre conscience de la nécessité de cette tâche sans fin de correction et de renouvellement.

Le revirement idéologique qui s'est incontestablement opéré après la mort de Mao Tsé-toung peut fort bien n'être pas une rupture avec l'essentiel de la ligne jusque-là suivie. Le plan à long terme esquissé par Chou En-laï en 1965 prévoyait, nous l'avons vu, un tournant décisif en 1980 après l'établissement d'un « système économique et industriel indépendant et relativement complet » : celui de la réalisation de 1985 à l'an 2000 des quatre grandes modernisations (agriculture, industrie, défense nationale, science et technique). L'orientation actuelle de Hua Kuo-feng ne constitue donc pas un reniement de la ligne antérieure, mais son accomplissement à une étape nouvelle du développement de l'économie intérieure et des possibilités nouvelles des relations internationales.

En fait, en politique intérieure, il y a toujours eu, en Chine, depuis la révolution de 1949, une tendance « radicale » à compter sur ses propres forces plus que sur l'« aide » extérieure, à faire passer la motivation idéologique avant les stimulants matériels, et une tendance « modérée » à miser davantage sur les échanges extérieurs et l'apport d'un niveau de vie plus élevé. Malgré les péripéties de la lutte entre les deux tendances, les révolutions de palais qu'elles suscitèrent à l'intérieur, et les politiques d'alliance conclues à l'extérieur, ces deux tendances ont toujours coexisté, et il s'agit plus d'une différence d'accent que d'un renversement de principe.

Ce qui peut donner une impression contraire, c'est qu'il existe un décalage certain entre la politique intérieure décentralisée du développement rural, où la continuité de la ligne suivie est plus apparente, et la politique centralisée du groupe dirigeant qui, sans remettre en cause l'orientation générale des communes populaires dans les campagnes, est amené à maîtriser plus ou moins bien, dans les centres industriels, l'expansion économique du secteur étatique, nécessairement plus affecté par les turbulences du marché international et des relations diplomatiques — domaine où le rapport mondial des forces conduit la Chine, comme l'Union soviétique, les États-Unis, le Japon ou les pays européens, à pratiquer beaucoup plus une politique de puissance et d'équilibre qu'une politique de principe.

Cet examen général du socialisme chinois nous offre le premier exemple d'une contestation globale du modèle de croissance occidental et du modèle de révolution soviétique et d'une contestation des fins mêmes de la vie et de l'histoire à partir d'une autre culture, confucéenne, et surtout taoïste. Bien qu'il s'agisse d'une mise en cause des finalités, n'apparaît pas, en ce cas, l'affirmation d'une foi religieuse, la mutation historique y ayant néanmoins une orientation profondément volontariste, axée sur un changement radical de l'homme.

Y a-t-il un « modèle hindou » ?

L'Inde nous offre une image inversée de la Chine.

Elle fut le premier pays colonisé à faire reconnaître son indépendance le 15 août 1947. Mais, dès son indépendance et avant même la mort de Gandhi, qui avait été l'âme de la lutte pour la libération, les dirigeants de ce pays, riche pourtant de l'une des plus anciennes et des plus profondes cultures du monde, au lieu de s'orienter vers un développement organique, enraciné dans cette culture, semblèrent fascinés par les modèles européens. Au lieu de donner un développement nouveau, inédit, aux sagesses profondes de leur peuple, ils semblèrent confondre la « modernisation » de l'Inde avec l'imitation des modèles occidentaux : le parlementarisme de Westminster et la planification soviétique.

La bourgeoisie intellectuelle, industrielle et commerçante au pouvoir, formée à l'école de l'ancien occupant, ne fit guère d'effort pour le développement rural dans un pays où 80 % de la population travaillent dans l'agriculture et où 75 % des habitants des campagnes sont des paysans pauvres ; les investissements prioritaires furent ceux de l'industrie, et, pour une large part, dominés par le capital étranger.

Ainsi, les inégalités ne cessèrent de croître entre le secteur industriel et le secteur agraire, entre quelques riches privilégiés et les masses démunies, entre les centres aristocratiques des villes et les foules misérables — refluant des campagnes, mais vouées au chômage —, et aussi entre les régions.

Dans cette situation, si caractéristique de nombreux pays anciennement colonisés mais copiant le modèle de croissance des colonisateurs, les partis se réclamant de modèles occidentaux de réforme ou de révolution, les partis travaillistes et les partis communistes, quelle que fût leur obédience, ne pouvaient résoudre en profondeur les problèmes spécifiques de l'Inde et ne remportèrent que des succès éphémères. L'État du Kerala, par exemple, fut pour un temps gouverné par un parti communiste ; ses structures économiques, sociales, spirituelles n'en furent pas pour autant déracinées, ce qui montre leur vitalité, mais elles n'en connurent pas davantage un développement et un renouveau organiques, ce qui prouve l'inefficacité de modèles et de méthodes importés de l'extérieur qui ne puisent pas dans le riche fonds hindou de culture et de rapports sociaux.

Un autre exemple est celui de l'œuvre du Dr Ambedkar, l'un des auteurs de la Constitution indienne après son indépendance. Le Dr Ambedkar était un hors-caste, un intouchable, un paria, ce qui est fort rare pour un dirigeant politique indien.

Il mena toute sa vie une lutte héroïque pour mettre fin aux odieuses discriminations imposées aux intouchables (interdiction de se marier autrement qu'entre eux, de fréquenter les temples hindouistes, de manger avec des hindous de caste et même de toucher leur nourriture, confinement dans les travaux les plus répugnants, etc.). La résistance des castes, et notamment des brahmines, était telle que le Dr Ambedkar en arriva à la conclusion que les hors-caste devaient massivement renoncer à la religion hindouiste à laquelle cette conception dégénérée du système des castes paraissait étroitement liée. Il songea à une conversion en bloc au christianisme ou à l'Islam ; mais cela signifiait se placer « en dehors de l'Inde », car l'Inde (pas plus d'ailleurs qu'aucun autre pays en dehors de l'Occident) ne se définit pas comme une « nation », au sens occidental du terme : on est hindou par appartenance à une culture ; abandonner cette culture, c'est se retrancher de l'Inde.

Pour éviter cette sécession, Ambedkar songea à une conversion au sikkhisme qui, tout en n'instituant pas de classe intouchable, demeure une branche de la culture hindoue. Finalement, le Dr Ambedkar, et, avec lui, un grand nombre d'intouchables, se convertirent au bouddhisme, qui avait été à l'origine, six siècles avant notre ère, d'une réforme démocratique de l'hindouisme contre les abus et la dégénérescence des brahmanes, avant d'avoir presque disparu de l'Inde depuis douze siècles.

Ambedkar ramenait ainsi le bouddhisme dans sa patrie première. Dans l'un de ses ouvrages, *Bouddhisme et Marxisme,* il s'attachait à montrer que ce qu'il y avait de meilleur dans le marxisme se trouvait déjà dans le bouddhisme. Selon lui, bouddhisme et marxisme tendaient vers la même fin mais différaient profondément sur les moyens. Tout en combattant violemment le modèle soviétique, il considérait, contre Gandhi, que l'avenir de l'Inde dépendait d'un développement du machinisme et du socialisme d'État.

Il fonda un parti travailliste indépendant, et fut, comme ministre de la Justice, le principal artisan de la Constitution de l'Inde dans laquelle fut officiellement abolie la discrimination jusque-là imposée aux intouchables.

Ambedkar définit à maintes reprises ce qu'il considérait comme la démocratie — qui n'était pas, selon lui, un « gouvernement par la discussion », et était beaucoup plus que ce que comporte la formule d'Abraham Lincoln « un gouvernement du peuple, par le peuple et pour le peuple » : « La démocratie, c'est une forme et une méthode de gouvernement par laquelle des changements révolutionnaires dans la vie économique et sociale du peuple adviennent sans effusion de sang. »

Définition profonde et généreuse mais abstraite, car la démocratie véritable ne peut se définir que d'une manière *organique,* c'est-à-dire comme le fruit de la longue germination de l'histoire spécifique d'un peuple et de sa culture. Or, lorsque Ambedkar reprenait la formule « liberté, égalité, fraternité », en soulignant d'ailleurs expressément qu'il ne l'empruntait pas à la Révolution française mais au bouddhisme, il ajoutait : « Ma philosophie de la vie, c'est-à-dire le modèle par lequel j'évalue ma conduite et chacun de mes actes [...], rejette la philosophie sociale hindoue, celle que nous propose la Bhagavad Gita [...], fondée sur le système des castes. »

Il rêva, jusqu'à sa mort (6 décembre 1956), d'un retour massif de l'Inde au bouddhisme qui y était né. Il comparait cette conversion d'un peuple à ce qu'avait été, dans l'Empire romain, le mouvement des masses les plus déshéritées vers le christianisme.

En réalité l'évolution de l'Inde, après son indépendance, si elle ne suivit pas la voie de développement proposée par Ambedkar, ne suivit pas davantage la voie spécifiquement hindoue esquissée par Gandhi [8].

8. L'un des développements possibles du modèle hindou est dans l'œuvre, malheureusement inédite en langue française, de Sarvepalli Radhakrishnan, qui fut président de l'Inde en 1962.

Elle s'engagea, dans les chemins tracés par l'ancien colonisateur, vers le modèle occidental de croissance, et, de ce mode de développement qui était importé et non pas endogène, découlèrent les conséquences qui se manifestèrent dans tous les pays anciennement colonisés ou dépendants.

Le cardinal Kim, de Corée du Sud, en faisait à Bruxelles, en novembre 1977, le bilan pour tous les pays de l'Asie engagés dans cette voie qu'il appelait non pas des pays « en voie de développement » mais « en voie d'antidéveloppement » :

« Dans tous les pays d'Asie qui ont choisi le modèle capitaliste de développement, le style de développement économique semble avoir pour résultat, et peut-être même pour principe, d'approfondir le fossé entre deux catégories de gens. La première catégorie est faite d'une infime minorité économiquement riche, socialement et politiquement maîtresse de l'histoire. La seconde catégorie est faite d'une majorité de gens qui sont économiquement des pauvres, politiquement des objets, socialement des instruments. Le style de développement économique qui a été choisi a pour résultat, et peut-être même pour principe, de renforcer l'appauvrissement relatif, l'assujettissement et la dépendance des masses paysannes et ouvrières par rapport aux " élites " socio-économiques, techniques, militaires et politiques qui constituent le " secteur avancé " de ces pays.

« Ce style de développement met les divers pays d'Asie en situation de dépendance accrue à l'égard de l'étranger. Quelle que soit leur situation propre du point de vue des ressources naturelles, du niveau de l'industrialisation ou de la rapidité de leur croissance économique, tous ces pays deviennent de plus en plus endettés à l'égard de l'étranger. Dépendant de l'étranger pour l'obtention des capitaux nécessaires à l'industrialisation, ces pays dépendent encore de l'étranger pour l'écoulement de leur production, c'est-à-dire pour les exportations absolument nécessaires au remboursement des emprunts qu'ils ont contractés. C'est-à-dire que les pays étrangers contrôlent le développement économique de nos pays, depuis l'octroi des capitaux nécessaires à l'industrialisation jusqu'aux marchés qui sont nécessaires pour l'écoulement de notre production, mais qui s'ouvrent ou se ferment devant nous en fonction des intérêts des pays riches. Ceci montre à quel point nos pays d'Asie sont en situation de dépendance vis-à-vis des pays riches du monde occidental. C'est pourquoi un dicton coréen dit que " si les États-Unis se mettent à tousser, le Japon s'enrhume, mais la Corée du Sud est aussitôt atteinte d'une grave bronchite, une bronchite si grave qu'elle pourrait être mortelle "... »

L'ébauche de ce que pourrait être un modèle hindou de socialisme se trouve dans l'œuvre de Gandhi, l'une des plus hautes figures politiques de ce siècle, avec Lénine et Mao Tsé-toung.

Gandhi, comme Mao, a proposé un modèle de développement différent du modèle occidental de croissance (défini par une augmentation quantitative sans fin de la production et de la consommation). Gandhi, comme Mao, a considéré qu'une révolution véritable ne peut commencer qu'à la campagne, dans les villages où vivent les trois quarts de la population de l'Inde. A partir de là, doivent naître le nouveau régime de propriété et la nouvelle technologie.

Une telle conception s'enracinait dans une connaissance profonde du paysan indien et de son histoire. Jusqu'à la domination coloniale anglaise, l'Inde n'avait pas connu la propriété privée de la terre, c'est pourquoi, bien que vivant dans la pauvreté, elle n'avait pas connu la famine.

Dans la vision indienne du monde, comme l'écrit Guy Deleury, « le droit de propriété n'est que l'expression en l'homme de l'instinct du prédateur à s'arroger un territoire comme le fait le tigre ou la panthère [...] instinct de carnivore qui engendre la guerre [9] ».

La terre, depuis des millénaires, était travaillée sur le mode communautaire, le travail comme le produit étant répartis entre les familles, une part étant réservée aux artisans en échange de leurs services, chacun pouvant cultiver la terre commune, ou faire paître son bétail. Mais lorsque l'un des gouverneurs anglais de l'Inde, Lord Cornwallis, voulut, pour prélever les taxes de l'occupant, désigner, pour chaque parcelle du sol, un propriétaire, la terre entra sur le marché, devint objet de spéculation et d'accaparement. Il y eut, dans les campagnes, d'innombrables paysans sans terre, et les grandes famines commencèrent. Dans le premier quart du XIXe siècle, où régnait sans partage la loi anglaise, il y eut 5 famines qui coûtèrent 1 million de vies humaines. Dans le deuxième quart du siècle, 6 famines avec 5 millions de morts. Dans le dernier quart, 18 famines qui tuèrent entre 15 et 26 millions d'Indiens.

La première tâche de libération à accomplir était donc une réforme agraire, reconstitution, dans la cellule de base du village, du tissu social que le colonialisme s'était acharné à désintégrer, et, à partir de là, pratiquer des techniques qui ne soient plus les grandes structures technocratiques urbaines imposées par l'occupant, mais des techniques à l'échelle humaine naissant de l'artisanat rural et ayant pour objet de répondre aux besoins du peuple et non de satisfaire les intérêts du colonialisme pillard. L'occupant avait développé, par

9. *Le Modèle hindou*, Paris, Hachette, 1978, p. 185.

exemple, au détriment des cultures vivrières nécessaires à la population, une culture à très vaste échelle du coton, acheté brut à un prix dérisoire en Inde, travaillé dans les filatures et les manufactures de tissage en Angleterre, et revendu en Inde à des prix exorbitants. On comprend, dans ce contexte, la signification symbolique, mais aussi la portée sociale et politique du geste de Gandhi appelant son peuple à filer et tisser lui-même le linge dont il enveloppe son corps. Si des centaines de millions d'Indiens suivirent Gandhi, c'est parce qu'ils sentaient que par là seulement pouvait commencer leur autonomie véritable, et que la violence est avant tout le viol de cette autonomie.

A partir de ce village à économie communautaire (nous dirions : autogestionnaire), prend son sens l'organisation sociale des « castes » (en indien *varna* ou *jati*). Le mot de « caste » évoque, pour un Occidental, l'idée non seulement de discrimination, mais d'inégalité héréditaire de classes. Si l'on traite séparément le problème des intouchables, hors-caste, que Gandhi n'a cessé de combattre, le système des castes, dans sa forme primitive, et non pas dans sa dégénérescence, éclaire la structure sociale et politique du village et de la solidarité articulée des régions (car, sauf depuis la colonisation anglaise, l'Inde, au cours de son histoire, n'a jamais constitué un État unitaire centralisé ; même l'empire des Moghols ne dominait qu'une partie de l'Inde, et d'une Inde parcellisée en unités vassales).

En son principe, ce que nous appelons caste est plutôt une communauté, ou une fonction, et elle a souvent joué dans la vie de l'Inde le rôle d'un contre-pouvoir.

Le rapport de l'homme indien avec la société ne peut pas être compris à partir de nos concepts occidentaux de l'individu ou de la classe sociale. Aux structures romaines, qui sont devenues celles de l'Occident, s'opposent les structures indo-européennes qui ont dominé l'Iran, l'Inde et aussi les sociétés celtiques.

Dans le modèle romain la domination est exercée par le pouvoir militaire ou par le pouvoir de la richesse (que cette richesse soit terrienne, comme dans le régime féodal, ou qu'elle soit celle du capital, comme dans le système bourgeois).

Dans le modèle hindou, qui s'est perpétué pendant trois millénaires, la distinction des brahmanes (hommes du sacrifice, de la relation entre l'humain et le divin), des kshatriyas (guerriers ou administrateurs), des vaishyas travailleurs de la terre, artisans, commerçants) et des shudras (chargés des besognes subalternes) tend à constituer des contre-pouvoirs qui empêchent la dégénérescence d'un pouvoir servant les intérêts de ceux qui l'exercent.

Par exemple, lorsque à partir du VIIIe siècle avant notre ère, et surtout au temps de la dynastie des Maurya (du IVe au IIe siècle), le gouvernement devint l'« art du profit » (selon le titre même d'un manifeste politique de l'époque), se produit une réaction de rejet d'une telle société où la richesse tend à devenir le premier et même l'unique pouvoir.

Sur le plan politique cela se traduisit par la naissance de véritables contre-pouvoirs, opposés à ceux de la richesse et de la force. D'abord celui des brahmanes, restés les hommes du sacrifice, mais entendu désormais non comme rite ou liturgie, mais comme sacrifice intérieur, c'est-à-dire libération du « moi » et de ses désirs insatiables. Dans une telle perspective, au sommet de la hiérarchie sociale ne règnent ni la richesse ni la force, mais la caste des brahmanes, dont le privilège principal est la pauvreté et la non-violence.

Un autre contre-pouvoir est celui de la caste des vaishyas (surtout des artisans) : à l'intérieur du village, les producteurs paysans sont l'écrasante majorité ; ils exerceraient donc un pouvoir sans partage si les hommes de caste artisanale, tissant leurs réseaux de solidarité à travers des régions entières, ne faisaient jouer à leur caste un rôle comparable à celui de nos syndicats, afin de résister à l'exploitation.

Ce n'est pas par un retour au passé mais par une rénovation, à une étape nouvelle du développement, des germes vivants qu'il portait en lui que Gandhi ouvrait la voie à l'avenir.

La non-violence n'était pas seulement, chez lui, l'héritage d'une tradition spirituelle hindoue, mais la prise de conscience, à l'étape actuelle du développement, du fait que le modèle occidental de croissance, fondé sur la stimulation du désir (et de sa permanente frustration pour la majorité du peuple) et sur la concurrence, engendre nécessairement la violence. Une technologie centralisée de l'agression permanente contre la nature porte également en elle la violence.

Le problème pour Gandhi est non seulement de refuser les fins de l'occupant colonisateur (la croissance quantitative), mais aussi ses moyens (ceux de la violence coercitive).

La non-violence, telle que la conçoit Gandhi, n'est donc nullement l'absence de violence ou la passivité : c'est une conception radicalement nouvelle des rapports des fins et des moyens ; ainsi Gandhi déclare sans équivoque : « S'il n'y avait le choix qu'entre la violence et la lâcheté, je conseillerais la violence [10]. » Gandhi, avec la non-violence, a inventé une nouvelle dialectique des rapports entre les moyens et la fin, c'est-à-dire une conception nouvelle de la révolution.

10. Gandhi, *op. cit.*

Son théorème de base pourrait s'énoncer ainsi : la fin est contenue en germe dans les moyens ; ou encore : les moyens, c'est une fin en train de naître ; ou encore : *la fin n'est jamais supérieure aux moyens mis en œuvre pour l'atteindre.* La non-violence n'a pas pour objet de « servir » une fin, mais de « créer » une fin, de donner une préfiguration de rapports humains nouveaux. Car il n'est pas vrai que l'on puisse par la violence instaurer une société non violente, que l'on puisse, par l'aliénation et la délégation de pouvoir à un élu ou un dirigeant, instituer une société fondée sur l'initiative, la responsabilité et la participation de chacun [11], que l'on puisse, à partir d'une technologie démesurée, centralisée à l'extrême, dépassant toute échelle humaine, créer un socialisme à visage humain.

Avec ce problème de l'unité absolue des moyens et des fins et de la pratique de la non-violence, *avec la doctrine du* « *satyagraha* », qui en découle, nous *approchons du thème central et inspirateur de tout socialisme authentiquement hindou :* la vision hindouiste centrale, celle de l'unité profonde de toute réalité, la doctrine de la non-dualité.

La vision centrale des Védas et des Upanishads, celle de la saisie de toute réalité et de toute vie dans son unité profonde, sa non-dualité (*advaïta*), ne nous conduit pas seulement à saisir l'unité des moyens et des fins, mais, au-delà, l'unité profonde de la réalité humaine, la continuité entre le colonisateur et le colonisé, le bourreau et sa victime.

Frantz Fanon, dans *les Damnés de la terre* [12], a décelé dans l'opprimé la présence de l'oppresseur : le colonisé a intériorisé les préjugés du colonisateur, il est pénétré du même dualisme du dominateur et du dominé. Gandhi, plus profondément encore, avait montré la continuité entre le dualisme propre au maître, qui prétend justifier sa position de maître en croyant à sa supériorité technique, intellectuelle, morale sur celui qu'il réduit en esclavage, et le dualisme qui s'est créé dans l'esprit de l'opprimé, qui en arrive à ne concevoir sa libération qu'en conquérant à son tour le statut du maître, mais dans une hiérarchie humaine qui a été définie, posée et imposée par le maître.

Or, pour Gandhi, la lutte ne se développe pas entre deux groupes antagonistes mais acquis l'un et l'autre à la même acceptation culturelle de la violence. Ce n'est pas une bataille entre deux communautés acceptant les mêmes valeurs dans laquelle les opprimés

11. Sur Gandhi et la dialectique des moyens et des fins, voir Roger Garaudy, *Pour un dialogue des civilisations,* Paris, Denoël, 1977, p. 180 à 196.
12. Frantz Fanon, *Les Damnés de la terre,* Paris, Maspero, 1961.

auraient pour objectif de devenir des citoyens de première classe dans une organisation sociale qui faisait d'eux des citoyens de deuxième classe ou de simples sujets, mais de devenir citoyens d'un monde radicalement différent qui ne comporte plus cette dualité et cette inégalité entre deux ou plusieurs classes de citoyens.

De ce point de vue, Gandhi distingue ceux qui acceptent *les fins* de l'adversaire (le maintien du système établi de domination) et qui se comportent en vulgaires « collabos » de l'occupant colonisateur, et ceux qui, refusant ces fins, et même les combattant, emploient les mêmes *moyens* (ceux de la violence).

La force de ceux qui ne partagent *ni les fins ni les moyens* de l'autre, est, selon Gandhi, la plus grande de toutes les forces, celle qui fait apparaître avec le plus d'éclat la supériorité spirituelle de l'opprimé et entraîne sa victoire. Il en a lui-même donné de sublimes exemples dont nous ne retiendrons que le dernier : au moment où, en 1947 et 1948, se déroulait en Inde une lutte sauvage entre hindous et musulmans, et où Gandhi s'opposait de toutes ses forces à la « partition » de son pays, 70 000 soldats anglais, avec un armement supérieur, ne parvinrent pas, dans le nord de l'Inde, au Cachemire notamment, à arrêter les massacres, qui firent des centaines de milliers de victimes, alors que, dans Calcutta la violente, l'explosive et la convulsive, Gandhi, le prophète désarmé, seul, par son « jeûne à mort », obtint que ne coule pas une goutte de sang.

Il ne s'agit pas d'un miracle ou d'une exception historique. C'est une vue bien superficielle et bien courte de l'histoire que d'analyser les rapports de force en comptant seulement les armes des deux camps. Lénine, lui-même, contre les prétendus « marxistes orthodoxes » qui devenaient facilement opportunistes à force d' « objectivité », mettait l'accent sur le rôle de l' « aspect subjectif » dans toute révolution. Et, plus près de nous, en Iran, n'a-t-on pas vu l'une des armées du monde, dotée des armements les plus sophistiqués et les plus meurtriers, amenée à céder devant des foules aux mains nues mais animées d'une foi qui passait à l'intérieur même du soldat au-delà des armes automatiques, de l'aviation et des blindés.

Trop de prétendus révolutionnaires oublient que les armes, si puissantes soient-elles, ce sont des hommes qui les portent, et que la force la plus grande est la foi qui leur fait parfois s'y agripper, parfois aussi les fait tomber de leurs mains.

L'un des enseignements majeurs de Gandhi, c'est précisément la conscience profonde de cette force, la seule souveraine, qui est au-dedans des hommes.

L'austérité, le jeûne, la non-violence ne sont pas seulement des *moyens* que l'on emploie lorsqu'on n'en a pas d'autres à opposer à l'ennemi, ce n'est même pas je ne sais quelle tradition (d'ailleurs plus légendaire que réelle) de principes traditionnels propres aux Indiens, de renoncement ou de passivité (il suffit d'évoquer la violence farouche des insurrections des Cipayes et de tant d'autres, au XIXe siècle et au XXe siècle), mais la conscience de la supériorité de cette unité absolue de la vie, qui est au cœur de la culture et de la sagesse indiennes : à la limite, on *ne peut pas plus parler d'hommes au pluriel qu'on ne peut parler de deux absolus.*

Un écrivain indien, Ashis Nandy, a pu dire que « toute sa vie, Gandhi a voulu libérer les Anglais autant que les Indiens de l'emprise de l'impérialisme, et les brahmines autant que les intouchables du système des castes ».

En réalité, chacun porte en lui une part de son ennemi, et il est impossible de mener jusqu'au bout et victorieusement la lutte de libération sans se libérer d'une partie de soi-même.

Telle est la leçon dernière de ce non-dualisme à l'intérieur même de soi et de cette continuité des antagonistes, chacun portant en lui une partie de l'autre. Telle est cette vision spécifiquement hindoue du « champ de bataille » où les combats intérieurs et extérieurs ne font qu'un, où l'efficacité de l'un dépend de la profondeur de l'autre.

Nous ne pourrions pas saisir ce qu'il y a de spécifique — et, pour nous, d'un si riche apport par sa différence même à l'égard de notre propre vision — dans le socialisme hindou, dont Gandhi fut la préfiguration la plus haute, si nous n'étions pas passés (dans la deuxième partie de ce livre) par l'initiation à l'hindouisme et à l'*advaïta* des hymnes védiques et des Upanishads. Pas plus que nous ne pourrions saisir pleinement l'apport original du socialisme chinois sans être passés par l'initiation au confucianisme et au taoïsme.

L'Amérique latine, des civilisations indiennes aux « théologies de la libération ».

« Notre mère, c'est l'Amérindie, notre père c'est l'Espagne », écrit Enrique Dussel[13].

Nul, en effet, ne saurait comprendre l'apport, de valeur universelle,

13. Enrique Dussel, *Histoire et Théologie de la libération*, Paris, Éd. ouvrières, 1974, p. 36.

de l'Amérique latine à la conception et à la réalisation d'un socialisme de type nouveau, sans tenir compte de la double contribution des cultures autochtones de l'Amérique, notamment celles des Incas, des Mayas, des Aztèques, et des actuelles « théologies de la libération », libérant le christianisme de la chrétienté et de ses perversions grecques et romaines.

L'apport des cultures indiennes a été systématiquement nié et détruit par les conquistadores espagnols.

C'est seulement au XXe siècle, avec les pionniers de la « renaissance indienne » (l'Indien maya-quitché Adrian Chavez, et l'Indien aymara [des Incas de Bolivie] Fausto Reynaga) que fut exhumé le riche héritage humain des grandes cultures de l'Amérique « préhispanique ».

Le phénomène est d'autant plus signifiant que les Indiens autochtones constituent la majorité de la population dans quatre pays de l'Amérique latine : ils sont 9 millions d'Incas au Pérou sur 15 millions et demi, 4 millions et demi sur 6 millions et demi en Équateur, 3 millions et demi sur 4 millions et demi en Bolivie, et 4 millions d'Indiens mayas sur 6 millions d'habitants du Guatemala. Il existe, en outre, de fortes minorités comme au Mexique où vivent 10 millions de Mayas et d'Aztèques sur 60 millions d'habitants, et 600 000 Incas au Chili sur 10 millions d'habitants.

Alors qu'ils ont été pratiquement exterminés aux États-Unis et au Canada, les Indiens sont environ 40 millions dans l'ensemble du continent américain.

Mais, plus important encore que leur nombre est le fait qu'ils sont les héritiers de hautes civilisations, notamment celles des Incas, des Mayas, des Aztèques, qui, avant le massacre systématique perpétré par les Occidentaux au XVIe et au XVIIe siècle, étaient à la pointe de la technique en ce qui concerne l'hydraulique et l'irrigation, l'agronomie avec la rotation des cultures et la sélection des animaux d'élevage, l'architecture, la médecine, l'astronomie, les mathématiques, et professaient de grandes religions. Cet héritage culturel leur a permis de résister à cinq siècles de colonialisme sauvage.

Les problèmes actuels de l'Amérique latine sont inintelligibles pour qui conserve encore le préjugé occidental selon lequel, par exemple, le Pérou ne commence à exister que lorsque l'Européen le « découvre », ou la Chine quand Marco Polo y parvient.

Lorsque l'Indien maya-quitché Adrian Chavez a traduit le livre sacré de ses ancêtres mayas le *Pop Vu* (que l'on appelle d'ordinaire, en Occident, le *Popol Vuh*), c'est-à-dire le « Livre des événements », qui n'est pas une simple « chronique », mais qui condense les grandes étapes de la civilisation indienne, il a donné le fil conducteur pour comprendre cette haute culture.

Fausto Reynaga, Indien aymara, a résumé l'âme de cette culture : « Le premier enseignement que les parents, avant toute école, transmettaient à l'enfant était celui-ci : Tu vois cet enfant qui est en face de toi ? Pense que ses yeux sont comme les tiens, et que lui aussi te regarde ; c'est comme si c'était toi avec un autre visage [...] Plus tard, devant le champ de maïs, ils lui disaient : Regarde la petite plante de maïs qui commence à pousser grâce à la pluie et à la lumière du soleil. Tu dois savoir que la pluie, le soleil, l'air et la terre travaillent tous ensemble pour aider la petite plante à grandir. Tous les êtres du monde travaillent en collaboration. Or, pense que tu te nourris de maïs et donc qu'il y a, en toi, quelque chose que t'ont donné la pluie, le soleil, l'air et la terre, que tu es né de leur fécondation, qu'elles constituent ta substance même ! On lui enseignait ensuite des idées supérieures pour le conduire jusqu'au désir cosmique qui devait l'inciter à apprendre, à chercher, à agir collectivement dans le tout de la croissance de l'univers. De cette éducation naquirent des astronomes, parmi les plus grands de l'humanité, des mathématiciens qui inventèrent, avec le zéro, les lois des progressions numériques, cette invention qui rendit possible tous les calculs [...] Tels sont les fondements de la conscience de l'homme pré-américain. Le Bien c'est de nous acheminer tous ensemble vers un plus être, avec la joie profonde d'aider au cheminement de tous. Tel est l'enseignement cosmique du *Popol Vuh.* »

Pour l'Indien, l'homme occidental, isolé du cosmos, saccage la nature ; isolé de l'autre homme et de la communauté, il engendre les deux grands fléaux de l'histoire : la propriété privée et la guerre.

Le socialisme de modèle occidental ne met pas fin à ces maux parce qu'il n'est pas pénétré de la vision indienne fondamentale : l'homme est solidaire de l'univers, et tous les êtres ne forment qu'une seule communauté. « Le communisme marxiste, écrit Reynaga, ne tient pas compte de la dimension cosmique de l'homme : il s'isole de la terre. Tout comme un christianisme platonicien enseignait : dédaigne la matière et sauve ton âme. » Cette vision occidentale, chrétienne ou marxiste, est dualisme, séparation, alors que, selon la vision indienne, « chaque être doit vivre, par nature et librement, de manière cosmique et communautaire ».

D'une telle vision du monde, un groupe d'Indiens péruviens, descendants des Incas, tiraient, en 1977, une conception originale du socialisme.

Au point de départ de leurs réflexions sur le socialisme inca était une vision religieuse du monde. La divinité suprême est pour eux féminine : Pachamama, qui est toute chose et mère de toute chose. Tout ce qui existe dans l'immensité de l'espace fait partie d'elle et provient d'elle. Dans cette vision intégrative de l'univers comme unité infinie, Pachamama englobe le temps comme l'espace. Le passé a engendré le présent (c'est pourquoi il est aussi présent), de même que le présent est en train de créer le futur (c'est pourquoi il est aussi futur). Pachamama porte en elle tous les possibles qui naîtront dans le futur.

A la différence de l'Occidental qui cherche à ravir les richesses de la nature et à en tirer profit, l'Indien n'est pas en lutte contre la nature, il vit en harmonie avec elle. « Les Incas considéraient que la nature, qui n'est autre que la divine Pachamama, non seulement nous donne la vie, mais nous protège, nous permet de nous développer, veille sur nous. Elle se réjouit lorsque dans ses champs en fleurs nous sommes en harmonie avec elle. Elle s'attriste quand nous transgressons ses lois [...] La maladie est une rupture avec l'ordre de la nature [14]. »

Ce texte nous invite à une méditation cosmique sur les édifices cyclopéens de Machupicchu ou d'Ollantaytampy : « Les Incas pensaient que la vie habite les oiseaux, les plantes, les animaux, les montagnes, les rochers. C'est pourquoi ils taillèrent les pierres avec les pierres, pour ne pas les blesser ; c'est pourquoi ils élevèrent les murs en pierres si parfaitement travaillées qu'elles jouxtent les unes avec les autres et qu'elles se soutiennent mutuellement. Ils firent cela avec amour car il faut aimer les pierres comme on aime ses parents, ses frères, sa communauté. L'Occidental a perdu cette sorte d'amour... c'est pourquoi il ne parvient pas à comprendre ces monuments... Il n'a pas d'amour pour les pierres, comme nous les Indiens [15]. »

De même, les Indiens ne considérèrent jamais les métaux précieux comme un moyen d'accumuler des richesses. Pour eux, l'or, l'argent étaient des métaux propres à l'expression plastique, que Pachamama leur offrait de ses entrailles pour qu'ils exaltent toutes les manifestations du beau existant au sein de l'harmonie universelle, alors que les barbares conquistadores fondirent en lingots la plupart de ces œuvres artistiques. Seules furent épargnées quelques pièces du Mexique qui firent l'admiration d'Albert Dürer : « Tout cela est bien plus beau à

14. Pour toute cette description du « socialisme inca » nous suivons de très près les textes indiens publiés par le centre Croissance des Jeunes Nations et l'Université catholique, document n° 23 : « Paroles du mouvement de libération indienne », avril-juin 1968.
15. *Op. cit.*

voir que des prodiges [...] Et de toute ma vie je n'ai jamais rien vu qui m'ait plus réjoui le cœur que ces choses. Car j'ai vu là des œuvres d'un art singulier et j'ai été saisi d'admiration devant la subtile ingéniosité des hommes dans les pays étrangers [16]. »

De cette vision unitaire, intégrative, communautaire de la vie, qui caractérise la spiritualité indienne, découle la forme spécifiquement inca du socialisme. Même si les Indiens actuels du Pérou nous en donnent peut-être une version idéalisée et préconisent un retour à elle comme à un âge d'or, cet âge d'or inversé, projeté dans l'avenir, constitue une utopie fécondante pour l'élaboration d'un socialisme à visage humain et divin.

A la différence des Occidentaux, disent les Indiens du Pérou, héritiers des Incas, le monde n'est pas pour nous un champ de bataille où l'homme est un loup pour l'homme. Ils perçoivent au contraire le monde comme un tout naturellement harmonieux, peuplé de gens apparentés entre eux puisqu'ils naissent tous de la même mère, Pachamama. De cette conception indienne de la fraternité cosmique naît l'esprit communautaire, comme de la conception individualiste de l'Occident naît l'égoïsme.

Les Incas, conscients de leur unité en la divine Pachamama d'où ils émanent tous, considèrent que chacun, du seul fait de sa naissance, a le droit de jouir d'une parcelle de terre, mais cet usufruit n'implique pas la propriété, car personne ne peut être propriétaire de l'indivisible Pachamama. Le travail ne nous oppose pas à la nature ; il nous identifie à elle tout comme il nous permet de vivre pleinement.

Pour les Incas, loin d'être une malédiction et un châtiment, le travail s'identifiait avec la joie de vivre. Dans le travail, ils s'éduquaient, ils renforçaient leurs liens mutuels, et, par là même, se reliaient à Pachamama. C'est pourquoi leurs plus belles fêtes, des semailles à la moisson, leurs chants, leurs danses, toutes leurs expressions de la joie de vivre étaient reliées à leur travail.

Pour eux, écrivent en 1977 leurs descendants, « gouverner signifie faire que tout le monde travaille dans la joie ». Alors que, pour l'Indien d'Amérique, l'Occident a apporté le travail forcé, le chômage et la misère.

A partir de cette conception du travail, pour les Incas, *l'organisation économique est ordonnée à l'organisation sociale,* alors qu'en Occident, sous tous les régimes, esclavagiste, féodal, capitaliste (et même chez ceux qui se disent « socialistes »), l'organisation sociale a été subordonnée à l'économie. L'exemple le plus typique — dont les Indiens

16. A. Dürer, *Lettres,* Paris, Éd. Hermann, 1964, p. 123.

d'Amérique eurent le plus à souffrir — est celui du capitalisme, où les dirigeants des entreprises les plus puissantes disposent du pouvoir effectif alors qu'ils n'ont d'autre visée que la croissance et le profit de leurs entreprises, sans avoir la moindre vocation « sociale ». L'idéal inca du socialisme implique ainsi une inversion radicale : partir non des exigences de la production économique et du profit, mais des besoins réels d'un peuple et de son harmonie sociale.

Du point de vue politique, la société inca est composée de communautés (*ayllus*) qui se gouvernent d'elles-mêmes. A tous les niveaux, l'ayllus, unité sociale de base, à la fois centre de production et d'éducation, se gouverne elle-même : des assemblées communales et des conseils formés par les « sages » de la communauté élisent un chef qui n'est que le premier entre des égaux. Même le Sapan Inca est ainsi élu par le Conseil d'État.

La femme jouit des mêmes droits que l'homme. Non seulement le pouvoir suprême, divin, est exercé par une divinité féminine, Pachamama, mais la plus petite unité humaine n'est pas l'individu, mais le couple.

Le Manifeste du mouvement indien péruvien en 1978, se référant au système des Incas, proclame : « Nos problèmes catastrophiques ne pourront être résolus par le gouvernement actuel ni par aucun des partis de mentalité ou d'inspiration occidentales, mais à partir des principes communautaires incas [17] [...] le capitalisme est la plus grande création de l'Occident, alors que la plus grande création indienne est l'ayllus, qui est, par essence, communautaire et socialiste. »

Identité culturelle et libération sont étroitement liées dans le mouvement indien, et cette lutte pour l'identité culturelle et la libération ne peut être réduite à la lutte de classes, même si celle-ci en est une composante.

Il y a d'ailleurs, dans le mouvement actuel, des tendances diverses. Alors, par exemple, que les Indiens du Pérou posent le problème du socialisme en termes de « retour aux sources » d'un socialisme inca considéré par eux comme la forme la plus pure de la société communautaire et socialiste, les Indiens de l'Équateur (relevant également de la filiation inca) ont une attitude moins intransigeante, notamment à l'égard de la technologie occidentale, bien qu'ils considèrent, eux aussi, qu'une certaine technique rompt les équilibres naturels et les équilibres sociaux et qu'ils refusent le modèle occidental de croissance. Les Indiens shuar de l'Équateur écrivent par

17. Rappelons que les Indiens du Pérou constituent la majorité (9 millions sur moins de 16 millions) et sont ainsi dans la situation d'un peuple opprimé par une minorité coloniale.

exemple : « Utiliser les outils de la civilisation ne conduit pas nécessairement à imiter le Blanc, mais plutôt à partager avec lui un trésor commun à l'humanité tout entière auquel toutes les cultures, à toutes les époques, ont apporté leur contribution. »

De même, sans adopter en bloc le marxisme, ils trouvent en lui des instruments d'analyse des lois de la croissance du capitalisme et du sous-développement des pays du tiers monde, sous-développement qui est un corollaire de la croissance des pays industrialisés.

Le problème du socialisme, en Amérique latine, n'est donc pas un produit d'importation : il a des racines profondes dans les grandes civilisations bien antérieures aux « grandes invasions » de l'Occident au XVIe siècle.

Le christianisme non plus n'est pas arrivé, chez les Incas du Pérou, chez les Mayas et les Aztèques du Mexique, dans un vide spirituel. C'est cette deuxième composante du mouvement actuel de libération de l'Amérique latine qu'il convient d'examiner pour discerner, dans ce continent immense, les germes de l'avenir.

Ce que les conquérants européens, les conquistadores, apportèrent d'abord en Amérique, ce fut la destruction, le pillage, la servitude et la mort. Ce fut le génocide indien, perpétré par des hommes qui n'avaient d'autre supériorité que militaire : une marine puissante, le cheval, les armes à feu, le canon.

Au lieu de s'ouvrir à ces hautes cultures, ils accomplirent « la destruction des Indes [18] », selon le titre même d'un grand témoin, l'évêque Barthélemy de Las Casas dont le père avait été un compagnon de Christophe Colomb. Il avait commencé sa vie en recevant des terres volées aux Indiens et en les exploitant par le travail forcé jusqu'à ce que, prenant conscience du crime commis dont il était complice, il se convertisse, renonce à la propriété de ces terres et de ces hommes, née dans le sang, et devienne à la fois le témoin, le premier historien du crime, et l'apôtre militant et solitaire de la « protection des Indiens ». Il fut longtemps le seul, et demeura parmi le nombre infime de prêtres, qui, avec Vasco de Quiroga, surent proclamer : « Je ne suis pas l'évêque des Espagnols mais des Indiens », qui, avec le dominicain Montesinos, dès 1511, osèrent distinguer christianisme et hispanité, qui, avec Toribio de Mogrovero,

18. Barthélemy de Las Casas, *La Destruccion de los Indias,* traduit en français sous le titre *Très brève relation sur la destruction des Indiens,* Paris, Mouton-De Gruyter, 1974.

ien président de l'Inquisition de Grenade, après avoir su s'ouvrir à culture arabe en Espagne, essaya encore de comprendre et d'aimer l'Indien. Ce furent là quelques exceptions héroïques d'hommes en butte à l'administration coloniale, comme Valdivioso qui, pour avoir tenté un ultime effort pour « s'ouvrir » à l'Indien, fut assassiné par le gouverneur, en 1650, en Amérique centrale.

Le dieu que le christianisme officiel apportait et qui servait de prétexte « spirituel » à l'invasion, au massacre et au nouvel esclavage, était une sanglante idole. C'était d'abord un christianisme strictement occidental, hellénisé et romanisé depuis des siècles, refusant de reconnaître toute culture autre que gréco-romaine, fossilisé depuis des siècles dans la scolastique. Dans le cas de l'Espagne, c'était pire encore : depuis près de huit siècles, depuis 718, c'est-à-dire aussitôt après les premiers débarquements des Arabes, en 711, accueillis, on l'a vu, en libérateurs, la lutte de l'Église d'Espagne pour la reconquête avait commencé. Pendant près de huit siècles, la « chrétienté » s'identifia à la guerre, à la « guerre sainte ». Alors que dans le reste de l'Europe, depuis deux siècles, plus personne ne songeait aux croisades, l'Espagne continuait la sienne jusqu'à la fin du XVe siècle : en 1492, c'est la chute de Grenade et du dernier royaume arabe d'Espagne. C'est aussi l'année où Christophe Colomb débarque en Amérique. La conquête de l'Amérique apparaissait, dès lors, comme la continuation de la croisade. Seule la frontière avait changé. Elle passait désormais par les Caraïbes. La même guerre, commencée en 718 en Espagne, se poursuivit, d'un même mouvement, jusqu'à ce que les conquérants, Pizarre sur les Andes et Cortès au Mexique, eurent détruit les Empires des Incas et des Aztèques[19]. Alors, en 1620, ils déposèrent les armes après mille ans d'une guerre continue, qui avait été une guerre d'extermination, ignorant et détruisant les plus prestigieuses civilisations dont quelques vestiges épars attestent encore la splendeur, de l'Alhambra de Grenade aux ruines de Machupicchu.

De 1492 à 1551, toute une civilisation est détruite par les Espagnols, après la chute des Empires inca et aztèque. L'Indien meurt, ou est contraint au travail forcé dans les terres qui lui ont été volées pour devenir la propriété des envahisseurs (les *encomiendas*). Toutes les structures politiques sont anéanties comme l'avait été l'économie savante de leurs systèmes d'irrigation, de leurs réseaux routiers, de leur urbanisme géant et raffiné : depuis 1524, tout le pouvoir

19. Nous suivons ici la très forte analyse faite par l'Argentin Enrique Dussel dans son livre fondamental : *Histoire et Théologie de la libération, op. cit.*

colonialiste est aux mains du Conseil des Indes qui, d'Espagne, gouverne et le continent américain et l'Église, décidant à la fois des entreprises commerciales, de la guerre ou de la fondation de diocèses et de « missions ». En 1767, les jésuites seront chassés parce qu'ils étaient le seul ordre qui n'admettait pas que le roi d'Espagne désigne les missionnaires.

Ces missionnaires, depuis 1620, ont cessé de parler aux Indiens dans leur langue, les paroisses sont créées par les chefs de ces camps de travail forcé que sont les encomiendas de telle sorte que le christianisme puisse jouer son rôle dans l'entreprise de domination coloniale : garantir la résignation et la soumission des peuples opprimés. En 1816, une Encyclique condamne les révolutions des Amériques pour l'indépendance comme, vingt-cinq ans plus tôt, la papauté avait condamné la Révolution française. D'ailleurs ces guerres d'émancipation « nationale » n'apportent rien aux peuples : seules les oligarchies dominantes rompent le lien colonial avec l'Espagne pour faire un pacte plus profitable avec les Anglais et entrer dans le schéma néo-colonial tracé par Adam Smith : l'Amérique latine vend ses matières premières à l'Angleterre et devient un débouché pour les produits manufacturés anglais. Cette intégration au système capitaliste amène au pouvoir, au milieu du XIXe siècle, une bourgeoisie « libérale » qui emprunte volontiers à la France une idéologie positiviste et athée, aux États-Unis leur technique et leur pragmatisme.

Cette bourgeoisie, qui a fait sa richesse non par une véritable industrialisation mais surtout par l'exploitation de travailleurs réduits à la misère, est balayée par la crise de 1929, et, depuis lors, face aux assauts de masses populaires misérables, les castes militaires prennent directement le pouvoir avec l'aide des États-Unis qui utilisent ces armées pour faire, à leur profit, la relève du néo-colonialisme anglais. Ces armées dites « nationales » sont, en fait, les « courroies de transmission » servant à maintenir leur peuple sous le joug des États-Unis.

Avec la chute de la bourgeoisie laïcisante et athée, l'Église catholique profite du revirement conservateur pour essayer de réaliser une nouvelle « chrétienté » en créant ses propres organismes de pouvoir dans l'enseignement, la politique et l'économie (écoles confessionnelles, syndicats chrétiens, action catholique, partis de démocratie chrétienne). Dussel écrit : « Le temps dépensé pour le maintien de la chrétienté est du temps perdu pour le christianisme[20] », et ajoute : « Bien que Christophe Colomb soit arrivé en

20. *Ibid.*, p. 106

Amérique en 1492, c'est seulement aujourd'hui que nous sommes en train de découvrir l'Amérique, surtout l'Amérique latine [21]. »

Découvrir l'Amérique, c'est découvrir tout ce qu'elle portait en elle de spécifique, dans la richesse de ses cultures et de ses civilisations, c'est découvrir les occasions perdues de l'histoire, c'est-à-dire la possibilité d'enraciner la foi à partir d'une culture qui ne soit pas seulement occidentale, gréco-romaine, mais à partir des valeurs vécues des Incas ou des Aztèques. C'est être capable de prendre ce recul par rapport à soi-même, de relativiser sa propre culture, de comprendre ce qu'il y a de contingent dans le fait que le christianisme, depuis le début du IVe siècle, s'est exprimé dans les cadres de la philosophie grecque et a triomphé politiquement en empruntant les hiérarchies de l'Empire romain. Alors, seulement, des cultures et une foi pourront se déployer et créer un monde nouveau sans avoir à renier ou à abandonner leur propre civilisation, mais en la fécondant et en la transformant de l'intérieur.

Cette prise de conscience, en théologie, ne s'est produite qu'à partir de 1962. Jusque-là, les théologiens avaient toujours fait une théologie européenne, théologie dogmatique partant des postulats formulés dans le langage d'une culture étrangère, et non pas théologie fondamentale partant de ce qui est vécu par un peuple pour lui faire prendre conscience des principes derniers qui sous-tendent sa propre pratique.

Saint Paul avait déjà montré, dès le Ier siècle, qu'il n'était pas nécessaire d'être juif pour devenir chrétien, et qu'un Grec ou un Romain pouvaient vivre l'expérience du Christ à l'intérieur de leur propre culture. Mais, pendant vingt siècles, l'Église en est restée là : la philosophie grecque était sa seule manière de penser ses dogmes, la hiérarchie impériale romaine était sa seule forme d'organisation, le latin était la seule langue sacrée.

C'est ainsi qu'elle perdit le monde : l'Islam n'a jamais été évangélisé parce qu'on prétendait le couler dans le moule gréco-latin, alors que l'Islam ne peut être évangélisé qu'à partir de l'Islam. On ne se dépasse et l'on ne peut s'enrichir de l'apport des autres que par un développement organique, intérieur, à partir du mouvement profond que l'on porte en soi. De même n'ont été touchés profondément ni les hindous, ni les Chinois, ni les Africains. Au XVIe siècle, Rome refusait à un grand précurseur, le prêtre Ricci, le droit de célébrer une liturgie de « rite chinois », adaptée de la liturgie romaine. Comme si le latin

21. *Ibid.*, p 36.

seul était la langue sacrée, et non l'arabe, le chinois, ou toute autre langue.

Il fallut attendre le dernier tiers du XXe siècle pour que l'on commence à comprendre ce qu'il y avait de misérablement appauvrissant dans cet « européocentrisme », aussi bien pour le christianisme que pour le socialisme.

Sur ce point, l'Amérique latine, avec ses « théologies de la libération », a donné le premier exemple. Après les ouvertures du Concile de Vatican II, « ouverture au monde », malgré bien des timidités, des réticences, des résistances et des compromis, un mouvement irréversible était enclenché pour faire germer la semence chrétienne sur de nouveaux terrains culturels (en Amérique latine, en Asie, en Afrique), et sur de nouveaux terrains sociaux (à partir de la prise de conscience que le divin ne se réalise pas seulement dans l'ordre et la conservation mais dans le mouvement, fût-ce un mouvement de libération, de révolution, de mutation).

Dès 1967, en réponse à l'appel angoissé du pape Paul VI dans son Encyclique *Populorum progressio* sur le développement, était publié un premier « message de quelques évêques du tiers monde » dont l'un des signataires était un Brésilien, Dom Helder Camara, archevêque d'Olinde et de Recife. Il y était dit clairement que « toutes les révolutions ne sont pas nécessairement bonnes [...] Mais l'histoire montre que certaines étaient nécessaires et ont produit de bons fruits [et que] l'Évangile a toujours été, visiblement ou invisiblement, par l'Église *ou hors des Églises* [souligné par nous — R.G.], le plus puissant ferment des mutations profondes de l'humanité depuis vingt siècles ».

« [...] Après le Concile des voix s'élèvent, énergiques, pour qu'on en finisse avec cette collusion temporaire de l'Église et de l'argent dénoncée de divers côtés [...] Dès qu'un système cesse d'assurer le bien commun au profit de l'intérêt de quelques-uns, elle doit non seulement dénoncer l'injustice, mais se dégager du système inique, prête à collaborer avec un autre système mieux adapté aux besoins du temps et plus juste.

« [...] Si, pendant un siècle, l'Église a toléré le capitalisme [...], peu conforme à la morale des prophètes et de l'Évangile, elle ne peut que se réjouir de voir apparaître dans l'humanité un autre système social moins éloigné de cette morale [...] Bien loin de bouder la socialisation, sachons y adhérer avec joie, comme à une forme de vie sociale mieux adaptée à notre temps et plus conforme à l'esprit de l'Évangile.

« [...] Nous avons eu le tort de nous accommoder de principes juridiques païens hérités de la Rome antique [...] le droit civil de l'Empire romain païen fut conservé sous le vêtement de la tradition ecclésiastique. »

Et de conclure : « Si certains prétendent accaparer pour eux-mêmes ce qui est nécessaire aux autres, c'est un devoir pour les pouvoirs publics d'imposer le partage qui n'a pas été fait de bon gré [...] » Les évêques signataires reprenaient, pour finir, l'appel lancé, un an plus tôt, dans le Manifeste des évêques du Nord-Est brésilien, à Recife, le 14 juillet 1966 : « Nous vous exhortons à rester fermes et intrépides, comme ferment évangélique dans le monde du travail, confiants dans la parole du Christ : Redressez-vous et relevez la tête, car votre délivrance est proche (Luc XXI,28)[22]. »

Ainsi naissaient les « théologies de la libération », dont le caractère commun est de montrer qu'il ne peut pas y avoir de capitalisme à visage humain mais qu'il peut, en revanche, même s'il existe des perversions du socialisme, exister un socialisme à visage humain, celui qui ne fait pas abstraction des dimensions divines de l'homme : la transcendance et l'amour. En 1971, dans un document de travail préparé pour le Synode, les évêques péruviens écrivaient : « Les chrétiens *doivent* opter (et pas seulement « peuvent ») en faveur d'un socialisme qui ne soit pas bureaucratique, ni totalitaire ni athée, mais un socialisme qui soit humaniste et chrétien. »

Dès août et septembre 1968, c'était, à Medellin, l'ensemble de l'épiscopat de l'Amérique latine qui prenait position en affirmant que « la paix, en Amérique latine, n'est pas la simple absence de violence ou de sang versé [...] la justice est une condition indispensable de la paix [...] Sont responsables des injustices tous ceux qui n'agissent pas en faveur de la justice avec les moyens dont ils disposent et restent passifs par peur des sacrifices et des risques personnels qu'implique toute action audacieuse et véritablement efficace [...] Le chrétien est pacifique, mais il n'est pas simplement pacifiste, car il est capable de combattre ».

Sans doute la célébration du dixième anniversaire de la conférence de Medellin, à Puebla, en 1979, n'a rien apporté de nouveau par rapport à Medellin, mais elle ne l'a pas désavouée. Elle n'en a pas non plus stoppé le dynamisme car, si elle ne les a pas exaltées, elle n'a pas condamné les « théologies de la libération ».

C'est là un point essentiel, car les théologies de la libération marquent une étape nouvelle dans le devenir de l'Église d'Amérique latine et ont, comme nous le verrons, donné une impulsion décisive à

22. Ce manifeste a été publié par *Témoignage chrétien*, 31 juillet 1966.

la vie chrétienne dans tout le tiers monde et même en Europe et aux États-Unis.

Car Medellin, en dépit de ses aspects éminemment positifs, demeurait dans la perspective de l'idéologie et de la théologie du développement. Or la notion même de développement, dès la fin des années soixante, c'est-à-dire au moment de l'échec de ce que l'on appelait la « décennie du développement », apparaissait de plus en plus, en Amérique latine, comme une idée réformiste et même réactionnaire. Parler de développement, même lorsqu'on ne le définit pas par les critères purement économiques de la croissance à l'occidentale (élévation du produit national brut, c'est-à-dire augmentation quantitative de la production et de la consommation), implique toujours qu'il n'y a qu'une seule trajectoire du développement, celle qu'a parcourue l'Occident, et que tous les autres pays du monde sont considérés comme sous-développés ou en voie de développement selon la place qu'ils occupent sur cette trajectoire, c'est-à-dire selon leur plus ou moins grande ressemblance avec les structures et le devenir des sociétés industrialisées, développées. La notion de développement implique donc toujours une intégration aux valeurs occidentales de croissance.

Or l'événement historique fondamental, à la fin des années soixante, vers 1968, c'est la prise de conscience de cette réalité historique cruciale : le sous-développement du tiers monde est un sous-produit de la croissance des pays capitalistes industrialisés. Il en est la conséquence nécessaire.

Un tel développement, loin d'aider à l'épanouissement des peuples, accroît partout les inégalités à l'intérieur de chaque pays, industrialisé ou non, et, sur le plan mondial, accroît les inégalités entre les pays occidentaux ex-colonisateurs et les pays du tiers monde autrefois colonisés.

Le problème central est donc de rompre cette dialectique de l'implication réciproque de la croissance et du sous-développement. Ce mouvement de rupture s'est exprimé, dans le christianisme d'Amérique latine, par le passage des « théologies du développement » aux « théologies de la libération ».

Dès lors, il ne s'agissait plus de bavarder sur le leurre du développement (c'est-à-dire d'une industrialisation réalisée par les sociétés multinationales, de l'extérieur, et dont les implantations ne profitaient qu'à 5 % ou 10 % de la population, à la bourgeoisie et à la haute bureaucratie « collaboratrice » de l'étranger, et aggravaient la misère et l'exode des campagnes en même temps que l'extension et le chômage des bidonvilles autour des grands centres urbains), mais. au contraire, de travailler et de lutter pour la libération à l'égard de cette nouvelle dépendance et de cette nouvelle servitude néo-colonialiste.

Les théologies de la libération sont nées de la prise de conscience de ce caractère fondamental de la réalité latino-américaine (qui s'est révélée consonante avec la situation historique des pays du tiers monde dans les autres continents).

Le caractère le plus remarquable de cette théologie, c'est d'opérer une grande inversion par rapport aux théologies occidentales : au lieu de partir de l'Évangile pour tenter d'en déduire une « politique tirée de l'Écriture sainte » (à la manière de Bossuet et de ses émules modernes de la prétendue « démocratie chrétienne », ou une « doctrine sociale », à la manière de Léon XIII et de ses successeurs, des syndicats dits « chrétiens », pratiquant en fait la collaboration avec les forces dominantes), la théologie de la libération part des luttes réelles des peuples, de leur pratique libératrice et révolutionnaire, les déchiffre et leur donne leur pleine dimension humaine à la lumière du message de l'Évangile.

Partant ainsi « des questions et des actes nés du monde de l'histoire », la théologie de la libération considère que le lieu privilégié de la révélation divine, c'est la participation à la lutte des peuples. Une telle théologie cesse d'être un « opium du peuple » pour devenir le ferment, le levain de ses combats, car, pour transposer la formule célèbre de Marx, elle ne se contente plus d'interpréter le monde, elle contribue à le changer. La transcendance émerge ainsi de l'immanence, sans extériorité par rapport à elle, appelée par elle comme son accomplissement plénier.

Le problème majeur de la théologie de la libération, tel que le pose, par exemple, le Père Gustavo Gutierrez [23] au Pérou, c'est d'articuler le « salut » en Christ et le mouvement de libération, de penser et de vivre l'absolu dans l'histoire, d'établir un juste rapport entre la foi et l'action politique, entre le Royaume de Dieu et la construction concrète d'un monde nouveau. Selon lui, la lutte pour la libération est un lieu privilégié de l'annonce de la Bonne Nouvelle de l'Évangile, car le péché n'est pas seulement individuel, il est collectif. Il y a péché partout où un être humain est empêché de déployer pleinement son humanité, c'est-à-dire sa divinité. Il y a péché chaque fois que cette image de Dieu qu'est l'homme est défigurée, bafouée par l'exploitation, l'oppression, la dépendance, la misère et la violence institutionnalisée. C'est ce que le Père Guttierrez appelle le « péché objectif »

23. Gustavo Gutierrez, *Théologie de la libération*, Bruxelles, Lumen Vitae, 1974

ou le « péché historique ». La situation actuelle de l'Amérique latine, écrit-il, est « une situation de péché ».

La lutte pour la libération prend alors sa signification profonde, toute sa dimension humaine : elle est à la fois libération politique de l'oppression et de l'exploitation ; libération historique, car l'histoire tout entière est mouvement de libération de l'homme ; libération du péché, qui est la libération ultime. Il n'y a pas dualisme entre libération « intérieure » du repliement égoïste sur soi et libération « historique » du « péché objectif » de la domination des puissances extérieures : je ne puis changer le monde sans me changer moi-même, car je fais partie de ce monde, et je ne puis me changer moi-même sans participer activement au changement du monde, car ce changement m'oblige, par les résistances qu'il m'oppose, à m'ouvrir à l'autre, à sortir de mon insularité.

Cette théologie, qui est d'abord prise de conscience critique de ce que nous sommes en train de vivre, ne se laisse pas ligoter par les discours hypocrites sur la violence et le refus chrétien de la violence. Nous vivons dans un monde de violence et nous y participons de fait chaque jour, non pas seulement en acceptant d'être soldat, policier ou militant d'une organisation politique pour le maintien de l'ordre et de ses injustices, mais simplement en restant passif devant les injustices de chaque jour. Dans son livre, *Spirale de la violence*[24], Dom Helder Camara distingue trois sortes de violence : la première, mère de toutes les autres, est la « violence institutionnelle », celle qui légalise et perpétue les dominations, les oppressions et les exploitations, celle qui écrase et lamine des millions d'hommes dans ses rouages silencieux et bien huilés ; la seconde est la « violence révolutionnaire », qui naît de la volonté d'abolir la première ; la troisième est la « violence répressive », qui a pour objet d'étouffer la seconde en se faisant l'auxiliaire et la complice de la première violence, celle qui engendre toutes les autres. Il n'y a pas de pire hypocrisie que de n'appeler « violence » que la seconde, en feignant d'oublier la première, qui l'a fait naître, et la troisième qui la tue.

Dans la réalité historique quotidienne nous n'avons jamais le choix entre la violence et la non-violence. Nous sommes toujours pris dans l'inexorable réseau d'une réalité violente. Si je condamne comme violence la lutte de l'esclave pour sa libération, ou même si je fais silence sur sa servitude, je me rends complice, par mes criailleries hypocrites ou par ma passivité, de la violence permanente du maître qui le tient enchaîné.

24. Dom Helder Camara, *Spirale de la violence*, Paris, Desclée de Brouwer, 1970

La foi, dans la perspective de la théologie de la libération, devient une pratique libératrice. Nous devons à la foi de ces chrétiens d'Amérique latine quelques-unes des plus hautes contributions de la foi chrétienne à un socialisme digne de notre temps : la pédagogie de la « conscientisation », et les « communautés de base ».

La pédagogie de la « conscientisation » du Brésilien Paolo Freire inverse la démarche traditionnelle de la pédagogie qui est adaptation de l'enfant ou de l'étudiant aux besoins de l'ordre existant, de ses exigences techniques ou de son ordre politique et idéologique. Chez Paolo Freire, la « pédagogie des opprimés » fait au contraire de l'éducation une « pratique de la liberté », c'est-à-dire qu'au lieu de viser à reproduire et à perpétuer les valeurs de l'ordre établi, elle a pour objet la prise de conscience des contradictions de cet ordre. Sa tâche est d'appeler à l'invention de l'avenir, à la création de projets propres à surmonter les contradictions présentes. Elle aide à prendre conscience de l'exigence d'une lutte pour la libération des actuelles dominations. « La conscientisation, écrit Paolo Freire, consiste à apprendre à percevoir les contradictions sociales, politiques et économiques, et à agir contre les éléments d'oppression contenus dans la réalité [25]. » Il y a là une conception libératrice de la culture. Elle valut à Paolo Freire d'être exilé du Brésil par la dictature des militaires valets de l'ordre américain. Une telle culture est l'un des ferments les plus actifs pour combattre la conception d'une pédagogie et d'une culture de type positiviste ou pragmatique selon laquelle la technique pouvait apporter réponse à tous les problèmes de l'homme.

Les « communautés de base » sont l'une des créations les plus originales de l'Amérique latine, et le germe d'un socialisme intégrant les valeurs de la foi. Les théologiens de la libération n'ont jamais caché le rôle qu'avait joué leur réflexion sur le marxisme pour dénoncer la mystification et les pièges du développement, et pour élaborer une stratégie de la libération. Le Père Guttierez, en particulier, n'a cessé de méditer sur les enseignements de son compatriote péruvien Mariategui, l'un des théoriciens les plus originaux du marxisme en Amérique latine. Mais la contribution la plus remarquable de l'Amérique latine à l'élaboration d'un socialisme créé non d'en haut et du dehors, à partir de doctrines importées d'Occident par des « marxistes » qui n'avaient ni l'ouverture ni l'enracinement de Mariategui, mais à partir des besoins quotidiens et de l'expérience des masses. A la base, ce sont les communautés qui se sont formées en

25. Voir à ce sujet les deux livres clés de Paolo Freire, *Pédagogie des opprimés*, Paris, Maspero, 1974, et *L'Éducation, pratique de la liberté*, Paris, Éd. du Cerf, 1971.

dehors de toute institution officielle et de tout parti, lorsque de petits groupes ou des villages ont pris en charge leur propre destin, sans attendre des directives ou des aides de l'extérieur, pour construire des ponts ou des écoles, creuser des puits et des canaux d'irrigation, aménager des routes, et mettre en commun leurs expériences et leurs initiatives, leur méditation vitale [26]. Un évêque du si pauvre Nord-Est brésilien, Dom Fragoso, évêque de Crateus, a évoqué le jaillissement de créativité de ce mouvement communautaire [27].

Ainsi naît un projet humain nouveau, à partir de la base, et auquel les Occidentaux eux-mêmes devront s'ouvrir, pour y apprendre à sortir de l'impasse où les techniques, les technocraties et les bureaucraties propres à son modèle de croissance et à son modèle de culture les ont pour l'instant conduits.

Du « socialisme africain ».

Les problèmes d'identité culturelle et de lutte libératrice, posés par les théologiens de la libération en Amérique latine, sont aujourd'hui repris dans toutes les Églises chrétiennes du tiers monde, soulignant avec une force croissante le caractère contingent de l'expression occidentale, gréco-romaine, de la foi chrétienne, et exigeant qu'elle soit un ferment au cœur de toutes les cultures et qu'elle s'y enracine.

La première conférence épiscopale de l'Asie sur le développement, tenue à Manille (Philippines) en novembre 1970, après avoir rappelé que l'Asie représente les deux tiers de la population du monde et que 60 % de ses habitants y ont moins de vingt-cinq ans, a rappelé que ce continent est celui des plus vieilles et des plus hautes cultures. La résolution finale (chapitre 12) « appelle à un dialogue ouvert, sincère, et permanent, avec nos frères des grandes religions de l'Asie, afin que nous apprenions des autres à nous enrichir spirituellement et comment travailler ensemble à notre tâche commune d'un épanouissement humain total » ; (chapitre 13) « appelle à développer une théologie asiatique afin que la vie et le message de l'Évangile soient toujours plus incarnés dans les riches cultures historiques de l'Asie ».

Le même appel, plus lancinant encore et plus exigeant, retentit,

26. Voir notamment : Mariategui, *Sept Essais d'interprétation de la réalité péruvienne*, remarquable analyse marxiste de l'histoire du Pérou, Paris, Maspero, 1968, traduite en français quarante ans après sa publication à Lima.

27. Dom Fragoso, *Évangile et Révolution sociale*, Paris, Éd. du Cerf, 1969.

après six autres années de maturation et de fécondation réciproque, en août 1976, à Dar es Salam (Tanzanie), dans le Manifeste du dialogue œcuménique de théologiens du tiers monde.

Après avoir dénoncé encore une fois la lourde responsabilité des Églises chrétiennes dans leur complicité avec le colonialisme, le Manifeste ajoute que « ces dernières n'ont pas encore appris à contester les successeurs des colonisateurs, c'est-à-dire les puissants pays d'Europe, d'Amérique du Nord et du Japon. On n'a pas vu non plus s'élaborer une théologie apte à neutraliser les abus des héritiers des marchands coloniaux, c'est-à-dire les grands pillards que sont les sociétés multinationales d'aujourd'hui [...] Le Concile Vatican II et le Conseil œcuménique ont donné une impulsion à l'engagement des chrétiens dans la construction d'un monde plus juste et pour l'ouverture aux autres religions [...] En Amérique latine, la " théologie de la libération " exprime cette analyse et cet engagement. A Cuba, au Vietnam, en Angola, au Mozambique et en Guinée-Bissau, des groupes de chrétiens ont été engagés dans les luttes révolutionnaires [...] L'étude des religions traditionnelles, la promotion d'une spiritualité indigène sont des préoccupations de groupes chrétiens dans les pays d'Asie et d'Afrique [...] Nous rejetons comme insignifiant un type académique de théologie séparée de l'action. Nous sommes prêts pour une radicale rupture qui fasse de l'engagement le premier acte théologique introduisant à une réflexion critique sur la pratique historique du tiers monde ».

Nous avons, au cours de ce chapitre, lié étroitement les évolutions récentes du socialisme et de la foi parce que nous avons la certitude que ce qui ouvre et enrichit l'un, ouvre et enrichit l'autre, et qu'ils forment désormais un bloc indissoluble. C'est ce qui apparaîtra mieux encore avec la foi et le socialisme africains comme avec la foi et le socialisme islamiques.

L'héritage religieux de l'Afrique est particulièrement riche. C'est à la fois celui des cultes traditionnels, du christianisme et de l'Islam. Il était donc normal qu'y naquît l'exigence la plus forte de l'identité culturelle. Le christianisme et l'Islam se rejoignaient sur ce point. Saint Paul écrivait, dans son Épître aux Hébreux (I,1-2) : « Souvent, dans le passé, Dieu a parlé à nos pères par les prophètes sous des formes fragmentaires et variées ; mais, dans les derniers temps, il nous a parlé par ce Fils, qu'il a établi héritier de toutes choses et par qui il a créé les mondes. » Le Coran, lui aussi, rappelle, à maintes reprises, qu'à chaque peuple Dieu a envoyé des prophètes qui parlaient dans sa langue : « Nous n'avons jamais envoyé un messager, sinon dans le langage de son peuple, afin qu'il puisse leur rendre clair le message » (Coran XIV,4).

Dès 1659, après les erreurs commises un siècle plus tôt lorsque Rome interdisait au Père Ricci de créer un « rite chinois », la Congrégation de la foi donnait aux missionnaires de Chine des directives diamétralement opposées : « Ne mettez pas votre zèle et ne cherchez d'aucune manière à persuader ces peuples de changer leurs rites, leurs usages et leurs coutumes, à moins qu'ils ne soient, de toute évidence, contraires à la religion et aux bonnes mœurs. Quoi de plus absurde que de vouloir importer en Chine, la France, l'Espagne, l'Italie, ou toute autre région d'Europe ? Ce n'est pas cela que vous avez à apporter, mais la foi, qui ne rejette ou ne porte atteinte aux rites et aux usages d'aucun pays, à moins qu'ils ne soient foncièrement mauvais, mais qui cherche, au contraire, à les garder intacts [28]. »

Après plusieurs siècles de colonialisme, qui ont occulté cette haute et compréhensive vision du monde, a réémergé, avec les indépendances des pays longtemps colonisés, cette méditation sur les traductions humaines de la révélation. Lors de la séance d'ouverture de la faculté catholique de Fribourg, le 15 novembre 1961, le cardinal Béa déclarait : « L'histoire des dogmes [...] fait apparaître clairement, comment nombre de formules théologiques, qui sont l'expression de vérités immuables, ont été conditionnées, dans leur rédaction, par les conceptions idéologiques de l'époque où elles ont vu le jour ; il faut les comprendre et les juger dans cette lumière. Ces formules peuvent parfois n'exprimer qu'un aspect d'une vérité éternelle et insister sur cet aspect ; elles n'auront pas élaboré toute la plénitude et la profondeur de la vérité qu'elles expriment [29]. »

A partir de cette reconnaissance explicite des médiations humaines de la révélation, des prêtres de l'Afrique noire se sont interrogés, au colloque d'Abidjan (Côte-d'Ivoire), du 12 au 17 septembre 1977, sur la manière africaine de percevoir et de vivre le message du Christ.

L'une des plus grandes leçons de ce colloque, et qui a une portée universelle, c'est, à mon sens, de nous avoir fait prendre conscience, tout au moins pour les trois grandes religions prophétiques (judaïsme, christianisme, Islam), que c'est un fétichisme « pré-abrahamique » non seulement de parler d'un « peuple élu » (qu'il soit juif, occidental ou arabe), mais de considérer qu'une seule langue est sacrée (que ce

28. Collection « S.C. Prop. Fide. », vol I (1622-1866), p. 42.
29. Texte dans *La Documentation catholique*, n° 1368, 2 janvier 1963, col. 115.

soit l'hébreu, le latin ou l'arabe). Il n'y a pas d'autre lieu d'élection de la présence divine que le cœur de l'homme et de tout homme. Déjà, dans l'Ancien Testament, Naaman le Syrien s'indignait de ce que le prophète Élisée l'envoyât se baigner sept fois dans les eaux du Jourdain : « Est-ce que les fleuves de Damas, s'écriait-il, ne valent pas toutes les eaux d'Israël ? Ne pourrais-je pas m'y baigner pour être purifié [30]. »

Lorsque la télévision italienne interviewait Mgr Zoa, évêque noir de Yaoundé (Cameroun), sur le rapport des religions africaines traditionnelles avec le catholicisme, l'évêque répondait sans hésitation : « Pas de problème, car nous sommes les héritiers légitimes de la religion africaine traditionnelle [31]. »

L'expérience africaine de Dieu, avant le christianisme, n'est pas plus loin du christianisme que ne l'était l'idéologie religieuse gréco-romaine [32].

Cet effort africain pour libérer le christianisme de la gangue socio-culturelle judéo-méditerranéenne, dans laquelle il était jusqu'ici enclos, a une portée universelle car elle conduit à relativiser le modèle occidental de culture, aussi bien pour la foi que pour le socialisme. Les temps sont venus où « catholique » n'est pas synonyme de « romain », et où le socialisme ne se réduit pas à un « marxisme-léninisme ».

Pour nous en tenir, provisoirement, au christianisme, les théologiens africains ont proclamé avec force qu'ils n'avaient pas à rompre avec les solidarités essentielles de la famille, avec leurs relations selon la chair, avec le monde des ancêtres, mais qu'au contraire leur foi intégrait, sans l'exclure, ce moment d'une communion indivisiblement charnelle et spirituelle, avec leur lignée humaine, ce moment d'une appartenance à la grande communauté des vivants et des morts et de ceux qui naîtront.

De même, au centre de toute religion africaine — comme d'ailleurs de toute religion, depuis les Védas —, il y a le sacrifice qui établit l'harmonie entre l'homme et le divin : c'est l'appel des vivants au secours invisible des ancêtres et de Dieu. Le sacrifice de la Messe,

30. Livre des Rois II, 5-12.
31. Colloque d'Abidjan, Éd. Présence africaine, Paris, 1978, p. 195.
32. Les formes les plus insidieuses du racisme pour donner de l'Africain une image barbare réapparaissent à tout instant : l'un des exemples les plus typiques est la récente campagne contre l'excision du clitoris imposée aux jeunes filles dans certaines ethnies africaines. Certes, qui ne condamnerait cette mutilation de la femme ? Mais que signifient ces hypocrites indignations et cette tardive vertu alors que pendant un siècle de domination absolue des Occidentaux sur l'Afrique rien n'a été fait pour abolir ces pratiques sur laquelle on organise une bruyante campagne au moment même où les Africains, à Nairobi, proclament leur volonté d'y mettre fin ?

l'Eucharistie, perdrait-il son sens dans une région où l'on ne cultive ni le blé ni la vigne ?

En Afrique, la danse exprime le dynamisme et l'accroissement de la vie. L'enfant africain, sur le dos de sa mère, apprend à découvrir le rythme du monde en accompagnant les pas de danse de sa mère. La danse, cette célébration fondamentale de la vie, cette relation primordiale avec le monde, avec la communauté et avec Dieu, dans la société africaine, n'est-elle pas la base de toute liturgie, fût-elle chrétienne ?

L'initiation de l'adolescent africain n'est-elle pas le signe que la personne ne se déploie que dans la communauté à laquelle le rite initiatique l'intègre, comme un participant responsable, par une obéissance qui est adhésion intérieure à sa vérité essentielle ?

L'Africain considère l'homme comme inséparable de la nature, et c'est ce que l'Européen appelle faussement l' « animisme ». L'homme est une étincelle de la divinité, et c'est ce que l'Européen confond avec le « polythéisme ».

L'homme ne peut être mutilé de ce qui est essentiel à sa vie : la participation avec la communauté, et c'est ce que l'Européen individualiste appelle la négation de la personne.

La même polémique que nous avons dû conduire contre les théologiens de type romain doit être menée contre ceux que le président Julius Nyerere appelle les « théologiens du socialisme » qui n'ont d'autre référence que le pseudo-marxisme occidental dont Staline et les dirigeants soviétiques ont écrit la « vulgate ».

Si l'on veut comprendre ce que peut être un socialisme africain, il est indispensable d'en dégager les racines spécifiques dans la culture et l'histoire des peuples africains.

En Afrique, en dehors de l'Algérie et des colonies portugaises, il n'y a pas eu de révolutions proprement dites, c'est-à-dire de mutation radicale de l'économie, de la politique et de la culture. L'objectif de la plupart des mouvements d'indépendance était l'affirmation de l'identité culturelle à l'intérieur de frontières tracées surtout depuis la conférence de Berlin (1895) par les puissances coloniales et sur la base de leurs rapports de force à la fin du XIXe siècle.

Les partis qui accédèrent au pouvoir avaient des revendications d'indépendance économique et politique, mais pas de stratégie précise pour la conquérir. Dès lors, à l'heure des indépendances, le problème fondamental ne fut pas celui de la répartition des richesses mais de leur production, et les dirigeants arrivant au pouvoir eurent à définir une stratégie du développement.

Très peu choisirent ouvertement une voie capitaliste, car le capitalisme, dont l'accumulation primitive avait été réalisée grâce au pillage colonial, était associé au colonialisme et à l'impérialisme, c'est-à-dire avec les causes profondes du sous-développement. Presque tous cherchèrent donc une voie autonome qu'ils appelèrent le « socialisme africain ».

Les « décollages » économiques saisissants de l'Union soviétique et de la Chine exercèrent aussi leur attraction dans ce choix du socialisme : ils offraient des modèles d'un développement rapide.

Mais le socialisme européen était né de la *révolution agraire* qui avait opposé possesseurs et non-possesseurs de la terre et de la *révolution industrielle* opposant capitalistes et prolétaires. C'est dire que le mouvement socialiste européen, né de ces conflits, ne peut penser le socialisme sans son père : le capitalisme.

Or, en Afrique, avant l'invasion coloniale, la propriété communale de la terre était une tradition. C'est l'étranger qui avait introduit la propriété privée de la terre et l'idée que la terre est une marchandise qui peut s'acheter et se vendre sur le marché. De cette situation historique est née la thèse, notamment chez le président Julius Nyerere, en Tanzanie, que le socialisme devait se greffer directement sur la « communauté » paysanne africaine [33].

De là une tendance, assez générale chez les socialistes africains, à rejeter la notion de lutte de classes, celle de socialisation des moyens de production (puisque les biens — notamment la terre — sont déjà collectivisés dans la société africaine traditionnelle), celle du rôle dirigeant de la classe ouvrière puisque, dans des sociétés à très large dominante agricole, le travailleur urbain est déjà en quelque sorte « privilégié ». Tout cela est vrai dans une large mesure, pour la société précoloniale, mais il est vrai aussi que le colonialisme a ébréché les structures anciennes et a imposé les siennes propres, avec leurs contradictions internes.

L'intégration forcée au marché capitaliste mondial a créé en Afrique une industrialisation perverse et une économie difforme,

33. Ce problème avait été déjà posé à Karl Marx par Véra Zassoulitch : la tradition russe de propriété communautaire (le *mir*) ne permet-elle pas de passer directement au socialisme en sautant l'étape du capitalisme. Marx, qui était aux antipodes du dogmatisme de la plupart de ceux qui se réclament de lui répondait : « Oui, cela est possible. » (Lettre de Marx à Véra Zassoulitch, 8 mars 1881, in *Œuvres de Karl Marx*, Paris, Gallimard, coll. « La Pléiade », t. II, p. 1558.)

c'est-à-dire ne répondant pas aux besoins des peuples africains mais aux exigences de la croissance sauvage de l'Occident.

Pour ne retenir que deux exemples : dans l'actuelle économie du Niger, les investissements de l'État représentent 17 %, les investissements privés 7 %. Tout le reste (plus des trois quarts) étant étranger, l'essentiel des profits va à l'extérieur. Un autre exemple de cette industrialisation perverse : la firme Pechiney exploite la bauxite de la Guinée, mais la traite au Cameroun.

Dès lors, la préoccupation centrale d'un socialisme proprement africain, chez Julius Nyerere, en Tanzanie, notamment, est de parvenir à un développement autonome (*self reliance*), car un véritable développement ne peut être réalisé par une « aide » extérieure, qu'il s'agisse de dons, de prêts ou d'investissements de sociétés multinationales.

L'erreur de base serait de croire que le développement commence avec l'industrialisation à tout prix. Les résultats de la « première décennie du développement » (1960-1970) en ont fourni la preuve éclatante. S'engager dans cette voie, c'est accepter le postulat selon lequel on ne peut pas construire le socialisme sans construire d'abord les bases du capitalisme. Le sanglant échec soviétique a valeur d'exemple.

Refusant de faire subir aux paysans les frais de l'industrialisation (à la manière soviétique), la Tanzanie a élaboré une stratégie du développement donnant priorité au développement rural. Sans copier le modèle chinois, Julius Nyerere s'en est manifestement inspiré. 4 % seulement de la population tanzanienne habitant les villes, c'est au village d'abord qu'il faut créer la vie meilleure. Ainsi l'industrie doit répondre aux besoins des campagnes : fabrication d'outils et d'engins agricoles, d'engrais, d'énergie, de transports, usines textiles, raffineries de sucre et de pétrole.

Le premier problème, pour la Tanzanie, était moins une répartition plus égale des terres qu'un rassemblement en villages de familles disséminées pour lesquelles il n'était pas possible d'organiser des ouvrages d'intérêts collectifs (irrigation, santé, éducation, amélioration des techniques agricoles). Le remembrement s'opérant trop lentement en raison du freinage d'habitudes ancestrales, les possibilités d'une vie coopérative furent parfois créées d'une manière autoritaire, voire brutale : entre août et septembre 1974, des millions de personnes furent transférées sur des territoires qui n'étaient pas toujours bien choisis pour y créer, à partir de terres en friche, villages et cultures. En juin 1975, près de 9 millions de Tanzaniens (plus des deux tiers de la population rurale) étaient ainsi réunis en villages, selon le mot d'ordre du TANU (Tanganyka African National Union) créé par Julius Nyerere en 1954 dans la lutte pour l'indépendance.

Alors, il fut possible de construire des écoles, des hôpitaux, des routes, c'est-à-dire aussi de développer un marché en expansion pour la satisfaction des besoins collectifs ou individuels des paysans (logement, habillement, puits, canalisations, etc.).

L'ensemble de ces orientations était fondé sur trois principes : donner priorité au développement rural, compter sur soi (*self reliance*), décentraliser le pouvoir par une participation active des membres des communautés aux décisions.

Ce socialisme tanzanien reçut le nom d'*ujamaa* qui, en swahili, signifie famille élargie ou communauté autonome.

La charte de ce socialisme spécifiquement africain est formulée dans la Déclaration d'Arucha du 5 février 1967, qui définit l'ujamaa, la communauté de base traditionnelle, par trois caractères fondamentaux :

1. *mutual involvement :* à la différence de l'individualisme occidental, chaque Africain a conscience que chacun fait partie de l'autre ;
2. propriété communautaire et non privée ;
3. obligation du travail pour tous ceux qui sont en état de l'accomplir.

Loin d'idéaliser le passé, la communauté traditionnelle, Nyerere en souligne les limites : d'abord la situation inférieure qui était celle des femmes, ensuite un très bas niveau technique. La tâche assignée au socialisme est de surmonter ces faiblesses, de transformer une masse pauvre et illettrée en un peuple dont chaque citoyen soit responsable de l'avenir de tous. La cellule de base de ce nouveau « tissu social » est, en général, un village de dix familles ou de dix maisons, réunies de proche en proche, en districts, régions et conférence nationale fonctionnant et se dirigeant de façon autonome, c'est-à-dire que chaque décision est prise non pas centralement mais au niveau où se posent les problèmes.

L'existence d'un parti unique, le TANU, tient au fait qu'il est né du mouvement national qui a cristallisé les aspirations à l'indépendance. Julius Nyerere, pas plus en matière de démocratie qu'en matière de socialisme, n'a cherché à importer une idéologie ou des structures étrangères. La démocratie n'est pas nécessairement le régime des partis ou la délégation de pouvoir de type parlementaire tels qu'ils ont été conçus en Occident. La démocratie athénienne était le privilège oligarchique des maîtres d'esclaves. La Déclaration d'indépendance américaine, puis la Déclaration des droits de l'homme et du citoyen de la Révolution française s'accommodaient fort bien de l'esclavage et n'en parlaient même pas. L'Angleterre s'offrait en modèle de la démocratie occidentale tout en régnant sur un empire colonial asservi par la force. On comprend, dès lors, l'ironie de Julius Nyerere sur « la démocratie de Westminster [...] introduite en Afrique par des lecteurs de Stuart Mill ». Le moins qu'on puisse dire est qu'en ce domaine de la démocratie, un Occident, qui a asservi l'Afrique pendant plusieurs siècles et en poursuit aujourd'hui, sous d'autres formes, l'exploitation, peut difficilement se présenter en donneur de leçons.

En revanche, un facteur essentiel de libération, pour des pays longtemps colonisés, est une transformation radicale du mode d'éducation. L'ancien occupant cherchait délibérément à substituer à la sagesse africaine le savoir d'une autre société, créé pour les besoins d'une autre société. Conserver ce système eût conduit à maintenir les structures et les hiérarchies anciennes en remplaçant, dans le meilleur des cas, le dominateur blanc par un dominateur noir.

Le mode d'éducation que Julius Neyrere cherche aujourd'hui à instituer en Tanzanie est caractérisé par deux traits principaux :

1. encourager l'esprit coopératif, communautaire, la promotion collective du village et non la course à la promotion individuelle ;
2. appliquer le principe selon lequel « le travail est partie intégrante de la culture ».

Ainsi, les écoles doivent se suffire à elles-mêmes y compris du point de vue alimentaire. Chaque élève doit cultiver la terre ou participer à un travail productif. Les programmes, enracinés dans cette expérience quotidienne, accordent priorité à l'enseignement de l'agriculture, de la botanique, de la biologie, de l'hygiène, des mathématiques, de la pratique des arts, si bien que la présence de l'école dans le village, et sa participation aux activités du village, est un ferment d'une promotion collective et un moyen d'accès à une vie plus riche pour la communauté rurale tout entière au lieu de préparer la promotion individuelle et l'exode individuel de quelques-uns vers la ville.

Le mouvement d'ensemble de ce socialisme africain, à tous les niveaux (économique, politique et culturel), est inspiré par une foi prophétique. Que cette foi soit d'inspiration chrétienne ou islamique, elle repose sur ce qui en est le dénominateur commun : la dimension transcendante de l'homme, fondement du respect dû à chacun, et de l'effort accompli par tous pour développer en chacun l'étincelle divine qui est en lui.

Nous n'en sommes pas au socialisme, aime à répéter Julius Nyerere. Nous ne faisons encore que commencer. Mais cette manière de « commencer » constitue déjà une interrogation, pas seulement pour la Tanzanie et pour toute l'Afrique, mais pour l'ensemble du tiers monde et pour les pays qui se croient ou se disent développés : développés pour qui ? développés pour quoi ?

C'est à ces questions capitales, remettant en cause non seulement l'imitation du modèle occidental de croissance mais l'intégration à ce modèle, que répondirent, du 12 au 16 février 1979, les peuples groupés dans l'OUA (Organisation de l'unité africaine) réunis à Monrovia (Libéria) dans un colloque sur les Perspectives du développement de l'Afrique à l'horizon 2000.

Le point de départ de cette réflexion prospective fut le constat de « l'échec mortel des stratégies actuelles », c'est-à-dire de deux prétendues « décennies du développement », et du « résultat d'une politique de développement centrée sur les villes : le sous-emploi et le chômage atteignent des niveaux alarmants en touchant 45 % de la population active [...] une mortalité infantile de 137 ‰, ce qui est le taux le plus élevé du monde, et une dépendance vis-à-vis de l'extérieur, même dans le domaine alimentaire ».

Les remèdes proposés vont tous dans la voie où s'est engagé le socialisme tanzanien : « La seule vision possible pour l'horizon 2000 est un changement de cap radical. »

1. « Atténuer les pressions qui s'exercent dans le sens d'une migration des campagnes vers les villes [...] par des politiques d'industrialisation qui évitent la concentration urbaine. »

2. Mettre fin à la confusion entre croissance et développement, ce qui implique que « l'objectif, pour l'an 2000, est de se défaire de l'orientation générale actuelle qui accepte sans discussion le concept et la pratique du transfert de technologies, alors que les technologies apportées par l'Occident ne permettent pas un développement endogène de l'Afrique, c'est-à-dire une Afrique libérée de la faim, de la maladie, de l'ignorance, du chômage, d'inégalités sociales et culturelles, de pressions et d'agressions extérieures ». Cela suppose que l'Afrique compte d'abord sur elle-même et sur « la libre et effective participation de la population ».

3. Pour accomplir cette mutation, l'unité africaine est une nécessité. La première étape « consisterait en la création d'un marché commun africain fondé sur une coordination et une intégration progressives, et qui se ferait par cercles concentriques en fonction des zones économiques existant actuellement sur le continent ». Cette forme première d'unité permettrait non seulement la libre circulation

des produits (y compris des denrées alimentaires, des textiles, des énergies et de développement des sources nouvelles d'énergie – solaire, éolienne, géothermique, déchets organiques —, en même temps que de l'exploitation de l'énorme potentiel hydro-électrique de l'Afrique), mais aussi des hommes et des idées, le sens de cette « réappropriation des valeurs culturelles », définies en 1976, à Port-Louis, dans la Charte culturelle de l'Afrique, afin, par cette « technologie radicale », de « féconder les villages et les communautés de base ».

Dans une telle perspective, il ne s'agit plus de mesurer la croissance par le critère occidental aberrant du produit national brut : « Le colloque propose que le degré de dépendance d'un pays vis-à-vis de ses importations alimentaires soit considéré désormais comme l'un des indicateurs prioritaires de son niveau de développement. » D'autres critères, ajoute la résolution de Monrovia, peuvent être « l'accès à l'emploi, l'accès à la terre, la répartition de l'eau, la possibilité d'utiliser des matériaux locaux de construction, le degré d'alphabétisation et de connaissance de sa *propre* culture, l'éradication des maladies dues au défaut d'hygiène, l'efficience des transports en commun *en fonction* du nombre de points desservis, le caractère effectif de la participation aux décisions concernant la communauté et la gestion de ses affaires ».

« Ce n'est plus le temps de la division internationale du travail. C'est le temps du développement de l'autonomie créatrice des peuples dans un échange international rééquilibré. »

Ces conclusions rejoignent celles qui se sont dégagées du premier stage de l' « Université des Mutants[34] » qui s'est tenu au Sénégal, dans l'île de Gorée, du 8 janvier au 8 avril 1979, avec la participation de dix pays africains, et dont l'hypothèse de travail était qu'un ordre économique nouveau, en Afrique, exige, comme l'une de ses conditions nécessaires, un ordre culturel nouveau respectant l'identité africaine.

L'expérience de l'Afrique a valeur universelle.

Le problème central de toute révolution véritable dans le monde est celui non pas seulement d'une mutation d'un régime de propriété

34. J'ai baptisé cette université, que j'ai conçue et créée à Gorée, au Sénégal, Université des Mutants, parce qu'on appelle mutant, en biologie, un individu d'une espèce existante portant déjà en lui les caractères d'une espèce nouvelle en train d'opérer sa mutation. Par analogie, on peut appeler mutant, dans l'histoire des sociétés, un homme ou un groupe d'hommes portant en lui le projet d'un ordre économique, social et culturel nouveau, et préparant ainsi une « mutation historique ».

(condition nécessaire mais non suffisante), mais d'une mutation du modèle de croissance, de la culture et de la foi, implicite ou explicite, qui sous-tend ce modèle.

République islamique. Socialisme islamique.

Le plébiscite, en Iran, de la république islamique proposée par l'ayatollah Khomeiny, a posé au monde entier un double problème : d'abord celui de l'interprétation de l'événement iranien, ensuite celui des perspectives ouvertes ; que sera une république islamique ? Une société islamique peut-elle être, ou devenir, un « socialisme islamique » ?

A en juger par la presse écrite et parlée, dans le monde occidental, les différentes interprétations proposées ont un caractère commun : elles sont toutes *réductrices*. Elles ignorent la spécificité de la révolution iranienne et tentent de la faire entrer dans les catégories politiques classiques de l'Occident, ce qui est la manière la plus infaillible de n'y rien comprendre.

Que signifient, par exemple, les concepts de « droite » et de « gauche » par rapport à la réalité de cette révolution ?

On a essayé d'abord d'analyser le phénomène de l'extérieur, à partir des rapports de force à l'échelle internationale : le mouvement est-il pro-soviétique ou pro-américain ? Les deux hypothèses sont absurdes : comment peut-on imaginer que les États-Unis — qui étayaient le pouvoir du shah avec 40 000 conseillers militaires et un matériel qui en faisaient l'une des armées du monde les mieux équipées et une force d'intervention possible pour maintenir l'ordre dans toute la zone du golfe Persique, où se trouve la plus forte concentration de gisements pétroliers, et qui avaient là, pour leur marché, un client fastueux et docile — aient eu la folie de déstabiliser le régime, et avec lui, tout le Moyen-Orient ? De même comment imaginer que l'Union soviétique, avec ses 2 000 kilomètres de frontières communes avec l'Iran, et, au-delà de ces frontières, des communautés musulmanes en pleine expansion démographique (elles représenteront bientôt un tiers de la population soviétique), et manifestant une fidélité profonde à l'Islam, prenne le risque fou de déclencher en Iran un mouvement populaire religieux en opposition radicale avec cette « théologie athée » qui constitue la « religion d'État » en URSS et y joue, comme toute religion d'État, le rôle idéologique de sacralisation du pouvoir ? Une contagion islamique, dans un tel contexte, ferait courir un danger réel d'éclatement du système soviétique.

D'autres ont tenté, avec les instruments d'un « marxisme » simpliste, de réduire le mouvement en ne lui donnant pour cause que les contradictions économiques du régime iranien du shah. Sans aucun doute ces contradictions sont réelles et profondes. Une militarisation écrasante, engloutissant la plus grosse part du budget de l'État, une industrialisation anarchique réalisée non pas en fonction des besoins du peuple iranien mais des exigences des firmes multinationales qui régnaient en maîtresses absolues, la dilapidation des immenses revenus pétroliers non pas pour préparer dans le long terme les infrastructures du pays et les besoins collectifs mais les appétits de 5 % à 10 % de la population (spéculateurs et « collabos » des multinationales), une urbanisation démentielle ruinant l'agriculture et l'artisanat, laissant les paysans dans le dénuement et ne misant que sur l'importation de produits de luxe étrangers au point que les énormes revenus du pétrole ne suffisaient plus à couvrir les achats extérieurs et créaient même la rareté de certains produits alimentaires par l'abandon de l'agriculture et la dislocation de l'appareil productif ; enfin, brochant sur le tout, une corruption dépassant toute limite dans les milieux proches de la Cour et chez les privilégiés du commerce extérieur, tout cela a contribué à dresser la quasi-totalité du peuple contre le régime du shah. Mais, au-dessus de tout cela, à travers tout cela aussi, ce qui était fondamentalement mis en cause, c'était un modèle de croissance (dont la confusion avec le développement était mortelle) importé de l'étranger, des États-Unis, du Japon, de l'Occident dans son ensemble. C'est aux symboles de ce modèle que se sont attaquées les masses : night-clubs ou cinémas qui affichaient les plus bestiales productions de l'Occident [35].

35. Même au plus haut niveau dans la hiérarchie du régime, des esprits lucides et courageux avaient conscience de cette course à l'abîme. Je me souviens d'en avoir discuté, à Téhéran, avec des spécialistes du commerce extérieur et même avec la shabanou, qui a, la première, compris l'importance du « dialogue des civilisations » que je cherchais à développer pour sortir du modèle de croissance occidental et du modèle de culture qui le sous-tendait. Au cours de ces entretiens, il m'est arrivé de dire à la shabanou : Je crains fort que le pétrole ne joue à ce pays le même tour que l'or a joué à l'Espagne des rois catholiques. Une autre fois il s'agissait de l'urbanisation de Téhéran et du rôle que l'on voulait assigner à son désert central. L'angoisse de la shabanou était évidente devant cette prolifération cancéreuse née de la « croissance », et dont témoignent les efforts qu'elle fit (quand elle en avait le pouvoir, et elle l'avait rarement) pour sauver ce qui pouvait l'être, même dans les prisons. Elle a cru de son honneur de ne pas abandonner le responsable à l'heure de la déchéance et de l'exil. Que lui jettent la première pierre ceux qui n'ont pas eu l'occasion de connaître des tourments de ce genre. Je ne suis pas de ceux-là, et mon respect personnel pour la shabanou demeure. Pour ma part, en 1968, j'étais en désaccord sur tout avec mon parti : sur son attitude à l'égard des étudiants, et sa manière de

En fait toutes ces aberrations économiques ont contribué à attiser les mécontentements, mais la grande flambée avait une autre origine comme le prouve le fait que l'impulsion est venue non pas des victimes les plus évidentes du système (les paysans), et que la révolte n'est pas née d'une « jacquerie » mais de milieux urbains, et qu'elle ne s'est pas manifestée comme une lutte de classe contre l'aristocratie ou la grande bourgeoisie. En dehors des plus corrompus et des plus compromis, émigrés fastueux en Amérique, en Suisse ou en France, même des bénéficiaires du système ancien sont restés avec le peuple et la répression ne s'est pas portée contre eux en tant que classe : seuls ont été frappés des tortionnaires de la police du shah, mais il n'y a pas eu de chasse aux « ci-devant » comme on disait sous la Révolution française, ni une dictature de classe[36]. Même si la campagne orchestrée si bruyamment pour discréditer le nouveau régime fait croire à des massacres, elle ne peut éluder ce fait irrécusable : après quarante années de dictature et de tortures, il y a eu, en tout et pour tout, moins de 300 exécutions. Quelle révolution a fait moins de victimes ? A lire notre presse, on croirait parfois lire celle des versaillais en 1871 ameutant le monde contre la Commune qui avait fusillé 70 otages, alors qu'eux, les versaillais, ont massacré 70 000 insurgés et prisonniers pendant la Semaine sanglante. Aurions-nous déjà oublié, nous, Français, ce qu'ont coûté les délations de « collabos » livrant à la mort des patriotes aux nazis, et les règlements de compte, même à l'heure dorée de notre Libération ?

Le fait demeure que l'on ne peut réduire la révolution iranienne à des raisons économiques et aux antagonismes de classe, systématiques, qui devraient en découler.

On ne peut pas davantage réduire le mouvement à sa composante politique.

Il est vrai qu'une longue répression avait frappé d'une part le parti communiste iranien (Toudeh) et d'autre part les mouvements libéraux (du genre des partisans du Dr Mossadegh), les privant ainsi de leurs

conduire les grèves, sur l'insuffisance de sa condamnation de l'invasion soviétique à Prague, sur son « programme de Champigny » (devenu, en gros, le « programme commun ») ; et pourtant, membre de son bureau politique, je parlais en son nom au quartier Latin. Ce n'est qu'en 1970, les plus grands périls passés, que je me laissai exclure.

36. Je puis en porter un témoignage direct : lors de mes voyages à Téhéran, j'étais hébergé dans une famille appartenant à la couche privilégiée et aristocratique. La maîtresse de maison, Maryam Rahnema, quels que soient les risques que l'on pouvait imaginer en raison de sa situation sociale et de son amitié avec la shabanou, rentra de voyage pour servir sans condition le pays bouleversé par la révolution islamique. Et ce n'est pas un cas isolé comme l'était celui que j'avais connu en URSS : celui du général comte Ignatief revenu se mettre au service des soviets encerclés par la haine de l'ancien monde

cadres, de leurs militants et de leurs moyens d'expression, alors que, dans les mosquées, il restait dans une certaine mesure la possibilité de cristalliser une opposition au régime. Cela aussi est vrai : un véritable « vide politique » avait été créé en décimant les oppositions politiques, et en ménageant relativement l'opposition religieuse. Mais on ne peut pas expliquer seulement par un « vide politique » ou par la politisation de l'enseignement donné le vendredi dans les mosquées, cette gigantesque mobilisation de millions d'hommes et de femmes ne se laissant pas émouvoir (malgré de nombreux morts dans leurs rangs) par les démonstrations policières puis militaires d'une armée disposant de tout l'équipement moderne du massacre.

J'écris ces lignes au moment où vient seulement d'être choisie, par le peuple iranien, la république islamique, et nul encore ne peut préjuger de ce qu'elle sera.

En revanche, on peut déjà définir ce qu'ont été les caractères spécifiques de cette révolution iranienne :

1. *C'est la première révolution, dans l'histoire, dirigée contre un modèle de croissance* et, nommément, contre le modèle occidental de croissance. Par-delà toutes les raisons économiques ou politiques que pouvaient avoir les Iraniens de se révolter, le fait majeur c'est *qu'ils se levaient d'abord pour être eux-mêmes,* et pour que leur développement futur réponde à la fois aux besoins véritables des masses, et s'enracine dans leur histoire et leur culture, qui, depuis quatorze siècles, est profondément islamique.

2. Cette levée contre le modèle occidental de croissance s'est faite *au nom d'une vision religieuse du monde.* Nous avons, à plusieurs reprises, souligné que le problème de la croissance n'était pas seulement un problème économique et un problème politique mais un problème religieux, car ce qui est fondamentalement en cause, avec lui, c'est le sens et le but de notre vie. Il n'y a donc pas lieu de s'étonner si, à notre époque — et pas seulement en Iran —, les religions mobilisent plus les masses que les politiques. Certes, le cas de l'Iran est particulier, même à l'intérieur de l'Islam : dans l'Iran chiite où, à la différence de l'Islam sunnite, l'imam, celui qui conduit tous les croyants, est un « imam caché », il ne peut exister aucune forme de « théocratie » (il serait inconcevable de parler d'un « roi de droit divin ») et même l'autorité spirituelle n'est pas fixée sur un clergé, un calife, ou une personne quelconque. Ainsi, la conception même de l'imam caché porte en elle un principe de contestation politique permanente : il n'y a rien — homme ou institution — qui

s'interpose entre l'homme et Dieu, ce qui comporte, pour chacun, le droit de participer à la gestion de la société et prédispose le chiisme à jouer le rôle d'un « contre-pouvoir ».

C'est pourquoi le shah exaltait si volontiers les souvenirs de l'Empire perse (on se souvient des fastueuses commémorations, à Persépolis, de la monarchie absolue de Cyrus le Grand qui fournissait un modèle de pouvoir absolu dont le shah se voulait l'héritier). Mais cette évocation permanente de l'Empire mède tentait vainement d'occulter treize siècles d'Islam qui constituent la tradition la plus immédiate et la plus *populaire* de l'Iran. Populaire, car l'Islam, qui vient de s'affirmer avec tant de force en Iran, n'est pas une spéculation d'intellectuels sur un Islam « théologisé » à partir de la philosophie grecque, ou « modernisé » par le « libéralisme religieux » du XIXe siècle, mais un Islam « fondamentaliste » voulant se fonder sur le seul Coran, sur le rapport simple et fort qu'il révèle entre Dieu et l'homme. Ce caractère populaire fait sa force.

3. Cette force-là constitue le troisième trait spécifique de la révolution iranienne. Lénine avait vigoureusement souligné l'importance non seulement des conditions « objectives » d'une révolution, mais de ses conditions « subjectives », celles qui naissent non des rapports de force économiques, policiers ou militaires, mais de la *conscience* des hommes, de leurs espérances ou de leurs colères, de leur idéologie ou de leur vision politique, de leur culture ou de leur foi. Or, jamais ce facteur « subjectif » n'a joué un plus grand rôle qu'en Iran. Jamais plus on ne pourra analyser les rapports de force comme on a pris trop souvent l'habitude de le faire dans les partis qui se disent révolutionnaires, c'est-à-dire en accordant une importance prioritaire, sinon exclusive, aux « conditions objectives ». Face à la cinquième armée du monde, des millions d'hommes et de femmes, avec les mains nues, ont déployé leurs manifestations. Manifestations *non violentes* (sauf du côté de la répression), et qui ont été victorieuses. Ainsi nous est rappelé, de façon inoubliable, que les armes sont manœuvrées par des hommes, et que la force ne se mesure pas au nombre des mitrailleuses, des canons, des avions et des chars, à condition qu'en face il n'y ait pas simplement une organisation politique mesurant sa puissance au nombre de ses militants et aux moyens de diffusion de son idéologie, mais un peuple et une foi. Cette foi demeurant, en dernière analyse, la plus grande des forces « subjectives », et supérieure à toutes les forces « objectives ». Les « révolutionnaires » d'Occident, ou ceux qui se proclament tels, auront-ils médité sur cette leçon majeure de la révolution iranienne au

lieu de la mesurer à l'aune dérisoire de leurs plus traditionnelles stratégies, les uns croyant que « la révolution est au bout du fusil », alors que la plupart des fusils sont dans les mains des oppresseurs, et qu'ils n'ont pas eux-mêmes de leur côté les masses et leur foi, les autres devenant opportunistes et passifs à force d' « objectivité » parce que, dans leur calcul du rapport des forces, ils ne font jamais entrer la « foi » qu'ils continuent à considérer, avec une cécité devenue incurable, comme un simple « reflet idéologique » de la réalité « objective ».

Nous laisserons ces morts-vivants ensevelir leurs morts, et, parmi ces morts, hélas, l'espérance des masses qui prennent lentement mais invinciblement conscience qu'ils n'ont à leur tête que des cadavres blanchis.

Si le caractère populaire du mouvement iranien de la foi a fait la force du mouvement, son caractère « fondamentaliste » est ce qui constitue, pour lui-même, le principal danger : le risque d' « intégrisme », de « pétrification », d'attachement vétilleux et irascible à la « lettre » du Coran.

Je dis bien : un danger *pour lui,* car cela seul aujourd'hui peut freiner son expansion. Pourquoi ne pourrait-on concevoir un « réveil » de l'Islam autrement que comme la reprise textuelle de formes archaïques de la vie ? La vertu première des « Sept dormants d'Éphèse », de la XVIIIe sourate, après être restés 309 années dans leur caverne, était-elle cette fidélité profonde : « Il n'est pas de Maître en dehors de lui » (26) « il n'y a pas de changement dans Sa parole » (27) ? Ou bien, au contraire, à l'heure de leur résurrection et de leur éveil, leur mérite premier fut-il de croire qu'il n'y avait pas eu de changements *dans le monde,* que la société était entrée en léthargie avec eux ? L'unique Maître et l'unique Parole ne devaient-ils pas être apportés au monde nouveau comme les ont autrefois apportés les prophètes et les messagers de Dieu « dans le langage de chaque peuple afin qu'ils puissent rendre clair le Message » (sourate XIV,4), afin que le dynamisme de la vie embrase d'un feu nouveau les textes éternels. Du foyer des ancêtres, pour reprendre l'image de Jaurès, il ne s'agit pas de transmettre les cendres mais de propager la flamme. C'est en allant vers la mer qu'un fleuve est fidèle à sa source.

Dans cet esprit, nous pouvons regarder d'un œil serein les réalisations historiques de la société islamique de la communauté de Médine au temps du prophète ou du califat d'Ali, des empires des Ommeyades, des Abbassides, des Ottomans, jusqu'aux grands réveils du XIXe

et du xxe siècle de Jamal ed-Din al-Afghani à Soltan Galiev et au cheikh Ben Badis, de l'État combattant de ce grand mystique qu'était l'émir Abd el-Kader, aux modèles de socialisme arabe de Michel Aflak ou de Gamal Abdel Nasser, au socialisme islamique de l'Algérie libérée ou de la Libye.

Il arrive parfois, lorsqu'on parle d'Islam, en Occident, en France par exemple, que le mot de « fanatisme » sorte aussitôt de la bouche de certaines gens par une sorte de réflexe conditionné, comme la bave sortait, au signal sonore, de la bouche du chien de Pavlov. Comme si les croisades ou la guerre d'Algérie se poursuivaient encore !

Ce n'est pas ainsi que nous pouvons comprendre l'avenir possible de l'Iran ou d'autres pays musulmans, mais à travers ceux qui ont cherché, pour l'Islam, une voie propre vers l'avenir.

Dans l'étude des constructions islamiques possibles d'un avenir à visage humain au xxe siècle, nous partirons de l'apport de Soltan Galiev[37] et des controverses entre les dirigeants du parti bolchevik avec les communistes des pays musulmans de l'Asie centrale.

Du point de vue théorique, Soltan Galiev (dont, j'en suis sûr, on reparlera souvent en Asie centrale, dans les années 1980-1990) a soulevé trois problèmes fondamentaux :

1. celui de l'adaptation du socialisme à une société musulmane précapitaliste ;
2. celui du rôle de l'Islam dans le monde socialiste ;
3. celui de la place du monde colonial dans la stratégie de l'Internationale communiste.

Soltan Galiev a soulevé, à propos de la République musulmane des Tatars, la question de la spécificité d'une voie musulmane pour s'acheminer au socialisme et de la pluralité des « modèles » de construction d'une société socialiste. Dès le mois de novembre 1917, le Conseil des commissaires du peuple avait lancé, à l'instigation de Soltan Galiev, et sous la signature de Lénine lui-même, un appel à tous les musulmans de Russie et d'Orient où il était dit : « Désormais, vos institutions et votre culture nationales sont déclarées libres et inviolables. Tel est votre droit. Vous devez être les maîtres chez vous. Vous devez organiser vous-mêmes votre vie selon vos propres aspirations. »

L'application d'une telle directive posait des problèmes difficiles

37. Soltan Galiev fut l'adjoint de Staline au Commissariat aux nationalités au lendemain de la révolution d'Octobre 1917, puis dirigeant bolchevik de la République tatare (fondée en 1920). Il fut exclu du Parti en 1923, déporté sur la mer Blanche en 1929, avec une condamnation à dix ans de travaux forcés.

pour la construction du socialisme chez les Tatars. D'abord en raison de la structure sociale du pays, agricole et féodal. Soltan Galiev et ses compatriotes firent valoir, à la Conférence de l'organisation tatare du parti communiste bolchevik de Kazan, en 1923, qu'il n'existait pas de classe ouvrière tatare, et que l'idée de s'appuyer sur « le prolétariat local [...] ne reposait sur rien, sinon sur des théories conçues dans un cabinet de travail[38] ».

La formation rapide de cadres dirigeants ne pouvait donc se réaliser à partir du mouvement syndical où les ouvriers musulmans étaient peu nombreux et peu évolués, mais à partir de l'Armée rouge, véritable école de cadres où s'opérait la fusion entre le prolétariat soviétique le plus hautement politisé et les éléments musulmans, essentiellement paysans, pour faire de cette armée populaire la force active de la révolution. Cette thèse de Soltan Galiev a retrouvé son actualité à la lumière de l'expérience chinoise et de l'expérience vietnamienne.

La conception léniniste selon laquelle la théorie du socialisme doit être apportée « du dehors », même à la classe ouvrière des pays capitalistes développés, s'exprime, dans des pays agraires, parfois féodaux, sous des formes nécessairement différentes qui modifient profondément le « modèle » réalisable dans des pays industrialisés où le socialisme est, en quelque sorte, « porté » par le développement des contradictions internes du capitalisme.

Soltan Galiev aborda ensuite le rôle de l'Islam dans le monde socialiste. Il était personnellement convaincu que l'Islam, « comme toutes les autres religions, était destiné à disparaître », et que le conservatisme religieux était « la cause première du retard culturel et spirituel des musulmans ». Son étude fondamentale sur ces problèmes (*les Méthodes de propagande antireligieuse en milieu musulman*[39]) est dominée par deux thèses essentielles : l'une concerne la nature même de la religion musulmane (la primauté, chez elle, des éléments sociaux et politiques sur les éléments moraux et religieux) ; l'autre traite de l'évolution récente de l'Islam, où s'opérait une distinction entre les « mollahs rouges » (partisans du pouvoir soviétique) et les « mollahs blancs » (partisans de la contre-révolution).

Ainsi, concluait Soltan Galiev, « des raisons multiples nous obligent à appliquer aux musulmans des méthodes de lutte antireligieuse particulières », alors que les militants bolcheviks non musulmans ignoraient la mentalité propre à ces populations et se livraient à une

38. Cité par A. Bennigsen et C. Quelquejay dans *les Mouvements nationaux chez les musulmans de Russie*, Paris, Ed. Mouton, 1960, p. 102.
39. Brochure publiée en 1922 à Moscou, par le Commissariat du peuple aux nationalités.

propagande qui non seulement ne pouvait pas les pénétrer, mais les heurtait et les dressait contre le pouvoir soviétique pour des raisons qui n'étaient pas des raisons de classes.

A partir de ces analyses, il semble, pour autant que l'on puisse en juger d'après les documents historiques tronqués qui ont survécu aux procès ultérieurs, que Soltan Galiev ait dégagé des conclusions aujourd'hui encore fort éclairantes pour nos débats.

Du fait qu'il n'existe pas, dans les pays musulmans de l'Asie centrale, de prolétariat industriel développé, et, par conséquent, que la lutte de classes entre prolétaires et capitalistes ne constitue pas le trait dominant de ces sociétés, Soltan Galiev considère que, « puisque presque toutes les classes de la société musulmane ont été autrefois opprimées par les capitalistes, toutes ont droit au titre de prolétaires [...] : les peuples musulmans sont des peuples prolétaires [40] ».

De cette thèse, Soltan Galiev concluait que l'oppression et l'exploitation dont les peuples d'Orient étaient victimes en faisaient le foyer le plus vivant de la révolution, alors que l'Occident était un « volcan éteint » de la révolution. Selon lui, « l'orientation exclusive de la révolution socialiste internationale vers l'Occident était une erreur [41] ».

Lorsque Lénine, terrassé par la maladie, ne put plus s'occuper de ces problèmes, ils furent réglés, dans un autre style, par Staline : dès le 10 juin 1923, à la IVe Conférence du Comité central du parti communiste de Russie, élargie aux militants responsables des Républiques nationales, le premier point de l'ordre du jour était « l'affaire Soltan Galiev », et le rapporteur en était Staline. Après avoir rappelé qu'il s'était efforcé, depuis 1919, « de soutenir Soltan Galiev, de le conserver pour le Parti, de le ménager dans l'espoir qu'il cesserait d'être nationaliste pour devenir marxiste [42] », il définit le « soltangalievisme » comme « tendance nationaliste [43] » et droitière, et il justifie l'arrestation de Soltan Galiev par son travail fractionnel, antiparti, contre-révolutionnaire.

Un homme disparaissait. Un problème demeurait.

40. Soltan Galiev, intervention au Congrès du parti communiste bolchevik à Kazan, mars 1918.

41. Soltan Galiev, « La révolution sociale et l'Orient », in *La Vie des nationalités*, octobre-novembre 1919.

42. Staline, *Le Marxisme et la Question nationale et coloniale*, Paris, Éd. sociales, 1949, p. 165.

43. *Ibid.*, p. 169.

Ce problème, sous le nom de « socialisme arabe » était posé de nouveau avec force, en 1944, par Michel Aflak, le fondateur du BAAS[44] en Syrie et en Irak.

Lorsque j'eus l'occasion de m'entretenir longuement avec Michel Aflak, au palais du commandement interarabe à Bagdad, en 1976, je fus saisi par l'importance qu'il attachait à la dimension prophétique, transcendante, de l'homme. Le socialisme arabe, pour lui, imprégné pourtant par le christianisme, n'est pas l'expression d'un « nationalisme » (dont le concept même est d'origine européenne), mais d'une foi en l'Islam, en un Islam vécu en sa source, à partir de l'expérience originelle du prophète, et non pas déchu en un traditionalisme borné ou en un « modernisme » empruntant ses oripeaux à l'Occident. La révolution socialiste est pour lui mutation politique et sociale, mais aussi spirituelle et mystique, pour redonner à l'homme toutes ses dimensions[45].

Si le « socialisme arabe » de Michel Aflak — pour qui le culturel précède et commande l'économique, comme la fin précède et commande les moyens — ne réussit pas à se réaliser pleinement ni en Syrie ni en Irak, il inspira, dans une large mesure, le projet de Gamal Abdel Nasser tel qu'il s'exprima dans la Charte d'action nationale promulguée au Caire en 1962.

Du point de vue économique et social, le problème de la réforme agraire y était primordial bien que, dans la pratique, seules les très grandes propriétés aient été touchées : 11,5 % de la surface cultivée fut redistribuée au profit de 1 million et demi de paysans pauvres (sur 14 600 000) à la fin de 1966.

L'Égypte n'avait pratiquement pas connu de propriété privée de la terre jusqu'au milieu du XIXe siècle, date de l'introduction de la culture du coton, de son intensification au moment de la guerre de Sécession en Amérique, puis de sa transformation en plantation cotonnière pour les manufactures anglaises du Lancashire après l'occupation britannique de 1882. Dès lors, et jusqu'en 1952, l'Égypte était devenue un pays d'économie capitaliste (avec travailleurs salariés et production pour le marché mondial) mais à prédominance coloniale et avec des survivances féodales dans les rapports sociaux et les consciences. Il eût donc été possible de transférer les terres des féodaux et des grands propriétaires terriens à des communautés de fellahs sans émietter la propriété, ce qui eût été techniquement ruineux sur les bords du Nil.

44. BAAS : parti socialiste de la renaissance arabe.
45. Voir Michel Aflak, *Nationalisme et Socialisme*, Damas, 1956.

Mais le problème du socialisme arabe, en Égypte, a été faussé du fait que la lutte contre l'impérialisme passait nécessairement au premier plan et que les progressistes, autour de Nasser, eurent pour préoccupation principale de réaliser l'union nationale la plus large, en estompant la lutte de classes et en s'efforçant de rallier les plus larges couches de la bourgeoisie — et, avec elle, l'armée —, dans la lutte nationale contre les impérialismes. Dès lors ce furent seulement les mesures prises contre les anciens collaborateurs des colonialismes qui furent appelées « socialisme » par ce nationalisme socialisant.

Cette contradiction entre les objectifs de la lutte contre l'impérialisme et les objectifs de la lutte pour le socialisme (qui devait être axée sur la libération économique, sociale, politique et culturelle des couches sociales les plus nombreuses et les plus pauvres, c'est-à-dire les « fellahs », les paysans sans terre) a conduit à une conception du socialisme arabe qui n'était plus seulement le socialisme islamique, mais laissait apparaître des traits d'un nationalisme d'origine occidentale, et ceci dans les cadres artificiels et les frontières dessinées, dans le monde musulman, comme en Afrique noire, par les colonisateurs occidentaux (surtout anglais et français) en fonction de leurs rapports de forces.

Au cours d'un long entretien que j'eus avec Gamal Abdel Nasser en novembre 1969, et où nous eûmes l'occasion de discuter ligne par ligne la conférence que je venais de prononcer au Caire en un débat avec les docteurs musulmans d'El Azhar, il m'apparut clairement, et Nasser n'en faisait point mystère, que les mesures de caractère socialisant prises en Égypte étaient moins un choix qu'une nécessité imposée par la lutte contre l'impérialisme et le sous-développement, qu'il s'agisse des nationalisations (et de la plus spectaculaire d'entre elles : celle du canal de Suez, en juillet 1956, mais qui fut suivie de bien d'autres nationalisations d'entreprises en juillet 1961), qu'il s'agisse des décrets d' « égyptianisation » des banques et des assurances afin que les seuls possesseurs d'actions soient des Égyptiens, qu'il s'agisse de la fondation de l'Organisme économique destiné à créer un secteur public dirigé et planifié, ou enfin des grands travaux comme le haut barrage d'Assouan, financé grâce aux profits provenant de la nationalisation du canal de Suez.

C'est encore par réaction contre les spéculateurs étrangers et certains de leurs complices égyptiens qui manipulaient à leur profit le marché du coton qu'une série de lois, en juillet 1961, ne permit le commerce extérieur qu'à « des sociétés dans lesquelles l'État possédait au moins 25 % des parts ».

Néanmoins, l'ensemble de ces mesures, prises dans la lutte nationale, engageait l'Égypte dans une voie socialiste. La promulgation de la Charte nationale de 1962, définissant les principes sur lesquels se fondait la société égyptienne, affirmait la nécessité du socialisme pour le développement même : « Le contrôle du peuple sur les instruments de production ne suppose pas forcément la nationalisation de la totalité des moyens de productions, ne supprime pas la propriété privée, et ne touche pas au droit légitime de l'héritage qui en découle [...]Les industries lourdes doivent entrer dans le cadre de la propriété publique du peuple, et les industries légères doivent demeurer loin de toute tendance à la monopolisation [...] L'importation sera réservée exclusivement au secteur public. »

Il était souligné que le travail était source de toute valeur, et la loi imposait la participation d'ouvriers et d'employés au conseil d'administration des entreprises, amorçant ainsi un passage à l'autogestion

Enfin, de larges transferts sociaux étaient rendus possibles par un taux d'impôt général allant de 25 % à 90 % suivant l'importance des revenus.

Le socialisme, comme la démocratie, est une création continue. Nasser s'orientait de plus en plus résolument dans cette voie. L'institution d'une Assemblée nationale, en novembre 1963, et la proclamation constitutionnelle de mars 1964, définissaient l'organisation et les relations internes de la société égyptienne comme socialiste et démocratique. Enfin la création du parti de l'Union socialiste devait, dans l'esprit de Gamal Abdel Nasser, constituer l'avant-garde consciente des forces socialistes dans ce cheminement.

Cette conjugaison, dans l'œuvre de Nasser, d'une lutte intransigeante pour l'indépendance et d'une orientation de plus en plus socialiste faisait de lui un exemple pour le monde musulman tout entier. La dégradation du système commença lorsque ses successeurs acceptèrent des compromis opportunistes sur l'indépendance en même temps que des abandons dans la marche au socialisme.

Le souvenir d'admiration profonde que j'ai gardé pour Nasser est fondé sur deux traits majeurs de nos entretiens : d'abord l'insistance avec laquelle il soulignait que si les Soviétiques avaient apporté une très grande aide pour construire le barrage d'Assouan, ils en avaient été entièrement payés par des livraisons de coton ou d'autres produits. Il tenait absolument à son indépendance aussi bien à l'égard des pays capitalistes que de l'Union soviétique.

Ensuite, je fus frappé par son souci de construire une société fondamentalement islamique. Sans doute en se souvenant de ses démêlés avec l'intégrisme des « Frères musulmans », qui avaient tenté de l'assassiner, il soulignait que le Coran révèle les principes stricts d'une communauté humaine mais ne prescrit pas des méthodes immuables pour les réaliser et qu'il peut donc exister, selon les époques historiques et selon les conditions locales de réalisation, de multiples variantes de la république islamique. « L'essentiel, me disait Nasser, c'est que dans toute société islamique, quelle que soit sa forme historique, le pouvoir et la richesse soient mis au service de la société car Dieu détient seul le pouvoir suprême, et il est seul dispensateur de richesses dont l'homme n'est pas le propriétaire mais le gestionnaire et l'usufruitier. »

La Charte nationale de la République arabe unie marque le lien indissoluble du socialisme et de la démocratie : « La démocratie est la liberté politique ; le socialisme est la liberté sociale. Il est impossible de les séparer. Ce sont les deux ailes de la véritable liberté. »

Avant de définir le dénominateur commun de toute société islamique, dont, me semble-t-il, tous les textes coraniques exigent qu'elle soit une démocratie et un socialisme, il est nécessaire d'évoquer quelques-unes de ses variantes.

Et d'abord celle de l'Algérie telle que Ahmed Ben Bella m'en exposa les principes au début de 1965, quelques semaines avant le coup d'État qui l'évinça du pouvoir. Je le revois, à Alger, me disant : « Je ne suis pas un " vieux turban ", un pilier de mosquée, mais je ne pense pas que le socialisme puisse se construire en faisant abstraction de la foi, de la dimension transcendante de l'homme. »

La charte d'Alger, d'avril 1964, soulignait le fondement islamique de la nouvelle société algérienne : « L'Algérie est un pays arabo-musulman [...], les masses algériennes ont lutté vigoureusement pour débarrasser l'Islam de toutes les excroissances et superstitions qui l'ont étouffé ou altéré. Elles ont toujours réagi contre les charlatans qui voulaient en faire une doctrine de la résignation et l'ont associé à leur volonté de mettre fin à l'exploitation de l'homme par l'homme. La révolution algérienne se doit de redonner à l'Islam son vrai visage de progrès. »

Le socialisme, en Algérie, n'était pas un système importé de l'extérieur. Il entendait s'enraciner profondément dans la foi islamique, y puiser son orientation et ses principes : « Ce dont les peuples du tiers monde ont le plus grand besoin, proclamera le 27 juin 1976 la Charte nationale du peuple algérien, c'est d'une pensée révolutionnaire qui les rende à eux-mêmes, qui les pousse vers plus de conscience, de créativité, une pensée qui désaliène et non une pensée qui substitue une aliénation à une autre. »

Dans cet esprit déjà, Ben Bella avait tenté d'instituer une « autogestion », en commençant par les grandes entreprises agricoles exploitées jusque-là par les colonisateurs, et en s'inspirant de la notion islamique, à la fois religieuse et économique, de biens indivis de la communauté.

Néanmoins, l'accent semble avoir été mis, de plus en plus, sur la priorité à l'industrie lourde et aux nationalisations, selon le modèle soviétique, avec son cortège de bureaucratie et de technocratie, au lieu de commencer par le développement rural et la participation réelle des masses. Le IIe Plan quadriennal (1974-1977) consacrait trois fois plus d'investissements à l'industrie qu'à l'agriculture, et, lors de la discussion qui précéda la promulgation de la Charte, les travailleurs de la Wilaya (département) d'Alger, se demandaient « s'il ne [fallait]pas remettre en cause la priorité accordée à l'industrie dans la répartition des investissements [...]. La Charte n'aborde pas franchement ce problème éminemment stratégique ».

Tel est en effet le point crucial de toute révolution, et plus encore dans le tiers monde : les transferts de technologies dites avancées, en provenance des pays industrialisés anciennement colonisateurs, accroissent à la fois le coût des projets industriels, le chômage et la dépendance à l'égard de l'étranger. S'agit-il de répondre aux caprices d'une prétendue élite souhaitant utiliser, comme des gadgets, à l'imitation de l'Occident, les produits les plus sophistiqués, au lieu de mettre en valeur des techniques faisant appel à l'esprit créateur des travailleurs ?

La question est ouverte. Elle le demeure, semble-t-il, grâce à la conception islamique du socialisme. La Charte elle-même proclame que, loin de s'exclure, le socialisme et la foi s'impliquent mutuellement : « L'édification du socialisme s'identifie avec l'épanouissement des valeurs islamiques. » La foi islamique rappelant à l'homme, contre tout déterminisme, la vocation transcendante de l'homme, qui seule lui permet de rompre avec ses conditionnements et ses aliénations et de devenir ainsi révolutionnaire en un sens plénier, à la fois à l'intérieur et à l'extérieur. Et, réciproquement, le socialisme contribuant à épurer l'Islam de ses scories, de toutes les formes de fatalisme et d'obscurantisme qui avaient longtemps proliféré en Algérie dans les sectes « maraboutiques » sous la protection de l'occupant colonial qui trouvait son compte dans ces superstitions.

Cette même liaison intime de la politique et de la foi, je l'ai retrouvée dans les propos que me tint, dans les plaines herbeuses qui entourent Tripoli, en 1978, le colonel Khadafi.

L'essentiel de notre entretien avait porté sur la Bible et le Coran avant que nous n'abordions les problèmes politiques. Rejetant tout fanatisme et tout sectarisme comme contraires à l' « œcuménisme » du Coran, Mouammar Khadafi me citait les versets (136 *sq*) de la IIe sourate du Coran :

> *Nous croyons en Dieu,*
> *à ce qui nous a été révélé,*
> *à ce qui a été révélé,*
> *à Abraham, à Ismaël, à Isaac, à Jacob et aux tribus,*
> *à ce qui a été donné à Moïse et à Jésus ;*
> *à ce qui a été donné aux prophètes,*
> *de la part de leur Seigneur.*
> *Nous n'avons de préférence pour aucun d'entre eux.*
> *Nous sommes soumis à Dieu.*

« Ce texte, me dit Khadafi, est répété sous différentes formes plusieurs fois dans le Coran. Un musulman fidèle au prophète se doit d'honorer et de vénérer Abraham, Moïse et Jésus. Car il est dit dans la révélation que Dieu a envoyé à chaque peuple son messager et son prophète. »

Dans cet esprit, Khadafi établit le lien entre la loi religieuse constitutive de la communauté et la Constitution comme loi fondamentale édictée par l'homme.

La traduction politique de cette loi sacrée, c'est une démocratie sans délégation de pouvoir et sans aliénation. « Pas de substitut au pouvoir du peuple, dit Khadafi, ni à travers des partis ni à travers des parlements, mais, au-delà de l'imposture de la représentation, démocratie directe par les comités populaires et les congrès populaires qui sont l'émanation directe des entreprises, des coopératives agricoles, des universités, des villages, des quartiers. »

Sur le plan économique, la propriété publique ne doit pas passer par l'intermédiaire d'un étatisme qui n'abolirait pas, mais, au contraire, perpétuerait le système du salariat. Le salariat dépouille le salarié de ses droits sur ce qu'il a produit, que la propriété soit privée ou étatique.

A partir de là Khadafi définit le socialisme comme un régime dans lequel nul homme ne peut exercer sur un autre homme le pouvoir mortel de le priver de la satisfaction de ses besoins fondamentaux : le revenu, le logement, le transport, mais aussi la terre, mais encore tous les autres besoins matériels et spirituels. Telle est la loi humaine lorsqu'elle se conforme à la loi sacrée.

Cheikh Ibrahimi (le compagnon du cheikh Ben Badis) en 1944, en Algérie ; Allal el-Fassi, le fondateur de l'Istiqlal marocain, en 1962 ; Michel Aflak, fondateur du BAAS en Syrie et en Irak à Bagdad en 1976 ; Nasser ; Ben Bella ; Khadafi... j'ai eu la chance, au cours de ma vie, de connaître personnellement les « pères fondateurs » du socialisme islamique au XXe siècle.

Je crois pouvoir, en référence à leur dénominateur commun (le respect de la révélation coranique), en définir les caractères majeurs. Et je voudrais, à partir de là, poser cette seule question : est-ce que l'Islam, aujourd'hui, avec son expérience propre des rapports de l'homme avec Dieu, avec la communauté, avec la nature, peut offrir une alternative au modèle occidental suicidaire ?

Nous avons montré déjà, dans la deuxième partie de cet ouvrage, comment l'Islam, en proclamant de la façon la plus intransigeante la transcendance de Dieu, et en fondant sur elle un type nouveau de communauté, sut redonner à des millions d'hommes, à travers quatre empires émiettés, la conscience de leur dimension proprement humaine, c'est-à-dire divine, et l'âme d'une nouvelle vie collective.

Transcendance et communauté, n'est-ce pas aujourd'hui ce que l'Islam libéré (libéré du colonialisme, des scléroses intellectuelles et des replis nostalgiques sur le passé — engendrés par les dominations ottomane puis européenne) peut apporter, à travers ses recherches d'une république islamique et d'un socialisme islamique, à un monde enfiévré, et désintégré de nouveau par les capitalismes et les socialismes de la croissance et de la puissance ?

Par la première et, en vérité, l'unique affirmation de la foi : il n'y a d'autre divinité que Dieu. Le prophète rappelait la révélation primordiale et récapitulait, dans le Coran, l'enseignement fondamental de toutes les religions : tout vient de Dieu et tout revient à Dieu. La raison d'être de toute vie d'homme, de cet « homme universel », évoqué par Ibn Arabi comme par al-Jili, c'est de faire de sa propre vie un lieu de la manifestation du divin.

S'assigner un autre but c'est se créer une idole.

La « grande guerre sainte » consiste à combattre en nous-mêmes l'idolâtrie intérieure des désirs et des intérêts partiels de la richesse, de la jouissance et du pouvoir, comme la « petite guerre sainte » ne consiste pas à imposer l'Islam aux « Infidèles »[46] mais à combattre les idolâtries extérieures qui empêchent les hommes de voir la réalité véritable et les obstacles à leur plénitude tels que la dépendance coloniale ou le sous-développement.

Loin de conduire au fatalisme, l'acte de s'en remettre à Dieu (c'est le sens du mot Islam) est la forme la plus haute de la liberté, car il délivre l'homme de son intérêt égoïste et de ses ambitions bornées. Il exige des hommes que ni la concurrence, ni le profit, ni aucun des objectifs de la croissance aveugle ne le détournent de se souvenir de sa source première et de sa fin dernière : Dieu comme force qui dépasse toutes les forces.

L' « homme universel » est à la fois mystique et homme d'action ; il n'est pas seulement celui qui reçoit une révélation, mais aussi celui qui en communique la Loi aux autres, et qui agit pour la réaliser. Ainsi est aboli tout dualisme entre contemplation et action. De ce parfait équilibre entre la « grande » et la « petite » guerre sainte, le prophète Mohammed a donné l'exemple, et, plus près de nous, Abd el-Kader, qui puisa sa force dans son expérience mystique de disciple d'Ibn Arabi, auquel il était lié par filiation initiatique. Il en a écrit, à Damas, un commentaire inspiré dans l'un des plus hauts ouvrages de mystique du XIXe siècle, *Le Livre des stations :* « Je fus, dit Abd el-Kader, de ceux qu'Allah a favorisés de Sa Miséricorde en Se faisant connaître d'eux et en leur faisant connaître la réalité essentielle des choses par la voie du ravissement extatique [...] Dieu m'arracha à mon moi (illusoire) et me rapprocha de mon moi (réel) [...] Puis la parole d'Hallaj me fut dite, la différence entre nous étant que Hallaj la prononça lui-même alors que Dieu la prononça pour moi [...] »

L'homme, l' « homme universel », contient en lui tous les degrés d'existence. Rentrant en lui-même, il peut trouver toute l'existence résumée en lui. Mais il tombe au-dessous de l'homme s'il oublie sa dimension transcendante : l'homme ne peut être humain que s'il est conscient de l'empreinte divine qu'il porte en lui.

Cette dimension verticale, transcendante, est la dimension spécifique de l'homme. C'est pourquoi, dans *la Sagesse des prophètes*[47], d'Ibn Arabi, Adam, le premier homme, est le premier prophète.

Sans doute est-ce là la première grande contribution que l'Islam peut apporter à une rupture avec le modèle occidental de croissance et le modèle occidental de révolution : créer un type nouveau de révolutionnaire, pleinement conscient que la transcendance est la

46. Coran, sourate II,256 : « Pas de contrainte en religion. »
47. Ibn Arabi, *op. cit.*

condition première de la rupture, pleinement conscient qu'il n'est pas possible de changer le monde sans se changer soi-même, pas plus qu'il n'est possible de se changer soi-même sans participer à la transformation du monde. Changer l'homme et le monde, c'est d'abord les relier à l'absolu ; c'est rappeler à l'homme son pouvoir de rupture, sa transcendance par rapport à l'ordre existant du monde et à ses propres aliénations ; c'est l'arracher au règne du profit et de la domination, aux idoles de la croissance et de la violence : « C'est seulement, écrivait Mohammed Iqbal, en s'élevant à cette vision de ses origines et de son avenir, que l'homme pourra triompher d'une société mue par une concurrence inhumaine et d'une civilisation qui a perdu son unité spirituelle à cause de son conflit interne entre les valeurs religieuses et les rapports politiques [48]. »

Loin d'exclure la science et l'action, la mystique les sous-tend et leur assigne leurs fins les plus hautes. Dans son livre *Erreur et Délivrance,* al-Ghazali écrit : « La voie mystique consiste à reconnaître science et action comme également nécessaires. Elle vise à lever les obstacles personnels [49]. »

De cette affirmation centrale de Dieu comme seul Être et seul Agent découle la conception islamique des rapports de l'homme avec la communauté et des rapports de l'homme avec la nature.

Le prophète, à Médine, a créé une communauté de type nouveau. Ce n'est plus la communauté « tribale », fondée sur les liens du sang chez les nomades, ou du sol chez les sédentaires. Ce n'est pas non plus une communauté « nationale », fondée sur l'unité d'un territoire, d'un marché, d'une langue et d'une histoire, fondée en un mot sur des données géographiques ou historiques, et par conséquent *sur le passé,* mais une communauté de la foi, communauté prophétique qui repose sur une expérience commune de la transcendance de Dieu.

Une communauté véritablement humaine ne peut se créer sur une nature ou une histoire déjà *données,* déjà faites, mais sur une décision, une volonté de vivre ensemble, tournée non vers le passé mais vers l'avenir, vers un but commun : la « commanderie du Bien ».

Le secret du dynamisme et de l'universalité du message de l'Islam, c'est précisément cette *ouverture* de la communauté. Non seulement le Coran proclame que « tous les hommes ne sont qu'un seul peuple »

48. Mohammed Iqbal, *op. cit.*
49. Al-Ghazali, *op. cit.*

(II,213) mais, nous l'avons déjà précisé, il ajoute, accueillant l'héritage de tous les prophètes antérieurs : « Nous n'avons jamais envoyé un messager, sinon dans le langage de son peuple afin qu'il puisse leur rendre clair [le Message] » (XIV,4). C'est pourquoi l'Islam reconnaît une pluralité de réalisation de cette communauté.

La communauté de Médine permet de dégager le dénominateur commun de toutes les sociétés islamiques : par ses deux principes fondamentaux de l'autorité et de la « consultation » (*shura*), elle exclut à la fois toutes les formes de tyrannie absolutiste sacralisant le pouvoir et prétendant faire d'un dirigeant un substitut de Dieu sur la terre, et toutes les formes de démocratie individualiste, statistique, déléguée et aliénée.

Une république islamique implique, au contraire, en vertu de ce principe de « consultation » — qui peut prendre les formes les plus diverses, depuis la monarchie constitutionnelle jusqu'à l'autogestion —, une démocratie communautaire, associative et participative.

Ce qui est exclu, c'est l' « intégrisme », qui consiste à confondre la communauté islamique avec l'une des formes qu'elle a pu prendre à telle ou telle époque du développement historique. D'autant plus que chacune de ces structures ne pouvait pas ne pas être influencée par le contexte historique. Par exemple, le régime des Ommeyades de Damas par l'Empire byzantin, ou celui des Abbassides de Bagdad par l'Empire perse. Il serait donc aussi absurde de calquer aujourd'hui une société islamique sur le modèle de l'Empire abbasside tel que Mawerdi en a magnifiquement défini les institutions, que de réduire une société chrétienne au modèle qu'en a tracé Bossuet, théorisant sur la monarchie absolue de Louis XIV dans sa *Politique tirée de l'Écriture Sainte*. Tout comme il serait aussi absurde de rêver l'avenir de l'Islam à travers l'utopie zoroastrienne de Mazdak ou l'utopie platonisante d'al-Farabi que de voir l'avenir du socialisme chrétien dans les utopies de Thomas More ou de Campanella ou le mouvement de Thomas Münzer, qui en sont pourtant les racines historiques.

La décadence a toujours commencé, en Occident, lorsqu'on a confondu le christianisme avec la chrétienté, c'est-à-dire lorsque la foi vivante s'est figée en dogmatisme avec la scolastique grecque, ou en hiérarchie romaine. De même la décadence a toujours commencé, en Islam, avec le légalisme stérilisant, le refus de la recherche vivante, la fermeture de l'*ijtihad*.

En revanche, tous les réveils et toutes les espérances sont nés d'un effort pour déchiffrer et transformer la réalité à la lumière de l'Islam : avec Abd el-Kader inspiré par Ibn Arabi ; avec la *Philosophie de la révolution* de Gamal Abdel Nasser ; cherchant l'inspiration d'une nouvelle unité musulmane dans l'exemple du Kurde Salah el-Din (le chevaleresque Saladin, vainqueur des croisades et unificateur de la communauté musulmane) ; avec le socialisme islamique de Mouammar Khadafi ; avec la charte d'Alger du FLN, proclamant, en 1964 la volonté de construire le socialisme dans le respect de l'Islam, et la Charte nationale de 1976, déclarant : « Le monde musulman [...] n'a qu'une issue : celle de la Révolution sociale. » Plus récemment encore la révolte quasi unanime du peuple iranien s'est levée contre un modèle de croissance conçu à l'imitation de l'Occident, au nom d'une conception islamique de la communauté.

Ainsi, pour l'Islam, transcendance et communauté, foi et politique s'impliquent mutuellement.

C'est pourquoi le socialisme islamique peut ouvrir une voie originale : il ne consiste pas seulement à faire sauter tous les freins en développement de la *production* et à réaliser une autre *distribution* des revenus en fonction du travail vivant et non du « travail mort » (le capital), mais à poser le problème des *fins* et de la signification humaine de la production comme de la consommation.

La transcendance, la foi en la transcendance sont les clés de voûte de ce socialisme et de cette conception de la société globale.

Il ne saurait y avoir d'*économie* à visage humain si cette économie n'est pas ordonnée en fonction des besoins de l'homme, besoins matériels et spirituels d'un homme conscient de la divinité qu'il porte en lui, et si, au contraire, le profit et la rentabilité sont érigés en absolu pour la croissance des entreprises nationales ou multinationales, ou d'un État-patron.

Il ne saurait exister un pouvoir à visage humain, si ce pouvoir s'érigeait en absolu et n'était pas *relativisé* par la foi en la possibilité d'un ordre plus humain, c'est-à-dire divin, non plus fondé sur les rapports de force et la dure « justice » qui consiste à donner à chacun en fonction de ces rapports de force, à l'esclave ce qui est dû à l'esclave, et au maître ce qui est dû au maître, à l'ouvrier ce qui est dû à l'ouvrier et au patron ce qui est dû au patron, que ce patron soit un homme, une société anonyme ou un État.

Il ne saurait y avoir de relations à visage humain entre les peuples si les « nations » s'érigent en absolu, et si leur volonté de puissance n'est pas ordonnée aux fins plus hautes de la communauté humaine désormais rendue solidaire dans la vie et dans la mort par la puissance des techniques de destruction. Si rien ne transcende les nations, il ne saurait y avoir d'avenir à visage humain, mais seulement un « équilibre de la terreur » et une apocalypse de l'atome.

Le cri de « Allah Akbar ! » (Dieu est plus grand), plus grand que toute réalisation humaine, ce cri au nom duquel, une fois encore, des millions d'hommes et de femmes se sont levés en Iran contre la tyrannie, traverse toute l'histoire de l'Islam. Un musulman cité par Maxime Rodinson le rappelait avec flamme dans une conférence prononcée à Damas : « Combien de fois n'avez-vous pas entendu, du haut des minarets de cette ville arabe éternelle, le cri du muezzin : Allah Akbar ! Allah Akbar ! Combien de fois n'avez-vous pas lu ou ne vous a-t-on pas raconté que Bilal l'Abyssin fut le premier qui lança ce cri dans l'air de la péninsule arabique au jour où l'appel du prophète endurait les persécutions des persécuteurs et les vexations des conservateurs figés. Le cri de Bilal fut un appel ; une fanfare de trompettes qui sonnait la lutte entre une époque qui s'achevait et un âge dont le soleil pointait. Réfléchissons sur ce qui était lié à ce cri, sur ce qu'il traînait derrière lui. Est-ce que vous vous souvenez, toutes les fois que vous entendez l'écho de ce pur appel, qu'Allah Akbar signifie en langue claire : Que soient châtiés les usuriers avides ! Que soient confisqués les biens des accapareurs voleurs ! Que ceux qui amassent les bénéfices paient les impôts sur ces bénéfices ! Qu'on sauvegarde le pain du peuple ! Que soit ouvert à la femme le chemin de l'éducation et du progrès ! Que soit détruite toute vermine porteuse d'ignorance et de division qui grignote la communauté ! Qu'on recherche la science, fût-elle en Chine [50] ! Que se lèvent les étoiles de la liberté, de la libre consultation (*shura*) et de la vraie démocratie [51]. »

De cette transcendance naissent les traits essentiels de la « communauté musulmane » (*umma*).

1. *La conception coranique de la propriété.* De la profession de foi fondamentale de l'Islam, il découle, comme l'enseigne le Coran, que la richesse (aussi bien que le pouvoir) n'appartient qu'à Dieu seul. Les hommes ne peuvent en être que les gestionnaires et les usufruitiers.

50. Ceci se réfère à un verset du Coran.

51. Maxime Rodinson, « Problématique de l'étude des rapports entre Islam et communisme », in *Correspondance de l'Orient,* nº 5, Colloque sur la sociologie musulmane, Bruxelles. 1961, p. 142.

Les conséquences économiques et sociales d'une telle vision du monde sont considérables.

« C'est à Allah qu'appartient ce qui est dans les cieux et sur la terre », dit le Coran (sourate LIII,31). La propriété n'est qu'en dépôt aux mains de la communauté tout entière, pas seulement la communauté présente, mais la communauté future, indivisiblement. Le droit de propriété est donc, dans la conception coranique, limité : toute propriété privée perd son fondement légal dès lors qu'une partie de la communauté n'a plus les moyens de vivre décemment. Henri Laoust, dans son *Essai sur les doctrines sociales et politiques d'Ibn Taimiya* rappelle que la doctrine de ce grand juriste classique de l'Islam « peut conduire à justifier toutes sortes de confiscations sous le prétexte de restituer à Dieu ce qui lui revient ». D'après Ibn Taimiya, en effet, « la propriété n'a rien d'égoïste ni d'absolu. Le droit de propriété ne saurait faire échec à la destination générale et providentielle des biens [...] Dieu n'a donné aux hommes des richesses que pour qu'ils y trouvent, avec les conditions de leur propre existence, les moyens de leur adoration[52] ».

L'Islam n'autorise donc la propriété que lorsque le minimum d'aisance est garanti à chacun. Sur le plan économique et social, cette conception coranique de la propriété est aux antipodes de la conception romaine, occidentale et bourgeoise, définissant la propriété comme le droit d'user et d'abuser d'un bien (*jus utendi et abutendi*). Dans la tradition islamique la propriété est une fonction sociale : son usage est toujours subordonné à des fins plus hautes que celles de l'individu. Est interdite notamment l'usure[53], alors que nos sociétés capitalistes sont bloquées par la hausse constante du loyer de l'argent.

Le Pakistanais Mohammed Hamidoullah rappelle qu'il y a plus d'un siècle, un mystique d'Haidarabad, Sayid Mohammed Omar, créa une institution qui existe encore aujourd'hui : les membres de la communauté lui confiaient des aumônes pour secourir les indigents. Au lieu de donner cet argent, il le prêtait sans intérêt. Chaque année le capital augmentait et l'acquittement des dettes permettait de nouveaux prêts. Lorsque le mouvement coopératif d'origine européenne atteignit Haidarabad, au début de ce siècle, les musulmans en comprirent les possibilités insoupçonnées encore en Europe, et ils organisèrent des sociétés coopératives de prêt sans intérêt, sur une base coranique.

Nous avons là un exemple saisissant à la fois de la fécondation

52. Henri Laoust, *Essai sur les doctrines sociales et politiques d'Ibn Taimiya*, Le Caire, 1939, p. 436-438.

53. Coran, sourate II,275 : « Dieu a permis la vente et il a interdit l'usure. » Sourate III,130 : « Ô, vous qui croyez, ne vivez pas de l'usure. »

réciproque des civilisations et de développements inédits de l'expérience islamique dans des conditions radicalement différentes de celles de sa naissance.

2. *La conception coranique de la solidarité et de la communauté.* « La piété ne consiste pas à tourner votre face vers l'Ouest ou vers l'Occident. L'homme bon est celui qui croit en Dieu [...] Celui qui, pour l'amour de Dieu, donne de son bien à ses proches, aux orphelins, aux pauvres, au voyageur, aux mendiants et pour le rachat des captifs[54]. » Alors que la Sécurité sociale n'a été instituée, en France par exemple, qu'au milieu du XXe siècle, elle était déjà instituée par le Coran, au VIIe siècle, sous le nom de *zakat* et de *wakf*. A maintes reprises, le Coran place le versement du zakat à côté de la prière comme l'un des piliers de l'Islam[55].

Dès la constitution de Médine, au temps du prophète, l'assurance mutualiste jouait déjà un grand rôle et fonctionnait de manière décentralisée tout en bénéficiant de subventions de l'État.

On peut ainsi imaginer les développements modernes de cette redistribution institutionnelle de la richesse et des transferts sociaux que constitue le zakat, faisant obligation religieuse à tout musulman de donner chaque année une part notable de son revenu, et ouvrant des perspectives inédites dans la création de coopératives, d'assurances mutuelles, de banques coopératives, toutes institutions en harmonie avec l'esprit profond de l'Islam, comme en ont donné l'exemple l'entreprise du cheikh Sayid Mohammed Omar, ainsi que les expériences socialistes de l'Égypte nassérienne, de l'Algérie et de la Libye socialistes, et maints autres pays islamiques.

Le zakat n'est nullement une aumône volontaire, mais une obligation institutionnalisée qui, aux premiers temps de l'Islam, avait un triple objet : assurer à chacun un minimun vital, constituer une allocation familiale, aider à la libération des prisonniers, des esclaves, des opprimés. Dans le même esprit, pendant la guerre d'Algérie, le zakat fut prélevé au profit de la lutte de libération nationale.

Le concept de zakat implique qu'il est défendu à quiconque de posséder au-delà de ses besoins élémentaires tant qu'il y a autour de lui la pauvreté. La tradition (*sunna*) fixe le taux de ce versement à 2,5 % du revenu annuel, mais ce taux peut être augmenté selon les besoins de la communauté. L'Islam est le premier à avoir formulé le principe selon lequel « le pouvoir est illégitime lorsqu'il n'assure pas à

54. Coran, sourate II,177.
55. Coran, sourate II,83 ; XCVIII,4 ; XXII,40-41.

chacun la satisfaction de ses besoins et un niveau de vie honorable[56] ».

Quant au wakf, à la différence du zakat, c'est une sorte de socialisation volontaire des biens. Pour donner une idée de son importance : un septième de la superficie des terres, en Égypte, relève de cette institution pour assurer l'entretien des mosquées, des écoles, des hôpitaux.

S'il est vrai qu'au cours de l'histoire le zakat, et plus encore le wakf ont donné lieu à des abus et à des tricheries, ces institutions coraniques peuvent néanmoins constituer la base d'un socialisme spécifiquement islamique.

3. *La conception coranique du pouvoir.* Elle peut se résumer en quelques principes de base :
— le pouvoir appartient exclusivement à Dieu ;
— la représentation du peuple et sa participation aux décisions est assujettie aux principes islamiques ;
— le gouvernement n'est que le simple exécutant de cette volonté de Dieu exprimée par la communauté.

Le principe démocratique de la nécessité de la consultation populaire (*shura*) et de la participation du peuple à l'élaboration et à la réalisation des décisions est explicitement formulé dans le Coran : « Qu'ils décident de leurs affaires communes en se consultant » (sourate XLII, intitulée : « La libération », verset 37). Ainsi est institué, entre le peuple et ses dirigeants, un « contrat social » ; le peuple, ayant délibéré et choisi son chef, n'est tenu de lui obéir que dans la mesure où il fait régner l'intérêt général et les principes islamiques de la justice sociale. Il est révocable à tout moment. L'idée d'une monarchie de droit divin et même d'une monarchie héréditaire est exclue par les principes de l'Islam. C'est seulement à partir du cinquième calife, Mo'awyia, en l'an 55 de l'Hégire (677 après J.-C.), que fut violé ce principe, le premier des Ommeyades ayant désigné pour son successeur son fils sans consulter le peuple. La notion même de « dynastie » (ommeyade, abbasside ou ottomane) ne trouve aucun fondement dans le Coran. (Pas plus que la tradition « constantinienne » ne trouve un fondement dans l'Évangile.)

56. Mohamed Shawki el-Fangary, *Les Caractères fondamentaux du socialisme de l'Islam*, Université du Caire, 1967.

Soulignons une fois encore que le Coran n'institue ni un régime social ni un régime politique déterminé, mais définit les principes généraux dont doit s'inspirer tout régime se disant islamique.

La Charte nationale algérienne de 1976 souligne que les formes de gestion ne constituent pas un dogme immuable et que le socialisme peut naître non pas comme une doctrine importée de l'Occident, mais comme un mouvement organique puisant son aspiration et sa force dans la foi la plus profonde de l'Islam.

De même que le marxisme n'est pas la répétition, à la fin du XXᵉ siècle et dans tous les pays, des lois découvertes par Marx pour analyser le développement du capitalisme anglais au XIXᵉ siècle, une république islamique ou un socialisme islamique ne peuvent être la simple répétition des lois qui prenaient leur sens dans un autre contexte il y a un millénaire. La Bible des chrétiens prescrit de couper la main du voleur ou de lapider à mort l'adultère, et saint Thomas d'Aquin justifie la torture. Répéter ces formules et ces pratiques ne serait point signe de fidélité biblique. Par contre, le christianisme comme l'Islam ont formulé des principes qui peuvent et doivent inspirer aujourd'hui toute tentative de construction d'une démocratie et d'un socialisme à visage humain, c'est-à-dire divin.

Vers une rencontre inédite du socialisme et de la foi.

Je n'en retiendrai que trois exemples valables à la fois pour un socialisme islamique et un socialisme chrétien.

Nous les formulerons sous une forme négative, car une théologie de la révolution ne peut être une théologie dogmatique mais une théologie négative. On ne peut pas « déduire » le socialisme (pas plus qu'aucune autre doctrine politique) en appliquant à la lettre telle ou telle prescription, d'ailleurs souvent métaphorique, de la Bible ou du Coran, comme, par exemple, le texte de l'Évangile : « Si ton œil est occasion de chute, arrache-le », « et si ta main droite entraîne ta chute, coupe-la », que reprennent pourtant par trois fois les Synoptiques (Matthieu V,29-30 ; Marc IX,43-47 ; Luc XVIII,8-9).

La Bible et le Coran, s'ils ne peuvent définir un système politique, économique et social valable pour tous les temps et dans n'importe quelle condition, nous indiquent fermement ce qui est incompatible avec la vocation divine de l'homme. J'appellerai donc socialisme islamique ou socialisme chrétien non pas une doctrine et des institutions déduites du Coran ou de la Bible, mais un socialisme qui ne mutile pas l'homme de ses dimensions spécifiquement humaines, transcendantes et communautaires, que nous ont révélées la personne de Jésus de Nazareth ou le livre du Coran.

1. Nulle révolution socialiste n'est possible sans la reconnaissance de la transcendance de l'homme par rapport à la nature, c'est-à-dire de la possibilité pour l'homme de rompre avec ses déterminismes, ses conditionnements et ses aliénations, et sans la reconnaissance de la transcendance de Dieu par rapport à l'homme, c'est-à-dire de la possibilité permanente d'une sagesse qui dépasse la science et l'ordonne à ses fins, d'imprévisibles émergence et création divines qui dépassent les fins limitées de notre raison technicienne.

2. Nulle révolution socialiste n'est possible à partir de l'individualisme occidental pour lequel la liberté de l'autre est la limite et non la condition de ma propre liberté (car elle est, hélas, ainsi définie dans la Déclaration des droits de l'homme et du citoyen de la Révolution française). Une révolution socialiste n'est possible au contraire qu'à partir de la conception prophétique de la personne humaine qui, à l'inverse de l'individualisme, ne peut se définir que dans son rapport communautaire et son ouverture à l'autre dans sa différence radicale et sa liberté créatrice.

3. Nulle révolution socialiste n'est possible à l'intérieur du modèle occidental de croissance défini par un accroissement sans fin de la production et de la consommation. La croissance véritable n'est pas celle de l'entreprise et de ses profits, de la nation et de sa puissance, mais de l'homme, comme centre de création et membre autonome d'une communauté.

La pensée et la pratique vivantes de l'Islam sont définies par leur caractère dialectique.

Le propre de la pensée dialectique c'est de saisir non pas des substances et des essences (comme la philosophie grecque), mais des relations, des relations entre des termes qui à la fois s'impliquent et s'excluent, et qui ne peuvent être définis séparément et de façon exhaustive, mais demeurent ouverts, à l'infini.

Il en est ainsi du rapport entre Dieu et l'homme, entre l'homme et la communauté, entre l'homme et la nature, entre le sacré et le profane.

Telle est la dialectique fondamentale de la transcendance et de l'immanence qui régit tous les rapports de Dieu et de l'homme, de la nature et de l'homme qui en est le calife, de l'homme et de la communauté.

La communauté ne se réalise que par la participation créatrice de ceux qui la constituent, et l'homme ne s'épanouit pleinement que dans cette communauté volontaire et ouverte à l'infini.

Tel est sans doute le point de convergence le plus profond entre le christianisme et l'Islam : le Royaume de Dieu, pour un chrétien, est aussi une réalité prophétique : il est *déjà là* chaque fois qu'un homme s'ouvre à l'autre, en l'accueillant dans sa liberté créatrice, sortant ainsi de son insularité et de sa « suffisance » égoïste, et, en même temps, il est à *venir*, c'est-à-dire qu'il ne sera pleinement réalisé que lorsque ce rapport sera constitutif de toute la communauté humaine.

Musulmans et chrétiens, hommes de toutes les sagesses, de tous les prophétismes du monde, ceux de l'Orient et celles de l'Occident, notre vie quotidienne, lorsqu'elle a un sens, son plein sens humain et divin, est faite de l'expérience de cette tension.

La vivre pleinement, et dans toutes ses conséquences pratiques, est le fondement de l'espérance que nous habiterons un jour le même avenir.

Marxisme, matérialisme et liberté.

Le besoin fondamental du monde, aujourd'hui, surtout en Occident, c'est *un réveil de responsabilité.*

Car il ne s'agit plus, comme on pouvait encore le croire au siècle dernier, ou même jusqu'au milieu du XXe siècle, de simplement prolonger un mouvement historique existant de progrès continu, de développer et de perfectionner ce qui est, mais au contraire d'affronter le risque d'une rupture. De faire un choix. Un choix irréversible, dont les conséquences pèseront sur des millénaires.

C'est pourquoi toutes les conceptions unilinéaires de l'histoire, du « progrès » de Condorcet à la « dialectique historique » inéluctable de Staline, ont fait faillite, et, avec elles les régimes politiques et sociaux dont elles étaient le fondement théorique : du capitalisme libéral au « socialisme » soviétique.

Il serait temps non pas seulement d'établir franchement ce constat de faillite, mais d'en formuler clairement les causes, toutes les causes, depuis les erreurs théoriques de base, jusqu'aux choix aberrants qui en découlent pour les techniques, l'économie, la politique, la culture, la foi.

Un premier préjugé, aussi profondément enraciné que radicalement faux, qui vicie depuis un siècle le mouvement révolutionnaire, c'est que le socialisme est nécessairement matérialiste, scientiste et athée.

Il est d'abord historiquement faux qu'il existe un lien constant et organique entre matérialisme, scientisme et révolution.

En premier lieu, historiquement, l'opposition polaire entre matérialisme et idéalisme découle de l'absurde dualisme de Descartes opposant l'esprit et la matière, l'âme et le corps, et reliant ce fantôme à ce robot par une mythique « glande pinéale ». A partir de là s'opposeront, par exemple, l' « immatérialisme » de Berkeley, prétendant fabriquer le monde avec des « images » et des « idées », qui seraient un « langage que Dieu nous parle », et le « matérialisme » de La Mettrie réduisant l'homme à n'être qu'une machine, son « homme-machine » n'étant qu'un décalque de l' « animal-machine » de Descartes.

Ces deux aberrations symétriques, Marx les repousse : au « matérialisme » du XVIIIe siècle français, il reproche deux choses :

1. une conception très pauvre de la matière, réduite à n'être qu'une portion de l'étendue obéissant à des lois mécaniques, « le matérialisme devient exclusif [...] La matérialité perd sa fleur, devient la matérialité abstraite du géomètre. Le mouvement physique est sacrifié au mouvement mécanique ou mathématique [...] Parmi les propriétés innées à la matière, le mouvement est la première et la plus éminente, non seulement en tant que mouvement mécanique et mathématique mais, plus encore, comme instinct, esprit vital, force expansive, tourment (*qual* comme disait Jacob Boehme)[57] ». La référence à Jacob Boehme, mystique allemand du début du XVIIe siècle, et pour qui l'acte créateur de la liberté était premier, l'être n'étant plus que son sillage figé, est significative : elle montre tout ce qu'il faut étrangement introduire dans le concept de matière pour qu'il devienne opératoire et explicatif.

2. Marx reproche aussi au matérialisme antérieur de prétendre s'installer dans l'être au lieu de partir de l'activité pratique des

57. Karl Marx, « La Sainte Famille », in *Œuvres philosophiques*, Paris, Éd. Costes, t. II, p. 253-254.

hommes : « Le principal défaut du matérialisme passé — y compris celui de Feuerbach — est que la réalité, le monde sensible n'y sont saisis que sous la forme d'objet ou d'intuition, mais non en tant qu'*activité humaine concrète,* en tant que *pratique,* de façon *subjective,* c'est ce qui explique pourquoi le *côté actif* fut développé par l'idéalisme, en opposition au matérialisme, mais seulement abstraitement, car l'idéalisme ne connaît naturellement pas l'activité réelle concrète [58]. »

Marx est donc obligé de retrouver une conception qui « se distingue aussi bien de l'idéalisme que du matérialisme et qui est en même temps leur vérité qui les unit [...] Seul ce naturalisme ou humanisme est capable de comprendre l'acte de l'histoire universelle [59] ».

Cette philosophie de l'acte, antérieure et supérieure, comme chez Jacob Boehme, à la *philosophie de l'être,* permet seule de rendre compte de la dialectique de l'histoire. Marx est reconnaissant aux matérialistes français du XVIIIe siècle comme Helvétius, ou du XIXe siècle comme Théodore Dézamy, d'avoir montré que « l'homme est formé par les circonstances. [...] ce qui rattache nécessairement leur matérialisme au socialisme et au communisme [...] coïncidant avec l'humanisme [60] ».

Mais il ajoute aussitôt : « Si l'homme est formé par les circonstances, il faut former les circonstances humainement [61]. » C'est l'autre versant de la vérité, celui qu'avait traité, bien qu'abstraitement, l'idéalisme. C'est pourquoi Marx ne cesse de répéter, notamment dans *le Capital,* en se référant à l'Italien Vico, ce philosophe du début du XVIIIe siècle qui, dans sa *Scienza Nuova,* faisait de l'émergence « poétique » de l'homme, à la différence de l'évolution biologique, le moteur de l'histoire humaine : « ce sont les hommes qui la font [62] », même s'ils la font toujours dans des conditions non pas arbitraires mais déjà structurées par le passé. C'est parce qu'il retrouvait cette philosophie vivante « en amont » du dualisme de Descartes, qu'il soulignait, avec Engels [63], que « s'il n'y avait pas eu précédemment la philosophie allemande, *notamment celle de Hegel* » (en 1891, Engels cite Kant, Fichte, Hegel, Schelling, c'est-à-dire toute la lignée « idéaliste »), leur propre socialisme n'aurait pas existé.

58. Karl Marx, « Première thèse sur Feuerbach », in *Études philosophiques,* Paris, Éd. sociales, 1968, p. 29.
59. Karl Marx, *Manuscrits de 1844,* Paris, Éd. sociales, p. 136.
60. Karl Marx, « La Sainte Famille », *op. cit.*
61. *Ibid.*
62. Karl Marx, *Le Capital,* Paris, Éd. sociales, t. II, p. 59 note.
63. Friedrich Engels, *La Révolution démocratique bourgeoise en Allemagne,* Paris, Éd. sociales, p. 23.

En dehors d'une conjoncture spécifique (la période pendant laquelle l'Église s'est associée très étroitement à la contre-révolution européenne devenant ainsi très exactement l'« opium du peuple », et où, pour la combattre, les partisans de la révolution bourgeoise au XVIIIe siècle et ceux de la révolution socialiste du XIXe siècle sont amenés à utiliser toutes les armes idéologiques — athéisme, matérialisme, scientisme), il n'y a nulle conjonction entre ces idéologies et la révolution [64]. Le plus systématique des matérialistes, au XVIIe siècle, Hobbes, qui, dans son *Léviathan* [65], appliquant le matérialisme mécanique et scientiste à l'analyse de la société (comme Descartes et La Mettrie l'avaient fait pour l'« animal-machine » et l'« homme-machine »), créait, à partir de ce « matérialisme », la politique la plus implacablement conservatrice, puisque, par définition, dans une telle perspective, le futur ne peut être que le prolongement du présent et du passé et de leurs lois inexorables de causalité.

De même celui que l'on considère comme le fondateur de la « sociologie », Auguste Comte, prétendant découvrir la loi suprême de l'histoire : celle des « trois états », par laquelle l'homme passe de l'illusoire théologie à « la science », aboutit, par cette voie qui se dit « scientifique », au conservatisme le plus radical : « ordre et progrès. »

Il n'y a là nul hasard historique, mais l'expression d'une logique profonde : tout « déterminisme historique » implique *nécessairement* le conservatisme [66] : s'il n'y a pas de rupture possible, de « transcendance », mais le simple déploiement de « lois » semblables à celles qui régissent les actions réciproques et le devenir des objets, aucune nouveauté véritable n'est possible : les germes de l'avenir sont déjà contenus dans le passé comme l'arbre dans sa graine.

Marx avait pressenti, dès sa thèse de doctorat en philosophie, ce rôle conservateur du déterminisme : comparant la philosophie de Démocrite à celle d'Épicure, il soulignait qu'avec le déterminisme de l'atomisme de Démocrite « les hommes ont imaginé le fantôme du destin [67] », alors qu'Épicure, par une infraction irrationnelle au système, par l'hypothèse purement gratuite selon laquelle il arrive que l'atome dévie de son chemin nécessaire, « nous a émancipés et mis en liberté [68] ». Curieusement, dans la conclusion de sa thèse, il lie, en se

64. « L'athéisme est aristocratique », disait Robespierre. Ajoutons : le théisme aussi Mais ni l'athéisme ni le théisme n'ont quelque chose à voir avec la foi.
65. Hobbes, *Léviathan*, Paris, Éd. Sirey, coll. « Philosophie politique », 1971.
66. Le déterminisme, écrit Martin Buber, ne nous laisse le choix « qu'entre l'esclavage volontaire et la rébellion inutile », *Je et Tu, op. cit.*, p. 89.
67. Karl Marx, *Œuvres philosophiques, op. cit.*, p. 16.
68. *Ibid.*, p. 17.

référant à Schelling, à l'idée de Dieu, celle du fortuit et celle de la liberté[69].

La démonstration de Marx était encore très faible mais elle portait en elle cette vue remarquable : l'homme ne peut être maître de son destin (et donc révolutionnaire) que dans la mesure où il peut rompre avec ses déterminismes et ses conditionnements, nous dirons « les transcende ».

En vérité Marx, soucieux d'élaborer, avant tout, son économie politique du socialisme, n'a jamais mené jusqu'au bout l'analyse de ses fondements philosophiques, mais son économie politique même implique cette philosophie. Ainsi, lorsque dans *le Capital* il définit le travail humain, en le comparant au travail de l'abeille ou de la fourmi, par l'émergence de la conscience et du projet[70], lorsqu'il rappelle que les hommes font leur propre histoire (voir plus haut) en plaçant au-dessus de tout, comme le soulignait Lénine dans sa préface aux « Lettres à Kugelman » de Karl Marx[71], « l'initiative historique des masses », soulignant qu'une œuvre d'art conserve sa valeur esthétique même lorsqu'ont disparu toutes les conditions historiques dans lesquelles elle est née, qu'elle n'est donc pas un simple reflet, ou lorsqu'il affirme que l'aliénation n'est jamais si totale qu'elle rende à l'homme impossible la lutte contre l'aliénation.

Ce n'est donc pas par simple coïncidence historique ni pour des raisons purement contingentes que les origines de l'idée et du mouvement révolutionnaires, en Europe, sont essentiellement chrétiennes. Marx et Engels le reconnaissent expressément, non seulement avec le parallèle célèbre entre le christianisme primitif et le socialisme[72] mais surtout dans la *Guerre des paysans d'Allemagne* au temps de la Réforme, évoquant la lutte populaire du premier « théologien de la Révolution » (comme dira Ernst Bloch). Engels écrit : « Pour Thomas Münzer, le Royaume de Dieu est une société où il n'y aurait plus de différences de classes, de propriété privée, de pouvoir d'État s'opposant à la communauté des membres de la société[73]. »

Engels qualifie Münzer de « prophète de la révolution[74] » et considère que « la position de Münzer [...] était encore beaucoup plus osée que celle de n'importe quel gouvernement révolutionnaire moderne[75] ».

69. *Ibid.*, p. 80-82.
70. *Le Capital, op. cit.*, t. I, p. 181.
71. Karl Marx, *op. cit.*
72. Friedrich Engels, *Contribution à l'histoire du christianisme primitif.*
73. Friedrich Engels, « La révolution démocratique bourgeoise en Allemagne », in *La Guerre des paysans*, Paris, Éd. sociales, 1974, p. 4.
74. *Ibid.*, p. 100.
75. *Ibid.*, p. 98.

Le point de départ de l'idée révolutionnaire en Europe est l'ouvrage théologique sur la Trinité d'un moine calabrais du XIIe siècle, Joachim de Flore. Joachim de Flore construisait, à partir de la Trinité, une théologie de l'histoire : après l'âge du Père, qui était celui de la Loi et de l'Ancien Testament, était venu l'âge du Fils, avec Jésus-Christ et son Église. Et Joachim de Flore prophétisait la venue d'un âge de l'Esprit, celui d'une terre nouvelle, sans maîtres, sans propriété, sans État, sans riches ni pauvres, sans culte et sans prêtres.

Toutes les conceptions ultérieures de l'utopie et de la révolution en Europe seront des formes plus ou moins laïcisées de cette vision du Royaume de Dieu. Il est significatif que, quelques années avant la révolution de 1848, George Sand écrive son roman *Spiridion*, inspiré par Joachim de Flore autant que par Leroux et Cabet.

La première grande révolution européenne sera celle des hussites, en Bohême, qui, de 1419 à 1437, porta au régime féodal les coups les plus rudes qu'il ait reçus jusque-là. Son inspirateur, Jan Hus, puisait directement dans les enseignements prophétiques de Joachim de Flore, comme le fera, un siècle plus tard, Thomas Münzer.

Les révolutions de l'Europe sont ainsi caractérisées par deux composantes essentielles[76] : une vague populaire de lutte antiféodale et une espérance messianique en l'avènement du Royaume de Dieu.

En Angleterre, par exemple, le mouvement révolutionnaire des « niveleurs » (avec ses principaux chefs : Lilburne, Overton, Walwyn) était d'inspiration biblique, puritaine. La « protestation » d'Overton, en 1646, constitue le premier texte révolutionnaire de l'Angleterre : elle est dirigée contre la monarchie, la noblesse et le clergé. Lilburne enseigne que Dieu n'a donné pouvoir à aucun homme d'en opprimer ou d'en exploiter un autre : « Les plus authentiques serviteurs du Christ, écrit-il, furent toujours les plus grands ennemis de la tyrannie et de l'oppression. » La *Cité du soleil* (1623) (première grande expression d'une utopie communiste fondée sur l'égalité politique et économique des hommes) était l'œuvre d'un moine dominicain, Thomas Campanella, tout comme l'*Utopie* de Thomas More (1478-1535) (société où régneraient la communauté des biens et l'égalité des hommes devant le travail, dans un système excluant la propriété individuelle, la concurrence, l'argent, les classes et leur antagonisme) était un rêve évangélique : « Le but des institutions sociales en utopie, écrit Thomas More, est de fournir d'abord aux besoins de la consommation publique et individuelle, puis de laisser à

76. Sur ce problème central à notre époque voir Roger Garaudy, *Clefs pour le marxisme*, Paris, Éd. Seghers, 1977.

chacun le plus de temps possible pour s'affranchir de la servitude du corps, cultiver librement son esprit, développer ses facultés intellectuelles par l'étude des sciences et des lettres. Dans ce développement complet consiste le vrai bonheur. »

Ce serait appauvrir la révolution que de sous-estimer l'une ou l'autre de ses composantes : son moment objectif et son moment subjectif, ce qui en elle est *reflet* des contradictions, des misères et des révoltes d'une époque, et ce qui est *projet* de les surmonter.

La notion de *reflet,* malencontreusement introduite par Lénine dans la théorie de la connaissance, a beaucoup contribué à discréditer le marxisme. Les partis communistes occidentaux, après bien des hésitations et des réticences, ont été contraints de la remettre en cause en épistémologie et en esthétique où elle exerçait aussi ses ravages.

La science fut extirpée du purgatoire de la « superstructure » après les vaines polémiques sur « science bourgeoise, science prolétarienne ». L'esthétique finit par conquérir une autonomie plus que « relative ».

Mais le parti communiste français, seul des grands partis européens, s'accroche encore désespérément à la thèse qui fait de la « foi » une superstructure, qui la confond par conséquent avec la « religion », c'est-à-dire avec l'idéologie à travers laquelle, à chaque époque, elle s'exprime, et finalement à ne voir en elle qu'un « reflet » des luttes sociales, sous-estimant ainsi terriblement le rôle du « facteur subjectif » (dont la révolution iranienne n'est pas le seul exemple), le rôle de levain, et non pas d'opium, que peut jouer la foi, comme le montrent, par exemple, les « théologies de la libération » en Amérique latine et le rôle grandissant des chrétiens en Europe, dans un mouvement pleinement révolutionnaire.

Cette conception pauvre de la foi conduit à une conception pauvre de la révolution, qui ne serait qu'une « science » (au sens « scientiste » et « positiviste » du terme) et incapable, comme telle, de poser le problème des fins, en particulier celui de la croissance. C'est ainsi qu'un parti peut encore parler de la « révolution » et s'en réclamer dans les mots, tout en s'intégrant dans le système capitaliste de croissance. C'est ainsi que l'on bascule de l'histoire. C'est ainsi que le sel perd sa saveur.

Ceci doit être clair : ***tout mouvement authentiquement révolutionnaire en Europe ne peut naître aujourd'hui que d'une rencontre inédite de la politique et de la foi.***

Seule une telle rencontre, mettant au premier plan le problème des fins, peut permettre à l'économie de définir ses finalités humaines ; à la politique d'échapper au totalitarisme ou à la démocratie « statistique » ; à la science de surmonter l'opposition entre la technique, qui est manipulation des *moyens,* et la sagesse, qui est méditation sur les *fins ;* à la culture de retrouver sa dimension verticale (la transcendance) ; à la société globale d'échapper à la désintégration du tissu social.

Il s'agira bien d'une *rencontre,* c'est-à-dire d'un dialogue et d'une complémentarité entre la méditation sur les fins et l'organisation des moyens.

Mais d'une rencontre *inédite,* car il ne s'agit pas de reconstituer artificiellement une « nouvelle chrétienté » dont je ne sais quel Mgr Lefèbvre serait le chef, ce qui signifierait la mort, sinon du christianisme, du moins de l'Église et de ses institutions.

La rencontre sera inédite, c'est-à-dire sans commune mesure avec celle du Concile de Nicée ou de l'édit de Milan où l'esprit était juif, le dogme était grec, et l'organisation romaine. Le christianisme se trouvait ainsi lié à la civilisation contre laquelle il était né : une « philosophie » se substituait à une manière de vivre, celle de Jésus de Nazareth, l'Église devenait un réservoir, ou un musée des secrets théologiques, et non la source de la vie nouvelle.

Quel socialisme ?

Quelle foi ?

Nous avons aujourd'hui à affronter à la fois scientisme et religion, deux idéologies dont le dénominateur commun est le dogmatisme.

Le « socialisme » soviétique est construit sur le modèle de la « chrétienté » catholique : une théologie — ici « religieuse », là athée — y est le fondement d'un système social sacralisé.

Finalement, ce qui caractérise notre époque, ce n'est pas l'athéisme, mais la superstition (à commencer par celle de la technique, à l'Est comme à l'Ouest).

Alors que le but de toute foi est le renouvellement de notre nature par la prise de conscience de notre dimension transcendante. Les « voyants », quelle que soit leur foi, sont ceux qui ont découvert en l'homme ce qui est en relation avec l'Absolu, ce qui est l'Absolu. Pour le christianisme, maître Eckhart a formulé cette vérité fondamentale : « Le but suprême de Dieu est de créer : il n'est pas satisfait avant d'avoir engendré son Fils en nous[77]. »

Ce qui importe, ce n'est pas la profession de foi et les mots, mais la manière dont on conduit sa vie à partir de cette foi.

Les images que l'homme se fait de Dieu ne sont pas Dieu : qu'un hindou psalmodie les hymnes védiques à Bénarès, qu'un Chinois

77. Maître Eckhart, *op. cit.*, sermon 11, p. 115.

s'absorbe dans le Tao, qu'un chrétien participe à la célébration de l'Eucharistie, qu'un musulman récite le Coran à la Mosquée, ou qu'un Africain danse sous le masque pour honorer la vie, une seule question se pose : qu'est-ce que cette célébration transforme dans leur vie ? Comment chacun parvient-il à se vider de son petit « moi » et de ses désirs bornés pour laisser en lui toute la place et se remplir de Dieu ?

Seule est subversive la foi qui est une expérience transformante.

Pour le chrétien, cette expérience est celle de l'union avec Jésus. Être chrétien, c'est se libérer de la loi comme de tous les conditionnements, de toutes les aliénations et de tous les déterminismes.

Jésus de Nazareth est celui qui révèle à l'homme ce qu'est l'homme, et qui révèle à l'homme ce qu'est Dieu parce qu'il est Celui qui libère en l'homme toutes les possibilités de l'homme. Jésus de Nazareth, c'est l'homme dans la plénitude de ses possibilités, l'homme que Dieu nous appelle à être. Cet appel se nomme « vocation ».

Jésus de Nazareth nous a révélé que Dieu peut mourir de la main des hommes, et que cet accomplissement inouï du possible, c'est la présence de Dieu parmi nous. Jésus, c'est l'avenir et la plénitude de l'homme [78].

Un avenir que l'on ne peut pas déduire de ce qui existe déjà dans l'histoire présente. Une création. Une création continue. Un monde dont la loi serait l'amour, cette pratique de la foi.

Croire en Dieu, c'est affirmer que la vie, le monde et son histoire ont un sens.

Croire en Dieu, c'est choisir la liberté comme fondement suprême de la réalité.

Croire en Dieu, c'est croire en l'homme qu'Il habite. C'est croire qu'il n'y a pas de maudits éternels, et qu'il existe un avenir même pour ceux que leur passé condamne.

S'ouvrir à la foi des autres, c'est redécouvrir les aspects oubliés de sa propre révélation.

Comment, à partir de là, définir le socialisme de notre temps ?

Par la voie prophétique, c'est-à-dire en rapportant toute chose à sa fin.

Et d'abord l'économie de la croissance en partant des besoins réels des hommes.

78. Sanchez-Rivera, S. J., *El rostro del hombre*, Madrid, Paulinas, 1977.

4. Un projet politique concret

1. Le « tableau économique » de la France.

En un autre moment de fracture de l'histoire, à un autre moment de la déchéance d'un système, celui de la monarchie de Louis XV, une semblable entreprise vit le jour avec le *Tableau économique* du Dr Quesnay en 1754. Cet ancêtre de la Comptabilité nationale, il y a plus de deux siècles, mit en évidence les tares dont souffre encore, en 1979, cette fameuse Comptabilité nationale.

En effet, le mérite essentiel du *Tableau économique* du Dr Quesnay, qui soulevait l'admiration de Karl Marx, c'est qu'il montre, contre les théories « mercantilistes », que l'on ne peut pas décrire le système de l'économie d'une nation en termes simplement monétaires, comme le fait, aujourd'hui encore, notre Comptabilité nationale avec toutes les aberrations que cela comporte : la « production », dans cette perspective, c'est tout ce qui s'échange ou tout ce qui est susceptible de s'échanger. En d'autres termes, dans une telle comptabilité ce qui n'apparaît pas sur le marché est nié, et, réciproquement, tout ce qui apparaît sur le marché, même si c'est un produit inutile ou malfaisant, est considéré comme s'ajoutant à la production intérieure brute (PIB) dans le système français, ou au produit national brut (PNB) dans les autres pays capitalistes.

Voici quelques illustrations concrètes des conséquences découlant d'une méthode qui ne tient compte que des transactions financières d'un pays et nullement de ses richesses naturelles ou humaines, de l'utilité, du bien-être ou du niveau de vie réel.

Ainsi, en se limitant aux « traces monétaires » des phénomènes économiques, le travail de la ménagère à son foyer (qui constitue plus du tiers du travail national) est tenu pour inexistant. Ainsi, ne pouvant définir en termes marchands les services des administrations, on a imaginé un marché fictif là où il n'existait pas, et la « production » des administrations a été définie par la somme des traitements versés aux fonctionnaires ! Plus démentiel encore : les nuisances et les pollutions, loin d'apparaître comme des pertes pour la collectivité (Bertrand de Jouvenel suggérait récemment, avec juste raison, qu'on en tienne compte), s'ajoutent au contraire à la production nationale, si bien que, par exemple, plus il y a d'eau polluée qui exige un traitement, ou plus il y a d'accidents d'automobile (qui se traduisent, dans la prétendue Comptabilité nationale, par des opérations marchandes, comptabilisables : carrosserie, hôpital, prothèses, etc.), plus s'élève la production intérieure brute, d'où se tire le taux de croissance ! Et pourtant, comme les Mages suivent l'Étoile pour gagner Bethléem, le gouvernement et les partis marchent les yeux levés vers ce « magique » taux de croissance.

Le trait de génie du Dr Quesnay (ou le simple « bon sens », c'est-à-dire la chose la moins bien partagée entre nos économistes officiels), c'est d'avoir décrit la production réelle non pas seulement à partir de son expression monétaire, mais à partir du travail créant des richesses réelles, c'est-à-dire celles qui contribuent effectivement au mieux-être des Français. Bien entendu le *Tableau* du Dr Quesnay porte la marque de son temps : il est « physiocrate », c'est-à-dire qu'il considère que l'agriculture est le seul travail productif. (A une époque où le travail agricole constituait l'essentiel du travail national, c'est une erreur assez aisément concevable), mais il établissait avec force, contrairement aux « mercantilistes » de son temps (c'est-à-dire à ceux qui mesuraient la richesse d'une nation par la quantité de monnaie dont elle disposait), que la simple circulation commerciale ne crée rien, alors que nos économistes actuels en sont encore à ne pas faire apparaître dans leurs évaluations financières que, par exemple, si l'on raccourcissait les circuits commerciaux, si l'on réduisait le nombre des intermédiaires parasites, si l'on comprimait la bureaucratie, cela vaudrait mieux pour le peuple français. Eh bien non ! Pour eux on additionne tout cela, de telle sorte que ces gaspillages (et bien d'autres, nous le verrons) viennent s'inscrire de façon triomphalement positive comme augmentation du revenu national.

Le principe de base de ce tour de passe-passe, c'est que toutes ces statistiques ne tiennent compte que de ce qui émerge sur le marché, sans chercher à savoir s'il s'agit de produits inutiles (gadgets), de produits nocifs (armements, par exemple, mais aussi tabac ou alcool) ou de produits répondant effectivement aux besoins des Français.

Établis en termes d' « agrégats » (c'est-à-dire d'ensembles financiers hétéroclites additionnant l'utile, l'inutile et le néfaste, tant au niveau de la production que de la consommation), les Comptes de la nation publiés par le gouvernement sont déjà manipulés de telle sorte qu'ils sont inutilisables pour établir un « tableau » partant des besoins réels du pays et du travail mis en œuvre pour y répondre.

Tout au plus peut-on, en examinant branche par branche les productions, dénicher les gaspillages et les spéculations cachés sous ces chiffrages illusoires. Des travaux de ce genre ont été effectués, sur le plan international, par le Club de Rome — par exemple dans le rapport de Dennis Gabor (prix Nobel) et Umberto Colombo : *Sortir du gaspillage*[1] —, sur le plan français, par le rapport demandé par le ministère de la Qualité de la vie (1974) et établi sous la direction de Claude Gruson sur *la Lutte contre le gaspillage, une nouvelle politique économique*[2], contenant de très précieuses indications, mais dont il n'a été tenu aucun compte dans l'orientation générale de l'économie française.

Nous essayerons de systématiser un possible « tableau économique » de la France permettant de fonder un changement radical de l'économie et de la politique françaises simplement en partant non du marché et des symboles monétaires, mais des besoins et du travail de notre peuple.

Tout notre système économique actuel est fondé sur cet axiome que Claude Gruson formulait ainsi dans sa préface à *la Lutte contre le gaspillage :* « Le gaspillage élargit les débouchés. » Il est significatif que Claude Gruson, en juillet 1978, démissionnait de la présidence du groupe ministériel qui avait élaboré avec lui cette analyse, et en donnait, dans une interview à *l'Express*, la raison : « Le pouvoir politique n'a pas envie d'avoir un vrai débat. »

A la suite des contributions capitales à ce débat, apportées non seulement par Claude Gruson et son équipe de travail sur « le gaspillage », mais encore par Michel Bosquet et la pléiade de savants qui collaborèrent à sa remarquable étude « Au soleil de l'an 2000 » (sur la demande de l'Union fédérale des consommateurs, par *Que choisir ?*)[3], par le Groupe de Bellevue, composée de chercheurs du CNRS, du Collège de France, de l'EDF, de l'Institut national de la recherche agronomique, sous le nom de Projet Alter, en 1978, et aussi à partir des recherches poursuivies en d'autres pays, notamment aux États-Unis, par le groupe Environmentalists for Full Employment (écologistes et plein emploi) et ses homologues anglais, hollandais, français (les Amis de la terre), nous croyons pouvoir esquisser les grandes lignes de la mutation aujourd'hui nécessaire à la survie et à la

1. Dennis Gabor et Umberto Colombo, *Sortir du gaspillage*, Paris, Dunod, 1978.
2. Claude Gruson, in *La Documentation française*.
3. Cf. « Au Soleil de l'an 2000, peut-on stopper le nucléaire ? », *Que choisir ?*, numéro spécial énergie, 1978.

vie de notre pays, en un « tableau économique » d'ensemble évoquant les mutations à opérer pour inventer une nouvelle politique économique qui ne soit pas suicidaire pour nous et pour nos enfants.

Nous examinerons ces diverses mutations au niveau de la production, de la consommation et des services.

a. *Le gaspillage au niveau de la production.*

Dans le domaine de la production, comment mettre fin aux gaspillages d'énergie, de matières premières et de travail humain ?

Le mode de production de l'énergie structure, pour l'essentiel, les rapports sociaux. Mais elle ne les structure pas sous la forme d'un rapport mécanique : après avoir, dans leur critique de Proudhon (*Misère de la philosophie*[4]), affirmé de manière simpliste que « le moulin à bras vous donnera la société avec le féodal ; le moulin à vapeur, la société avec le capitaliste industriel », Karl Marx et Engels firent leur « autocritique », en rappelant qu'en face d'adversaires qui les niaient, ils avaient eu, dans leur jeunesse, une tendance polémique à mettre unilatéralement l'accent sur les facteurs matériels (techniques et économiques). Néanmoins, ce qui demeure c'est que les grandes cassures de civilisation se situent le plus souvent en aval des grandes crises énergétiques et des grandes découvertes énergétiques. Elles changent à la fois les rapports entre les hommes et les rapports entre les hommes et la nature. Un journal américain, le *San Francisco Chronicle,* énonçait récemment ce principe : « La consommation d'énergie est probablement le meilleur indice des dégâts qu'un individu ou une société causent à leur environnement. »

Ce qu'il est aujourd'hui convenu d'appeler la « crise du pétrole » vient beaucoup moins des exigences nouvelles des pays producteurs (qui ne constituent qu'un retour à des prix de marché après une longue période où les lois du marché ont été faussées par le pillage de type colonial d'un pétrole dérisoirement bon marché) que de la consommation inconsidérée d'essence par les pays anciennement colonisateurs.

Une « nouvelle et saine croissance » n'est aujourd'hui possible que si, tenant compte du prix réel du pétrole (c'est-à-dire, selon les normes capitalistes classiques, son prix de *marché*) et non pas des prix longtemps fixés par le diktat colonial, nous reconsidérons le problème de la rentabilité des autres formes de la production d'énergie, de

4. Karl Marx, *Misère de la philosophie,* Bureau d'Éditions, 1937, p. 99.

même que si nous évaluons honnêtement le coût réel (interne et externe) du kilowatt nucléaire sans omettre ses redoutables nuisances (pollution physique même en fonctionnement normal, pollution « politique » permanente, et ordre de grandeur des risques courus en cas d'accident, de sabotage ou de guerre).

Tel est l'esprit dans lequel nous avons abordé ce problème dans nos « Onze thèses sur l'énergie, l'inflation et l'emploi », que nous reproduisons intégralement ici[5].

Nous tenions à y montrer essentiellement qu'en produisant l'énergie à partir de ressources renouvelables et décentralisées (et permettant donc de stimuler la créativité de chacun, de multiplier les initiatives puisque les emplois seraient répartis, en petites unités de production, à l'échelle humaine, sur tout le territoire), qu'en utilisant ainsi de plus en plus une énergie dont les coûts sont *descendants* et non *ascendants* (comme ceux du pétrole et de l'uranium), on parvenait à une énergie qui ne risque ni de dégrader ni de détruire l'homme et son environnement, et l'on pouvait, en même temps, résoudre les problèmes du chômage et de l'inflation.

Voici ce texte :

La France compte de 1 million 300 000 à 1 million 500 000 chômeurs. Ce qui coûte 26 milliards d'allocations de chômage par an.

La France importe 120 millions de tonnes de pétrole (chiffre de 1976) ce qui coûte, au prix actuel du brut, 50 milliards de francs lourds en devises, une dépendance de l'extérieur de 75 % de notre énergie et constitue une cause permanente d'inflation et de hausse des prix.

Il est possible d'en finir, en trois ans, avec le chômage et, dans le même temps, d'endiguer cette hémorragie de devises, avec tout l'effet d'entraînement que cela comporte pour l'ensemble de l'économie.

Voici les onze thèses directrices de ce plan.

Première thèse : L'énergie est la clé des problèmes du chômage et de l'inflation. Non pas à cause de l'augmentation du prix du pétrole brut, mais avant tout à cause de la « *monarchie énergétique du nucléaire* ».

Cette « monarchie énergétique », en France, a pris plusieurs formes : le « tout au charbon », puis le « tout au pétrole », aujourd'hui la plus grave (encore que la précédente, celle du pétrole, nous ait conduit à la crise actuelle), le « tout au nucléaire ».

5. Voir Roger Garaudy, « Onze thèses sur l'énergie, l'inflation et l'emploi », trois articles parus dans *Le Monde* des 4, 5 et 6 mai 1979.

On essaie de la masquer : en 1975, en créant une Délégation aux énergies nouvelles, mais en lui accordant des crédits dérisoires : 0,56 % des crédits accordés en 1978 au Commissariat à l'énergie atomique. A titre de comparaison, lorsque aux États-Unis le président Carter a décidé que l'on consacrerait à ces énergies 20 % des crédits accordés au nucléaire, la Chambre des représentants et le Sénat ont considéré que c'était beaucoup trop peu et ont proposé des crédits supplémentaires. En décembre 1976, la commission du commerce du Sénat a envoyé au président Carter un mémorandum pour créer 100 000 emplois par tranche de subventions et de prêts de 1,6 million de dollars dans le solaire. En mars 1978, une sous-commission du Sénat, présidée par le sénateur Kennedy, examinait ce problème : « Créer des emplois par une politique énergétique. » Les travaux, publiés par le gouvernement américain (Washington, 1978, DC.20402) pourraient alimenter le nécessaire débat public, qui devrait s'instaurer en France sur les buts poursuivis par les choix énergétiques (misant tout sur le nucléaire) qui ont été faits en mars 1974 sans aucune consultation des Français, et sur les rapports entre ces trois éléments vitaux : l'énergie, ses incidences sur l'emploi et sur l'inflation.

Deuxième thèse : La diversification des formes de production d'énergie et les économies d'énergie permettent de résoudre ce problème. Économie d'énergie ne signifie ni croissance zéro ni régression technique. Il ne s'agit pas, comme le répète une propagande débile, de « revenir à la bougie », ou de rejeter les appareils ménagers. Le gaspillage auquel il faut mettre fin n'est pas affaire individuelle. Ce qu'il s'agit de combattre c'est le *gaspillage institutionnel* au niveau non de la consommation mais de la production d'énergie, que constitue le tout électrique et le tout nucléaire.

Économiser signifie être plus efficace, c'est-à-dire obtenir plus d'énergie avec chaque franc investi. Or une centrale nucléaire du type Fessenheim (c'est-à-dire construite sous licence américaine Westinghouse — ô indépendance !) coûte environ 3 milliards pour sa seule construction, et nul ne peut dire ce que coûte 1 kilowatt nucléaire : d'abord parce que toute la recherche préliminaire n'est pas comprise dans ce prix de revient (le prix en est payé par les contribuables sous d'autres rubriques, en particulier dans le budget de la Défense, car le nucléaire « civil » est un sous-produit du nucléaire militaire), ensuite parce que le prix de l'uranium enrichi (dont nous achetons la moitié chez Westinghouse, aux États-Unis — ô indépendance !) est, comme le pétrole, en hausse constante (en attendant, comme pour le pétrole, la pénurie) ; quant à Superphœnix qui, en principe — si jamais il marche —, nous dispenserait de ces achats, nul ne sait ce qu'il coûtera : il était évalué à 3 milliards et demi en 1975, à 7 milliards en 1977, on est aujourd'hui aux environs de 10 milliards. Ajoutons que 67 % des investissements nucléaires sont financés par des banques étrangères (ô indépendance !). Enfin nul ne sait comment on démantèlera ou on noiera sous du béton pour des siècles ces centrales nucléaires qui ne durent que vingt ans parce qu'elles deviennent alors trop radioactives. Qui peut fixer le coût de cette opération ? Enfin, on ne compte pas dans le prix de revient le coût du retraitement des déchets.

En revanche, on peut affirmer que le gaspillage institutionnel du tout électrique et du tout nucléaire atteint son maximum :

1. *A la production :* lorsqu'on transforme de l'électricité en chaleur on perd deux tiers de l'énergie. Le président Carter a pu dire en 1977 (ce qui n'a jamais été dit en France dans la propagande pour le tout électrique) : « Le gaspillage d'énergie est de 65 % dans la production d'électricité. »

2. *Dans le transport :* on gaspille d'autant plus d'électricité qu'on la transporte à une distance plus grande. Le gaspillage atteint son maximum avec les centrales nucléaires que l'on est obligé, pour des raisons de sécurité, de placer le plus loin possible des lieux de consommation (agglomérations ou grandes entreprises).

3. *Dans l'usage :* on gaspille de l'énergie chaque fois que l'on n'utilise pas la forme d'énergie nécessaire au service à rendre : par exemple chauffer des locaux ou de l'eau avec de l'électricité.

Et pourtant l'EDF (fer de lance des firmes intéressées au gaspillage) a fait de la publicité — y compris à la télévision — pour ce genre de chauffage jusqu'à ce que le gouvernement le lui interdise. (Mais les promoteurs immobiliers continuent leur propagande pour ce gaspillage maximum, si rentable pour eux.)

Troisième thèse : Pour mettre fin à ce gaspillage institutionnel, et assurer une *croissance saine* (c'est-à-dire répondant aux besoins des Français et non à la volonté de puissance et de profit des multinationales), la solution consiste à ne plus puiser aveuglément dans les « stocks », non renouvelables, de pétrole et d'uranium (à la manière d'un héritier frivole dilapidant le capital qui lui a été légué), mais de s'insérer dans le « flux » des énergies pratiquement inépuisables (telles que les énergies solaires, géothermiques, gravitationnelles).

Nous n'aborderons pas ici la dernière, celle des marées (encore qu'un barrage dans les îles Chausey — dans la Manche — fournirait plus d'énergie que cinq centrales nucléaires), parce que nous resterions sur le plan de l'énergie centralisée. Pour les mêmes raisons nous ferons abstraction des « centrales solaires », captant le soleil par satellites artificiels et renvoyant l'énergie sur la terre par micro-ondes. De même, nous ne demandons pas, à ce stade, la mise en exploitation de l'énorme gisement d'anthracite de La Mure.

Nous retiendrons seulement les méthodes d'économie, ou de production décentralisées, créatrices d'emplois disséminés sur tout le territoire et sans risque pour la population ou l'environnement.

1. L'économie d'énergie par une meilleure isolation thermique. Une note interne du ministère de l'Industrie, de septembre 1977, indique que l'on peut économiser 30 % des besoins de chauffage avec un investissement de 50 francs par mètre carré, et 50 % avec un investissement de 120 francs par mètre carré. Dans le premier cas, on crée des emplois pour 80 000 personnes pendant 10 ans et on économise 5 milliards par an. Dans le deuxième cas, on crée 200 000 emplois et on économise 7 milliards par an.

Pour les bâtiments industriels, le Japon a rendu obligatoire la formation et l'emploi de « thermiciens » pour améliorer l'étanchéité des fours et des chaudières, la récupération des calories perdues par les effluents de l'usine. Combien de milliers de jeunes chômeurs ainsi mis au travail ?

2. Le chauffage solaire des locaux résidentiels, tertiaires ou industriels. Dès 1976, la ERDA (Energy Resources and Development Administration) américaine considérait le chauffage solaire comme compétitif et prévoyait une baisse du coût de 50 % d'ici 1980. Dès novembre 1977, 200 entreprises privées fabriquaient 400 000 mètres carrés de capteurs par an (ce qui représente 20 000 logements). En Angleterre, Pilkington Glass vient de mettre sur le marché des capteurs remplaçant le cuivre ou l'aluminium par du béton armé de fibres de verre, ce qui accroît le rendement de 30 % et diminue le prix de revient de 50 %. Même au prix actuel de 150 francs le mètre carré (et 500 avec l'installation) il y a là un marché de 30 milliards par tranche de 1 million de logements, de 60 mètres carrés (le parc français est d'environ 20 millions de logements).

En France, les chiffres donnés dans son livre sur *les Énergies nouvelles*, par Jean-Claude Colli[6], qui fut délégué à ces énergies de 1975 à 1978, montrent que ce chauffage solaire des logements et de l'eau peut économiser d'une demi à trois quarts de tonne par logement (et que le procédé, contrairement à ce que l'on

6. Paris, Fayard, 1979.

pourrait croire, est plus « avantageux » dans le Nord que dans le Midi). On peut ainsi remplacer, dit-il, « de 3 à 5 millions de tonnes de pétrole », ce qui représente environ 400 millions de dollars en devises (1,6 milliard de francs). Il n'établit pas de rapports avec l'emploi, mais il découle de ses données que cela créerait un nombre d'emplois de l'ordre de 150000.

3. Photopiles. Le même auteur écrit : « Il n'est pas déraisonnable de prévoir que d'ici quelques années le prix du kilowatt photovoltaïque soit compétitif, dans tous les cas, avec le kilowatt Diesel. » En effet, le prix élevé de ces piles tient à ce qu'il n'y a pas de fabrication en grande série. Barry Commoner, aux États-Unis, a démontré qu'une commande d'un demi-milliard de dollars de ces piles en ferait baisser le prix de 700 % et, dans ces conditions, permettrait de fournir, d'ici vingt ans, 9 % de l'énergie consommée aux États-Unis. L'avantage essentiel de ce procédé est de produire l'électricité sur le lieu même où l'on en a besoin, réduisant ainsi au minimum les frais d'installation et de transport. C'est la formule idéale pour les « écarts ». Une commande de l'État français d'un milliard de francs pour ses installations isolées abaisserait le prix au niveau compétitif. Diminuant l'exportation de devises et créant les emplois correspondants, cette mesure aurait un « effet multiplicateur » considérable.

4. L'exploitation systématique de la « bioconversion », c'est-à-dire de la production de gaz de méthane à partir de la fermentation, à l'abri de l'air, de déchets organiques, permettrait d'après les évaluations officielles de l'INRA[7] de couvrir toute la consommation d'énergie de l'agriculture : 4 millions de tonnes d'équivalent pétrole (encore 1,6 milliard de francs par an d'exportation de devises en moins). La fabrication des cuves et de l'appareillage et la collecte des déchets créerait (suivant ce que l'on consacrerait à la collecte) de 100000 à 200000 emplois par an (la totalité des déchets provenant de l'entretien des forêts pourrait théoriquement produire 40 millions de tonnes d'équivalent pétrole. Notre calcul n'en retient que 10 %).

5. « Dans des endroits favorisés par le vent, indique encore J.-C. Colli, l'éolienne peut fournir des kilowatts compétitifs avec le Diesel. »

6. L'utilisation des nappes d'eau chaude (géothermie) situées sous des agglomérations (notamment la nappe du Dagger, l'une des plus importantes d'Europe dans le bassin parisien, mais aussi celles d'Aquitaine et du Massif central), permettrait, pour chaque tranche de 10000 logements de 60 mètres carrés dont le chauffage et l'eau

7. INRA : Institut national de la recherche agronomique.

chaude seraient assurés à 70 %, de remplacer 18 000 tonnes d'équivalent pétrole, soit 7 millions 500 000 francs lourds, et créerait 1 000 emplois par an. Or, à partir des nappes géothermiques trouvées et exploitables, 1 million 800 000 logements peuvent être ainsi équipés, ce qui créerait 180 000 emplois.

7. L'inventaire hydraulique de la France montre que 300 000 petites chutes d'eau actuellement inutilisées pourraient être aménagées pour desservir des centaines de petites entreprises, de collectivités locales, ou de fermes, à condition d'adapter notre législation, et surtout à condition que la politique des barrages de l'EDF n'ait pas pour objectif prioritaire le refroidissement des effluents des centrales nucléaires. L'aménagement systématique de toutes ces chutes suffirait, à lui seul, à écarter pour longtemps le chômage.

Ces trois premières thèses — celle de l'abolition de la *monarchie énergétique du nucléaire,* celle de l'élimination du *gaspillage institutionnel,* et celle des moyens d'une *nouvelle et saine croissance* — disent ce qu'il faut faire pour résoudre les problèmes de l'énergie, du chômage et de l'inflation, en réservant l'électricité de nos centrales de tout genre (hydrauliques ou thermiques) aux seuls usages pour lesquels elle est irremplaçable.

Avant d'aller plus loin dans l'énoncé des thèses suceptibles d'apporter réponse aux problèmes du chômage, de l'énergie et de l'inflation, il est sans doute nécessaire de dire qui a pu prendre des décisions aussi directement contraires à l'intérêt national et aux besoins de notre peuple.

Ce programme nucléaire démentiel a été édicté le 4 mars 1974 par un groupe de pression constitué, notamment, par le groupe Empain-Schneider (que le général de Gaulle avait réussi à empêcher de se vendre complètement à Westinghouse, mais qui n'en est pas moins le principal exécutant français), le groupe PUK (Pechiney-Ugine-Kuhlmann), Saint-Gobain-Pont-à-Mousson, et Alsthom.

La commission PEON (Production d'électricité d'origine nucléaire), qui décide, en dehors du peuple français, de notre avenir énergétique, est dominée par ces groupes. Elle est composée, ce qui est normal, des représentants de l'EDF et du Commissariat à l'énergie atomique, mais aussi, ce qui est moins normal — comme l'a souligné à l'Assemblée nationale le rapport Schloesing (annexe n° 23 du PV de la séance du 5 octobre 1977) — « par les représentants des industriels intéressés à la réalisation du programme ». Le rapporteur (appartenant à la majorité) remarque, avec juste raison : « On n'imagine pas que la politique des constructions scolaires soit [...] élaborée par les entreprises du bâtiment. »

Ces groupes de pression tout-puissants sont les responsables directs de ce « gaspillage institutionnel ».

Ce consortium a disposé de tous les moyens non seulement pour imposer, par en haut, ses orientations, mais pour orchestrer, dans l'opinion, sa campagne d'intoxication avec les arguments les plus mensongers : le nucléaire seul peut assurer la relève du pétrole (alors que nous avons montré comment cette relève pouvait être assurée de bien d'autres manières) ; l'énergie nucléaire est la moins coûteuse (nous avons montré que nul ne pouvait en dire le prix) ; le nucléaire assure notre indépendance énergétique (alors que nous avons montré que notre énergie nucléaire est, pour l'essentiel, sous le contrôle des États-Unis et des firmes multinationales, tant pour les techniques employées — filière PWR Westinghouse — que pour l'approvisionnement en combustible, et le financement bancaire).

Cette propagande se fonde sur le mensonge le plus patent lorsqu'elle affirme qu'il existe un lien direct entre la production d'énergie, la croissance et l'emploi. Ceci n'est vrai en aucun pays : la Fondation Ford, aux États-Unis, a montré que 15 industries utilisent 45 % de l'énergie industrielle et n'occupent que 6 % de la main-d'œuvre. En Allemagne, de 1965 à 1975, la production industrielle a crû de 41,2 % alors que la consommation d'énergie par l'industrie n'augmentait que de 11,9 %. En France, pendant la même période, la production a augmenté de 41,2 % et la consommation d'énergie de 18,9 %.

Sans nous attarder davantage sur ce programme nucléaire démentiel (qui absorbe de 20 à 30 milliards de francs lourds par an au détriment de toutes les autres formes d'énergie), concluons que, pour nos enfants et nos petits-enfants à qui nous léguerons un monde invivable par épuisement des sources d'énergie renouvelables et par la pollution physique et *politique* du nucléaire, la date de lancement de ce programme, le 4 mars 1974, apparaîtra, si nous ne changeons de cap avant cinq ans, c'est-à-dire avant que ces choix deviennent irréversibles, comme la date la plus néfaste de l'histoire de France.

Ne partageant pas l' « absolutisme » de nos adversaires, nous ne demandons pas d'arrêter immédiatement toutes les centrales nucléaires, mais, comme l'ingénieur en chef Giry, de nous en tenir aux unités dont la construction ne pourrait être arrêtée sans perturbations graves, et, pour le reste, d'observer un moratoire de 10 ans, pour que les ingénieurs spécialisés aient le temps de maîtriser entièrement cette technique (le « suspense » américain de la centrale de Harrisbourg, à peu près identique à celle de Fessenheim, montre qu'on est encore loin du compte !) et de trouver, s'il en existe, des solutions aux problèmes de sécurité (plus fiables que celles du sinistre rapport

Rasmussen, bible de l'EDF, et désavoué aujourd'hui, même par ses inspirateurs) et aux problèmes du traitement des effluents et des déchets.

Le terrain étant déblayé de ses miasmes sordides et de la mythologie nucléaire, reprenons la série des thèses qui rendent possible le redressement en désignant *qui* peut le réaliser.

Quatrième thèse : Ce redressement nécessaire exige la participation de l'État, du patronat, des syndicats ouvriers, des usagers, c'est-à-dire une participation de tout notre peuple, chacun ayant conscience d'être responsable de l'avenir de tous.

Cinquième thèse : La participation de l'État. Il n'est pas demandé à l'État (comme le font tous les plans paresseux de résorption du chômage par l'augmentation du nombre de bureaucrates improductifs) de financer les mesures proposées, sauf par le transfert graduel, sur ce plan de relance, des 26 milliards d'allocations de chômage qui deviendraient sans objet du fait de la création d'emplois productifs, et de la fraction des 50 milliards de francs lourds employés à l'exportation de devises étrangères et des 20 milliards d'économies découlant du « moratoire » nucléaire, au fur et à mesure que nous gagnerons en autonomie énergétique par les mesures proposées. Il sera aussi demandé à l'État l'utilisation de la télévision et des autres medias dépendant de lui, pour détruire, au profit du peuple français, les mythes des « nucléocrates » qui tendent à confondre la « croissance » avec la croissance de leur puissance et de leurs profits.

Sixième thèse : La participation du patronat. Il s'agit de s'adresser à la fois au grand patronat, à la petite et moyenne entreprise, et même à l'artisanat, pour ne leur demander rien d'autre que d'exercer leur fonction d'entreprendre et d'investir sur le marché national en se « plaçant » ainsi sur le nouveau marché international où les entreprises d'autres pays ont déjà pris le départ.

Rappelons, par exemple, les initiatives de Boeing et de Lockheed aux États-Unis dans la construction d'éoliennes, celle de Pilkington Glass en Angleterre, pour les capteurs solaires, ou du plan indien de 100 000 unités de production de biométhane. En Italie, la Fiat annonce la mise en vente d'unités Totem mettant en œuvre le biométhane pour servir de carburant à une voiture, ou produire de l'électricité : 67 000 unités Totem produisent 1 000 mégawatts (autant qu'une centrale atomique comme Fessenheim) mais coûtent, au total, cinq fois moins qu'une telle centrale. Le solaire, soit avec les capteurs, soit, plus encore, avec la bioconversion, peut ouvrir un immense marché dans le tiers monde pour le plus grand bien des deux parties contractantes.

Septième thèse : La participation des syndicats ouvriers. Il ne leur est demandé rien d'autre que ce qui est de leur propre vocation : préparer les conditions non seulement pour venir à bout du chômage, mais pour le faire dans des conditions telles que les emplois soient créés sur tout le territoire sans avoir à « déporter » des milliers de travailleurs d'une région à l'autre. A l'inverse du nucléaire, les formes de production *décentralisée* de l'énergie permettent d'ouvrir non pas quelques chantiers géants, mais des dizaines de milliers de chantiers sur tous les points du territoire et utilisant la main-d'œuvre sur place. Les syndicats ouvriers américains ont déjà créé des centres de formation accélérée pour recycler leurs chômeurs dans la production d'énergie solaire.

Huitième thèse : La participation des usagers (c'est-à-dire de tout notre peuple). Un tel projet ne peut être réalisé que si des milliers de comités de quartiers, de villages, d'entreprises, d'hôpitaux ou d'écoles se constituent pour réaliser cette substitution d'énergie qui étendrait à tous les Français le niveau de confort qui n'est accessible jusqu'ici qu'à une minorité d'entre eux (créant ainsi une relance généralisée de l'économie). Il faut pour cela que des milliers d'individus ou de groupes imaginent les projets, exigent les primes et les prêts (dont plusieurs existent déjà dans la loi) pour les réaliser.

Cette série de thèses, destinées à répondre à la question « Avec qui atteindre ces objectifs ? », débouche sur une perspective claire : dire qu'il faut faire appel à la fois à l'État, au patronat, aux syndicats ouvriers et aux usagers implique une radicale inversion de notre politique énergétique : à l'opposé du nucléaire qui impose à tout notre peuple une abdication, une passivité, un abandon inconscient et aveugle pour que notre avenir soit à la discrétion d'une poignée d'affairistes et de technocrates, le modèle décentralisé que nous proposons fait appel à la conscience et à la responsabilité de chacun de nous.

Nous n'avons voulu, dans les huit premières thèses, ni nous livrer à des polémiques ni proposer des recettes miracles, mais faire des propositions constructives pour montrer qu'il existe une alternative au nucléaire, en présenter une parmi beaucoup d'autres, et s'ouvrant à beaucoup d'autres.

Les chiffres que nous avons avancés sont parfois des transpositions à partir de sources américaines (notamment celles de la Commission *ad hoc* du Sénat américain). Car, en France, le secret demeure la règle. Ils fixent donc des ordres de grandeur.

Mais les solutions que nous proposons, comme simple hypothèse de travail pour un nécessaire débat, sont des solutions réelles et non pas fondées sur la création paresseuse, aux frais de l'État (c'est-à-dire du contribuable), de quelques milliers de bureaucrates ou de CRS de plus. Il s'agit de créer des emplois productifs, créateurs de biens ou de services réels.

Nos trois dernières thèses proposeront un choix, une méthode et un défi.

La solution de ce problème est cruciale. Car le mode de production de l'énergie structure, pour l'essentiel, une société.

Nous nous trouvons aujourd'hui devant un choix et nous n'avons d'autre but que de l'éclairer.

Neuvième thèse : Tout programme énergétique implique un choix de société.

Le choix de la monarchie énergétique du nucléaire conduit à une extrême centralisation du pouvoir économique et du pouvoir politique, à la totale abdication de l'autonomie des individus et des groupes au profit d'un État nécessairement policier pour prévenir toute tentative de sabotage ou de détournement de plutonium permettant un chantage terroriste par lequel seraient rançonnés des millions de gens. Il faudra donc ficher, espionner, discriminer tous ceux qui travaillent dans la production nucléaire, dans le transport des matières fissiles ou des déchets, tous ceux qui en approchent de près ou de loin. Le directeur général de Framatome, M. Léni, déclarait dans une interview, avec une incontestable logique : « Il est essentiel que les centrales nucléaires soient de grande taille et exploitées de façon quasi militaire. »

On a beaucoup parlé, à propos du nucléaire, de la pollution physique dont l'évidence n'échappe qu'à ceux qui ne veulent pas voir ou qui ont intérêt à ne pas voir, mais on a encore trop peu évoqué cette « pollution » politique. Ceci doit être clair : *choisir le nucléaire c'est préparer le goulag.* C'est aussi multiplier à l'infini les destructions d'une guerre : un pays parsemé de centrales nucléaires est un pays indéfendable en cas de guerre car le bombardement (même par les voies les plus classiques) d'une centrale nucléaire serait l'équivalent de plusieurs Hiroshima. Et ceci peut même se produire sans guerre comme l'a montré l'angoisse d'Harrisbourg où, pendant trois jours, aucun des grands experts mondiaux n'a pu dire quand et comment finirait le cauchemar.

Pour ce qui concerne Superphœnix, il faut savoir que le sodium s'enflamme au contact de l'air et de l'eau, que nul ne peut maîtriser le feu d'une tonne de sodium et que Superphœnix en contiendra 450 tonnes. Des fuites sont inévitables. (Il s'en est déjà produit, heureusement à échelle réduite.) Un ingénieur en chef du ministère de l'Industrie a pu écrire, sans que personne relève ce propos, que se lancer dans l'aventure Superphœnix, c'est jouer à la roulette russe avec cinq balles dans le barillet.

Par l'épuisement des énergies non renouvelables, par la pollution nucléaire menaçant l'avenir génétique de l'espèce humaine, par les risques d'accidents aux proportions apocalyptiques (à Harrisbourg on envisageait l'évacuation de 950 000 personnes), par la pollution politique d'un totalitarisme technocratique, ou, comme dit André Gorz, d'un « électrofascisme », par le choix nucléaire nous laisserons à nos enfants un monde invivable. Il faut que ceci soit clair : *choisir le nucléaire, c'est assassiner nos petits-enfants.*

Un ami africain à qui je demandai : « A qui appartient la terre ? » me répondit : « La terre appartient à une grande famille dont certains membres sont déjà morts, d'autres sont vivants, et d'autres ne sont pas encore nés. »

C'est en pensant à ces derniers que nous devons faire un autre choix : celui d'une production d'énergie à partir de sources renouvelables, d'une énergie décentralisée, permettant de stimuler les initiatives et la créativité de chacun, d'une énergie dont les coûts sont descendants et non ascendants, d'une énergie qui ne risque de détruire ni l'homme ni son environnement.

Dixième thèse : Cela est possible et nous pouvons en définir les moyens. De la part de l'État : d'abord une politique de « vérité des prix » de l'énergie, dont le rapport Lesourd, non encore publié, et pourtant fort modeste dans ses évaluations, prévoit le doublement de son prix dans les vingt ans à venir ; ensuite une politique d'incitation et de dissuasion fiscales par un *impôt différentiel sur l'énergie,* surtaxant les énergies non renouvelables et, au contraire, permettant aux entreprises, aux collectivités et aux particuliers usant des autres énergies, de défalquer de leurs impôts les investissements qui y sont consacrés.

L'extension du système des primes et des prêts pour les économies d'énergie par isolation ou la production des énergies nouvelles. La création d'une banque de crédit énergétique, comme il existe une banque de crédit agricole, pour permettre cette mutation. La fondation d'un institut national chargé de vulgariser les expériences positives, d'assurer une aide technique, et de contrôler la validité des moyens employés et de la gestion financière des organismes créés par des entreprises, des coopératives, des collectivités, pour garantir un emploi judicieux des primes et des prêts.

Une propagande par la télévision, le film, le livre, la presse permettant de combattre le gaspillage institutionnel et de donner le maximum de diffusion aux initiatives créatrices dans l'utilisation des énergies renouvelables. L'organisation de stages pour motiver les chefs d'entreprises, de coopératives, de syndicats, pour l'investissement comme pour les recyclages, dans les industries nouvelles de l'énergie.

Onzième thèse : Les dix thèses précédentes ne sont ni de la fiction ni de la théorie, mais un plan concret d'action. Que l'initiative vienne de l'État ou d'une quelconque fondation, nous pouvons prendre, avec l'expérience accumulée par nos « groupes espérance », la responsabilité de réaliser ce projet, avec une équipe de dix personnes à plein temps et de consultants spécialisés dans chaque forme d'énergie.

Ce projet, pour être plus contraignant à l'égard de ceux qui proposent de le réaliser, est assorti d'un calendrier : un programme d'action détaillé sera présenté dans les trois mois qui suivront la décision de l'organisme qui prendra en main le projet. Et ce programme sera réalisé dans les trois ans, à partir du jour de la publication du rapport.

Quelles que soient les critiques portant sur telle ou telle de nos évaluations, nous avons voulu, essentiellement, ouvrir, sur le programme nucléaire, le grand débat national refusé aux Français depuis cinq ans.

Nous nous réjouissons d'avance de ces critiques et des correctifs qu'elles ne manqueront pas d'apporter, car un aussi gigantesque et décisif redressement ne sera l'œuvre ni d'un homme ni d'un groupe, mais de tout un peuple.

Nous avons défini un objectif, proposé des méthodes. Nous lançons maintenant un défi dans l'action. Qui le relèvera[8] ?

Le problème du gaspillage des matières premières se pose d'une manière analogue à celui de l'énergie.

8. Ici se terminait le troisième article sur les « Onze thèses sur l'énergie, l'inflation et l'emploi »

Si dans le premier cas le problème était de ne pas puiser dans les *stocks* d'énergies fossiles, mais de s'insérer dans les *flux* renouvelables, dans le deuxième cas il s'agit aussi non pas d'utiliser aveuglément des ressources rares ou de créer des matériaux qui ne peuvent plus revenir dans le *cycle* des transformations de la matière, mais de mettre l'accent sur les *recyclages*, de rendre les objets plus durables, de substituer des ressources renouvelables à des ressources rares.

Il y a gaspillage soit lorsqu'on emploie plus de moyens qu'il n'est nécessaire pour satisfaire un besoin réel, soit lorsqu'on emploie des ressources rares pour produire ce qui ne répond à aucun besoin réel, soit, enfin, lorsqu'on ne tire pas le maximum de service de ce qui a été produit.

On a parfois défini notre société comme une civilisation du « prêt-à-jeter ». La récupération et le recyclage de ce qui est mis à la poubelle sont donc les premiers remèdes. Certes, un écrémage du gâchis est déjà commencé, mais nous sommes encore loin de compte. Par exemple, le prix mondial des métaux augmente et ne cessera de croître car, au fur et à mesure que les gisements les plus accessibles sont épuisés, on est amené à exploiter des gisements plus profonds, d'accès plus difficile, dont le coût de production est donc plus élevé.

Il est vrai qu'en France l'industrie de la récupération occupe 35 000 personnes, avec un chiffre d'affaires de 6 milliards de francs par an, mais si l'on récupère assez bien les déchets industriels et les déchets commerciaux, le bilan est maigre en ce qui concerne les déchets des ménages.

En France, 25 % du fer est récupéré[9] et 30 % seulement de l'aluminium alors que la quantité d'énergie nécessaire au recyclage de ce métal est de 95 % inférieure à celle qui est indispensable à l'extraction de la même quantité de métal à partir de la bauxite.

Moins de 20 % du verre est récupéré, or chaque ménage jette en moyenne 250 bouteilles de verre par an.

28 % du papier (environ 1 million et demi de tonnes) sont collectés, surtout dans les imprimeries et les points de vente des journaux, et dans les emballages de carton du commerce, mais chaque ménage jette en moyenne par an 160 kilos de papiers, sans compter les prospectus publicitaires qui inondent nos rues (tout en embouteillant les P. et T.).

Pour augmenter la part de la récupération, différentes méthodes ont été expérimentées avec succès : le ramassage sélectif, séparant en sacs différents le verre, le papier, les déchets organiques, comme à La

9. Contre 70 % aux États-Unis.

Rochelle et à Romans en France et Orebro-Vivalta en Suède ; le tri mécanique, comme à Rome ou à San Francisco ; ou bien l'incinération globale avec séparation ultérieure, surtout des métaux, comme l'ont expérimentée en France le Bureau de recherches géologiques et minières (BRGM) à Orléans, et le Service de traitement des résidus urbains (TIRU). Malheureusement ces procédés ne sont pas généralisés : en 1970, en France, sur 11 millions de tonnes de résidus urbains collectés, 13 % seulement étaient compostés ou broyés ; 27 % incinérés (dont une faible partie pour le chauffage) et 60 % gaspillés dans les décharges qui polluent et enlaidissent le pourtour de nos cités.

Or, le recyclage du papier permettraient d'éviter l'abattage de 25 millions d'arbres par an. Notons à ce propos que les seuls quotidiens et hebdomadaires français (qui contiennent plus de 50 % de publicité) engloutissent chaque mois plus de 2 000 hectares de forêt (l'équivalent de la forêt de Chantilly).

Dans l'alimentation, pour ne citer que deux exemples de gaspillages particulièrement scandaleux et qui se reproduisent chaque année : en 1974, la Communauté économique européenne (CEE) a dépensé 225 millions de francs pour détruire des fruits et des légumes qui risquaient de faire baisser les cours. En France, la même année, et pour les mêmes raisons, liées au système marchand, 250 000 tonnes de pommes de terre ont été détruites.

Aux États-Unis, les laiteries déversèrent à l'égout 10 millions de tonnes de lactosérum (petit lait) alors que les protéines contenues dans sa matière sèche (ce que nos paysans du Midi appellent la « recuite » dont certains font d'excellents gâteaux) pourraient nourrir 8 millions de personnes. En France, une fromagerie ou une conserverie de taille moyenne rejette chaque jour environ 200 tonnes de ce lactosérum qui contient 12 tonnes de matière sèche.

Mais pire encore que celui de l'énergie et des matières premières est le gaspillage humain dans le travail.

Il y a d'abord un gaspillage structurel et qualitatif, découlant de la hiérarchie et la parcellisation du travail qui dépouille l'immense majorité des travailleurs des dimensions proprement humaines du travail : l'autonomie personnelle dans la détermination de ses fins et la participation personnelle à l'organisation des méthodes et des moyens. Pour des centaines de millions de travailleurs les gestes sont en quelque sorte dessinés en creux par la machine, et l'homme, comme disait Marx dans *le Capital,* devient « un appendice de la machine », un appendice de chair dans une machinerie d'acier. Si ce phénomène s'est manifesté depuis le début de la révolution industrielle, il n'a pas été corrigé, mais au contraire aggravé, tant dans les ateliers que dans les bureaux, par l'automation et l'informatique. Ce travail ne subsiste que là où son remplacement par une machine serait plus coûteuse, et l'on continue à n'utiliser en l'homme que la machine d'os, de muscles et de nerfs qu'il porte en lui, et non ce qui constitue sa richesse spécifiquement humaine : l'initiative, la responsabilité, la création.

De là découle, à chaque campagne de « productivité », une flambée nouvelle d'accidents du travail, et, d'une manière permanente, une prolifération des déséquilibres nerveux, des maladies mentales, des dépressions et du stress, de l'accablement et de l'angoisse de l'homme aux prises avec un travail qui n'a plus de signification humaine tout en exigeant les tensions d'une surveillance sans faille ou de cadences d'hallucinés.

Pour ne pas alourdir de statistiques ce dossier, rappelons seulement que l'Association pour l'étude des maladies de civilisation constatait, déjà en 1973, qu'un tiers des décès était dû à ces maladies. Pour mesurer les dégâts physiques du système suivant les classes sociales : sur 100 000 cadres, fonctionnaires ou membres des professions libérales, 500 meurent chaque année avant cinquante ans dont 50 par accident et 15 par suicide ; sur 100 000 manœuvres, ce n'est plus 500 mais 1 300, dont 220 par accident et 50 par suicide [10].

Du point de vue quantitatif, le gaspillage du travail humain est considérable. De 1936 à 1976, la productivité du travail a été multipliée par 3,4 mais la durée du travail n'a pas varié. C'est dire qu'un choix inavoué, implicite, a été fait : utiliser les progrès de la technique non pour réduire le temps de travail et laisser à l'homme le temps de vivre, mais pour augmenter la production et la consommation des choses.

Nous entrons ainsi dans le « cycle infernal » de la croissance. Car (sauf dans les cas d'extrême pénurie où les besoins élémentaires ne sont pas satisfaits) le malheur d'un homme vient beaucoup moins de ce qui lui manque, que de ce qu'il voit que d'autres possèdent et à quoi il n'a pas accès. Louis XIV, au plus haut de ses fastes, n'éprouvait pas le « besoin » d'un poste de télévision ! La pauvreté ressentie est donc fonction du niveau de satisfaction de voisins plus favorisés : au Vietnam, être pauvre, c'est n'avoir pas de bicyclette ; en France, être pauvre, c'est n'avoir pas de voiture ; aux États-Unis, être pauvre, c'est n'avoir pas une voiture par membre adulte de la famille et n'avoir pas

10 *Données sociales*. Paris, INSEE, 1974, p. 207.

l' « air conditionné » ! En d'autres mots : *l'inégalité est le principal moteur de la croissance.*

La croissance ne peut donc réduire une inégalité qui en est la condition.

En France, 50 % de la population (la partie la plus pauvre) reçoit 20 % des revenus, alors que les 5 % les plus riches en touchent 25 %.

L'utilisation du progrès technique (qui est en soi un bien) pour produire plus d'objets, et non plus de temps libre, est un calcul de dupes.

Nous terminerons ce chapitre du gaspillage dans la production par la vedette du genre : la fabrication d'armements, qui est le modèle de la production non seulement inutile mais destructrice et qui coûte à un monde dont les deux tiers sont sous-alimentés 450 milliards de dollars par an, c'est-à-dire l'équivalent du budget de la moitié la plus pauvre de l'humanité. Nous aborderons le problème de fond à propos de la nation et de la défense. Nous nous bornerons ici à l'aspect économique du problème : *l'industrie de l'armement comme destructrice d'emplois.*

Le secrétariat général des Nations unies étudiant les incidences d'une réduction de 10 % des dépenses militaires, recommandé par l'Organisation dans un rapport sur « les conséquences économiques et sociales de la course aux armements et des dépenses militaires » de mars 1978 [11], pose ainsi le problème économique du désarmement : « Les effets économiques malsains de la course aux armements sur la consommation publique et privée [...] seront directement déterminés par le volume des ressources absorbées par l'armée [...] Des dépenses d'armement croissantes ne sont pas un moyen efficace de combattre la récession [...] Premièrement, le maintien ou l'augmentation de dépenses d'armement élevées, à une époque de baisse ou de stagnation des ressources publiques, peut entraîner des pays à faire des économies sur les budgets de la santé, de la formation, de l'assistance, avec toutes les conséquences sociales négatives que cela peut entraîner. Deuxièmement, comme, récemment, la récession a tendance à se développer de concert avec l'inflation (stagflation), les dépenses d'armement sont un obstacle à une politique économique qui veut se libérer de la crise [...] Le détournement de ressources essentielles et de capital du secteur civil vers le secteur militaire [...] rend l'économie vulnérable à une pression inflationniste [...] Il ne fait guère de doute que l'inflation actuelle et sa persistance en période de récession économique et de chômage s'expliquent en partie par les

11. A./32/88 Rév. 1, p. 43 s.

dépenses militaires. Une réduction massive de ces dépenses à l'échelle mondiale contribuerait à juguler l'inflation. »

Nous avons cité longuement ce texte de base des Nations unies non seulement parce que les dépenses mondiales d'armement dépassent la somme fabuleuse de 450 milliards de dollars par an, mais parce que la France est le troisième trafiquant d'armes du monde (après les États-Unis et l'Union soviétique) et que, sous prétexte que 270 000 personnes sont employées dans l'industrie privée ou publique de l'armement (dont 122 000 dans le privé), on agite l'épouvantail fallacieux d'un chômage supplémentaire en cas de baisse de production.

On ne saurait poser plus mal le problème, car l'alternative n'est pas : fabrication d'armes ou chômage, mais fabrication d'armes ou production de biens utiles. Nous y reviendrons.

La politique française en la matière est excellemment définie dans *le Livre blanc de la Défense*, publié en juin 1972 par Michel Debré, alors ministre de la Défense.

Il s'en dégage les traits suivants :

1. La production d'armements, en France, est, pour l'essentiel, affaire privée : les commandes passées par l'armée aux entreprises privées sont de l'ordre de 55 %, et, en tenant compte des sous-traitances, de 75 %. Ces entreprises privées jouissent d'ailleurs de privilèges exceptionnels : elles sont, dit Michel Debré [12], « exonérées totalement ou partiellement des redevances, afin de leur permettre d'obtenir, grâce à de meilleurs prix, des contrats à l'exportation ».

2. La Délégation ministérielle pour l'armement (DMA) par le biais de sa Direction des affaires internationales (DAI) joue le rôle de démarcheur et de représentant de commerce pour ces firmes à l'extérieur « par des interventions auprès de gouvernements des pays étrangers et la caution qu'elle leur donne », par ses prospections et ses négociations.

Michel Debré, selon la logique de cette conception, énonce cet axiome : « Pour être compétitive et demeurer à la pointe de la technologie, *l'industrie d'armement doit être exportatrice.* »

3. Le choix des « clients » est d'ailleurs significatif : dans la *Revue de la Défense nationale* de janvier 1971, Michel Debré écrivait avec fierté : « Si la France est si souvent sollicitée, c'est parce qu'elle ne met pas de conditions politiques [...] à la vente de ses armes. »

En effet, ont pu compter sur les livraisons d'armes françaises :

12. Réponse de Michel Debré à la Cour des comptes, publiée dans *Le Monde*, 4 juillet 1972.

l'Espagne de Franco, la Grèce des colonels, le Portugal au temps où il utilisait ces armes contre les mouvements de libération de l'Angola, de la Guinée et du Mozambique, le Brésil, et, jusqu'à ce qu'ils puissent s'équiper eux-mêmes, les cannibales blancs de l'Afrique du Sud.

Pour nous en tenir, provisoirement, au seul aspect économique du problème des industries de l'armement, il est significatif que les pays qui ont fait, depuis la fin de la Seconde Guerre mondiale, les plus spectaculaires percées économiques sont précisément l'Allemagne et le Japon qui, en raison de leur défaite, ont eu le privilège de se voir interdire la production massive d'armements.

Il n'est pas vrai que le ralentissement ou même l'arrêt de la production d'armes créerait du chômage, car le même capital investi dans la production de biens utiles permettrait au contraire de créer beaucoup plus d'emplois. La seule condition, pour accomplir sans à-coups cette mutation, c'est de préparer à l'avance les programmes de reconversion. Cette tâche n'est pas particulièrement ardue car la fabrication de matériel militaire conventionnel exige à peu près les mêmes facteurs de production que celle des machines, des engins agricoles et des moyens de transport.

Ces dernières années, aux États-Unis, les enquêtes relatives aux effets des dépenses d'armement sur l'emploi arrivent à des résultats concordants. Une très officielle étude du Bureau of Labour Statistics (sous le titre : *la Structure de l'économie des États-Unis de 1980 à 1985*) pose cette question : quelles seraient les conséquences d'une réduction des dépenses d'armement de 10 milliards de dollars sur la situation de l'emploi en 1980, si, en même temps, d'autres dépenses gouvernementales étaient augmentées de la même somme ? La réponse est celle-ci : « L'effet du transfert de commandes de cette valeur donnerait un gain net de 245 420 emplois » (p. 110).

Les recherches concernant cette mutation ont été réalisées de façon exemplaire par le Comité de concertation des délégués syndicaux de l'entreprise anglaise Lucas-Aerospatiale, le plus gros constructeur européen d'équipements d'avions, dépendant pour 50 % de commandes d'armement. La main-d'œuvre étant tombée de 18 000 travailleurs en 1970 à 13 500 en 1974, une réflexion collective fut engagée par les ouvriers et techniciens de l'entreprise qui conduisit à établir une liste de 150 produits, décrits dans le détail (alors qu'une demande adressée aux partis, aux syndicats et aux chercheurs n'aboutit qu'à 3 propositions !).

Figuraient notamment dans cette liste :

— des équipements de haute mer, pour l'exploration et l'exploitation du gaz naturel, pour l'extraction des nodules du fond de la mer et pour l'agriculture sous-marine ;

— des machines télécommandées ;

— des véhicules légers ambivalents pour la route et le rail, utilisant un moteur hybride combinant les performances d'un moteur électrique et d'un moteur à combustion.

— des sources d'énergie alternatives (notamment éoliennes et des turbines marée-motrices) ;

— des équipements médicaux en particulier des prothèses sophistiquées.

Ce plan, à la fois imaginatif et concret, fondé sur l'expérience professionnelle pratique de milliers d'ouvriers et de techniciens, était inspiré par un double but que formulait ainsi Mike Cooley en février 1976 : « Nous exigeons non seulement le droit au travail mais le droit de fabriquer des produits répondant aux besoins de toute la société [13]. »

Nous avons évoqué cet exemple des ouvriers et techniciens de Lucas-Aerospatiale, car il a une valeur exceptionnelle de stimulation pour des milliers de travailleurs agissant en même temps pour sauvegarder leur emploi, et pour tenir compte de son utilité sociale.

b. *Le gaspillage au niveau de la consommation.*

Dans le domaine de la consommation, comment mettre fin aux gaspillages institutionnels et structurels du système ?

A ce niveau, nous pouvons nous en tenir presque à une simple énumération car nous touchons ici à l'une des lois les plus profondes du régime économique actuel où, à l'inverse de ce qu'enseigne l'économie classique, dite « libérale », la production n'est pas faite pour répondre aux besoins du marché mais, au contraire, pour créer des marchés de besoins, fussent-ils artificiels, afin de répondre aux exigences de la production. C'est ce que Galbraith a appelé : l'inversion de la filière.

Dès 1960, le directeur de la plus grande agence de publicité mondiale, J. Walter Thompson, déclarait que les Américains devaient apprendre à augmenter leur consommation de 16 milliards de dollars par an pour pouvoir suivre le rythme de la production.

Cette « croissance » de la consommation artificielle peut s'obtenir de trois manières :

13. Dan Smith, *Alternative Work for Military Industries*, 1976, p. 36 sq.

1. Produire des objets qui s'usent vite et que l'on ne puisse réparer soi-même. Cette méthode s'est illustrée par des scandales célèbres : celui, par exemple, de la firme qui inventa les tubes fluorescents : ils avaient une capacité de 10000 heures mais on ne les lança sur le marché qu'après les avoir « aménagés » pour qu'ils soient usés au bout de 1000 heures. Celui des bas « nylon » pratiquement infilables mais mis en vente seulement après avoir subi un bain qui en limite la durée. Celui d'appareils ménagers assez complexes, construits de telle manière (par exemple, éléments emboutis ou soudés, au lieu d'être boulonnés) qu'ils soient impossibles à réparer.

2. Ne pas attendre l'usure physique pour conduire au remplacement de l'objet, mais y apporter une modification infime, n'entraînant aucun avantage nouveau, mais les « démodant » pour inciter à l'achat du « dernier modèle ».

Vance Packard, dans son célèbre *Art du gaspillage*[14], a, l'un des premiers, démonté avec humour les mécanismes de la « mode » surtout dans le vêtement, l'automobile et les appareils ménagers.

L'usure précoce des produits risque, dans le long terme, d'être dangereuse pour le fabricant, en raison de la concurrence, sauf lorsqu'un large accord s'établit dans toute une branche, par exemple celle des carrosseries d'automobile (à l'exception, à peu près unique, de Volvo). Par contre, l'un des meilleurs spécialistes de l'étude des marchés, Louis Cheskin, écrit : « La plupart des modifications de style ne sont pas destinées à perfectionner le produit, pas plus sur le plan esthétique que fonctionnel, mais simplement à le démoder. » Cette mise hors d'usage « psychologique », ajoute-t-il, « se justifie socialement, car elle encourage la redistribution des richesses »[15].

Pour la mode féminine on peut ainsi changer la couleur dominante, l'ornementation sobre ou surchargée, la silhouette générale en abaissant ou élevant la longueur des jupes. C'est à ce genre de calcul (qui n'a rien à voir ni avec le confort ni avec la beauté mais avec la seule prospérité du commerce d'habillement) que se livrent les « grands »(!) couturiers, suivis d'ailleurs pas à pas par la confection et le prêt-à-porter. « Rallonger les robes, écrit Packard, est commercialement plus rentable que les raccourcir. Les femmes économes peuvent toujours prendre les ciseaux et enlever quelques centimètres. Un couturier de New York m'expliqua que, pour parer cette manœuvre, il fallait compléter cette mesure trop simpliste, par exemple en relâchant la taille. C'est ce qui s'est passé avec la robe sac.

14. Calmann-Lévy, coll. « Liberté de l'esprit », nouvelle éd. 1969.
15. *Marketing : le système de Cheskin*, Paris, Chotard, 1971.

Lorsqu'ils eurent remonté le bas de la robe aussi haut que le permettait la décence. les couturiers améliorèrent la laideur du sac en relevant la taille à la façon Empire. Puis les robes se remirent à rallonger. La taille abandonna les hauteurs de l'Empire pour dégringoler au plus bas. En même temps, on élargit les épaules. Comme elles avaient été très étroites jusque-là, les femmes n'avaient pas assez de tissu pour retaper elles-mêmes leurs anciennes robes[16]. »

On peut mesurer à leur aune « l'imagination et le goût » (!) des « grands » couturiers en constatant qu'ils n'ont cessé, depuis un demi-siècle, de nous refaire, périodiquement, le même coup, de la robe longue ou courte, de la taille haute ou basse, de la robe sac à la robe libellule, pour revenir, en 1979, à 1920, en cultivant le « rétro ». Le cycle peut ainsi redémarrer.

Les mêmes remarques valent pour le vêtement masculin où les pantalons passent de la patte d'éléphant au fourreau de hussard, et les revers de veston du rabat Directoire à la langue de fouine. La cravate s'enfle ou se rétrécit.

Les « salons de l'automobile » ne sont pas en reste sur les défilés de mannequins, et pour les mêmes raisons. Pour amener le patient docile à changer sa drogue tous les deux ans, les fabricants de cet engin archaïque (qui n'a donné lieu, depuis 40 ans, à aucune innovation fondamentale, comme le furent, de 1920 à 1940, les amortisseurs ou les freins sur les quatre roues ou comme l'eût été, par exemple, un moteur à hydrogène, plus performant et non polluant) ont, eux aussi, travaillé sur la silhouette de la voiture pour créer, par la mode, selon l'expression élégante et cynique d'un maquettiste de la General Motors, « une dynamique de vieillissement ». Ainsi les salons de l'auto présentent chaque année des modifications dérisoires comme des innovations « révolutionnaires », pour démoder plus vite des voitures alors qu'existent, depuis 30 ans, des techniques et des matériaux permettant à des autos de durer 500 000 ou 600 000 km sans exiger, dans leur vieillesse, un entretien ruineux[17].

Jusque vers 1960, la tendance, aux États-Unis, fut à l'allongement des carrosseries. Entre 1928 et 1958, la Chevrolet s'est étirée de 1,20 m ! Mais, vers 1960, le directeur de General Motors avouait avec nostalgie : « Pour ce qui est de la longueur, nous sommes arrivés en bout de piste. » Un fonctionnaire de Chicago calcula qu'en ramenant

16. Vance Packard, *op. cit.*

17. Sur les problèmes généraux de l'automobile nous renvoyons à notre livre *Le Projet espérance*, Paris, Robert Laffont, 1976, p. 23 à 36.

les voitures à leur taille d'avant-guerre on gagnerait 1 300 km de rues pour les stationnements.

Alors on trouva une autre symbolique du prestige : on bourra le moteur de chevaux (et de quelques « tigres ») permettant d'atteindre des vitesses très supérieures à 200 km à l'heure alors que les règlements en vigueur ne permettaient en aucun cas de dépasser 110.

Puis on écrasa le véhicule pour lui donner l'allure plus « sportive », et ce fut en effet un sport méritoire que d'y encastrer ses jambes et de rentrer sa tête dans son cou. Puis les ailes devinrent des nageoires, avant de s'atrophier et de disparaître avec les nickels qui faisaient naguère leur orgueil. Les phares se multiplièrent jusqu'à douze, huit à l'avant et quatre à l'arrière, puis revinrent à deux. En attendant que le « compact » nous ramène à une mode « rétro », déjà amorcée, où des carrosseries du début du siècle sont recherchées à prix d'or ou imitées.

Nous pourrions multiplier les exemples : qu'il s'agisse des lessives, des appareils ménagers, des brosses à dents électriques, du papier hygiénique ou des déodorants, nous serions toujours ramenés à la publicité.

L'inégalité sociale est le moteur de la croissance [18].

3. La publicité est la liturgie démentielle de cette religion de la croissance.

C'est d'abord une liturgie coûteuse.

Philippe d'Iribarne [19] rappelle que les Britanniques ont dénoncé, dans un « livre blanc », les accords passés par les trois grands groupes mondiaux qui produisent les détergents. Il en résulte que le prix de ces produits identiques pourrait baisser de moitié si ne s'ajoutaient à leur prix de revient dérisoire, avec des profits scandaleux, d'énormes dépenses de publicité. L'Union fédérale des consommateurs a pu établir, en 1977, que tel produit de beauté, dont le prix de revient était de 1 franc et 17 centimes, était vendu en pharmacie 18 francs. La part de la publicité atteint et dépasse, pour de nombreux produits de luxe (apéritifs ou parfums par exemple), 50 % et même 70 % du prix.

La publicité, cette technique du mentir et du conditionnement, est indissociable du système du marché et de la concurrence. Elle a pris son plus grand essor lorsque s'est « inversée la filière », c'est-à-dire lorsque la production n'a plus eu pour objet de satisfaire aux besoins

18. Le marketing est la technique de manipulation qui a pour but de créer ou de gonfler des besoins, même artificiels. Il a pris son essor aux États-Unis, quelques années après la Seconde Guerre mondiale. C'est la fonction la plus typique et la plus criminelle de la société de consommation.

19. Philippe d'Iribarne, *Le Gaspillage et le Désir*, Paris, Fayard 1975, p. 45.

émergeant du marché, mais de créer à tout prix des marchés et des besoins pour accroître la production[20].

Elle est l'un des facteurs de la dégradation des rapports de l'homme avec la nature et des rapports de l'homme avec les autres et avec lui-même.

La publicité, ce n'est pas seulement la pollution des sites et des rues par des panneaux publicitaires tapageurs, des affiches criardes, des prospectus jonchant les rues et embouteillant les postes, c'est aussi, nous l'avons vu, le saccage de milliers d'hectares de forêt pour fabriquer la pâte à papier. Mais la publicité est plus destructive encore des hommes que de la nature. Près de 100 000 personnes, employées par les agences publicitaires, sont chargées de créer des réflexes conditionnés : de nous mettre en condition devant des affiches ou des films publicitaires télévisés qui appliquent systématiquement les procédés parfaitement exposés par Hitler dans *Mein Kampf* à propos de la propagande : dans une assemblée prendre pour cible le plus bête et viser en lui ce qu'il y a de plus bas : les glandes : glandes salivaires devant telle marque de conserves, glandes sexuelles pour telle marque de collants pour dame, ou la présentation de tel « dernier modèle » de voiture, la publicité automobile ayant toujours tendance à miser sur l'érotisme ou les ersatz mécaniques de la virilité. Enfin la publicité, lorsqu'elle représente 60 % ou 80 % des recettes d'un journal ou d'une revue, exerce sur elle ses pressions politiques[21] tout comme l'« image de marque » et la puissance d'un distributeur de livres ou d'une galerie de tableaux joue un rôle important dans le tirage d'un écrivain ou la « cote » d'un peintre. D'une manière plus générale, qu'il s'agisse d'un chanteur ou d'une star de cinéma, la publicité et le marketing des imprésarios sont beaucoup plus forts que ne le furent, en d'autres temps, le mécénat des Églises et des princes. Avec cette différence fondamentale qu'il y a ici aussi « inversion de la filière » : les commandes ecclésiastiques ou royales étaient fonction des besoins d'une liturgie religieuse ou politique : l'artiste produisait pour répondre à ces besoins. Aujourd'hui, il produit sans savoir à quels

20. Lorsque nous parlons de « besoins », en régime marchand, il s'agit de besoins *solvables*, car les deux tiers de l'humanité (y compris une part notable dans les pays dits « riches ») sont loin de pouvoir satisfaire leurs besoins, même élémentaires, de nourriture, de vêtements ou de logements, mais ceux-là ne présentent aucun intérêt pour le producteur dont le but est de fournir des produits indicateurs de puissance et non de satisfaire des besoins.

21. *Le Figaro* arrive en tête des quotidiens français pour la part des recettes publicitaires dans les recettes totales : 78 % en 1970. *L'Express* en tête des périodiques : 60 % en 1969. Berliet a cessé sa publicité dans *le Nouvel Observateur* à la suite d'une enquête sur son entreprise qui lui déplaisait. Unilever a retiré sa publicité au *Coopérateur* à la suite d'un article intitulé « Les poisons blancs » sur les entreprises de détergents ! (Unilever fabrique à la fois Omo, Coral, Skip et Persil !)

besoins il répond. Le marché et ses manipulateurs en décideront. Seules échappent à ce destin quelques œuvres de génie créées par des hommes captant et vivant intensément les aspirations les plus profondes de leur époque et exauçant en quelque sorte la prière de leur temps, ou, à l'autre bout de la chaîne, ceux qui, délibérément et consciemment, se soumettent aux lois du marché et des trafiquants qui le dominent, faisant d'eux une marchandise ballottée selon les oscillations de la mode, comme une robe ou une carrosserie.

Le gaspillage au niveau de la consommation est ainsi, en dernière analyse, un problème de culture. Car la culture c'est l'ensemble des rapports que l'homme entretient avec la nature, les autres hommes, l'avenir et le divin. Une « société de consommation » pervertit, en leur principe même, ces rapports.

c. *Le gaspillage au niveau des services.*

Dans le domaine, enfin, des services, et du tertiaire, comment mettre fin aux gaspillages institutionnels et structurels du système?

L'exemple le plus saisissant, car il a une influence directe sur les prix payés, aux paysans à la production, et par les consommateurs à l'autre bout du cycle, est celui des « intermédiaires » qui déterminent, à leur profit exclusif, l'un et l'autre prix.

Pour ne prendre qu'un exemple : en avril 1977, 1 kilo de poireaux était acheté 0,70 franc au producteur dans la vallée du Rhône et vendu 4,50 francs (cinq fois plus) à la ménagère parisienne. (Les frais de transport représentant environ 30 centimes par kilo.) On trouve des monstruosités analogues pour tous les autres produits agricoles, des artichauts de Bretagne aux pêches et aux fraises du Midi.

Par quel mécanisme caché, les « intermédiaires » peuvent-ils rançonner à la fois le paysan et le consommateur?

La manipulation des prix n'est pas, pour l'essentiel, l'œuvre des détaillants. Les catégories d'intermédiaires les plus malfaisants sont les grossistes. Sur les lieux de production, ce sont les expéditeurs et les ramasseurs, et, dans les marchés de gros des grandes villes (Rungis par exemple), les mandataires et les importateurs. Pour l'ensemble du commerce des fruits et légumes, on compte environ 700 000 producteurs, et 18 millions de ménages consommateurs, entre lesquels s'intercalent 200 000 détaillants et surtout 1 500 grossistes, qui sont ainsi en position de force en face des paysans et des détaillants dispersés, puisqu'ils peuvent se concerter et décider ensemble des prix. Ce sont donc eux qui, pour l'essentiel, « font » les prix. D'abord parce que les prix qu'ils imposent aux producteurs n'ont pas de rapport avec le prix de revient du paysan. En fixant des prix bas, l'intermédiaire gagne sur les deux tableaux : d'abord ses frais d'achat sont réduits au minimum. S'il est descendu trop au-dessous du coût de la production, le paysan peut préférer laisser périr sur pied ses fruits ou ses légumes ; certes, il y perd son investissement (semence, engrais, main-d'œuvre) mais il évite de perdre davantage en évitant les frais de cueillette (qui, bien que les salaires soient très bas, représentent 40 % des prix de revient). Même dans ce cas les intermédiaires gagnent à l'autre bout, car cette pénurie aux Halles fait monter les prix d'une marchandise désormais rare.

Les intermédiaires ont une autre corde à leur arc : en cas de pénurie (réelle en raison de sécheresse ou d'intempéries, ou artificielle, créée par eux comme dans le cas précédent), il leur faut importer ; ils traitent alors avec le producteur étranger comme avec le français : ainsi, en 1975, la production française de pêches ayant baissé pour des raisons climatiques, elles ont été achetées, surtout en Italie, à 2 francs le kilo et vendues, en mai, à 6,96 francs à Lyon, alors que le coût du transport du lieu de production italien à Lyon était de 30 centimes. Ainsi sont amplifiées les hausses et limitées les baisses, et, dans les deux cas, au profit des intermédiaires. Sans compter la fraude fiscale dans la distribution des fruits et légumes, que la Cour des Comptes évaluait, en 1970, entre 40 et 50 % sans compter la TVA.

Le remède qui permettrait de faire baisser de 20 % à 30 % au moins les prix de ces denrées n'est ni la taxation, qui frappe surtout un partenaire mineur (le détaillant), ni le contrôle et la répression, car ce genre de mesures conduit invariablement à alourdir la bureaucratie et à inciter à la corruption. Il s'agit de transformer radicalement les structures de la distribution. Les ventes directes de paysans apportant eux-mêmes leurs produits dans de grandes villes ont au moins le mérite de mettre en évidence l'énormité des marges prélevées par les intermédiaires, mais cette solution ne peut être généralisée à l'ensemble du territoire en raison de la dispersion des producteurs et de la concentration des consommateurs urbains. La meilleure méthode pour sortir de l'arbitraire de cette manipulation des prix est de transformer la structure de la distribution, en éliminant les privilèges des intermédiaires en supprimant purement et simplement la « profession » de ces 1 500 féodaux, et en faisant assumer cette fonction par des coopératives gérées à la fois par les producteurs, les détaillants et les consommateurs. On atteindrait ainsi « la vérité des prix », on respecterait les prix de revient du producteur, les frais de ramassage et de transport, et les marges bénéficiaires des détaillants, pour aboutir à un prix final de vente excluant tous les profits parasitaires.

En ce qui concerne les transports, nous pourrons être plus bref, ayant traité largement de ce problème dans un autre ouvrage[22]. Je me contenterai ici d'évoquer ceux de ses aspects qui touchent directement à l'établissement de notre « tableau économique », c'est-à-dire à notre projet de société.

Les « recommandations » présentées, à sa demande, au ministre de la Qualité de la vie, par la Commission qu'il avait désignée pour établir le rapport sur le gaspillage, aboutissaient à cette conclusion : « Accentuer le transfert route-rail pour les longues distances[23]. »

Depuis octobre 1972, le trafic routier, en France, dépasse celui du rail, alors que le rail dépense 5 fois moins d'énergie que le transport routier, que le coût d'investissement de l'autoroute est 8 fois plus élevé que celui de la voie ferrée pour le même trafic, et qu'un essieu de 12 tonnes dégrade la route 83 fois plus qu'une 504 (pour un prix de péage qui n'est que 2 fois plus élevé). La politique suivie depuis près d'un demi-siècle n'a cessé de favoriser les entreprises de transports routiers qui font partie du tout-puissant groupe de pression constitué par les constructeurs de voitures, les faiseurs d'autoroutes et les pétroliers. Les entrepreneurs de transports routiers ont beau jeu lorsqu'ils prétendent « coûter moins cher » que le train : c'est que la SNCF a la charge de construire et d'entretenir ses infrastructures (les voies ferrées), alors que l'autoroute est offerte aux routiers par les contribuables, et que l'usure de l'autoroute par leurs convois est sans commune mesure avec le prix qu'ils payent au péage (de 30 à 40 fois moins, en fonction de l'usure, que la voiture de tourisme). En vertu de cette politique, des centaines de gares, dites « non rentables » à cause de ces privilèges accordés au concurrent, ont été fermées. La solution devrait être exactement l'inverse, même si l'on ne prenait pas en compte des « coûts externes » (pollution et accidents par exemple) et si l'on s'en tenait à la « vérité des prix » : une juste « taxe à l'essieu » (proposée par le rapport sur le gaspillage[24]), jointe à l'élévation inéluctable du prix du carburant, suffirait, même sans mesure autoritaire, à éliminer totalement le camion pour les longues distances (plus de 150 km) et le réserverait à la desserte des écarts à partir des gares (il ne faut que quelques minutes à la SNCF pour placer le

22. Roger Garaudy, *Le Projet espérance*, *op. cit.*
23. Rapport du Groupe interministériel d'évaluation de l'environnement, présidé par Claude Gruson, *op. cit.*, p. 83.
24. *Ibid.*, p. 83.

container d'un wagon de marchandise sur un camion équipé pour ce transfert [25]).

Pour les centres urbains, il faut au contraire multiplier et diversifier les transports collectifs (métro, autobus, taxis individuels et taxis collectifs à trajets fixes, trottoirs roulants, etc.), accroître leur confort et diminuer leur prix ce qui est parfaitement possible avec un budget bien inférieur aux gadgets ruineux de Concorde, des abattoirs de la Villette, du « trou des halles », et autres Beaubourg. Cela permettrait de rendre humaines, vivables des villes entières. Par ailleurs, la piste cyclable revenant 20 fois moins cher que l'autoroute, en réduisant de 400 km le programme de construction d'autoroutes (dont l'usage serait plus efficace lorsqu'en auraient disparu les camions) on pourrait créer 8000 km de pistes cyclables qui faciliteraient la circulation en vélo devenue très dangereuse, voire pratiquement impossible, lorsqu'elle utilise les mêmes voies que les autos et les camions.

Dans notre « tableau économique » esquissant un nouvel avenir et une nouvelle croissance, le même sort que celui des intermédiaires de la distribution serait fait aux promoteurs immobiliers. En ce domaine, le mécanisme du gâchis social et humain est plus simple encore : « un promoteur (individu ou société) achète, aux alentours d'une ville ou d'un site prestigieux, les champs cultivés d'un paysan. Ces terrains ruraux se vendent à un prix très bas parce que les plans d'urbanisme interdisent d'y bâtir. Dans un deuxième temps, le même promoteur obtient (par des procédés aisément imaginables) une dérogation qui lui permet de bâtir. (A Barbizon, en bordure de la forêt de Fontainebleau, un record a été battu : le terrain, avant même le creusement des fondations, a été vendu 105 fois plus cher qu'il n'avait été acheté.) Une « société agricole » se transforme alors en « société immobilière ». Philippe Saint-Marc (ancien président de la mission d'aménagement de la côte d'Aquitaine) a donné des chiffres précis : 20000 dérogations ont été accordées de 1960 à 1964, et 80000 de 1965 à 1970. La marée noire de la corruption ne cessant de monter, les profits réalisés par les sociétés immobilières en France, de 1970 à 1973, sont de 45 milliards de francs lourds (soit l'équivalent du budget de l'Éducation nationale). Les petits scandales, éclatant sporadique-

25. Dans un rapport sur « les coûts et avantages globaux de la motorisation », l'Organisation de coopération et de développement économique (OCDE) constate que les camions légers sont responsables de 15 % de l'usure des routes, et qu'à eux seuls « les camions lourds (plus de 10 tonnes) de 85 %, bien qu'ils ne représentent que 1,4 % du parc total »

M. Antoine Veil, président de la Commission des transports et des communications du VIIe Plan français, évoquant la montée du transport routier des marchandises, note, en janvier 1979, qu'on continue « d'évoluer vers le transport le moins économe en énergie, et le plus dépendant du pétrole ».

ment, ne sont que le fait de maladroits, car la loi du marché, en ce domaine, permet de perpétrer ces crimes contre la société, de manière parfaitement légale, au point qu'Albin Chalandon qui fut ministre (gaulliste) de l'Équipement et du Logement eut l'honnêteté d'écrire : « Je crains que nous ne puissions éviter, et peut-être de façon brutale, la remise en cause du droit de propriété lui-même. »

La revue *Responsables du mouvement des cadres chrétiens* (MCC), de mars 1974, demandait que l'on mît fin à la spéculation immobilière, car, avec des terrains urbains qui atteignent de 1 000 à 2 000 francs le mètre carré, et parfois 1 million d'anciens francs, non seulement on provoque un « enrichissement sans cause, renforçant l'injustice de notre société », mais, sur des terrains d'un tel prix, qui augmentent de 15 % par an et qui, dans quelques années, représenteront 80 % du prix de revient d'un immeuble, on rend impossible la création d'espaces verts où chaque grand arbre reviendrait à 100 millions d'anciens francs[26].

Si l'on veut mettre fin à la spéculation foncière et à ses conséquences (ségrégation sociale, urbanisme anarchique et étouffant, insuffisance des équipements collectifs) et si l'on se souvient que la spéculation est l'appropriation privée des plus-values dues aux augmentations de prix des biens immobiliers, et qui ne correspondent pas à quelque « service » que ce soit, il ne saurait dans ce domaine y avoir d'autre solution que radicale. Cet enrichissement sans cause est anti-social. On ne peut l'éliminer qu'en soustrayant la terre aux lois du marché, en la municipalisant et en la socialisant, sans préjudice d'enquêtes et, éventuellement, de sanctions, à l'égard des agents économiques qui ont obtenu des dérogations et des organes administratifs ou politiques qui les ont accordées.

Même dans l'économie de marché, s'il était normal que le travail du paysan sur la terre nourricière en fasse augmenter le prix parce que ce travail l'avait défrichée et enrichie, il est monstrueux que le prix du terrain à bâtir augmente avant qu'aucun travail ne l'ait transformé.

La spéculation immobilière empêche tout développement organique et humain de l'urbanisme, c'est-à-dire toute création d'un milieu humain pour les hommes : elle est le résumé et le symbole des méfaits d'une conception bestialement individualiste de la propriété. En ce domaine, plus apparemment encore qu'en tout autre, la fonction d'investissement ne peut pas être une fonction individuelle

26. Voir le livre de Michel Bataille, *Sans toit ni loi*, Paris, Calmann-Lévy, 1973, p. 110. Le prix du terrain dans Paris représente couramment de 40 % à 50 % du prix de revient d'un immeuble. Voir aussi le livre de Claude Bourdet, *A qui appartient Paris ?*, Paris, Éd. du Seuil, 1974.

mais une fonction sociale. Il importe donc que toute transaction sur les terrains passe par un office immobilier municipal ou national, géré par les usagers, rendant d'abord publics les plans d'urbanisme et les conditions techniques et financières de sa réalisation, les prix des terrains étant fixés hors marché en fonction des intérêts de la communauté des usagers et de la société globale.

En ce qui concerne la santé, sans même aller jusqu'aux thèses extrêmes d'Ivan Illitch, selon lesquelles la médecine engendre plus de maladies qu'elle n'en guérit [27] — bien que cette thèse comporte une grande part de vérité et implique un changement radical des structures et de la formation de la profession médicale —, nous ne retiendrons ici que les aspects mercantiles du problème, au niveau du commerce pharmaceutique [28].

Sait-on que sur 8 800 produits pharmaceutiques en vente, il existe, au maximum, selon l'Organisation mondiale de la santé (ONU), 200 produits ayant une valeur thérapeutique certaine ? Or, à la fin de 1978, Mme Simone Veil s'inquiétait de ce que « les dépenses pharmaceutiques remboursées par la Caisse nationale d'assurance maladie se sont accrues de 20 % ».

La majeure partie de ce « budget pharmaceutique » est gaspillée pour combattre (si mal !) des « maladies de civilisation » telles que l'angoisse et l'insomnie par des tranquillisants et des somnifères ; or, les laboratoires pharmaceutiques consacrent en moyenne plus du tiers (et parfois la moitié) de leurs dépenses en publicité (surtout auprès des médecins) et en conditionnement.

Il est vrai que, depuis le 1er mars 1977, les malades de la région parisienne ont la possibilité — en principe (!) — de se faire délivrer des médicaments chez le pharmacien, en acquittant seulement le ticket modérateur (30 % du prix total), soit gratuitement s'ils sont dispensés du ticket modérateur [29]. En fait, une infime minorité de clients fait valoir ou respecter ses droits et la majorité des pharmaciens ne se soumettent à la convention qu'avec réticence. Le scandale majeur n'est d'ailleurs pas là, mais dans les marges bénéficiaires délirantes des fabricants et des distributeurs, et dans l'entreprise systématique de corruption des médecins (par la publicité, par des croisières gratuites, ou par la plus élémentaire collusion). En ce

27. Ivan Illitch, *Némésis médicale*, Paris, Éd. du Seuil, coll. « Techno-critique », 1975.
28. Jean-Pierre Dupuy et Serge Karsenty, *L'Invasion pharmaceutique*, Paris, Éd. du Seuil, 1974 et coll. « Points », nº 84, 1977.
29. Roger Garaudy, *Le Projet espérance*, *op. cit.*, p. 153 à 174. 94 % des pharmaciens (3 293 sur 3 527, dont 1 022 sur 1 134 dans Paris) ont adhéré à la Convention nationale modèle (et à son avenant), signée le 23 décembre 1976.

domaine, des mesures drastiques s'imposent. Non seulement un changement radical du statut des médecins, allant dans le sens de la « fonctionnarisation » (à la manière de la Grande-Bretagne sinon de l'URSS) mais encore une nationalisation des laboratoires, car la santé est un service public, et enfin une taxation rigoureuse des prix pharmaceutiques (avec retrait de l'autorisation d'exercer la profession à la moindre dérogation). C'est la seule manière de sauvegarder la Sécurité sociale, dont les dépenses pourraient ainsi être réduites de 30 % à 50 %, tant pour les actes médicaux et les frais d'hôpitaux que pour les remboursements de produits pharmaceutiques.

Dans le domaine de la culture et de l'éducation, les lignes de force déjà définies dans mon *Projet espérance*, se ramènent à trois points essentiels : l'un concerne les finalités de l'éducation, qui ne peut plus consister à adapter l'enfant à l'ordre établi des techniques et des hiérarchies, mais à le préparer à inventer un avenir inédit ; le second porte sur les structures qui ne peuvent plus reposer sur la conception dualiste et hiérarchique de « maîtres », spécialistes de la transmission du savoir, et de sujets qui leur soient passivement soumis, mais sur la participation permanente, à tous les âges de la vie, aux actes de formation et d'information, et à toutes les activités concernant la technique, les rapports économiques et sociaux, en un mot, l'autodétermination des fins et l'autogestion des moyens (économiques, politiques, culturels). Cela suppose une connexion permanente tout au long de la vie, et dès le premier âge, entre le travail et l'éducation ; le troisième se réfère aux programmes et donne une prééminence d'une part à la pratique des arts et de l'esthétique (comme réflexion sur l'acte créateur) sur le gavage de savoirs « scientifiques » fondés sur une science déjà faite, formalisée et fossilisée ; d'autre part à la prospective (comme réflexion sur un monde en train de naître et ses fins) sur l'histoire déjà faite et les « déterminismes » que l'on y peut découvrir après coup puisque, par définition, un seul possible s'est réalisé ; enfin et surtout à l'initiation aux cultures non occidentales, permettant de relativiser notre conception occidentale, gréco-romaine, des rapports de l'homme avec la nature, avec les autres hommes, avec l'avenir et le divin.

Enfin l'information, et, notamment, les divers medias et la radio-télévision. En ce domaine, le problème majeur est celui de la « boucle de retour » par laquelle la radio-télévision cesserait d'être « la parole sans réponse ». Contre la manipulation et le conditionnement radio-télévisés, imposant un modèle de comportements stéréotypés et transformant la « culture » en une branche de la consommation, le remède majeur est de donner à la radio-télévision un statut qui ne soit ni étatique ni privé, mais communautaire, c'est-à-dire une direction collégiale dont la majorité ne puisse ni être nommée par l'État ni émaner d'intérêts privés, mais comportant, de façon prioritaire, des représentants élus des grandes communautés nationales d'usagers et de créateurs (conseils de travailleurs des entreprises, universités, centres de recherche scientifique ou associations d'artistes, d'écrivains, de cinéastes).

En ce qui concerne le deuxième groupe de problèmes, celui de « la frustration des individus et des collectivités ne disposant pas de moyens d'expression autonomes », la radio-télévision doit savoir non seulement émettre, mais recevoir, n'être pas seulement en position de fournisseur mais de coopérative recevant son approvisionnement d'un public authentiquement « participant ». Les possibilités techniques de cette mutation existent déjà. D'abord grâce au système de télévision par câbles, qui permet une « boucle de retour » ; ensuite et surtout par la multiplication des caméras électroniques miniaturisées et donc portatives, permettant de constituer des bandes vidéo. Des milliers de communautés pourraient ainsi s'exprimer, poser les problèmes de leur vie, de la vie réelle. Les bandes réalisées pourraient être choisies, à partir de cette expérience de tout un peuple, pour être diffusées à l'échelle nationale, après avoir été mises au point par des réalisateurs et des monteurs pédagogues. Ces moyens techniques cesseraient ainsi d'être la « chasse gardée » de quelques professionnels pour élever leur statut à la dignité d'expression de tout un peuple.

Jamais la tragédie existentielle, celle de la vie en train de naître, n'a eu l'occasion historique de se réaliser à l'échelle d'une telle « agora électronique ».

Telles peuvent être les perspectives d'une télévision investie dans la créativité de chacun pour revitaliser le tissu social par l'éducation permanente, par la démocratie permanente, par la communauté permanente de la joie d'une vie créatrice.

Centres de décision et décentralisation. Cette esquisse d'un « tableau économique » de la France, du triple point de vue de la production, de la consommation, des services et du tertiaire, ne nous permet pas seulement de préciser concrètement nos objectifs mais de définir une méthode et une tactique pour les atteindre.

Nous pouvons d'abord situer très précisément les obstacles à la

« nouvelle et saine croissance », celle qui est fondée sur les besoins réels de tous et non sur des gaspillages destinés à renforcer les profits et la puissance de quelques-uns.

L'adversaire n'est ni à gauche ni à droite, dans tel ou tel parti, car aucun des quatre ne pose les problèmes fondamentaux dont dépend notre avenir : le modèle de croissance, le nucléaire militaire et civil. Tous sont donc en dehors du véritable débat politique et nous pouvons, sans dommage aucun, les laisser à leurs polémiques stériles pour se disputer des « clientèles » électorales.

Les véritables centres de décision, en France, sont en dehors du Parlement. Les groupes de pression, qui orientent la véritable politique française en imposant leur choix en matière d'énergie et de défense, en matière de consommation ou de transports des Français, de logements, d'éducation ou de santé, ont si bien compris les nouveaux mécanismes du pouvoir, qu'ils n'agissent plus guère, comme autrefois, dans les Parlements de la IIIe et de la IVe République, ou au Parlement anglais du XVIIIe siècle (où Walpole pouvait dire : « Je sais très exactement combien coûte la conscience de chacun des honorables membres du Parlement »). La corruption (par l'argent, les honneurs ou les fonctions) n'est plus très efficace à ce niveau, sauf peut-être encore aux États-Unis où le pouvoir économique est organisé selon une technique très avancée et où le pouvoir politique est au contraire de structure archaïque. Le champ de bataille entre les « lobbies » (entre les groupes de pression) s'est déplacé : leur action peut s'exercer un peu mieux sur les ministères et surtout sur de petits groupes (qui ne sont responsables devant personne et qui sont inconnus du public) où se rencontrent, autour d'objectifs précis, les grands technocrates du secteur privé et ceux du secteur public. Là sont les véritables centres de décision. Et aussi à l'Élysée où des équipes d' « experts » et de « conseillers » coiffent et, éventuellement, court-circuitent tous les ministères, et où, selon la Constitution quasi monarchique de la Ve République, le président arbitre, en dernière analyse, les choix décisifs. En dehors des maîtres des groupes de pression, lui seul détient un pouvoir réel.

Les grands groupes de pression, nous les avons déjà localisés : il y a d'abord le lobby nucléaire avec les quatre « grands » de la commission PEON (Empain-Schneider, Pechiney-Ugine-Kuhlmann, Saint-Gobain-Pont-à-Mousson et Alsthom). Ceux-là sont les principaux responsables des malheurs de la France, mais ils ont l'habileté suprême, en tirant toutes les ficelles, de se rendre invisibles en braquant les projecteurs sur les exécutants officiels tels, par exemple, que l'armée ou l'EDF, dont les états-majors, souvent de la meilleure foi du monde, se laissent convaincre par des arguments d'ordre national ou technique car, en bons technocrates, ils se posent toujours la question du « comment » (et la résolvent avec brio) mais jamais la question du « pourquoi ». La naïveté désarmante du technocrate l'amène à escamoter ce problème crucial du « pourquoi ».

Lors d'une récente conférence sur les finalités de la politique énergétique, devant une cinquantaine d'ingénieurs de haut rang de l'EDF, je me suis entendu poser des questions aussi sottes que celle-ci : « Savez-vous quel devrait être le diamètre d'un miroir parabolique pour produire avec le soleil l'équivalent d'une centrale nucléaire ou la longueur des pales d'une éolienne ayant le même rendement ? » Je leur répondis que c'était sûrement de l'ordre de plusieurs kilomètres, mais que ces questions n'avaient aucun sens, car précisément il ne s'agit pas de remplacer une centrale nucléaire par une centrale solaire ou éolienne, mais au contraire d'échapper à la « pollution politique » de cette centralisation systématique et de décentraliser au maximum la production de l'énergie en dizaines de milliers de petites unités productrices, en ne réservant les centrales que là où elles sont indispensables (par exemple pour le fonctionnement d'une très grande entreprise).

J'ai moi-même, en revanche, posé une question à un général « quatre étoiles » qui venait de prononcer une éblouissante conférence sur l'arme atomique, hérissée de chiffres lorsqu'il s'agissait de la force de frappe américaine et soviétique, mais d'une discrétion absolue quant aux simples ordres de grandeur lorsqu'il s'agissait de la force de frappe française [30] :

— Mon Général, en cas de conflit de grande envergure, la France tirera-t-elle le premier coup ou le second ?

— Il serait fou et suicidaire de tirer le premier coup, me répondit-il.

— Fort bien, lui répondis-je, bien qu'un de vos collègues ait défendu récemment, dans une revue militaire fort sérieuse, que, « pour montrer sa détermination, la France devrait tirer un coup de semonce ». En ce qui vous concerne, j'apprécie beaucoup la sagesse de votre réponse. Mais si vous ne tirez pas le premier coup, c'est que quelqu'un d'autre l'aura tiré. Et si c'est l'un des deux « grands », que restera-t-il non seulement de la force nucléaire de la France, mais de

30. Pour expliquer cette discrétion il suffit, précisément, de mettre en parallèles les chiffres réels : Les États-Unis, en 1977, possédaient 1 054 missiles et l'Union soviétique 1 452. La France : 18. Ajoutons que les missiles américains les plus puissants (Intercontinental Ballistic Missile : ICBM) ont une portée atteignant 14 000 km ; les Soviétiques en possèdent de portée à peu près égale dans leur assortiment. Les missiles français, la même année, ne dépassent pas 2 800 km, c'est-à-dire qu'ils sont incapables de franchir l'Atlantique ! C'était le moment où certains bavardaient sur la « défense tous azimuts » !

la France elle-même que trente bombes peuvent transformer pour des millénaires en désert pestilentiel ?

Pour que ma question ne comporte pas de réponse purement technique, je lui demandai (question du « pourquoi ») ce qu'il comptait défendre avec la bombe : des frontières ? Un régime politique ? Une culture ? Un mode de vie ? Le « spécialiste » me répondit superbement : « Défendre la paix », car, m'expliqua-t-il, la bombe n'est finalement utile que si l'on ne s'en sert pas, mais seulement comme argument de « dissuasion ».

Je ne fus guère rassuré, car, dans ma pauvre petite logique, il me semblait que c'était s'enfermer là dans un étrange dilemme : ou bien on est décidé à s'en servir et on se condamne à l'anéantissement (n'ayant pas, comme les « grands », le pouvoir de détruire l'adversaire en une seule frappe), ou bien on ne s'en sert pas mais alors pourquoi nous ruiner dans sa production et sa maintenance ? Pour que notre menace dissuade quiconque d'engager la guerre ? Calcul singulier, car nul, ni à l'Est ni à l'Ouest, n'a intérêt à détruire la France, sauf dans un cas : si l'un des antagonistes peut supposer que la France servira de force d'appoint ou de tête de pont à l'autre. En d'autres termes, la production et la maintenance, en France, d'une arme nucléaire d'une puissance sans commune mesure avec celle des deux « grands », crée la seule situation où il peut être utile à l'un des deux de détruire la France et à l'autre de la « protéger »... en temps de paix. On ne saurait mieux attirer à la fois la servitude en temps de paix, et la mort en cas de guerre.

S'il s'agit de défendre un mode de vie, pourquoi cherche-t-on à le défendre avec des moyens excluant toute participation des intéressés ? Quel mode de vie peut-on défendre pour un peuple mais sans lui ? Nous montrerons plus loin qu'il existe des méthodes efficaces pour le faire, mais la condition première pour les mettre en œuvre, c'est que l'ensemble de ce peuple ait conscience de ce qu'il a à défendre et soit assez attaché à la création de ce mode de vie et à l'avenir dont il est porteur pour lui donner plus de prix qu'à sa propre vie.

J'ai cité ces deux exemples pour montrer qu'il ne s'agit nullement de mettre en question la bonne foi ni l'incorruptibilité de ces exécutants de très haut niveau, mais simplement de les amener à se poser la question du « pourquoi », la question des fins, qu'il s'agisse de la défense ou de la production d'énergie. Ni l'armée ni l'EDF ne sont la cible pas plus que les partis, mais très précisément les groupes de pression que nous avons nommément désignés et pour qui, au contraire, les finalités de profit et de puissance sont parfaitement conscientes.

Nous pourrions faire la même démonstration pour le problème des transports. Le groupe de pression est constitué par les constructeurs de voitures (qui représentent un chiffre d'affaires de 28 milliards et même de 47 milliards si on y ajoute les fournitures — pneus, équipement électrique, etc.). Le carburant représentait, en 1970, déjà 20 milliards (à quoi il faut ajouter 15 milliards pour les services d'entretien). La même année, on a dépensé en France plus de 11 milliards pour les routes (dont 10 payés par l'État et les collectivités locales). Si l'on ajoute à cela les 9 milliards que nous coûtent les accidents de la route et les 11 milliards d'assurance automobile, on s'aperçoit que le système de transport contrôlé par ce groupe revient au pays à 113 milliards alors que le budget total de la France s'élevait, pour la même année, à 260 milliards.

Si l'on ajoute à ces deux groupes de pression géants les grands intermédiaires parasites, les promoteurs immobiliers, les agences de publicité, les grandes firmes pharmaceutiques, on aura, pour l'essentiel, la liste des pillards de l'économie française et des inspirateurs de sa politique, c'est-à-dire d'une politique de croissance faite de gaspillages et de consommation anarchique, aggravant les inégalités et centralisant au maximum le pouvoir.

Les partis politiques détournent l'attention des problèmes cruciaux pour cultiver les revendications particularistes alors qu'un peuple entier est menacé de mort. Ils ne proposent aucune solution constructive, et ils contribuent — par des modes d'action archaïques, purement négatifs, hérités du XIXe siècle — à justifier, sous prétexte de maintien de l' « ordre », les tendances centralisatrices et policières d'un État que l'atome conduira inéluctablement vers le totalitarisme.

Ceux qui se réclament du marxisme en continuant à associer le progrès social au développement croissant des forces productives entrent ainsi dans le jeu du pouvoir, acceptant aveuglément le nucléaire ou Concorde sans voir que ce qu'ils appellent « progrès » est une régression.

Il n'existe pas de raccourci politique ou de voie facile pour remonter ce courant. Surtout pas la délégation et l'aliénation de pouvoir à un parti ou à un élu, et surtout pas le repliement mortel sur le nationalisme économique tribal qui se manifeste aujourd'hui à gauche comme à droite.

L'avenir ne commence que là où un homme ou un groupe d'hommes, à la base, commence à résoudre les problèmes au niveau où ils se posent (et non pas en attendant « d'en haut » les solutions) et à situer leurs aspirations personnelles (harmonie nouvelle avec la nature, les autres hommes et l'avenir) dans un projet politique d'ensemble pour éviter les revendications sectorielles, c'est-à-dire non situées dans la perspective d'une mutation globale des institutions comme des mentalités.

Il ne s'agit pas de substituer une lutte antitechnocratique à une lutte anticapitaliste, mais de prendre conscience de leur implication réciproque. L'expérience historique a montré (en Union soviétique notamment) que l'on pouvait fort bien abolir le capitalisme, au sens traditionnel du mot, sans pour autant construire le socialisme, qui implique nécessairement participation et communauté, c'est-à-dire le contraire de la technocratie.

Le projet global que nous suggérons dans cet ouvrage n'est pas une utopie ou un système qui serait à prendre ou à laisser, mais une prise de conscience à la fois des objectifs fondamentaux, des forces qui font obstacle à sa réalisation, et des méthodes à mettre en œuvre pour remédier aux problèmes, dans la vie quotidienne, chacun engageant pleinement sa responsabilité personnelle dans cette expérimentation sociale. Cette hypothèse de travail est conçue non à partir de querelles électorales subalternes, mais à partir du recul de 5 000 ans d'histoire et d'un dialogue universel des civilisations.

2. Des multinationales.

Pour ne nous dissimuler aucune des difficultés de cette entreprise inédite, nous devons savoir aussi que les forces auxquelles nous nous heurtons ne se déploient pas dans le champ clos d'une nation : parmi les cent unités économiques les plus puissantes du monde, moins de la moitié sont des États-nations, la majorité est constituée par des firmes multinationales [31] : il en est qui règnent du dehors sur notre politique nucléaire, comme Westinghouse, sur notre approvisionnement pétrolier, comme Shell ou BP, sur notre informatique civile et militaire, comme ITT, et nous savons que ces multinationales sont capables de changer le régime d'un pays, comme l'a prouvé l'ITT au Chili en renversant Allende [32].

31. Exxon est la première firme mondiale par le chiffre d'affaires (42 milliards de dollars) ; la General Motors se classe la seconde (32 milliards de dollars), mais la première par le nombre de travailleurs employés (740 000).

32. John Mac Cone, passé de la direction des services secrets de la CIA au conseil d'administration de l'ITT, subventionne à la fois l'extrême droite et les démocrates chrétiens, au moment même où les banques internationales réduisent leurs crédits au Chili de 300 millions de dollars à 17 millions. Les investissements directs américains passent de 1 milliard de dollars, en 1969, à moins de 100 millions au temps du gouvernement d'Allende

Actuellement, 3 % des sociétés dans le monde possèdent plus de 75 % des actifs de toutes les entreprises. Dès 1968, 60 firmes, sous le contrôle d'un millier d'hommes dirigeants de banques d'investissement ou de commerce, mobilisaient directement ou indirectement 75 % des capitaux assurant la « croissance » des nations industrialisées.

Il s'agit de la plus importante des mutations du capitalisme. La finalité de profit et surtout de puissance n'a pas changé, mais le pouvoir du capital est devenu beaucoup plus centralisé et, en même temps, de plus en plus caché, insaisissable donc d'autant plus dominateur.

L'exemple le plus frappant est celui de la « recolonisation » des pays du tiers monde par les multinationales, qui montre le pouvoir d'adaptation du système.

Si, au départ, les pays sous-développés n'étaient, comme dans le colonialisme classique, que des sources de matières premières et de main-d'œuvre à bas salaires, et des marchés potentiels en expansion, les méthodes de pénétration et de domination se sont affinées. Alors que, traditionnellement, on investissait là où le taux de revenu était immédiatement le plus élevé, un changement profond s'est opéré après la Seconde Guerre mondiale : le temps de la rotation rapide était passé. Au début de cette mutation, les États-Unis prirent du retard : alors qu'ils n'investissaient qu'à 46 % dans le tiers monde (et s'occupaient davantage du Canada et de l'Europe occidentale), les Japonais y investissaient à 90 %, la France à 66 %. Nestlé, qui y plaçait 428 millions de francs suisses en 1950, passa à 3 568 millions en 1974. Philips, Unilever, Shell se mirent à pénétrer les marchés du tiers monde, déployant pour cela des méthodes nouvelles :

1. Le temps du retour rapide étant passé, on commençait, dans les multinationales, à penser dans le long terme. IBM en 1975 déclarait : « Nous pénétrons dans un pays sous-développé où nous connaîtrons 11 années sans profit. » Jusque-là, les multinationales, escomptant une croissance rapide, exportaient des technologies de pointe substituant au maximum les machines à la main-d'œuvre.

2. Aujourd'hui la tendance est inversée : le problème est de trouver une technologie adaptée à une production et à une consommation plus petites. Philips, par exemple, crée à Utrecht une usine pilote destinée à adapter les techniques de production à de petites séries. On recrée ainsi les conditions d'un pays sous-développé, avec un personnel venu du tiers monde, pour adapter aux conditions de ces pays les machines et les outils, et aussi les modes d'administration et de contrôle. La General Motors s'efforce de fournir les produits les

plus appropriés aux pays sous-développés, par exemple la BTV (Basic Transportation Vehicle) pour les pays qui ont un revenu moyen de moins de 400 dollars par tête d'habitant. Produit bon marché exigeant le minimum de métal, et conçu pour faciliter le montage et les réparations. Tous les composants, sauf les plus complexes, sont produits sur place, en Malaisie ou aux Philippines, à un prix inférieur de 30 % à celui de la camionnette la plus proche rivale dans le pays. Ford procède de manière analogue, produisant des composants dans divers pays, mais réalisant le montage afin d'assurer sa maîtrise.

C'est ainsi qu'on « industrialise » des pays dont le marché est trop petit pour rentabiliser les investissements dans une production de masse. En Thaïlande, aux Philippines, en Argentine, et dans 150 points de production disséminés dans le Pacifique, on produit la Fiesta. Dès la première année, un quart des acheteurs acquéraient avec elle leur premier véhicule. Le groupe John Deere (machines agricoles) a construit un modèle de tracteurs pour les petits paysans, reprenant, en 1967, le modèle de 1937, pour les pays sous-développés. Le prix de revient ne représente que 55 % du modèle de 1965. En 1971, l'unité Deere's Waterloo étudie un tracteur à deux roues, conduit à pied. Or, il se trouve que la plupart de ces tracteurs sont utilisés actuellement au Japon et dans les pays industrialisés !

3. L'éveil de la conscience écologique et des lois de l'environnement a conduit les multinationales à s'implanter loin des villes et surtout à exporter leur pollution dans les pays du tiers monde.

4. Une évolution profonde s'est produite dans le contrôle des filiales. La maîtrise peut s'exercer moins par les hommes que par la propriété financière, la parcellisation des étapes de la production, et les transferts de technologie. Aujourd'hui, sous la pression des gouvernements d'accueil, et aussi des succès des multinationales japonaises et européennes, plus de libertés ont été concédées aux filiales. Nestlé ne cherche plus à posséder les plantations, la terre, les fermes ou le bétail. Caterpillar, Union Carbide, IBM, Philips, Ford, General Motors ont moins de 1/100 de leurs nationaux dans la main-d'œuvre des autres pays.

La puissance des multinationales ne découle pas de leur pouvoir de produire à grande échelle (ce qui les situerait dans le simple prolongement des entreprises capitalistes classiques) mais de leur possibilité d'investir dans les contrées les plus favorables (bas salaires, syndicats faibles, fiscalité clémente) ; de transférer leurs activités d'un pays à l'autre pour parer aux effets d'un mouvement de grève ; de concentrer, aux point vitaux, la recherche et le développement ; de s'affranchir des contraintes nationales (fluctuations des monnaies, législations anti-trusts, fiscalité) tout en concentrant au maximum le pouvoir économique : à la fin de 1971, les multinationales contrôlaient 286 milliards de dollars, c'est-à-dire environ 2 fois le total des réserves internationales des banques centrales et des réserves monétaires du monde.

Les multinationales ont ainsi le pouvoir d'imposer partout dans le monde un modèle de culture et de civilisation et de dominer les économies de chaque pays par un chantage au désinvestissement et à la fermeture de leurs entreprises.

La domination culturelle est assurée non seulement par le type des entreprises implantées en chaque pays, imposant un certain mode de consommation (par exemple Coca-Cola, ou Ford), mais par une information qui est aux mains de cinq agences mondiales (Associated Press, United Press, Reuter, Tass et France-Presse). Le délégué permanent de la Tunisie à l'UNESCO, Mustapha Masmoudi, en novembre 1978, dans un rapport percutant, déclarait : « Près de 80 % des informations qui circulent dans le monde émanent des agences transnationales, qui ne consacrent que 20 à 30 % seulement de ces informations aux pays en développement qui, pourtant, constituent les trois quarts de l'humanité. »

Cet « échange inégal » de l'information n'est qu'un cas particulier de l'échange inégal imposé aujourd'hui par les multinationales avec autant de force qu'hier par les États colonisateurs, bien qu'avec des méthodes et des pouvoirs différents.

Les multinationales ont même réussi à intégrer à leur système mondial les pays dits « socialistes », qui conservent la « propriété » de l'entreprise pour sauvegarder le principe de la « socialisation des moyens de production » mais qui abandonnent la gestion, et souvent le « cash flow », aux multinationales. Une étude de la CNUCED montre que la part des brevets autochtones utilisés dans les pays « socialistes » est tombée de 94 % en 1964 à 84 % en 1972.

Les sociétés multinationales et les banques du monde capitaliste ont, en investissements et créances, placé de 50 à 60 milliards de dollars dans les pays de l'Est. Dans ces conditions, constate Charles Levinson[33], il est improbable qu'elles souhaitent une déstabilisation dans ces pays. L'endettement de l'Union soviétique vis-à-vis de l'Ouest est de 10 à 12 milliards de dollars, avec un service d'intérêts annuels de 800 millions de dollars. L'Italie, pour sa part, a garanti 100 millions de dollars en 1961 et 363 millions en 1966 pour la Fiat ; la France a accordé 3 milliards et demi de francs pour financer du

33. Charles Levinson, *Vodka-Cola*, Paris, Éd. Stock, 1977, p. 29.

matériel industriel, pétrolier et pétrochimique, et 1 milliard et demi de plus en 1971 pour que Renault participe à la construction de l'usine de camions de la Kama. Le Crédit Lyonnais a été la première banque étrangère à ouvrir une filiale dans un pays « socialiste ».

Toutes les grandes firmes automobiles sont implantées à l'Est, de Fiat à Leyland, de General Motors à Volvo, de Renault à Ford et à Toyota, tout comme Shell et BP ont leurs stations-service en Hongrie et en Roumanie.

En revanche, l'Union soviétique constitue un marché inespéré pour l'agriculture américaine. En 1971, l'URSS achetait 5 millions de tonnes de farine, 500 000 tonnes de blé dur, 4 millions et demi de céréales pour le bétail.

Telle est la puissance universelle des multinationales qui ont réussi à recoloniser le tiers monde et à intégrer les pays de l'Est au système capitaliste mondial.

Il n'est pas possible de tenir tête à de telles puissances dans le cadre national. Ni pour les peuples ni pour les syndicats, car elles peuvent exercer leurs représailles (retraits d'investissement, « lock out » d'usines, asphyxie délibérée d'une entreprise par refus de crédits ou de technologie) en s'appuyant sur l'une de leurs filiales dans un autre pays, et même en donnant des injonctions aux gouvernements des États sur leur politique économique et sociale, ou en manipulant les organisations internationales telles que l'Agence internationale de l'énergie atomique (AIEA) ou l'Organisation des Nations unies pour l'alimentation et l'agriculture (FAO) par exemple, où elles jouent un rôle déterminant.

Les États-nations sont ainsi dépossédés de leurs compétences, qu'il s'agisse de nationalisation ou de planification.

Les multinationales ont désormais un pouvoir supérieur à celui des États-nations, même dans les pays industrialisés.

Elles ont en effet accaparé le marché, dont la conquête et le monopole avaient été le moteur de la création des nations : en France, l'unité nationale s'impose, de Charles V à Louis XI et de Turgot à la Révolution française, par la protection des marchés, tout comme l'unité allemande commence par une Union douanière (*Zollverein*), et comme l' « Europe » d'aujourd'hui commence par un « Marché européen » (du moins en intention, car sa condition première, l'unité monétaire, n'a même pas connu un commencement d'organisation).

Les multinationales étouffent les nations d'abord parce qu'elles en ont sapé le fondement historique, le marché, qui, depuis la Renaissance, a disloqué l'unité européenne de la « chrétienté » en marchés nationaux, en frontières et en armées nationales, en cultures différenciées.

Le président de l'entreprise américaine géante Union Carbide définit en toute clarté cet effacement des nations : « Il ne convient pas qu'une société internationale place la prospérité d'un pays où elle fait des affaires au-dessus de celle de tout autre pays. Moralement il n'y a rien à redire à ce qu'une société internationale fabrique un produit dans le pays, quel qu'il soit, où cela peut se faire à meilleur compte qu'ailleurs. » Le souci de créer un marché national comme une chasse gardée a tracé des frontières, le souci de créer un marché plus grand les efface.

3. De l'État-nation.

L'État-nation était une catégorie historique du capitalisme libéral ; le capitalisme des empires industriels des multinationales efface de la carte les États-nations.

Un corollaire de cette thèse : les États-nations sont nés dans la création de marchés, c'est que la nation est une catégorie strictement européenne, occidentale. Ce que l'on appelle des nations, dans le monde, est une exportation du colonialisme européen.

Les États-nations, en Afrique, sont enfermés dans les frontières absolument artificielles dessinées en 1895, à la conférence de Berlin, où les grandes puissances colonisatrices de l'Europe décidèrent, en fonction de leurs rapports de force du moment, que quiconque occupait le littoral détiendrait la partie correspondante de l'arrière-pays. Colonisateurs anglais, français, allemands, espagnols, portugais, tracèrent alors ces lignes droites perpendiculaires à la côte, si caractéristiques du charcutage de l'Afrique colonisée et qui constituent encore les frontières actuelles des pays africains.

En Amérique latine, après que les papes, à la Renaissance, eurent prononcé, à partir de Rome, par la Bulle *Inter cæteras* (1493) d'Alexandre VI, puis par le traité de Tordesillas (1494) un arbitrage attribuant aux deux puissances conquérantes les terres d'Amérique situées au nord et au sud du 50e degré de longitude, ce qui fit du Brésil (le tiers de la péninsule) une possession portugaise et du reste une possession espagnole, la formation des actuels États s'est opérée selon le découpage administratif colonial : les quatre vice-royautés (Nouvelle-Espagne : Mexique ; Nouvelle-Castille : Pérou ; Nouvelle-Grenade : Colombie ; et Rio de la Plata : Argentine) et quatre capitaineries générales : Guatemala, Cuba, Venezuela, Chili, se constituèrent en États au début du XIXe siècle. Les unités les plus récentes, et donc plus fragiles (Rio de la Plata, par exemple, qui date de la fin de l'époque coloniale : 1776), se fragmentèrent sur leur périphérie, et cet effritement donna la Bolivie, le Paraguay et l'Uruguay. La Nouvelle-Grenade, dont l'organisation coloniale était également récente (1717), s'émietta elle aussi engendrant la Colombie et l'Équateur. Enfin la capitainerie générale du Guatemala fut amputée, dès 1838, du Salvador, du Honduras et du Costa Rica.

La tentative héroïque et légendaire de Bolivar d'unifier l'Amérique latine, échoua, car la « balkanisation » de l'Amérique latine était très profitable aux successeurs du colonialisme espagnol et portugais : les Anglais au XIXe siècle, les États-Unis au XXe. Un exemple typique de cet arbitraire du découpage des « États » en fonction d'intérêts étrangers est la création, en 1903, d'une « république de Panama », dont le territoire fut enlevé à la Colombie pour faciliter la concession du canal de Panama.

En Amérique du Nord, la « frontière » se déplaça vers l'ouest pendant un siècle jusqu'à ce que les émigrants européens, massacrant les Indiens sur leur passage, ou les décimant par la tuberculose, l'alcoolisme et la syphilis, atteignent le Pacifique, annonçant alors la « fin de la frontière ». Le Rio Grande (ou Rio Bravo) dessina la frontière sud des États-Unis avec le Mexique, car la densité d'Indiens survivants eût rendu l'expansion plus difficile ; au Nord, une ligne géométrique, de part et d'autre des grands lacs marqua en gros la ligne de partage entre ceux des colons anglais qui voulaient demeurer dans l'Empire britannique et ceux qui voulaient s'en séparer.

Ainsi, toutes les frontières, dans les deux Amériques comme en Afrique, sont pures créations extérieures des anciens conquérants *européens*.

Reste, en dehors de l'Europe, le seul cas de l'Asie. L'invasion européenne y fut toujours limitée, consistant surtout dans le « rapt des États vassaux » de la Chine, par les Portugais, les Espagnols, les Français, les Anglais, les Allemands, les États-Unis. L'Inde subit des Anglais une unification forcée mais l'administration britannique, bien que déformant l'économie du pays, n'y fut qu'un placage superficiel si bien que la grande culture hindoue, en dehors des agglomérations urbaines anglicisées, demeura le ciment d'un peuple. L'Inde, même sous la domination des Moghols, n'a jamais été un État unifié au sens européen du terme (sauf par la colonisation anglaise), mais, au-delà d'une mosaïque de communautés différentes, on est hindou non parce qu'on appartient à une même « nation » mais parce qu'on est habité par une même culture. On pourrait en dire autant de la Chine. Et plus encore de cette ceinture du monde que constitue l'Islam : l'idée de « nations arabes » est un produit d'importation né en Europe qui morcela la communauté musulmane selon les sphères d'influence des colonisateurs et leurs rapports de force entre eux, surtout entre Anglais, Français, Russes, Allemands. Le Proche-Orient fut ainsi « balkanisé » par les occupants européens, chacun essayant à la fois de gagner sur son rival, et, en chaque région, de diviser pour régner. Un exemple typique et récent de cette politique est le « dahir berbère », imposé au Maroc en 1930, pour tenter d'opposer Arabes et Berbères, tout comme on avait essayé de diviser les Algériens par la politique dite d' « assimilation ». Dans tous les pays musulmans colonisés, de la Syrie à l'Égypte, de l'Algérie au Maroc, le « nationalisme » est une création de l'Europe colonisatrice : le nationalisme, c'était le refus de la situation de colonisé, et l'Islam, partout, en était l'âme. L'Islam avait pour tous la pureté des choses non vécues sur le mode colonial. Il était au centre de toute volonté de préserver son identité contre les modes de vie, de domination et d'exploitation du colonialisme. Ce qui était défendu ainsi, ce n'était pas une « nation » au sens européen du terme, mais une communauté beaucoup plus vaste : la « umma » musulmane, une foi, une culture, une organisation de la vie, qui n'avaient rien à voir avec les frontières imposées du dehors par le colonialisme [34].

Si, dans tout le reste du monde, le nationalisme et l'idée même de nation est un produit d'exportation européen, au même titre que la conception capitaliste de la propriété et du marché (auxquels le concept européen de nation est inextricablement lié), que signifie-t-il en Europe même ? Les nations, en Europe, sont nées de la désintégration de la chrétienté.

Les traités de Westphalie, qui, en 1648, mettent fin à la guerre de Trente ans, marquent le point final de cette désintégration : le régime médiéval d'une Europe dominée par deux pouvoirs, spirituel et temporel, est révolu. Le pape et l'empereur du « Saint Empire romain de nation germanique » sont les deux vaincus. Le pape Innocent X condamne ces traités impliquant la sécularisation des États, qu'ils soient catholiques, luthériens ou calvinistes.

Dès lors évolue rapidement le concept d'État-nation, qui prendra son plein sens au siècle suivant, le XVIIIe, et qui s'épanouira avec la Révolution française : la nation, et non plus son prince, devenant sujet de droit.

34. Avec un luxe d'imagination dans leurs dénominations (mandat en Syrie, protectorat au Maroc, résidence en Tunisie, prétendus « départements français » en Algérie), mais recouvrant tous une même réalité coloniale.

En quoi consiste cette mutation, si importante pour délimiter aujourd'hui le champ de notre action ?

« Nation » désignait, depuis le Moyen Age, comme l'indique son étymologie (*nascere,* naître), un groupe d'hommes qui a une origine commune. Par exemple, dans l'université de Paris, au XIIIe siècle, les étudiants étaient groupés par « nations » (il y en avait quatre : la française, la normande, la picarde et l'anglaise — plus tard l'allemande). Comme on peut ainsi le voir, on était loin de la « nation » (au sens moderne du terme) qui jouera, au XIXe siècle, un rôle politique déterminant en Europe.

L'Angleterre, longtemps puissance continentale, perd sous le règne de Jean sans Terre (1199-1216) ses territoires de Normandie, d'Anjou et d'Aquitaine, se trouvant ainsi réduite à son île, et le roi doit accepter, en 1215, la Grande Charte, qui lui imposait des obligations telles qu'elle portait en elle le germe du futur régime parlementaire par lequel la « nation », et pas seulement le souverain, devient le sujet de droit. Les tentatives ultérieures de ses successeurs de reconquérir ces territoires de France se solderont par un échec après une guerre de Cent ans. L'Angleterre est désormais insulaire. A partir d'Henri VII (1485-1509), elle fait une place croissante à la bourgeoisie dans son gouvernement, puis elle rompt en 1534 son allégeance à l'égard du pape, créant avec le schisme « anglican » une église « nationale », enfin elle fait, avec Cromwell (mort en 1658), la première révolution « bourgeoise » : elle constitue dès lors le premier « État-nation » de l'Europe.

En France, l'épanouissement de l'idée de « nation » est lié à la montée de la bourgeoisie, puis à sa victoire avec la Révolution de 1789.

Dès 1789, à la veille de la Révolution, l'abbé Sieyès, dans son pamphlet célèbre : *Qu'est-ce que le tiers état ?* donne une définition nouvelle de la nation. C'est, écrit-il, « un corps d'associés vivant sous une loi commune et représentés par le même législateur ».

La nation n'est ainsi pas une « donnée », un fait « naturel » (tel que le lien biologique de la race ou le lien géographique du territoire). C'est un contrat d'association pour la réalisation d'un projet commun. La Révolution française marque la floraison de l'idée nationale : le projet commun n'est pas seulement l'abolition des hiérarchies féodales du sang, la liberté des marchés sur tout le territoire, que spécifiera le Serment du 14 juillet 1790, prononcé par La Fayette au nom de la « nation » tout entière, au cours de la fête de la Fédération. Ce serment symbolise ce « contrat social » de Rousseau, cette volonté commune, comme dit Kant, cette adhésion consciente et libre de chaque citoyen qui seule fonde la légitimité du pouvoir. La nation n'est plus seulement un héritage, un passé commun, mais un avenir commun, un projet. Un projet d'avenir qui apparaît, à l'extérieur, dans toute l'Europe, comme un message appelant à l'existence ces « nationalités » dont les luttes et les victoires marqueront l'histoire du XIXe siècle : celui de l'unité allemande et de l'unité italienne, celui des luttes du peuple polonais déchiré pour conquérir son existence nationale.

Le concept d'État-nation est, en vérité, fort complexe. On ne saurait le réduire à son aspect économique (la formation d'un marché commun dans les frontières d'un territoire) bien que cela ait joué un rôle moteur dans la formation de l'unité française (où la bourgeoisie s'appuie sur la royauté pour atteindre ce but contre les vieux morcellements féodaux), comme dans la formation de l'unité allemande, de l'Union douanière à Bismarck, ou dans celle de l'unité italienne avec Cavour.

Historiquement, d'autres facteurs se sont conjugués de telle sorte que l'idée floue de nation serve à la sacralisation du pouvoir de l'État. Et d'abord le refus des situations de dépendance, comme le catholicisme dans une Pologne prise dans un étau entre le protestantisme allemand et l'orthodoxie russe ; ou l'Islam dans les luttes de libération de maints peuples colonisés. Mais aussi une mythologie collective servant à justifier, à partir des desseins de Dieu ou de l'histoire passée, des prétentions à l'hégémonie : *Gesta Dei per Francos*, ou *Gott mit uns*. Eva Peron proclamait : « Le peuple argentin a été choisi par Dieu pour porter aux nations la parole de Dieu. » L'on pourrait multiplier les exemples : évocations racistes de Hitler, déification de l'empereur au Japon jusqu'au milieu du XXe siècle, et toutes les variantes du « peuple élu », ou l'usage délibéré des souvenirs de l'Empire romain par Mussolini.

Le « nationalisme » a joué parfois un rôle positif, dans la lutte des nations opprimées, pour leur indépendance, il a toujours joué un rôle négatif lorsqu'il tendait à justifier une expansion ou une hégémonie, au nom d'un passé légendaire ou mythique : la Révolution française et même Napoléon rayonnèrent sur l'Europe tant qu'ils symbolisaient l'affranchissement des peuples dans une Europe enchaînée par les vieilles servitudes féodales. Lorsque le mouvement fut vidé de son message et qu'un État français centralisé prétendit instaurer de nouvelles dominations, de la Russie à l'Espagne, les peuples se soulevèrent contre lui, au nom même des principes libérateurs qu'il avait enseignés. Sous l'idée de « nation » apparaissait la réalité de l'État, et d'un État dont l'instrument de puissance était une armée.

4. De la défense, de la « dissuasion » et de la « non-violence ».

Le rituel national, avec ses drapeaux et ses hymnes, s'est perpétué au-delà du temps où il était porteur d'un message de valeur universelle, comme une liturgie perd son sens lorsqu'elle n'est plus animée par une foi vivante.

Les armes, elles-mêmes, si puissantes qu'elles puissent paraître, perdirent leur force lorsque l'homme qui les portait n'était plus habité par la foi qui leur donnait une âme.

On leur assignait comme mission une « garde aux frontières », mais pour le peuple qui vivait à l'intérieur de ces frontières n'existait plus cette certitude invincible que chaque citoyen a quelque chose à défendre.

Ce qui est en cause ici, et au cœur même de cette réflexion globale sur l'homme et le divin qui l'habite, sur l'action de l'homme et les institutions qu'elle crée, ce n'est pas l'esprit de sacrifice, d'abnégation et de générosité des soldats ou des officiers d'une armée, c'est le problème majeur : *Qu'est-ce* que nous avons à défendre et *comment* pouvons-nous le défendre [35] ? Car, sur ce plan aussi, si nous voulons échapper à une organisation technocratique de la défense comme de l'économie, de la politique, ou de l'éducation, la conscience des *fins* doit précéder et commander l'organisation des *moyens*.

Après que la France eut été porteuse du message libérateur de la Révolution française, elle a connu cinq guerres dont quatre défaites et quatre invasions : en 1814 et en 1815 (malgré le génie de Napoléon), en 1870 et en 1940. La seule exception apparente a été la « victoire » de 1918. Elle a coûté plus cher à notre peuple (1 500 000 morts) que les quatre défaites.

Sans parler des défaites de la guerre d'Indochine et de la guerre

35. Ce qui est navrant c'est qu'à notre époque où les données des problèmes de la paix et de la guerre ont été fondamentalement changées, tant du point de vue technique que du point de vue politique, les maîtres du jeu militaire n'aient pas pris conscience de cette mutation. Car si l'on veut trouver une cohérence entre le projet politique et les techniques de défense, l'argumentation invoquée est aberrante ; en revanche nous doter de cet arsenal ruineux, dérisoire et suicidaire est un projet politique et économique parfaitement cohérent si le but poursuivi est d'une part de favoriser l'expansion des secteurs économiques intéressés à la production de ces armements, et, d'autre part, de rendre inéluctable une centralisation maxima du pouvoir économique, politique et militaire, qui crée les meilleures conditions pour parer à une « subversion » interne.

d'Algérie dirigées (avec des moyens techniques et militaires pourtant infiniment supérieurs à ceux de l'adversaire) contre des mouvements de libération.

Mais, pour nous en tenir aux guerres continentales, à chaque défaite, après que l'armée eut été vaincue aux frontières, et que l'armée adverse eut envahi le pays, tout était fini, et notre peuple était livré sans défense à l'occupant.

Là encore, une seule exception : celle de la Résistance, qui ne vint pas de l'armée, mise hors de combat, mais d'une partie de ce peuple qui y consentit les plus héroïques sacrifices parce qu'il voyait clairement (comme le firent les mouvements « nationalistes » des peuples colonisés) à quelle servitude les vouait l'occupant. Pourtant ces sacrifices n'auraient pas suffi à nous libérer si l'hitlérisme n'avait pas été écrasé par les alliés de l'Est et de l'Ouest.

Mais plaçons-nous un instant du point de vue des États vainqueurs : qu'ont apporté aux peuples des États coalisés contre la France leurs « victoires » de 1814 et de 1815 ? Une régression vers des formes de servitude, de répression, de centralisation du pouvoir. Qu'a apporté aux peuples d'Allemagne la « victoire » de l'armée prussienne en 1870 ? Un renforcement de la centralisation de la dictature de Bismarck.

La seule fois où nous avons, en un siècle et demi, été du côté des « vainqueurs » (avec les ombres de 1 500 000 morts), en 1918, nous avons eu la Chambre bleu horizon, et, avec elle, une régression notable des conquêtes sociales et politiques de la classe ouvrière au début du siècle, une centralisation plus forte et une répression accrue des grèves et des libertés. Enfin une conception archaïque de la défense, celle de la ligne Maginot, ruineuse pour notre peuple, et totalement inefficace pour sa sécurité.

La seule loi générale que nous pouvons ainsi dégager de cette expérience d'un siècle et demi c'est que, pour tous les peuples (vainqueurs ou vaincus[36]) et pas seulement pour le peuple français, cette forme de « délégation et d'aliénation » de pouvoir, puis de technocratie militaire que constitue une armée (même dans un pays de service militaire obligatoire et de conscription) conduit à une plus grande centralisation du pouvoir et à une plus grande extériorité du pouvoir.

36. Si l'on veut des exemples concrets : la « défaite » de l'Allemagne a libéré le peuple allemand du nazisme, et la « victoire » obtenue au prix de 20 millions de morts a renforcé, dans le peuple russe, la dictature stalinienne, comme elle a rendu possible, même aux États-Unis, la « chasse aux sorcières » et l'inquisition de McCarthy.

Cette « extériorité » est d'autant plus marquée que s'estompe davantage le but : qu'est-ce que nous avons à défendre ? Dans une population et une civilisation agricoles, le but est clair : chacun défend sa terre contre qui veut la prendre. Dans les sociétés industrielles naissantes, le maintien des productions nationales et des marchés nationaux à l'intérieur d'un territoire déterminé avait encore un sens précis. Mais qu'en est-il à l'heure des multinationales où, pour ne prendre que notre exemple (mais cela est vrai de tous les pays en dehors des superpuissances), la situation réelle est la suivante : la plus grande partie de notre économie est aux mains de firmes étrangères, apatrides, rançonnant seulement le travail de notre peuple ; le gigantisme des techniques fait du travail une activité impersonnelle et dépourvue de signification pour l'immense majorité des travailleurs ; la plupart des débats politiques font silence sur les problèmes majeurs dont dépend le sens de notre vie et son destin : le modèle de croissance dans une « société de consommation » (où d'ailleurs des millions de foyers en raison de leur bas niveau de vie ne sont que « candidats » à la consommation), les menaces du nucléaire civil ou militaire sont apparemment des problèmes sur lesquels, par un accord tacite, aucun des grands partis ne souhaite un débat public pourtant essentiel.

Dans une telle situation, sur quel consensus profond, sur quel accord unanime de notre peuple, sur quelle orientation cruciale de sa vie peut reposer une défense ? Car il n'y a de défense véritable que lorsqu'un peuple est convaincu qu'il a à défendre une vie qui vaille le sacrifice de sa propre vie. La seule véritable « dissuasion » est là : la certitude, pour tout adversaire éventuel, qu'il ne pourra compter, en cas de guerre et d'occupation, sur aucune collaboration dans le peuple, même s'il l'avait totalement envahi et occupé.

Or les « lignes Maginot », comme aujourd'hui (et plus encore) la force de frappe, reposent sur ce postulat que l'on peut « défendre » un peuple sans ce peuple et même, éventuellement, contre lui, sans même exclure l'éventualité (de toute évidence la plus probable) que l'usage de telles armes, et même leur simple possession, comporte le risque de l'anéantissement de tout ce peuple, avec cette circonstance terriblement aggravante que la décision de faire usage ou non de la force de frappe (pour des raisons techniques elles aussi évidentes) exclut toute participation de ceux dont on décide la vie et la mort, et demeure aux mains d'une poignée d'hommes, voire d'un seul.

La prise de conscience de ce problème nouveau n'implique aucune résignation, aucune passivité, aucune hostilité de principe à l'égard de ceux qui ont choisi le métier des armes. Tout au contraire elle exige une concertation lucide et fraternelle, d'où nul ne doit être *a priori* écarté, sur les fins et les moyens de la défense : que devons-nous défendre, et comment ?

Si nous partons du principe de base selon lequel la nation n'est pas seulement un héritage du passé mais un projet commun d'avenir, une volonté de construire ensemble un avenir à visage humain, c'est-à-dire respectant en l'homme et en tout homme sa pleine humanité, son autonomie et sa créativité, sa participation à une communauté dont les décisions engagent son avenir et celui de tous, en un mot ses deux dimensions essentielles de la transcendance et de l'amour, l'étincelle divine qu'il porte en lui, alors surgit une vérité première : cette « défense » est nécessaire en tous temps et pas seulement lorsqu'un adversaire extérieur met ses armées en marche ou pointe ses missiles.

La formule de Clausewitz « la guerre est la continuation de la politique par d'autres moyens » trouve ici son répondant le plus noble : la paix n'est pas l'absence de guerre ; elle est l'absence d'injustice et de domination de l'homme sur l'homme.

La guerre et la paix commencent chaque jour. En nous. Entre le petit « moi » égoïste et le divin, entre le « moi » et le « soi », comme disent les hindouistes. Entre nous et chacune de nos communautés ! Et parfois entre nos communautés !

Il y a ainsi continuité sans faille entre notre vie intérieure et notre vie extérieure. Entre la politique intérieure et la politique extérieure. Entre la guerre et la paix. Entre ce que les musulmans appellent la « petite guerre sainte » : contre les idolâtries et les aliénations extérieures, et la « grande guerre sainte » contre le petit « moi » et ses petits désirs.

Qu'il s'agisse d'une révolution ou d'une guerre, nous sommes appelés à un même combat. Un combat qui, pour être non violent, n'est pas une « défense passive ». Rien, au contraire, n'est plus actif et n'exige plus d'héroïsme et de sacrifice que ce combat. Toutes les vertus du soldat, sauf le crime. Quelles sont, d'ailleurs, les autres possibilités de mutation sociale ? Quel insensé peut dire que « la révolution est au bout du fusil » quand l'écrasante majorité des fusils (et de plus puissantes armes) sont en face de nous ? Quel naïf peut croire que la révolution sortira des urnes électorales et sera octroyée d'en haut par des chefs nantis de nos délégations et de nos aliénations de pouvoir, alors qu'aucun des grands partis ne pose les vrais problèmes : ceux de la croissance aveugle, ceux de l'arme et de l'énergie nucléaires, qui sont au contraire leurs postulats communs ? Nous n'avons donc pas le choix.

La mutation politique comme la guerre est l'affaire de chaque jour, de chacun de nos actes, de nos combats quotidiens.

Et d'abord le combat contre soi-même, le combat, précisément, contre la facilité : c'est si facile, dans mon entreprise, d'obéir ou de commander, à ma place traditionnelle devant la machine, en faisant confiance à mon délégué ou à mon secrétaire de syndicat pour présenter mes revendications de salaire, de vacances, de retraite, voire d'emploi, et, à son appel, de défiler dans un cortège, en portant des pancartes, en criant des mots d'ordre, en conspuant le gouvernement et ses flics. C'est tellement plus difficile, tout en acceptant ces nécessaires disciplines, de comprendre tous les mécanismes de l'usine et de son exploitation, de repenser d'autres méthodes de son fonctionnement, et, à l'heure du conflit, d'en faire l'expérience, comme personne n'a su le faire en 1968, et comme ont tenté de le faire, à tous risques, ceux de Lip. Ce n'était pas une autogestion de l'entreprise mais l'ébauche au moins d'une autogestion de la lutte, où personne ne se déchargeait sur les épaules d'un autre du risque d'expérimenter des formes nouvelles de revendications et de lutte. C'est peut-être l'un des premiers exemples de ce que pourrait être, en un Mai 68 réussi, une « grève dynamique », où l'on ne se contente pas de cesser le travail, ni même d'occuper l'usine, mais où on la fait fonctionner, en dehors des normes traditionnelles du patronat et de l'État, précisément pour mettre en évidence, dans les faits, le parasitisme des actionnaires et de l'État et l'aptitude des travailleurs à répondre aux quatre problèmes fondamentaux de l'entreprise :

1. Qu'est-ce qu'on va faire ensemble ? Le problème de la *finalité* de l'entreprise, qui peut impliquer, comme nous l'avons vu plus haut pour l'armement, de repenser toutes les possibilités d'une reconversion de l'entreprise.

2. Comment allons-nous le faire ? Le problème de l'organisation du travail non plus à la manière mécanique et hiérarchique, mais selon les formes nouvelles d'une communauté participative et associative, faisant un appel constant à l'initiative et à la créativité de chacun.

3. Qui va commander ? Le problème de la dévolution du pouvoir. Comment allons-nous procéder si le chef n'est plus ni le propriétaire de l'entreprise ni le technocrate désigné par les apporteurs de capitaux, mais un coordinateur des efforts de tous, élu par l'ensemble de ceux qui travaillent dans l'entreprise, de l'ingénieur au manœuvre, pour que l'action de tous ait le maximum d'efficacité. Non pas en un désordre anarchique où chacun prétendrait décider de tout à tout moment, mais avec une discipline rigoureuse à l'égard de dirigeants élus en fonction de leurs performances réelles (sur le plan humain comme sur le plan technique) et tenus de rendre compte, périodiquement, des raisons de leurs choix et de leurs méthodes afin que leur

élection même soit non une délégation et une aliénation de pouvoir mais, au contraire, une éducation permanente pour l'ensemble des travailleurs à qui deviendraient ainsi transparents les objectifs poursuivis et les méthodes pour les atteindre.

4. Comment va-t-on employer les fruits de l'entreprise commune ? Quelle fraction en sera réservée aux investissements, à la participation de l'entreprise, aux dépenses de la société globale, aux salaires, à la culture, à la santé, aux retraites ?

Ainsi seulement une entreprise peut devenir une véritable cellule vivante d'un nouveau tissu social.

C'est si facile, si je suis paysan, de m'abandonner aux vieux réflexes traditionnels de l'individualisme et du repliement sur ma propriété, quitte à verser ma cotisation et à donner ma voix au syndicat agricole du coin ou même à la coopérative, et, éventuellement, de répondre à l'appel d'un dirigeant dynamique, pour déverser mes fruits et mes légumes sur la route, ou la barrer avec mon tracteur pour « appuyer » la revendication présentée par mes représentants chargés de négocier avec les anonymes pouvoirs publics et pour exercer sur eux leur pression.

Mais c'est tellement plus difficile, tout en acceptant ces nécessaires disciplines, d'inventer, comme les paysans du Larzac, des rapports nouveaux, si pleinement humains et si profonds que chacun se sent un membre de chaque autre, personnellement responsable de tous les autres, de créer une communauté si forte que pendant huit ans, sans la moindre violence, avec leurs mains nues, leurs labours, leurs semailles, leurs bergeries, leur intelligence et leur foi, ils tiennent en échec les affairistes qui voulaient faire trafic des terres de leur Causse, les ministères qui s'en font les complices, et aussi, malgré eux, les chefs militaires du camp qui, depuis huit ans, sont bloqués par cette merveilleuse levée humaine de la vie. Ici, sur le plateau du Larzac, et quelle que soit l'issue dernière (ou plutôt avant-dernière) de cette lutte de la vie contre la mort, l'avenir a commencé à naître, comme avec les ouvriers de Lip. Côte à côte, voir unis les paysans millénaires du Causse, un père franciscain, un groupe d'objecteurs de conscience, ou un chercheur d'astrophysique, tous devenus agriculteurs à part entière et pionniers de l'avenir, c'est être témoin (et je le fus au plus profond de moi-même) de ce fait merveilleux : un autre monde est possible, une autre vie, proprement humaine, dont l'égoïsme et la routine ne sont plus la loi, mais la communauté et l'initiative créatrice : Mauron, de Boissieu, Hervé Ott, Pirault, Burguière et tous ceux dont je n'ai pas eu le temps de partager le pain ou le toit ; bergerie de la Blaquière où des milliers de mains amies sont venues apporter leur pierre et leur ferveur ; hameaux où des tracteurs ont bloqué des tanks ; fermes enclavées dans des parcelles occupées par la troupe, Larzac-Université, où la culture (dans tous les sens du mot, celle de la terre et celle de l'esprit) gagne chaque jour sur la ronce et l'ortie, vous, ceux des Truels et de Montredon, vous habitez déjà, dans le froid et la pierre, la maison de demain, celle, disait Khalil Gibran, que nous pensions ne pouvoir visiter que dans nos rêves. Grâce à vous tous, grâce à ce rude amour aux mains calleuses, ce que je n'avais fait que croire, j'en suis sûr aujourd'hui : on peut vivre autrement.

Ici l'avenir a déjà commencé.

En vous quittant, avec la tristesse de m'éloigner de ce foyer d'un avenir en train de naître, mais avec la joie sans mesure de savoir qu'ici il en existe déjà un fragment, croisant sur les routes de « La Cavalerie », un camion militaire où somnolaient de jeunes garçons de chez nous parachutés dans ce futur sans savoir pourquoi, ballottés par les cahots, des jeunes gens dont je serais terriblement triste d'être l'officier, les problèmes de la « défense » m'apparaissaient avec une clarté nouvelle : qui peut mieux assurer la défense ? ces braves petits gars en uniforme jetés là comme des pierres pour détruire un nid, et à qui le commandement interdit tout contact et tout échange avec la population locale, par peur de la contagion ; ou bien ces paysans et ceux qui les aiment, ceux qui aiment l'avenir, qui, dans une bataille de chaque jour, depuis huit ans, travaillent, labourent, sèment, créent des coopératives, organisent la solidarité, bâtissent l'avenir, en face d'une nature violente et d'une armée silencieuse, hostile ? Les blindés foulent parfois leurs sillons et leurs récoltes, les salves d'artillerie rythment leurs jours et leurs nuits, les hélicoptères font fuir leurs troupeaux, et, malgré des mois de prison et des années de provocations, sans un geste de haine ou de violence, ils s'accrochent à leur terre, et du désert que crée le camp militaire, refont inlassablement une terre fertile ; c'est l'une des seules régions de France dont l'agriculture soit en pleine expansion !

La réponse est évidente : le jour où chaque homme et chaque femme de notre pays auront dans leur cœur la même lumière à défendre, le même avenir à aimer, aucun « conquérant » ne pourra venir à bout de ce peuple acharné à défendre la vie [37].

37. Même Michel Debré, celui-là même qui, comme ministre de la Défense, a ordonné, en 1972 (ignorant, je l'espère, les motivations sordides de ceux qui l'y poussaient, et qui n'étaient d'ailleurs pas des militaires), l'absurde « extension du camp du Larzac » est obligé de convenir dans le *Livre blanc sur la Défense nationale, op. cit.* : « quelles que soient les modalités d'une défense, aucune politique n'a de valeur sans consentement national ».

Pour ceux-là, la défense c'est chaque jour ; contre une telle foi, lorsqu'elle devient celle d'un peuple, n'importe quelle force se brise, comme celle des pauvres « Immortels » de Téhéran, aussi puissamment armés qu'on peut l'être, devant cette multitude invincible et sans armes, levée à l'appel d'un prophète encore plus désarmé, pour proclamer : « Dieu est plus grand. »

Cette force n'est pas la violence. Elle en est le contraire car la violence c'est d'abord l'injustice, et la non-violence commence avec le refus de collaborer avec l'injustice.

Est-ce cette noble tâche qui est assignée par les politiciens à l'armée ? On pourrait en douter lorsque le secrétaire d'État à la Défense nationale déclarait, le 19 janvier 1972 : « La défense opérationnelle du territoire est organisée pour éviter tout retour aux événements qui ébranlèrent la France en mai 1968. » Sous le couvert de la doctrine américaine de la Sécurité nationale, remarquablement analysée par le Père Joseph Comblin[38], les armées des pays dictatoriaux d'Amérique latine, celles du Brésil, de l'Argentine, du Chili, pour ne point parler des despotes mineurs, ont un rôle fondamentalement antipopulaire et antinational : faire de leur pays un sujet docile et fructueux des États-Unis pour le compte duquel elles « maintiennent l'ordre ».

Les exemples de ce genre, s'ils sont particulièrement généralisés en Amérique latine, ne manquent ni en Afrique ni en Asie[39].

Il est significatif qu'un commencement de prise de conscience de ce phénomène si général s'esquisse dans les Églises. En mai 1973, la Note de réflexion des Églises sur le commerce des armes invitait les chrétiens à réfléchir avec ceux qui « proposent d'assurer la sécurité de la communauté nationale par le recours à la non-violence », et le Synode des évêques à Rome, en 1971, demandait « que soit favorisée l'action non violente et que chaque nation reconnaisse légalement l'objection de conscience ».

Le problème ne se situe pas seulement sur le plan moral, mais sur celui de l'efficacité.

Nous avons pu déjà prendre conscience de l'inefficacité de la force de frappe nucléaire actuelle, et des armées conventionnelles depuis un siècle et demi. Une troisième solution serait celle de la guérilla.

38. Joseph Comblin, *Le Pouvoir militaire en Amérique latine : l'idéologie de la Sécurité nationale*, Paris, Éd. universitaires, 1977.

39. Rappelons quelques chiffres qui montrent que l'argent consacré aux armements n'est pas perdu pour tout le monde : les dépenses militaires mondiales s'élèvent à 2000 milliards de francs français actuels. Ce chiffre est si grand qu'il ne dit plus rien à notre imagination. Pour être plus clair, cela représente 6 millions d'anciens francs par seconde ! 360 millions par minute ! Plus d'un milliard toutes les 3 minutes !

L'exemple le plus favorable est celui du Vietnam qui parvint à triompher d'une armée dont la technique est infiniment plus puissante que la sienne. Mais cette victoire supposait, outre l'appui total du peuple, seul décisif en définitive, des sources extérieures de ravitaillement et d'armes (Vietnam du Nord, Union soviétique, Chine), tout comme ce fut le cas de l'Angola et du Mozambique. En outre existaient dans ces pays de vastes abris naturels difficilement pénétrables (jungle vietnamienne ou africaine) alors qu'en France, par exemple, même dans les cas les plus favorables (le mont Mouchet en Auvergne et le Vercors dans les Alpes), l'héroïsme des combattants ne put leur éviter la défaite.

Si aucune méthode de défense armée — ni défense militaire classique, conventionnelle, ni force de dissuasion nucléaire[40], ni guérilla populaire armée — ne se révèle efficace dans nos pays industrialisés, alors il est peut-être nécessaire, comme le fit le gouvernement des Pays-Bas, dès 1976, d'explorer d'autres possibilités de défense. Le groupe de travail dans lequel étaient représentés les ministères de la Défense, des Affaires étrangères, de l'Intérieur, de la Justice, de l'Éducation et des Affaires scientifiques déposa son rapport en 1977.

L'expression clé du rapport est celle de « résolution non violente des conflits ». L'objectif est « une combinaison d'actions non violentes visant à défendre des systèmes sociaux », et il est remarquable que l'on n'établit pas de coupure entre conflits *internationaux* et conflits *intranationaux*.

L'intérêt majeur de cette recherche est d'avoir abordé sérieusement le problème du « transarmement », c'est-à-dire du passage d'une défense militaire à une défense civile. Sa faiblesse est sans doute de n'y avoir cherché qu'une « technique » sans prendre conscience qu'elle n'était pas adaptable à n'importe quelle fin et qu'elle présupposait un choix de société.

Or, jusqu'ici, même appliquée empiriquement et de manière improvisée (à la seule exception de Gandhi pour qui elle reposait sur toute une conception du monde et de la vie comme nous l'avons montré au début de ce chapitre et était méthodiquement enseignée et préparée), même ainsi cette pratique de la non-violence est à tel point le contraire de l'abandon, de la résignation, de la soumission, de la lâcheté, que chaque fois qu'elle a été imaginée et mise en œuvre par

40. Il est à noter que si, depuis que les deux « Grands » possèdent l'arme nucléaire, il n'y a pas eu d'affrontement direct entre eux, les guerres n'en ont pas été évitées pour autant par vassaux interposés : on dénombre, depuis 1945, 45 guerres importantes.

des peuples à partir de leurs propres initiatives et après la faillite de la défense militaire, elle s'est révélée plus efficace que toute autre méthode.

Nous n'étudierons pas ici, dans le détail, la victoire de Gandhi. Rappelons seulement sa lutte contre les gabelles (désobéissance civile aux lois anglaises sur le monopole du sel) ; le boycott des textiles anglais et la fabrication artisanale de cotonnades indiennes ; la grève étendue au-delà de la classe ouvrière à toute une population, le refus de l'impôt ; le refus de coopération économique, politique, administrative et la constitution de véritables « contre-pouvoirs parallèles ». Il réussit par ces méthodes non violentes à paralyser et à vaincre ce qui était alors la plus formidable armée du monde, et l'organisation coloniale la plus parfaite de l'époque, celle de l'Empire britannique, et à faire de l'Inde le premier pays colonisé à imposer sa libération. Si l'Inde, dès cette libération, ne devint pas exemplaire dans son développement intérieur comme elle l'avait été dans sa lutte contre le colonialisme, c'est que les successeurs de Gandhi, lorsqu'ils arrivèrent au pouvoir, au lieu de s'inspirer, dans leur politique intérieure, des principes et des méthodes de Gandhi, si profondément enracinés dans le peuple de l'Inde et sa culture millénaire qu'elles avaient permis la victoire contre l'occupant en se plaçant sur un autre plan que lui, reprirent les modèles occidentaux qui les avaient déracinés de leur peuple et de leur culture. A travers la démocratie de Westminster, la planification soviétique et les conceptions occidentales de la croissance, ils ne purent empêcher ni la « partition » de ce pays entre musulmans et hindous, ni la coupure entre les masses paysannes et les « élites » dirigeantes, ni les luttes stériles des partis, extérieures aux préoccupations du peuple profond, ni même des formes plus subtiles de néo-colonialisme qui trouvaient là un terrain propice à son insertion.

Nous nous en sommes tenu, sur ce point, à une simple énumération des problèmes, car, s'agissant d'une civilisation très différente de la nôtre, il n'est pas possible d'en imiter mécaniquement les démarches (bien que nous soyons loin encore d'avoir dégagé de cette prodigieuse expérience tous les enseignements qu'elle comporte pour nous).

Afin d'apporter quelques preuves de l'efficacité de ces méthodes, même réinventées spontanément par les peuples, nous ne retiendrons que les exemples pour nous les plus proches et les plus cruels.

Et d'abord celui de l'occupation hitlérienne de l'Europe. Il est un pays d'Europe, l'un des plus petits et des plus désarmés, où Hitler ne put perpétrer le crime du génocide juif : c'est le Danemark. Dès que les nazis eurent ordonné aux juifs le port de l'étoile jaune, tous les

Danois, y compris le roi, arborèrent l'étoile. En août 1943, Himmler décida d'en finir avec le « problème juif » dans ce pays, mais, écrit Hannah Arendt, « ce qu'il n'avait pas prévu, c'est que les responsables allemands qui habitaient le Danemark depuis des années n'étaient plus tout à fait les mêmes ! Le général Von Hannecker, chef militaire de la région, refusa de mettre ses troupes à la disposition du plénipotentiaire du Reich [...] ». Eichmann expédia l'un de ses plus impitoyables collaborateurs : Rolf Günther. Celui-ci décida que les juifs seraient capturés et déportés dans la nuit du 1er octobre. N'étant pas sûr des troupes allemandes occupant le Danemark, il fut obligé d'importer d'Allemagne des unités spéciales de la police, avec ordre de ne pas se heurter à la police danoise (si influencée par ce mouvement d'ensemble du peuple que ses réactions étaient devenues imprévisibles). Au total 477 juifs furent arrêtés sur 7800. Autant que nous le sachions, poursuit Hannah Arendt[41], c'est l'unique occasion qu'eurent les nazis de mesurer la résistance déclarée des populations autochtones. Ajoutons : une résistance non violente, mais unanime.

La première leçon de cette expérience historique irrécusable, c'est que, dans tout conflit, l'adversaire, même le plus féroce, ne forme jamais un bloc monolithique sans faille ; il y a toujours une minorité fanatisée qui tient les leviers de commande, et une majorité silencieuse, plus ou moins convaincue ou résignée, soumise à une propagande et un conditionnement intenses, traversée de courants divers, contradictoires, d'où peut sortir le meilleur ou le pire — et, parmi elles, les policiers et les militaires. Ceux-là ne se transforment en un bloc monolithique, soudé à la direction, que lorsqu'ils sont entièrement livrés à la propagande de leurs chefs ou lorsque, dans le combat physique contre l'adversaire, ils se sentent menacés dans leur propre vie et ont alors le réflexe immédiat de défense qui tue.

« La non-violence des forts », comme disait Gandhi, n'exclut pas qu'il y ait des victimes, mais elle rend possible une désagrégation interne plus ou moins poussée dans la « majorité silencieuse » de l'aversaire, surtout s'il est atteint par la contre-propagande, se met à douter de la justesse du rôle qu'on lui fait jouer, et cela d'autant plus qu'il ne se sent pas menacé dans sa propre vie.

Un exemple éclatant — et très important pour nous, car ce qui peut être menacé par un adversaire éventuel ce n'est pas notre frontière ou notre territoire mais un projet politique qui déplairait à cet envahisseur potentiel —, c'est celui des cinq jours qui ont suivi l'occupation de la Tchécoslovaquie par l'invasion des troupes du pacte de

41. *Eichmann à Jérusalem*, Paris, Gallimard, coll. « Témoins », 1966.

Varsovie, venues pour écraser le printemps de Prague. Ici encore, il ne s'agissait que d'improvisations spontanées à la base.

L'obstacle majeur à la prise de contrôle du pays par les troupes d'invasion parvenues en son cœur même, c'est que tout un peuple, regroupé devant cette agression, a tenu les moyens d'expression : télévision, puis, après son occupation, la radio et *des* radios, dont la mise en place se multipliait : douze émetteurs clandestins se mirent à fonctionner quand la radio-télévision centrale fut réduite au silence. Les envahisseurs voulurent alors amener de l'Union soviétique une puissante station de brouillage : les cheminots tchécoslovaques réussirent par une série d'aiguillages erronés, de blocage des voies, de dislocation du convoi, de sabotages des machines, à retarder pendant six jours l'arrivée du « brouilleur ». Pendant ce temps continuait, par une non-coopération systématique, la paralysie de l'envahisseur. Dès le deuxième jour, il fallut rapatrier tous les soldats allemands (même déguisés sous des uniformes soviétiques). Le troisième jour, une nouvelle relève devint nécessaire car les suicides de soldats ou d'officiers et les refus d'obéissance se multipliaient dans l'armée d'invasion. A tel point que le Congrès du Parti, avec plus de 1 100 délégués venus de tout le pays, put se tenir dans une usine de Prague (Auto-Praha) dans la ville pourtant quadrillée par les chars soviétiques ; les imprimeries furent fermées par les occupants, les transistors saisis, mais la presse écrite comme les radios clandestines continuèrent d'organiser le boycott de l'occupant. Des centaines d'officiers polonais furent destitués dès leur retour dans leur pays

Ce mouvement formidable de tout un peuple ne fut brisé que le sixième jour, non par les armes mais par la capitulation des dirigeants : Dubcek et le président Svoboda, quel que soit leur courage personnel, commirent l'erreur fatale de signer le diktat de Moscou le 26 août. Ils s'étaient enfermés eux-mêmes dans un faux dilemme : ou bien la lutte armée, et c'est le massacre de notre peuple (ce qui était vrai), ou bien l'acceptation du diktat avec le vain espoir que le temps travaille pour eux. Les dirigeants n'eurent pas l'imagination, dont leur peuple venait de faire preuve pendant six jours, d'improviser, dans une unanimité retrouvée, la seule tactique à la dimension du péril, et par laquelle un peuple sauvegardait sa dignité.

Une autre leçon à tirer de l'événement, c'est le danger du régime présidentiel et de tout système centralisé : il suffit que le président Svoboda signe le diktat pour que l'occupation eût une « légitimité formelle ». Il suffit que Dubcek, sous la pression de l'occupant, proclamât l'illégalité du Congrès tenu le 22 août, pour permettre, par étapes, en quelques mois, la mise en place de marionnettes entièrement au service de l'occupant et l'éviction de Dubcek lui-même.

Cet enseignement est d'ailleurs d'une portée plus générale : il met en évidence l'extrême précarité à notre époque, de tout système centralisé. Du point de vue technique et économique, quiconque a vu les enchevêtrements de canalisations des grands centres pétroliers et, pire encore, la vulnérabilité d'une centrale nucléaire, prend immédiatement conscience que de tels systèmes centralisés sont à la merci du moindre bombardement en temps de guerre ou même du moindre sabotage terroriste à n'importe quel moment. Ce que nous avons dit, dans notre « tableau économique », de la fragilité et de la malfaisance de la centralisation, du gigantisme de la production énergétique, se retrouve au plan politique : s'il est facile, pour un occupant, de s'emparer d'un état-major politique ou militaire et de le manipuler ensuite à sa guise, fût-ce en faisant usage de faux après avoir séquestré les dirigeants, il devient infiniment plus malaisé pour lui de détruire un réseau dont les points de jaillissement d'initiative sont démultipliés au maximum. Les chefs des armées traditionnelles, qui ont eu à se heurter, au Vietnam par exemple, à la tactique de la « boule de mercure » — se dispersant, se reformant, s'évanouissant encore pour renaître ailleurs — peuvent comprendre les difficultés que l'on peut créer à l'assaillant par cette dissémination des centres de décision en matière économique et politique comme pour la défense.

Mais ceci exige une préparation méthodique impliquant une formation non seulement technique, mais « morale ». Non pas au sens du « moralisme » intégrateur et conservateur d'ordre, mais au sens le plus élevé où la création devient, pour chacun, possible, avant tout parce qu'il est habité par la foi joyeuse et inflexible dans le projet humain dont il est le co-créateur.

Pas plus que le taylorisme n'a pu vivre en utilisant en l'homme seulement la machine d'os, de muscles et de nerfs, en faisant abstraction des dimensions proprement humaines du travail (la conscience de ses fins et l'organisation des moyens, et la participation créatrice de chacun à l'autodétermination de ces fins et à l'autogestion de ces moyens), la défense ne peut être efficace si elle ne se fonde que sur des réflexes conditionnés par l'intoxication psychologique, la sacralisation de la discipline, et les instincts élémentaires de la peur, de la haine ou du fanatisme.

Dans tous les cas, et à tous les niveaux, la force décisive est celle de la motivation, de la conscience critique et passionnée, lucide et créatrice, de nos raisons de vivre, la sauvegarde, en chaque homme et en tout homme, de sa spécificité humaine, ce surcroît de force que donnent la foi en la transcendance et l'amour qui seuls font d'un homme un homme, c'est-à-dire un être autonome et solidaire, créateur et responsable.

Mais ce combat ou, comme disent les musulmans, cette « grande guerre sainte » menée contre soi-même, et cette « petite guerre sainte » menée, à l'extérieur, contre toutes les puissances d'aliénation et de destruction de l'homme, au-dedans ou au-dehors de nos frontières, elle ne commence pas seulement lorsqu'une armée ennemie entre en campagne et déploie son corps de bataille, ou lorsqu'elle recourt aux missiles ou au feu nucléaire, c'est une bataille de chaque jour pour intégrer en chaque homme toutes les responsabilités et tous les pouvoirs qu'il a développés et aliénés.

Quand cette étincelle divine habite une poitrine d'homme, alors il est assuré de la victoire, fût-ce au-delà de la mort, qui peut être un moment nécessaire de l'affirmation plénière de la vie.

C'est dire combien les méthodes que nous préconisons, à partir de cet idéal, sont aux antipodes du défaitisme et de la lâcheté de ceux qui proclamaient, en 1940 : « La servitude plutôt que la mort. »

Nous prenons simplement acte du fait que jusqu'ici les formes de défense qui ont été mises à l'épreuve de l'expérience historique n'ont épargné aux peuples ni la mort ni la servitude.

Les méthodes que nous préconisons n'éviteront certainement pas toute mort (en tout cas elles ne peuvent pas en coûter plus, sur le plan des armes conventionnelles, que la Seconde Guerre mondiale, et, s'il se déclenchait une troisième guerre mondiale, que l'extermination nucléaire).

En revanche, elle seule nous préserve, dans tous les cas, de la servitude et du désespoir, car cette lutte ne s'arrête pas avec la rupture des frontières ni même avec une occupation totale.

Alors que, dans la perspective actuelle, la guerre tue avant d'éclater, et la servitude commence avant toute défaite. Cette guerre tue avant d'éclater car les « expériences » nucléaires rendent à long terme, mais inexorablement, l'atmosphère chargée de germes de mort ; car depuis 1945, 100 conflits armés dénombrés par l'ONU ont éclaté où les grands se sont battus, par vassaux interposés, car le drainage de 200 milliards annuels d'armement fait mourir de faim dans les autres deux tiers du monde.

La servitude commence avant la défaite car la course aux armements nucléaires, et au « nucléaire civil » qui en est le sous-produit, implique une effrayante centralisation des pouvoirs, et un contrôle chaque jour croissant qui ligoteraient tout un peuple le jour où il faudra arrêter le bras des aveugles ou des criminels. Ceux-là, par l'escalade d'une guerre nucléaire, feraient de la planète Terre, où la vie a commencé de fleurir il y a des millions d'années, un astre mort continuant vainement sa course dans l'espace comme un vaisseau désemparé dont l'équipage et les passagers ont été exterminés par une épidémie mystérieuse.

Parce que la guerre tue avant d'éclater, et que la servitude commence avant la défaite, la défense — la défense de l'homme, de sa vie et de sa liberté divines — commence chaque jour.

5. La création d'un nouveau tissu social.

a. *Les communautés de base.*

Elle commence là où un seul homme ou un groupe d'hommes, si réduit au départ soit-il, décident de prendre eux-mêmes en main leur propre destin, sans en déléguer et en aliéner la charge à quiconque, et où, pour le faire, ils se tournent vers le voisin, le « prochain » ou le lointain, pour constituer une petite « communauté de base », cellule vivante du tissu social nouveau, contre la double désintégration de l'individualisme et du totalitarisme.

En Amérique latine, les communautés de base ont pris leur sens plein et leur extension : les plus misérables paysans du Nord-Est brésilien, malgré la dictature et malgré la nature hostile, se sont levés ! Là, nous en sommes sûrs, sont en train de germer les semences du Royaume de Dieu, du Royaume déjà là au cœur de quelques hommes, du Royaume à venir quand il sera au cœur de tous.

Dom Fragoso, l'évêque de Crateus, l'une des régions les plus pauvres de ce Nord-Est brésilien, a fait entendre en ce point, parmi les plus démunis et les plus abandonnés du monde, l'appel prophétique : « Ce n'est pas seulement pour libérer l'homme de ses péchés que le Christ est venu. Le Christ est venu pour le libérer aussi des conséquences du péché. Ces conséquences, nous les constatons dans notre maison, dans nos rues, dans notre ville, dans notre pays ; elles s'appellent prostitution, racisme, marginalisation des paysans, absence de routes et de chemins, manque de logements, absence d'hygiène, conditions de santé déplorables, détention de la propriété des terres par un petit nombre de propriétaires (alors qu'une multitude n'a pas de terre à travailler), culture qui n'est ni à la portée ni au service de tous les hommes.

« Le Christ veut la libération de l'homme et sa libération totale [...] Un chrétien qui se contenterait de vivre sa vie liturgique, d'aller à l'église pour chanter ses louanges, de purifier son âme, ne serait pas fidèle au Christ ; il trahirait la mission du Christ, qui est la libération complète de l'homme, et ne se limite pas à sa libération spirituelle [...] Chaque homme est une image du Dieu créateur [...] Quand l'homme n'est pas respecté dans son droit de créer [...], de s'exprimer, de décider, alors cet homme n'est plus l'image du Dieu créateur ; Dieu n'est pas respecté dans son image humaine. » Dom Fragoso, à partir de cette dénonciation prophétique du mépris de l'homme, du plus pauvre des hommes au Brésil, avec un bien pauvre émetteur de radio, plusieurs fois brouillé ou saisi par la dictature militaire, a réussi à faire passer (chez ces paysans illettrés, il n'était pas d'autre moyen) l'appel « à constituer de petites communautés qui élaborent leurs propres projets et les réalisent [42] ».

« Le premier objectif, écrit-il [43], a été de faire en sorte que les paysans prennent confiance en eux-mêmes. Ils ont l'habitude de laisser la solution de leurs problèmes à des " saints ", à des politiciens ou à des prêtres. La première étape sera donc qu'ils agissent par eux-mêmes. Nous avons commencé en stimulant la construction d'écoles, l'ouverture de chemins, la mise en culture collective de petits terrains [...] On en vient ainsi à la formation de communautés de travail. » Beaucoup de ces paysans demandent à étudier, des équipes se sont formées pour les aider, avec les méthodes de « conscientisation » de Paolo Freire créées pour les peuples opprimés.

« Un grand effort est fait pour que les sacrements et, principalement, le baptême et le mariage, ne soient plus reçus comme des rites magiques, mais comme une rencontre avec le Christ [44]. »

Bien sûr, les entraves du pouvoir, la répression, la calomnie n'ont pas manqué de s'abattre sur cette levée de Dieu en l'homme, et l'évêque de Crateus, inflexiblement a défini avec clarté « subversion » et « violence » : « On a, écrit-il, une situation subversive quand un régime politique, social ou économique permet que la plus grande partie des paysans ne reçoive aucune aide, que, pour cette raison, leurs enfants meurent avant d'avoir un an [...] ; qu'il n'y ait qu'un tout

42. Dom Fragoso, ***Évangile et Révolution sociale,*** Paris, Éd. du Cerf, coll. « L'Évangile du XXe siècle », 1969, p. 33. Rappelons que le diocèse de Dom Fragoso, à Crateus, compte 400 000 personnes, dont 70 % d'analphabètes, que les enfants y meurent en bas âge dans une proportion de 40 % à 50 %, et que des centaines de jeunes femmes sont condamnées à y vivre d'une prostitution de misère.
43. *Ibid.*, p. 120.
44. *Ibid.*, p. 123-124.

petit hôpital pour 300 000 personnes [...] Voilà une situation " subversive " parce qu'elle détruit l'ordre voulu par Dieu [...] ; nous vivons donc dans une subversion installée, structurée, qui nous touche directement. Détruire ce désordre, ce sera donc construire. Quand on me traite de subversif, parce que je prêche la justice à tous, je me sens heureux, car c'est comme si l'on me disait : " Vous êtes un constructeur, vous construisez un ordre véritable, une société nouvelle "[45]. » Et encore : « La violence inscrite dans les structures qui " marginalisent " le peuple reconnaît des privilèges aux détenteurs du pouvoir, elle asphyxie les oppositions légitimes, répand et cultive la terreur, elle se sert de l'argent du peuple pour opprimer le peuple [...] L'Église catholique est, par vocation profonde, constructrice de paix [...], elle ne pourra jamais, sans trahir sa mission fondamentale, accepter paisiblement les structures injustes de la société[46]. »

J'ai largement cité Dom Fragoso car il nous donne une image exemplaire de ces communautés de base qui ouvrent des routes et construisent des écoles dans la plus misérable région du monde. Sans aucun doute nos objectifs, les objectifs des communautés de base, chez nous, ont à se fixer, elles aussi, des objectifs correspondant à cette volonté fondamentale qui les anime toutes : *résoudre les problèmes au niveau où ils se posent,* et les résoudre soi-même, fût-ce au mépris des lois, lorsque ces lois sont destinées à perpétuer le désordre établi. La désobéissance civile devient alors un devoir.

Il est vrai, et Dom Fragoso en donne un exemple saisissant, que sur les problèmes fondamentaux qui concernent le visage de l'homme (à l'image de Dieu), les fins de l'homme, comme la croissance, la vie et la mort de l'homme, comme l'armement nucléaire, l'énergie nucléaire, le chômage (pour nous en tenir aux problèmes de nos sociétés occidentales), ce sont les Églises d'abord qui ont vocation d'organiser la lutte de l'homme et du Dieu qui est en lui, pour triompher des forces qui le bafouent, au lieu de s'en tenir à des discours abstraits sur la justice, l'amour ou la paix, à des discours sans message à force de généralité. Quel est l'évêque, le prêtre, le pasteur, le rabbin ou l'imam qui élèvera une voix prophétique pour ouvrir une perspective concrète et victorieuse, comme le fit Gandhi pour la libération de l'Inde, Luther King pour celles des Noirs d'Amérique, Dom Helder, Dom Fragoso ou César Chavez pour l'Amérique latine ?

Nous avons, nous aussi, nos objectifs spécifiques, et nos communautés de base ne peuvent pas se limiter à des « lectures » matéria-

45. *Ibid.*, p. 99-100.
46. *Ibid.*, p. 147-148.

listes, structuralistes, ou « marxistes » de l'Évangile. Par bonheur, Jésus de Nazareth n'était ni philosophe, ni théologien, ni linguiste ! Dans la manière de parler et d'agir des gens simples, il a accompli les actes exemplaires de rupture à l'égard des politiques, des Églises et des institutions établies. C'est pourquoi, malgré des montagnes de compilations et d'exégèses, nous nous sentons, parfois encore, happés par son sillage et conscients de ce surcroît de force (d'une force si différente de celle qu'on appelle politiquement ou militairement ainsi) qui est en nous lorsqu'il nous habite, et qu'il nous fait faire l'expérience du désert : celle qui nous permet de nous « vider » un instant de la ville et de tout, de prendre nos distances à l'égard de notre moi et de ses désirs bornés.

Alors, pour résoudre les vrais problèmes, la croissance, l'arme nucléaire et la centralisation de l'énergie et de l'information, ces problèmes fondamentaux qu'aucun des grands partis ne pose et sur lesquels le pouvoir orchestre le silence et étouffe le débat, nous pouvons concevoir des méthodes inédites.

Nous avons effleuré ce sujet à partir des nécessaires initiatives de la base pour exiger de l'État ou du patronat, ou, s'il le faut, pour mettre en œuvre soi-même les énergies latentes dont l'inépuisable flux nous entoure : le soleil, le vent, les courants ou les chutes d'eau encore inutilisés.

Nous ne retiendrons, comme exemple de ces initiatives, que celles qui se déploient déjà pour abolir le monopole de la parole sans réponse que constitue la radio-télévision. Nous sommes ici au cœur du débat, car ce qui est en cause, c'est le pourrissement, en sa source même, du pouvoir de chaque homme de s'exprimer, de communiquer, de décider, en face de tous les conditionnements qui nous sont imposés par l'État et les groupes de pression privés qui le dominent, et la possibilité de libérer en l'homme ce qu'il a de spécifiquement humain : l'autodétermination de ses fins et l'autogestion de ses moyens. Un rapport officiel [47] a montré comment le couplage de la radio-télévision et de l'informatique en ce qu'il appelle la « télématique » pouvait, dans les dix années à venir, transformer radicalement la vie sociale en soumettant le peuple tout entier à la fois à un contrôle policier électronique auquel rien de la vie personnelle de chacun ne pourrait échapper et à un conditionnement systématique de nos pensées et de nos actes.

Cette « tendance lourde » rejoint celle de la centralisation forcenée

47. Simon Nora et Alain Minc, *L'Informatisation de la société*, Paris, Éd. du Seuil, coll. « Points-Politique », n° 92, 1978.

et de la militarisation d'un peuple par le nucléaire de l'énergie ou de la bombe.

Au confluent de ces deux torrents démoniaques, il y a l'anéantissement de l'homme dans son corps et son esprit.

Tel est l'enjeu de cette guerre totale faite à l'homme.

Sur ce problème d'apparence très limité, mais qui sous-tend toutes les autres formes de libération (les luttes de classe à l'intérieur, comme la guerre à l'extérieur), comment défendre et développer la « conscientisation » (c'est-à-dire la prise de conscience des contradictions et des périls du système, contre l'anesthésie radio-télévisuelle des esprits et des cœurs) ?

Le propre des systèmes centralisés de communication et d'information est de transformer un peuple en un passif consommateur d'information, de le manipuler jusqu'à briser en lui le pouvoir de réagir à tout ce qui le dépouille de son humanité.

Cela doit être clair : très au-dessus des Parlements-croupions, du législatif, du judiciaire et de l'exécutif, au-dessus des polices et des armées, la radio-télévision est, dans les États modernes, le *premier pouvoir*.

b. *Décentraliser le premier pouvoir.*

Décentraliser le premier pouvoir est la tâche primordiale de la reconquête de l'homme, de la libération à l'égard de ce principal instrument de la servitude.

Entreprise redoutable, affrontée à des difficultés qui, apparemment, semblent insurmontables. Pourtant quelques expériences exemplaires ont été faites. En particulier, celle de « radio verte Fessenheim », remarquable par ses fins et ses méthodes.

Ses animateurs ont d'abord disposé d'un émetteur balayant la zone de terreur de la centrale nucléaire de Fessenheim (l'Alsace, le pays de Bade en Allemagne, de l'autre côté du Rhin, et la Suisse alémanique du Nord). C'est déjà dire qu'ils ne s'arrêtaient pas étroitement aux frontières juridiques, mais considéraient l'ensemble du territoire du péril et du crime de la centrale nucléaire[48]. Ceux qui tentaient de détruire ainsi, pour toutes les populations concernées, quelles que soient leurs frontières, la mythologie meurtrière de Fessenheim, se heurtèrent le 3 septembre 1977, à l'organisme policier spécialisé dans

48. Copiée sur celle de « Three Miles Island » qui a commencé de sonner le glas du mensonge atomique

le brouillage de toute voix s'élevant contre les mensonges officiels (Télédiffusion de France).

Comment riposter ? En créant un émetteur plus puissant ou en multipliant des émetteurs plus faibles. « Le choix, dit l'un des responsables[49], était philosophique et stratégique. Nous avons compris à ce moment qu'il ne servait à rien de faire front au centralisme par un autre centralisme. Par contre, le principe même d'une communication ne pouvait se réaliser qu'avec la participation du maximum de gens, présente au sein de la population partout où elle est. On ne pouvait donc qu'être décentralisé ! » De là découla le plan qui permit de placer un émetteur tous les 15-20 km, soit par vallée.

Cette décentralisation permit d'ailleurs de prendre en compte les besoins de la population, d'élargir le champ des thèmes abordés : on ne parla pas seulement du danger de Fessenheim, mais ici d'une usine qui va fermer, là du chômage ; « Notre principe, ajoute le même responsable, est d'être le plus près possible de la population, avec elle. [...] Être de plus en plus nombreux et décentralisés. » Au bout d'un an existaient 35 petits émetteurs en Alsace, 3 dans le pays de Bade, 1 en Suisse[50]. Pour que cette entreprise ne reste pas aux mains de quelques spécialistes et fasse participer chacun, il fallut organiser des stages pour initier les volontaires aux techniques d'enregistrement comme à la réalisation des reportages, élément capital de la « conscientisation ».

Il y a là une expérience de l'autogestion clandestine de l'information, dont décentralisation et participation sont les tendances majeures.

Le 20 janvier 1979 a été lancé, à Toulouse, le projet d'un réseau automatisé d'information alternatif, branchant entre eux téléviseur et téléphone, pour entrer en liaison avec les radios libres et les divers organismes de la contre-culture. Les « groupes espérance » préparent une « agence d'information » qui, au lieu de se spécialiser dans les catastrophes ou la propagande insidieuse des États, servira à diffuser les initiatives de ceux qui créent des formes nouvelles de la vie.

Nous ne sous-estimons pas les risques de cette orientation : non seulement ceux de la répression policière, mais celui du passage de la radio-télévision d'État au secteur privé. Soyons très clairs sur ce point : quels que soient les dangers, incontestablement réels, de la

49. Voir le numéro de la revue *Autrement,* dossier n° 17, « Libres antennes, Écrans sauvages », février 1979.

50. Rappelons qu'un émetteur assez important de 15 watts (bien sûr sans commune mesure avec les radios officielles) ne coûte que 2 500 francs, donc un prix accessible à une petite communauté où chacun apporte selon ses moyens.

mainmise des puissances d'argent sur des radios ou des télévisions privées, *l'ennemi principal, c'est le monopole*. Même si demain il était aux mains d'un gouvernement dit « de gauche », il accomplirait toujours les mêmes besognes centralisées de manipulation et de conditionnement. Il est certain que des firmes privées créeraient leurs télévisions et leurs radios, infiniment plus puissantes que nos maigres émetteurs, mais la « pollution mentale » ne serait pas pire que celle de l'information centralisée. La presse écrite aussi est, aux 9/10, aux mains de groupes privés, et cela équilibre pourtant à peine le rapport des forces dans l'opinion. Comme le disait Gramsci : un gramme de vérité a plus de force qu'une tonne de mensonges. Nous acceptons donc sans hésiter tous les risques de la privatisation pour détruire le monopole de l'information et faire passer le faible réseau des émetteurs libres de la clandestinité au travail légal. Car, moins chargés de publicité et suscitant la participation de bénévoles, le rapport de force nous sera moins défavorable que celui qui est créé par le monopole avec son inévitable cortège de répression policière.

Il n'y avait que 6 radios libres en mai 1977, près de 200 en septembre 1978, et même si cet acquis n'est pas irréversible, des voies ont été ainsi ouvertes pour donner une assise plus ferme à cette réintégration, à la base, du pouvoir et du droit de penser et de s'exprimer ; par la municipalisation de certaines initiatives, telles que « l'Atelier d'information » de Grenoble en 1978, l'animation par quartier et la télévision locale par câbles dont Daniel Populus fut l'initiateur, dès 1971-1973, avec le « Vidéogazette » (même si, en 1976, l'arrêt du financement de l'État rendit impossible la poursuite de l'expérience de la télévision par câble, le tissu participatif et associatif, à Grenoble, était déjà assez résistant pour tenter de nouvelles percées). Quelles qu'aient pu être les difficultés économiques et politiques de cet essai, la preuve était faite de l'aide qu'apportaient de telles initiatives pour imaginer une autre vie, et du rôle que pouvaient jouer des adolescents dans la création de fictions mobilisatrices pour concevoir une alternative à la vie actuelle. Savoir former les « usagers » à devenir eux-mêmes des producteurs et des réalisateurs, non pas au sens dégradé que des Guy Lux et des Yves Mourousi ont donné à ces mots, mais au sens d'artistes créateurs, éveillant les plus larges masses au besoin et à la volonté de participer à la naissance d'une vie nouvelle, c'est une tâche à laquelle peuvent très légalement se vouer des animateurs socio-culturels, des collectivités locales, des enseignants, ou des particuliers possédant des caméras de Super 8, des matériels vidéo, de petits émetteurs, et utilisant tout cela non pour refléter l'ordre existant mais pour saisir et diffuser les expériences et les initiatives porteuses d'avenir, les projets d'un avenir à visage humain. Le cinéma et la vidéo ont joué leur rôle dans la popularisation des méthodes novatrices des luttes ouvrières chez Lip. Même au niveau de l'État, l'INA (Institut national de l'audio-visuel) a donné son appui à des collectivités, administrations et « centres divers ». Des enseignants organisent dans des lycées, avec des caméras Super 8, des stages de formation au langage cinématographique. « Cinéma politique » a pu produire, en un temps record, des films qui ont, par exemple, efficacement pesé sur la direction de la RATP lors d'une grève sur les conditions de travail.

Cette culture de l'art de témoigner s'est révélée un instrument de lutte percutant aussi bien en Normandie, par un montage sur *L'amiante, cette poussière qui tue,* lors des grèves de l'usine Ferodo en 1976 ou dans le festival Cinémarge de La Rochelle en 1978, en Bretagne en octobre 1977, avec *le Nucléaire, danger immédiat.* Il y a, en France, environ un million et demi de caméras Super 8. Créer une cinémathèque de témoignages, ouvrir des stages de formation, multiplier les coopératives de prêt de films, de matériel de tournage et de montage, comme on l'a fait à Vitry pour la région parisienne ou dans le Finistère à Saint-Cadou, entre Brest et Quimper, organiser des tournées de « vidéobus » ou des centres d'initiation comme Vidéo Animation Languedoc créé par le Conseil général de l'Hérault, c'est développer un instrument important d'intervention sociale et d'expression populaire.

Nous avons volontairement juxtaposé l'expérience du Nord-Est brésilien, l'un des lieux les plus « sous-développés » du monde, et celle de l'emploi des moyens d'expression les plus sophistiqués (de l'émetteur radio, au cinéma et à la vidéo, témoins et poètes) pour souligner combien il y a continuité de visée historique dans la création, par les communautés de base, d'un nouveau tissu social, loin de l'individualisme et du totalitarisme.

Libératrice du rapport social nouveau, la méthode de désobéissance civile et de non-coopération avec tous les organismes de domination et d'aliénation comporte une gamme très variée, et même sans fin, de moyens d'intervention qui, tous, excluent la violence contre les hommes et visent à la paralysie et à la destruction des systèmes d'oppression. Énumérons les principaux :

— *le boycott* du raisin et de certains vins permit à César Chavez, en Californie, de faire triompher la cause des ouvriers agricoles contre les grands propriétaires terriens. « Lorsqu'on la pratique, dit César Chavez, la non-violence gagne toujours. Elle échoue seulement sur le plan des discours. » En Europe fut porté un coup aux racistes de l'Afrique du Sud par le boycott des oranges Outspan ;

— *la « grève dynamique »* qui n'est pas seulement arrêt de travail et occupation d'usine mais poursuite du travail en rupture avec les normes habituelles imposées par le patronat ou l'État ;

— *la création de réseaux indépendants d'information ou de production d'énergie ;*

— *le refus partiel de l'impôt* du genre de ce que pratiquèrent aux États-Unis les adversaires de la guerre du Vietnam avec plus de 200 centres de coordination de ce refus, à la manière aussi de ce qu'organisèrent les paysans du Larzac, demandant à ceux qui soutenaient leur action de retenir 3 % de leurs impôts pour les verser à leur groupement d'achats de terres sur le Causse : des dizaines de millions furent ainsi collectés et l'administration des finances dut s'incliner par crainte d'un blocage administratif de ses services. Que serait-ce dans la perspective d'un mouvement national massif par exemple de la déduction du pourcentage des dépenses nucléaires ?

— *la formation de véritables institutions parallèles* se substituant à des autorités qu'elles ignorent délibérément, comme y parvint Gandhi face à l'administration anglaise.

Soulignons que toutes ces actions de défense par refus de coopération et désobéissance civile contre une armée extérieure occupant le pays sont valables pour la lutte contre un coup d'État intérieur ou des atteintes graves aux libertés.

Il y a ici cohérence entre le projet politique et la technique de défense : ce mode de défense, qui exige le maximum d'initiative, de courage, de responsabilité, de participation, c'est l'autogestion appliquée à la défense.

Seul un peuple formé à la pratique de telles actions non violentes contre les oppressions intérieures est capable d'exercer, contre tout ennemi extérieur éventuel, la seule « dissuasion » véritable : la certitude pour lui qu'il ne peut espérer aucune « collaboration » intérieure, et que même un corps d'occupation serait réduit à l'impuissance et à la désorganisation matérielle et morale, par la paralysie de tout l'appareil économique, politique, administratif, dans un pays où la décentralisation des réseaux de responsabilité aurait rendu toute direction insaisissable.

Tels sont les seuls moyens d'action intérieure, de dissuasion de l'ennemi extérieur, et de défense au sens plein et humain du mot, qui soient, à l'étape actuelle des techniques, à l'échelle des menaces, et où ce qui est « mobilisé » pour une telle action et une telle défense, soit ce qu'il y a en l'homme de plus humain : la transcendance qui est la condition première de son autonomie par opposition à l'individualisme, la communauté, qui est la condition de toute vie sociale spécifiquement humaine par rapport au grégarisme animal, biologique, et au totalitarisme qui en est la transposition pseudo-humaine au plan social.

Conclusion

Pourquoi donc fallait-il, pour aboutir à un programme politique concret, répondant aux interpellations les plus urgentes et les plus décisives d'aujourd'hui et aux appels du plus proche avenir, prendre le recul de 5000 ans d'histoire et le détour d'un dialogue universel des civilisations ?

Seuls peuvent se poser cette question ceux qui entendent par « politique » exclusivement celle de politiciens empiristes ou technocrates, naviguant à vue, agissant au coup par coup, et attendant les désastres pour tenter d'y parer par des expédients techniques.

Mais quiconque embrasse maintenant d'un seul regard la trajectoire entière de la réflexion que nous venons de proposer dans ce livre peut en apercevoir l'unité et donc saisir l'interdépendance nécessaire de chacun de ses maillons : de la peinture Song à la politique nucléaire, des hymnes védantins au rôle attribué à la vidéo, de la mystique chrétienne et du soufisme à la théorie de la défense et de la dissuasion.

Ce n'est point un lien artificiel qui rattache la sensibilité à la peinture Song à la politique énergétique du troisième millénaire. Quand nous disons, à propos de la politique énergétique actuelle, que l'homme ne peut se comporter à l'égard de la nature comme un conquérant brutal, un maître rapace, ou un pirate chasseur de trésors cachés pour s'emparer du charbon, du pétrole, de l'uranium, c'est-à-dire des « stocks » d'énergie engrangés depuis des millions d'années dans les entrailles de la terre, mais au contraire s'insérer dans le « flux » inépuisable des énergies maternelles (celles du soleil, du vent et des eaux), nous redécouvrons, à une étape nouvelle, le rapport mystique avec la nature qui était celui du Tao.

Dans notre conception de la communauté et de son fondement nécessaire en la transcendance de Dieu, nous retrouvons l'inspiration du prophète de l'Islam, de son intransigeante affirmation de cette transcendance, et — ne faisant qu'un bloc avec elle — sa conception de la communauté, de la umma, où chaque institution sociale et chaque geste de l'homme sont sacrés par leur rapport à Dieu, ou profanes lorsqu'ils sont considérés, en eux-mêmes, indépendamment de la réalité rayonnante de Dieu.

Notre conception de la non-violence découle d'une conception de la force qui fut celle de tous les mystiques : la force la plus grande n'est pas une composante d'un parallélogramme physique des forces. Elle est ce « vide », au cœur de chaque être, qui, du Tao aux Upanishads, et de Rumi à saint Jean de la Croix, est le moteur des mondes : être à ce point vidé de toute chose que Dieu, en nous, occupe toute la place et devienne le moteur immobile du devenir de l'univers entier.

Quant à notre conception des rapports entre le mysticisme, le prophétisme et la politique, c'est l'une des plus exaltantes constantes de l'histoire.

Les peintres de l'époque chinoise des Song, qui créèrent, au XIIe siècle, des paysages jouant le rôle de ce que sont pour nous les « icônes » (l'évocation visible de la présence de Dieu), furent en même temps des mystiques du Tao et du Zen, des poètes et des hommes d'État.

La Bhagavad Gîtâ nous dit, en un indépassable poème, ce que peut être la vie d'un mystique incarnée dans l'action, de la divine épopée de Rama aux luttes de Gandhi.

Jésus de Nazareth, dans sa résistance inflexible au totalitarisme des grands prêtres juifs et au totalitarisme de l'Empire romain, nous révèle, à travers les aliénations de l'histoire, l'irrésistible sillage de l'homme et de Dieu.

Le prophète de l'Islam a scellé l'unité profonde de la soumission à Dieu et de l'appartenance à la communauté véritable de ceux qui ont choisi de vivre et de combattre pour répandre le message divin.

Joachim de Flore, ce moine calabrais du XIIIe siècle, à partir de sa conception de la Trinité scandant les âges de l'histoire, est devenu le père de toute la tradition révolutionnaire en Europe, de Jan Hus à Thomas Münzer et à Karl Marx.

Saint François d'Assise a marqué ce moment de fracture et de renouvellement de l'Église, en allant, au-delà des monastères implantés dans le monde paysan, à la rencontre du peuple nouveau des villes, tout comme il vint, en pleine croisade, rencontrer le sultan Abd el-Malek.

Pour qui aperçoit cette trajectoire dans son unité profonde, et la nécessaire harmonie de la dimension prophétique et de la dimension politique dans la vie de tout homme et de chaque homme, ce qui apparaissait comme un paradoxe devient une évidence.

Notre unique souci a été de découvrir ce point central de notre vie où l'acte de création artistique, l'acte de foi et l'acte politique, au sens le plus noble du mot, ne font qu'un.

Car de là seulement se découvrent dans leur juste perspective la plénitude et l'unité du panorama de l'histoire déjà faite et de l'avenir à inventer, du monde extérieur et de la vie, de l'humain et du divin : au point unique de jaillissement de l'acte proprement humain de l'homme, l'acte créateur d'avenir et l'acte d'amour avec la totalité du réel.

De là seulement nous pouvons prendre conscience de la possibilité d'une rupture avec l'ordre existant des hommes et des choses, et c'est l'irruption en nous de ce surcroît de force et de vie, qui est la transcendance.

De là seulement nous pouvons prendre conscience de cette certitude que nous nous sauverons tous ensemble ou que nous nous perdrons tous ensemble, et c'est l'irruption de cette vie nouvelle où nous sentons danser en nous toutes les forces de l'univers, où nous sentons vivre en nous la vie de tous les hommes, l'irruption en nous de ce surcroît de force et de vie qu'est la communauté.

De là seulement devient possible, dans un jugement serein et lucide, de confronter toute réalité et toute institution à sa propre fin, ce qui est union indivisible du prophétisme et de la politique, ce qui est naissance, en chacun de nous, du pouvoir de participer à part entière à l'immense mutation du monde.

Nous avons pris acte, d'abord, dans la première partie de ce travail, de la faillite des espérances faustiennes de l'Occident et de sa conception dévitalisante de l'homme, définie de façon lapidaire par Descartes : « Je pense, donc je suis », qui réduit l'homme à l'individu et l'esprit au concept.

Les sagesses et les prophétismes de trois mondes nous on fait prendre conscience, au contraire, que nous ne sommes pas un individu, un atome, un grain de poussière séparé de tous les autres par un vide et ballotté au hasard, ou selon d'implacables lois, par les souffles de l'air, mais que nous sommes semblables à une vague sans frontière, point unique et singulier de la mer, mais habité par toutes les vagues de l'océan, par toutes ses marées, et, à travers elles, par toutes les attractions et les gravitations des mondes.

Tel est le fondement de la personne, qui n'est pas l'individu. Comme diraient les physiciens en leur langage : l'individu est de l'ordre du corpuscule et la personne de celui de l'onde. Nous n'en avons pas encore saisi la mystérieuse unité. Pas plus que celle de l'Orient et de l'Occident.

C'est pourtant là, sur le plan social et politique, le fondement de la communauté. Elle n'est pas, comme dans la conception bourgeoise ou anarchiste, une simple addition d'individus ; elle n'est pas, comme dans la conception totalitaire, un organisme animal réduisant l'homme à n'être qu'un fragment subordonné à un pouvoir extérieur à lui, et faisant de lui un objet.

La communauté est cette société qui ne se fonde ni sur le « moi » individuel ni sur le concept décharné. Elle ne part pas du « je pense » mais du « nous aimons ». Ce n'est pas une collection d'individus solitaires ou une hiérarchie de cellules biologiques n'ayant pas, par elles-mêmes, de sens ni même de réalité, mais une communauté de personnes où chacune s'épanouit par la richesse de ses relations avec toutes les autres.

Par cette vision de l'homme, de la société et du monde, nous avons pu passer, dans notre réflexion politique, de la technocratie au prophétisme (c'est-à-dire du « comment » au « pourquoi »), de la démocratie statistique au consensus sur un but commun (c'est-à-dire de la délégation et de l'aliénation de pouvoir à l'autodétermination des fins et à l'autogestion des moyens), en partant des deux dimensions spécifiquement humaines de l'homme : la transcendance de la foi et la communauté de l'amour.

Dans ce passage de l'individualisme à la communauté, la communauté de base, en son inviolable autonomie, constitue l'unité nouvelle indivisible, capable de créer le tissu social nouveau d'une société proprement humaine comme fédération de communautés.

Ainsi avons-nous pu esquisser un « tableau économique » de la France, qui ne soit plus la résultante de coalitions affrontées où l'on appelle « Plan » l'absence de projet, inéluctable conséquence d'aveugles rivalités et d'un rapport provisoire des forces. La nouvelle croissance ne peut naître, au contraire, qu'à partir des besoins réels de tout un peuple, et de l'appel fait à l'homme d'exaucer la prière de Dieu.

Nous n'hésitons pas à chercher, en saint Grégoire de Nysse, cette définition plénière de la croissance : « Dieu, écrit-il, c'est l'éternelle découverte de l'éternelle croissance. »

Une nouvelle croissance fondée non plus sur les hiérarchies et les soumissions mais sur une décentralisation de la production de l'énergie, et des techniques en général, sur la décentralisation du pouvoir, de la consommation et de l'information, sur la décentralisation de la culture et de l'éducation ; cette nouvelle croissance n'enfantera plus ces monstres que sont, par exemple, la séparation du travail intellectuel et manuel, ou l'hypertrophie du tertiaire, au profit du parasitisme et de la bureaucratie et au détriment du travail productif et créateur.

A partir de cette vue globale de la société, la politique n'est plus une technique de domination et de manipulation, une stratégie de l'accès au pouvoir et du maintien au pouvoir où, démagogiquement, tout est promis à chacun au gré des « clientèles » partisanes, et des surenchères électorales, sans souci de l'équilibre et de l'harmonie entre toutes les communautés :

— Nous ne pouvons pas faire aux travailleurs la promesse illusoire que le régime nouveau élèvera automatiquement et pour tous le salaire monétaire — augmentation trompeuse aussitôt récupérée par le patronat et l'État grâce à une dévaluation ou une hausse des prix, comme en France après 1936 et 1968. Mais nous pouvons et nous devons élever le salaire social (culture, sports et loisirs, transports et soins, logement, école et éducation permanente) tout comme il est possible, par la suppression des « gaspillages institutionnels », de réduire le temps de travail à 35 puis à 30 heures.

— Nous ne pouvons pas faire au patronat la promesse illusoire que sa notion de la hiérarchie et de l'autorité restera intangible, car elle est, à nos yeux, archaïquement fondée sur l'extériorité du pouvoir, selon une image sacralisée du pouvoir et de la transcendance dont les théologiens ne veulent même plus pour leur Dieu. Mais nous pouvons l'assurer qu'à partir d'une conception de la direction dont le seul critère soit la performance au service du plus-être et du mieux-être de la communauté, des marchés immenses s'ouvriront à l'intérieur par les moyens nouveaux dont disposeront les travailleurs, et, dans le tiers monde, lorsqu'on s'attachera à répondre à ses besoins au lieu de lui imposer nos surplus et nos armes.

— Nous ne pouvons pas faire aux techniciens et aux cadres la promesse illusoire d'un plus grand élargissement de l'éventail des salaires, ni flatter leurs tendances technocratiques, mais leur ouvrir la perspective exaltante de devenir les créateurs actifs d'une société échappant aux dominations, en devenant non plus les « chefs », mais les animateurs d'un mouvement de « conscientisation » technique, scientifique et humaine de l'ensemble des producteurs, ouvriers ou patrons, par le partage, sans suffisance ni paternalisme, de leur savoir qui cessera d'être, comme l'avoir, un moyen de pouvoir.

— Nous ne pouvons pas faire aux étudiants la promesse illusoire que les diplômes demeureront exploitables comme un titre de rente ou de commandement, dispensant du travail manuel. Mais nous devons au contraire leur demander d'être les artisans les plus actifs, sans morgue et sans privilège, de la mutation radicale de l'école et de l'université, se fondant de plus en plus dans le monde du travail, comme le levain dans la pâte, et cessant ainsi d'être des instruments d'intégration de la jeunesse à l'ordre moral et économique existant, pour devenir des lieux d'élection de l'invention du futur.

— Nous ne pouvons pas faire aux paysans, pas plus qu'à quiconque, la promesse illusoire de défendre n'importe quelle production indépendamment de son utilité sociale : il n'y aura plus de groupes de pression pour défendre à tout prix les bouilleurs de cru ou les planteurs de tabac. Mais une aide systématique à la reconversion des cultures, à leur adaptation plus harmonieuse à chaque sol et à chaque climat, et, surtout, une protection impitoyable des prix contre les intermédiaires pillards, contre le despotisme des ramasseurs, des transporteurs et des mandataires, et contre les trafiquants de la terre et de l'immobilier.

— Nous ne pouvons pas faire aux chefs militaires la promesse illusoire de les laisser vivre sur l'illusion technocratique selon laquelle la cybernétique et la « théorie des jeux » s'appliquent à la gestion des techniques de la mort, et peuvent se mener en dehors du peuple et au-dessus de lui. Mais nous pouvons, en revanche, leur demander de mettre au service de tous les vertus d'abnégation, de sacrifice et de générosité qui ont été cultivées dans la tradition militaire. Ce ne sera plus, désormais, à l'intérieur d'une caste, mais dans un dialogue fraternel et quotidien avec le peuple tout entier, pour prendre ensemble conscience des fins et des moyens de la défense, qui n'est pas seulement question de technique et de discipline, mais participation humble et passionnée à une pédagogie de la grandeur.

A la jeunesse il est possible de donner bien d'autres moyens d'expression que la moto ou la drogue en lui offrant des raisons de vivre, un avenir, et le pouvoir de le construire.

Le changement le plus radical doit venir des femmes, pour les raisons que nous avons suggérées dans le premier chapitre : il ne s'agira plus seulement de considérer, enfin, à l'inverse de notre absurde « comptabilité nationale », le travail fait par elles à la maison comme un travail « productif » et de le rétribuer comme tel ; il ne s'agira plus seulement de revendications sectorielles d'égalité, ou d'abolition de vieux tabous traditionnellement imposés aux femmes, ou de privilèges masculins. Le problème, très au-delà d'une égalité abstraite, est celui d'une véritable relève du pouvoir de décision et de création à tous les niveaux de l'économie, de la politique, de la culture, non point pour se contenter d'établir un équilibre numérique, statistique, dans la répartition des leviers de commande, mais pour changer en son principe même le fondement humain de nos sociétés, faussé et perverti, depuis la fin du néolithique, par une hégémonie masculine sans partage.

A celles qui créent les hommes il appartient de les changer.

Le chemin qui nous reste à parcourir, à partir des tombeaux vides et des dieux morts, pour entrevoir ce que sera l'homme du troisième millénaire — l'homme capable, d'ici vingt ans, de remonter le terrible courant de l'entropie historique, de devenir un « mutant », c'est-à-dire un agent et un poète de cette mutation de la vie, un homme habitant déjà un monde encore à naître, et habité par lui —, ce chemin est encore immense pour découvrir l'univers au centre de nous-mêmes et nous-mêmes au cœur de l'univers.

Si, comme l'écrivait l'un des plus éminents théologiens du Concile de Vatican II, le Père Rahner, « l'histoire est le seul lieu où se construit le Royaume de Dieu », il serait temps d'en tirer les conséquences : au lieu de ne voir les combats de la terre ne se dérouler que dans une « vallée de larmes », dévaluée par rapport à un certain « au-delà », ou de ne voir dans la foi qu'un « opium du peuple », au cœur même de ces combats dont elle est le levain, il devient chaque jour plus clair qu'en Occident la révolution ne sera vraiment révolutionnaire que si elle intègre la dimension chrétienne de la transcendance et que la foi ne sera vraiment la foi que si elle intègre les dimensions historiques, sociales, et militantes du marxisme.

Le révolutionnaire devient un bureaucrate lorsqu'il ne conçoit l'avenir qu'à travers le passé.

L'homme de foi devient un « intégriste » lorsqu'il confond la foi avec la culture ou les institutions à travers lesquelles elle s'est historiquement incarnée.

Créer des « mutants », c'est combattre cette double sclérose. Et d'abord en recueillant, dans le passé sans frontière de l'humanité, ce qui portait les germes vivants de notre avenir.

Vivifié par toutes ces flambées du divin à travers quatre continents, un socialisme, en Occident, ne peut échapper au dogmatisme stalinien — et aux inquisitions qui découlent inéluctablement de ce dogmatisme — que s'il sait s'ouvrir à l'infini de la foi.

Je ne prétends pas avoir résolu tous les problèmes, mais je suis sûr que nous y aideront des millions d'hommes et de femmes venus de toutes les sciences, de tous les arts, de tous les partis, de tous les syndicats, de toutes les Églises, pour accomplir le grand projet, celui qui dit à tous : il est encore temps de vivre, il est possible de vivre autrement, et qui fait naître aussi la nouvelle croissance et la nouvelle espérance.

Au-delà des Parlements sans pouvoirs, de gouvernements soumis à des groupes de pression, dc partis sans projet humain, de nations sans message et d'États sans visage, pour qui voter si je ne veux ni armes nucléaires pour détruire la vie ni centralisation nucléaire pour l'asservir, si je ne veux ni civilisation du jouir ni avenir programmé ?

Un seul pouvoir demeure encore qui puisse infléchir le futur : celui de la présidence de la République. J'ai décidé d'y être candidat

— D'abord parce que le danger est imminent. Au cours du seul été 1979, les croisés de la croissance aveugle nous ont donné deux exemples de ces réflexes de bête qui doit mourir.

La première folie fut, à la fin juin, la mise sur pied, par les États-Unis et la France, de « corps expéditionnaires » d'intervention dans le « tiers monde » pour le cas où ils jugeraient leurs intérêts menacés. Malgré les démentis officiels sur l'envoi éventuel de paras sur les champs pétrolifères, il est évident que des réductions massives de livraisons de pétrole, mettant en cause le modèle de croissance, cette âme d'un monde sans âme, seraient aisément considérées comme une « menace ». Idée doublement folle, d'abord parce que les pays du tiers monde n'en sont plus au XIXe siècle où il suffisait d'envoyer une « canonnière » pour écraser l'un d'eux sans réaction des autres, ensuite parce qu'aucun des « grands » ne pouvant permettre une mainmise de l'un des autres sur le « saint des saints » de « leur » civilisation, une guerre du pétrole deviendrait le détonateur d'une guerre de l'atome.

Le mois de juillet fut celui du « corps expéditionnaire » idéologique : le « Club des riches », Japon en tête, n'avait pas hésité, il y a trois ans, à investir quatre millions de dollars pour tenter de justifier de telles monstruosités. Cette idéologie de justification est confiée aux « futurologues », c'est-à-dire à des gens qui, sous prétexte de prévoir le futur, se contentent de prolonger le présent et le passé, et oublient de nous dire que, de leur monde, l'homme est absent, et que les choses se passeront effectivement ainsi si l'on continue à ne faire rien d'autre que ce que l'on fait aujourd'hui. C'est ce qu'ils appellent le futur ou les « Interfuturs ». Les quatre « scénarios » envisagés dans le rapport « Interfuturs » reposent sur ce principe. Ils affirment, par exemple, que, d'ici vingt ans, la consommation d'énergie doublera, que le pétrole en fournira 41 % et le solaire moins de 3 % ! (Tout cela, naturellement, en fonction des investissements actuels.) Quatre millions de dollars, cela peut paraître cher pour faire ces « règles de trois » sur ordinateurs, mais le « Club des riches » en aurait pour son argent s'il parvenait, par ce procédé, à nous faire prendre ses désirs pour des fatalités.

— Ensuite, parce que contrairement à la politique des quatre « grands partis » j'ai proposé une alternative non seulement sur les problèmes cruciaux du modèle de croissance et du nucléaire civil et militaire, dont dépend notre avenir, celui de nos enfants et de nos sociétés (et sur lesquels les « quatre grands » sont implicitement d'accord ou se taisent), mais aussi sur le projet politique global qu'implique ce choix, et sur la culture et la foi qui sous-tendent ce projet politique.

— Enfin, parce que je ne veux pas être un utopiste, éternel critiqueur ou donneur de conseils, je propose d'engager ma responsabilité personnelle dans la réalisation de l'ensemble des mesures économiques, politiques et culturelles que j'ai formulées dans cet ouvrage, et cela en cinq ans. Le but final est de fonder une véritable démocratie, radicalement différente de la politique présente dans laquelle quelques-uns, se réclamant des voix de 51 % de la population, décident de tout sans tenir compte de l'avis des 49 autres. Notre peuple doit être dirigé par tout notre peuple. L'autorité venant d' « en bas », et le « pluralisme » réel n'étant pas seulement celui des idéologies et des partis, mais des problèmes et des solutions contradictoirement exposés et proposés à tous, et réalisés par tous.

Les expériences des dernières législatives et des européennes ont également montré qu'il n'était pas possible de « changer de société » lorsque tous les mouvements qui veulent ce changement radical et dont les visées, fondamentalement justes, sont convergentes (celles des mouvements féminins, écologiques, régionalistes autogestionnaires) se vouent à l'impuissance lorsqu'ils se présentent dispersés, alors qu'un projet politique global, intégrant ces aspirations en un tout, rassemblerait des participants qui croyaient n'avoir jusqu'ici le choix qu'entre les vieux partis.

C'est pourquoi je n'ai sollicité l'investiture d'aucun parti ni d'aucun mouvement, et je présente ce projet à chaque Français, en appelant chacun, sans aucune exclusive, à son accomplissement, car je suis sûr que nous y rejoindrons des femmes et des hommes venus de tous les horizons.

Ainsi pourra être réorientée une politique de principe, ayant sa source à la base, puis, cette inversion opérée, aboli, dans les cinq ans, le régime présidentiel, pour restituer le pouvoir à ceux-là seuls qui en sont actuellement dépossédés et d'où il doit émaner : les communautés de base.

Il importe de savoir si le peuple de France est animé de la volonté de vivre autrement.

Combien, parmi ce peuple, ont décidé d'ouvrir une route inédite vers l'avenir et de courir le risque de la rupture et de la création ?

Combien de Français ne veulent pour la France ni l'avenir du Chili ni celui du goulag ?

Combien de Français veulent un avenir à visage humain ?

Combien décideront de le choisir ?

Combien d'entre eux, pour inventer l'avenir, prendront ce recul de 5 000 ans d'histoire et d'un dialogue universel des cultures pour devenir, tous ensemble, les hommes du « huitième jour de la création » ?

5 mai 1979.

Table

1

Un monde dans l'impasse

2

A travers les sagesses de trois mondes

3

La nouvelle croissance

Si les propositions avancées dans ce livre vous paraissent fausses, envoyez-nous vos critiques.

Si elles vous paraissent utiles, apportez-nous votre contribution pour les enrichir, les répandre, les faire triompher. Il est mille façons de participer à notre « APPEL AUX VIVANTS ».

Vous pouvez aider à la diffusion de ce livre ; apporter des arguments et des faits tirés de votre expérience pour que nous lui donnions ensemble une suite ; créer un comité de soutien pour notre action ; nous accorder une aide financière ; donner de votre temps pour renforcer, dans toute la France, notre organisation ; inventer vos propres formes de participation.

Écrivez-nous à l'ASSOCIATION APPEL AUX VIVANTS
41, rue d'Amsterdam
75009 PARIS

Téléphone : 526.48.48.
C.C.P. 342.214 PARIS.

IMP. SEPC A SAINT-AMAND (CHER)
D. L. 4e TRIM. 1980. No 5682 (870)

Collection Points

SÉRIE ACTUELS

A1. Lettres de prison, *par Gabrielle Russier*
A2. J'étais un drogué, *par Guy Champagne*
A3. Les Dossiers noirs de la police française, *par Denis Langlois*
A4. Do It, *par Jerry Rubin*
A5. Les Industriels de la fraude fiscale, *par Jean Cosson*
A6. Entretiens avec Allende, *par Régis Debray*
A7. De la Chine, *par Maria-Antonietta Macciocchi*
A8. Après la drogue, *par Guy Champagne*
A9. Les Grandes Manœuvres de l'opium
par Catherine Lamour et Michel Lamberti
A10. Les Dossiers noirs de la justice française, *par Denis Langlois*
A11. Le Dossier confidentiel de l'euthanasie
par Igor Barrère et Étienne Lalou
A12. Discours américains, *par Alexandre Soljénitsyne*
A13. Les Exclus, *par René Lenoir*
A14. Les Souvenirs obscurs d'un Juif polonais né en France
par Pierre Goldman
A15. Le Mandarin aux pieds nus, *par Alexandre Minkowski*
A16. Une Suisse au-dessus de tout soupçon, *par Jean Ziegler*
A17. La Fabrication des mâles
par Georges Falconnet et Nadine Lefaucheur
A18. Rock babies, *par Raoul Hoffmann et Jean-Marie Leduc*
A19. La nostalgie n'est plus ce qu'elle était, *par Simone Signoret*
A20 L'Allergie au travail, *par Jean Rousselet*
A21 Deuxième Retour de Chine
par Claudie et Jacques Broyelle et Evelyne Tschirhart
A22 Je suis comme une truie qui doute, *par Claude Duneton*
A23. Travailler deux heures par jour, *par Adret*
A24. Le rugby, c'est un monde, *par Jean Lacouture*
A25. La Plus Haute des solitudes, *par Tahar Ben Jelloun*
A26 Le Nouveau Désordre amoureux
par Pascal Bruckner et Alain Finkielkraut
A27 Voyage inachevé, *par Yehudi Menuhin*
A28. Le communisme est-il soluble dans l'alcool ?
par Antoine et Philippe Meyer
A29. Sciences de la vie et société
par François Gros, François Jacob et Pierre Royer
A30. Anti-manuel de français
par Claude Duneton et Jean-Pierre Pagliano
A31. Cet enfant qui se drogue, c'est le mien
par Jacques Guillon
A32. Les Femmes, la Pornographie, l'Érotisme
par Marie-Françoise Hans et Gilles Lapouge
A33. Parole d'homme, *par Roger Garaudy*
A34. Nouveau Guide des médicaments, *par Henri Pradal*
A35. Rue du Prolétaire rouge, *par Nina et Jean Kéhayan*

A36. Main basse sur l'Afrique, *par Jean Ziegler*
A37. Un voyage vers l'Asie, *par Jean-Claude Guillebaud*
A38. Appel aux vivants, *par Roger Garaudy*

Collection Points

SÉRIE ROMAN

R1. Le Tambour, *par Günter Grass*
R2. Le Dernier des Justes, *par André Schwarz-Bart*
R3. Le Guépard, *par G. T. di Lampedusa*
R4. La Côte sauvage, *par Jean-René Huguenin*
R5. Acid Test, *par Tom Wolf*
R6. Je vivrai l'amour des autres, *par Jean Cayrol*
R7. Les Cahiers de Malte Laurids Brigge
par Rainer Maria Rilke
R8. Moha le fou, Moha le sage, *par Tahar Ben Jelloun*
R9. L'Horloger du Cherche-Midi, *par Luc Estang*
R10. Le Baron perché, *par Italo Calvino*
R11. Les Bienheureux de La Désolation, *par Hervé Bazin*
R12. Salut Galarneau !, *par Jacques Godbout*
R13. Cela s'appelle l'aurore, *par Emmanuel Roblès*
R14. Les Désarrois de l'élève Törless, *par Robert Musil*
R15. Pluie et Vent sur Télumée Miracle
par Simone Schwarz-Bart
R16. La Traque, *par Herbert Lieberman*
R17. L'Imprécateur, *par René-Victor Pilhes*
R18. Cent Ans de solitude, *par Gabriel Garcia Marquez*
R19. Moi d'abord, *par Katherine Pancol*
R20. Un jour, *par Maurice Genevoix*
R21. Un pas d'homme, *par Marie Susini*
R22. La Grimace, *par Heinrich Böll*
R23. L'Age du tendre, *par Marie Chaix*
R24. Une tempête, *par Aimé Césaire*
R25. Moustiques, *par William Faulkner*
R26. La Fantaisie du voyageur, *par François-Régis Bastide*

Collection Points

1. Histoire du surréalisme, *par Maurice Nadeau*
2. Une théorie scientifique de la culture, *par Bronislaw Malinowski*
3. Malraux, Camus, Sartre, Bernanos, *par Emmanuel Mounier*
4. L'Homme unidimensionnel, *par Herbert Marcuse* (épuisé)
5. Écrits I, *par Jacques Lacan*
6. Le Phénomène humain, *par Pierre Teilhard de Chardin*
7. Les Cols blancs, *par C. Wright Mills*
8. Stendhal, Flaubert, *par Jean-Pierre Richard*
9. La Nature dé-naturée, *par Jean Dorst*
10. Mythologies, *par Roland Barthes*
11. Le Nouveau Théâtre américain, *par Franck Jotterand*
12. Morphologie du conte, *par Vladimir Propp*
13. L'Action sociale, *par Guy Rocher*
14. L'Organisation sociale, *par Guy Rocher*
15. Le Changement social. *par Guy Rocher*
16. Les Étapes de la croissance économique, *par W. W. Rostow*
17. Essais de linguistique générale, *par Roman Jakobson* (épuisé)
18. La Philosophie critique de l'histoire, *par Raymond Aron*
19. Essais de sociologie, *par Marcel Mauss*
20. La Part maudite, *par Georges Bataille* (épuisé)
21. Écrits II, *par Jacques Lacan*
22. Éros et Civilisation, *par Herbert Marcuse* (épuisé)
23. Histoire du roman français depuis 1918 *par Claude-Edmonde Magny*
24. L'Écriture et l'Expérience des limites, *par Philippe Sollers*
25. La Charte d'Athènes, *par Le Corbusier*
26. Peau noire, Masques blancs, *par Frantz Fanon*
27. Anthropologie, *par Edward Sapir*
28. Le Phénomène bureaucratique, *par Michel Crozier*
29. Vers une civilisation du loisir ?, *par Joffre Dumazedier*
30. Pour une bibliothèque scientifique, *par François Russo* (épuisé)
31. Lecture de Brecht, *par Bernard Dort*
32. Ville et Révolution, *par Anatole Kopp*
33. Mise en scène de Phèdre, *par Jean-Louis Barrault*
34. Les Stars, *par Edgar Morin*
35. Le Degré zéro de l'écriture, *suivi de* Nouveaux Essais critiques *par Roland Barthes*
36. Libérer l'avenir, *par Ivan Illich*
37. Structure et Fonction dans la société primitive *par A. R. Radcliffe-Brown*
38. Les Droits de l'écrivain, *par Alexandre Soljénitsyne*
39. Le Retour du tragique, *par Jean-Marie Domenach*
41. La Concurrence capitaliste *par Jean Cartell et P.-Y. Cossé* (épuisé)
42. Mise en scène d'Othello, *par Constantin Stanislavski*
43. Le Hasard et la Nécessité, *par Jacques Monod*
44. Le Structuralisme en linguistique, *par Oswald Ducrot*
45. Le Structuralisme : Poétique, *par Tzvetan Todorov*

46. Le Structuralisme en anthropologie, *par Dan Sperber*
47. Le Structuralisme en psychanalyse, *par Moustafa Safouan*
48. Le Structuralisme : Philosophie, *par François Wahl*
49. Le Cas Dominique, *par Françoise Dolto*
51. Trois Essais sur le comportement animal et humain, *par K. Lorenz*
52. Le Droit à la ville, *suivi de* Espace et Politique, *par H. Lefebvre*
53. Poèmes, *par Léopold Sédar Senghor*
54. Les Élégies de Duino, *suivi de* les Sonnets à Orphée
par Rainer Maria Rilke (édition bilingue)
55. Pour la sociologie, *par Alain Touraine*
56. Traité du caractère, *par Emmanuel Mounier*
57. L'Enfant, sa « maladie » et les autres, *par Maud Mannoni*
58. Langage et Connaissance, *par Adam Schaff*
59. Une saison au Congo, *par Aimé Césaire*
61. Psychanalyser, *par Serge Leclaire*
63. Mort de la famille, *par David Cooper*
64. A quoi sert la Bourse ?, *par Jean-Claude Leconte* (épuisé)
65. La Convivialité, *par Ivan Illich*
66. L'Idéologie structuraliste, *par Henri Lefebvre*
67. La Vérité des prix, *par Hubert Lévy-Lambert* (épuisé)
68. Pour Gramsci, *par Maria-Antonietta Macciocchi*
69. Psychanalyse et Pédiatrie, *par Françoise Dolto*
70. S/Z, *par Roland Barthes*
71. Poésie et Profondeur, *par Jean-Pierre Richard*
72. Le Sauvage et l'Ordinateur, *par Jean-Marie Domenach*
73. Introduction à la littérature fantastique, *par Tzvetan Todorov*
74. Figures I, *par Gérard Genette*
75. Dix Grandes Notions de la sociologie, *par Jean Cazeneuve*
76. Mary Barnes, un voyage à travers la folie
par Mary Barnes et Joseph Berke
77. L'Homme et la Mort, *par Edgar Morin*
78. Poétique du récit, *par Roland Barthes, Wayne Booth*
Philippe Hamon, Wolfgang Kayser
79. Les Libérateurs de l'amour, *par Alexandrian*
80. Le Macroscope, *par Joël de Rosnay*
81. Délivrance, *par Maurice Clavel et Philippe Sollers*
82. Système de la peinture, *par Marcelin Pleynet*
83. Pour comprendre les média, *par M. McLuhan*
84. L'Invasion pharmaceutique, *par J.-P. Dupuy et S. Karsenty*
85. Huit Questions de poétique, *par Roman Jakobson*
86. Lectures du désir, *par Raymond Jean*
87. Le Traître, *par André Gorz*
88. Psychiatrie et Anti-Psychiatrie, *par David Cooper*
89. La Dimension cachée, *par Edward T. Hall*
90. Les Vivants et la Mort, *par Jean Ziegler*
91. L'Unité de l'homme, *par le Centre Royaumont*
1. Le primate et l'homme, *par E. Morin et M. Piattelli-Palmarini*
92. L'Unité de l'homme, *par le Centre Royaumont*
2. Le cerveau humain, *par E. Morin et M. Piattelli-Palmarini*
93. L'Unité de l'homme, *par le Centre Royaumont*
3. Pour une anthropologie fondamentale
par E. Morin et M. Piattelli-Palmarini

94 Pensées, *par Blaise Pascal*
95. L'Exil intérieur, *par Roland Jaccard*
96. Semeiotikê, recherches pour une sémanalyse, *par Julia Kristeva*
97. Sur Racine, *par Roland Barthes*
98. Structures syntaxiques, *par Noam Chomsky*
99. Le Psychiatre, son « fou » et la psychanalyse, *par Maud Mannoni*
100. L'Écriture et la Différence, *par Jacques Derrida*
101. Le Pouvoir africain, *par Jean Ziegler*
102. Une logique de la communication
par P. Watzlawick, J. Helmick Beavin, Don D. Jackson
103. Sémantique de la poésie, *par T. Todorov, W. Empson*
J. Cohen, G. Hartman et F. Rigolot
104. De la France, *par Maria-Antonietta Macciocchi*
105. Small is beautiful, *par E. F. Schumacher*
106. Figures II, *par Gérard Genette*
107. L'Œuvre ouverte, *par Umberto Eco*
108. L'Urbanisme, *par Françoise Choay*
109. Le Paradigme perdu, *par Edgar Morin*
110. Dictionnaire encyclopédique des sciences du langage
par Oswald Ducrot et Tzvetan Todorov
111. L'Évangile au risque de la psychanalyse
par Françoise Dolto
112. Un enfant dans l'asile, *par Jean Sandretto*
113. Recherche de Proust, *collectif*
114. La Question homosexuelle, *par Marc Oraison*
115. De la psychose paranoïaque dans ses rapports
avec la personnalité, *par Jacques Lacan*
116. Sade, Fourier, Loyola, *par Roland Barthes*
117. Une société sans école, *par Ivan Illich*
118. Mauvaises Pensées d'un travailleur social
par J. M. Geng
119. Albert Camus, *par Herbert R. Lottman*
120. Poétique de la prose, *par Tzvetan Todorov*

Collection Points

SÉRIE POLITIQUE

1. La Démocratie, *par Georges Burdeau*
2. L'Afrique noire est mal partie, *par René Dumont*
3 Communisme, Anarchie et Personnalisme *par Emmanuel Mounier*
4. Que faire ?, *par Lénine*
5. Machiavel, *par Georges Mounin*
6 Dans trente ans la Chine, *par Robert Guillain*
7 Citations du président Mao Tsé-toung
8 Pour une réforme de l'entreprise, *par François Bloch-Lainé*
9 Les Socialistes, *par André Philip*
10 Hô Chi-minh, *par Jean Lacouture*
11 Histoire de la Révolution russe, 1. Février, *par Trotsky*
12 Histoire de la Révolution russe, 2. Octobre, *par Trotsky*
13 Réflexions sur l'histoire d'aujourd'hui, *par Tibor Mende*
14 Histoire du syndicalisme britannique, *par Henry Pelling*
15 Trois Encycliques sociales, *de Jean XXIII et Paul VI*
16 Bilan de l'URSS, 1917-1967, *par J.-P. Nettl*
17. Mahomet, *par Maxime Rodinson*
18 Citations du président de Gaulle, *par Jean Lacouture*
19. Les Sans-Culottes, *par Albert Soboul*
20 Les Libertés à l'abandon, *par Roger Errera*
21 Qu'est-ce que la politique ?, *par Julien Freund*
22 Citations de Fidel Castro *par Henri de la Vega et Raphaël Sorin*
23 Les lycéens gardent la parole, *par les CAL*
24. Les Communistes français, *par Annie Kriegel*
25. La CGT, *par André Barjonet*
26. Les 20 Amériques latines, t. 1, *par Marcel Niedergang*
27. Les 20 Amériques latines, t. 2, *par Marcel Niedergang*
28. Les 20 Amériques latines, t. 3, *par Marcel Niedergang*
29. Introduction à une politique de l'homme, *par Edgar Morin*
30. Le Nouveau Christianisme, *par H. de Saint-Simon*
31 Le PSU, *par Michel Rocard*
32 La Nouvelle Classe ouvrière, *par Serge Mallet*
33. Réforme et Révolution, *par André Gorz*
34. L'État SS, *par Eugen Kogon*
35. L'État, *par Georges Burdeau*
36. Cuba est-il socialiste ?, *par René Dumont*
37 Les Paysans dans la lutte des classes, *par Bernard Lambert*
38. La Pensée de Karl Marx, *par Jean-Yves Calvez*
39 La Pensée politique arabe contemporaine *par Anouar Abdel-Malek*
40 Pour le nouveau parti socialiste, *par Alain Savary*
41 Autogestion, *par Daniel Chauvey*
42 Un socialisme du possible, *par François Mitterrand*
43 La CFDT, *ouvrage collectif*

44. Paris libre 1871, *par Jacques Rougerie*
45. Les Nouveaux Intellectuels, *par F. Bon et M.-A. Burnier*
46. Les Origines du gauchisme, *par Richard Gombin*
47. La Société bloquée, *par Michel Crozier*
48. Classe ouvrière et Révolution
par Frédéric Bon et Michel-Antoine Burnier
49. Histoire des démocraties populaires
1. L'ère de Staline, *par François Fejtö*
50. Histoire des démocraties populaires
2. Après Staline, *par François Fejtö*
51. La Faute à Voltaire, *par Nelcya Delanoë*
52. Géographie de la faim, *par Josué de Castro*
53. Le Système totalitaire, *par Hannah Arendt*
54. Le Communisme utopique, *par Alain Touraine*
55. Japon, troisième grand, *par Robert Guillain*
56. Les Partis politiques dans la France d'aujourd'hui
par François Borella
57. Pour un nouveau contrat social, *par Edgar Faure*
58. Le Marché commun contre l'Europe
par Bernard Jaumont, Daniel Lenègre et Michel Rocard
59 Le Métier de militant, *par Daniel Mothé*
60. Chine-URSS, *par François Fejtö*
61. Critique de la division du travail, *par André Gorz*
62. La Civilisation au carrefour, *par Radovan Richta*
63. Les Cinq Communismes, *par Gilles Martinet*
64. Bilan et Perspectives, *par Léon Trotsky*
65. Pour une sociologie politique, t. 1, *par J.-P. Cot et J.-P. Mounier*
66. Pour une sociologie politique, t. 2, *par J.-P. Cot et J.-P. Mounier*
67. L'Utopie ou la Mort, *par René Dumont*
68. Fascisme et Dictature, *par Nicos Poulantzas*
69. Mao Tsé-toung et la Construction du socialisme
textes inédits traduits et présentés par Hu Chi-hsi
70. Autocritique, *par Edgar Morin*
71. Nouveau Guide du militant, *par Denis Langlois*
72. Les Syndicats en France, t. 1, *par Jean-Daniel Reynaud*
73. Les Syndicats en France, t. 2. Textes et documents
par Jean-Daniel Reynaud
74. Force ouvrière, *par Alain Bergounioux*
75. De l'aide à la recolonisation, *par Tibor Mende*
76. Le Patronat, histoire, structure, stratégie du CNPF
par Bernard Brizay
77. Lettres à une étudiante, *par Alain Touraine*
78. Sur la France, *par Stanley Hoffmann*
79. La Cuisinière et le Mangeur d'hommes
par André Glucksmann
80. L'Age de l'autogestion, *par Pierre Rosanvallon*
81. Les Classes sociales dans le capitalisme aujourd'hui
par Nicos Poulantzas
82. Regards froids sur la Chine, *ouvrage collectif*
83. Théorie politique, *par Saint-Just*
84. La Crise des dictatures, *par Nicos Poulantzas*

85. Les Dégâts du progrès, *par la CFDT*
86. Les Sommets de l'État, *par Pierre Birnbaum*
87. Du contrat social, *par Jean-Jacques Rousseau*
88. L'Enfant et la Raison d'État, *par Philippe Meyer*
89. Écologie et Politique, *par A. Gorz/M. Bosquet*
90. Les Racines du libéralisme, *par Pierre-François Moreau*
91. Syndicat libre en URSS
par le Comité international contre la répression
92. L'Informatisation de la société, *par Simon Nora et Alain Minc*
93. Manuel de l'animateur social, *par Saul Alinsky*
94. Mémoires d'un révolutionnaire, *par Victor Serge*
95. Les Partis politiques dans l'Europe des Neuf
par François Borella
96. Le Libéralisme, *par Georges Burdeau*
97. Parler vrai, *par Michel Rocard*
98. Mythes révolutionnaires du Tiers Monde, *par Gérard Chaliand*
99. Qu'est-ce que la social-démocratie ? *par la revue « Faire »*
100. La Démocratie et les Partis politiques, *par Moisei Ostrogorsky*
101. Le Socialisme et les Intellectuels, *par Jan Waclav Makhaïski*
102. Crise et Avenir de la classe ouvrière, *par la revue « Faire »*
103. Reconstruire l'espoir, *par Edmond Maire*
104. Le Tertiaire éclaté, *par la CFDT*
105. Le Reflux américain, *par la revue « Faire »*
106. Les Pollueurs, *par Anne Guérin-Henri*
107. Qui a peur du tiers monde ?, *par J.-Y. Carfantan et C. Condamines*

Collection Points

SÉRIE SCIENCES

dirigée par Jean-Marc Lévy-Leblond

S1. La Recherche en biologie moléculaire, *ouvrage collectif*
S2. Des astres, de la vie et des hommes, *par Robert Jastrow*
S3. Autocritique de la science
par Alain Jaubert et Jean-Marc Lévy-Leblond
S4. L'Électronucléaire en France
par le Syndicat CFDT de l'Énergie atomique
S5. Une révolution dans les sciences de la terre, *par A. Hallam*
S6. Jeux avec l'infini, *par Rózsa Péter*
S7. La Recherche en astrophysique, *ouvrage collectif*
S8. La Recherche en neurobiologie, *ouvrage collectif*
S9. La Science chinoise et l'Occident, *par Joseph Needham*
S10. Les Origines de la vie, *par Joël de Rosnay*
S11. Échec et Maths, *par Stella Baruk*
S12. L'Oreille et le Langage, *par Alexandre Tomatis*
S13. Les Énergies du Soleil, *par Pierre Audibert*
en collaboration avec Danielle Rouard
S14. Cosmic Connection ou l'appel des étoiles, *par Carl Sagan*
S15. Les Ingénieurs de la Renaissance, *par Bertrand Gille*
S16. La Vie de la cellule à l'homme, *par Max de Ceccaty*
S17. La Recherche en éthologie, *ouvrage collectif*
S18. Le Darwinisme aujourd'hui, *par Émile Noël*
S19. Einstein, créateur et rebelle, *par Banesh Hoffman*
S20. Les Trois Premières Minutes de l'Univers
par Steven Weinberg
S21. Les Nombres et leurs mystères
par André Warusfel
S22. Recherche sur les énergies, *ouvrage collectif*
S23. La Nature de la physique, *par Richard P. Feynman*